高等学校交通运输与工程类专业规划教材

Engineering Geology of Highway

公路工程地质

（第四版）

窦明健　主编
陈洪凯　主审

人民交通出版社股份有限公司
China Communications Press Co.,Ltd.

内 容 提 要

本教材系统阐述了工程地质的基础知识和原理,详细介绍了各类工程地质条件与工程地质问题以及工程地质分析评价方法。全书共分九章,内容涉及地质学基础知识和公路建设所需的工程地质专业知识。书中除对有关理论进行必要的论述和介绍外,还着重对公路建设中的各类工程地质问题进行了论述。

本书可作为高等院校本科公路与城市道路工程、桥梁与隧道工程等交通土建专业教材,也可供其他专业师生及有关工程技术人员参考。

图书在版编目(CIP)数据

公路工程地质/窦明健主编. — 4 版. — 北京:
人民交通出版社股份有限公司,2016.6
ISBN 978-7-114-13037-3

Ⅰ. ①公… Ⅱ. ①窦… Ⅲ. ①道路工程—工程地质—高等学校—教材 Ⅳ. ①U412.22

中国版本图书馆 CIP 数据核字(2016)第 111451 号
审图号:GS(2019)3320 号

高等学校交通运输与工程类专业规划教材

书　　名:	公路工程地质(第四版)
著 作 者:	窦明健
责任编辑:	孙　玺　李　瑞　李　晴
出版发行:	人民交通出版社股份有限公司
地　　址:	(100011)北京市朝阳区安定门外外馆斜街 3 号
网　　址:	http://www.ccpress.com.cn
销售电话:	(010)59757973
总 经 销:	人民交通出版社股份有限公司发行部
经　　销:	各地新华书店
印　　刷:	北京市密东印刷有限公司
开　　本:	787×1092　1/16
印　　张:	16.75
字　　数:	402 千
版　　次:	1980 年 7 月　第 1 版
	1986 年 7 月　第 2 版
	2003 年 4 月　第 3 版
	2016 年 6 月　第 4 版
印　　次:	2023 年 5 月　第 4 版　第 9 次印刷　总第 56 次印刷
书　　号:	ISBN 978-7-114-13037-3
定　　价:	30.00 元

(如有印刷、装订质量问题的图书由本公司负责调换)

高等学校交通运输与工程(道路、桥梁、隧道与交通工程)教材建设委员会

主 任 委 员: 沙爱民　(长安大学)

副主任委员: 梁乃兴　(重庆交通大学)
　　　　　　　陈艾荣　(同济大学)
　　　　　　　徐　岳　(长安大学)
　　　　　　　黄晓明　(东南大学)
　　　　　　　韩　敏　(人民交通出版社股份有限公司)

委　　　员: (按姓氏笔画排序)

马松林	(哈尔滨工业大学)	王云鹏	(北京航空航天大学)
石　京	(清华大学)	申爱琴	(长安大学)
朱合华	(同济大学)	任伟新	(合肥工业大学)
向中富	(重庆交通大学)	刘　扬	(长沙理工大学)
刘朝晖	(长沙理工大学)	刘寒冰	(吉林大学)
关宏志	(北京工业大学)	李亚东	(西南交通大学)
杨晓光	(同济大学)	吴卫国	(武汉理工大学)
吴瑞麟	(华中科技大学)	何　民	(昆明理工大学)
何东坡	(东北林业大学)	张顶立	(北京交通大学)
张金喜	(北京工业大学)	陈　红	(长安大学)
陈　峻	(东南大学)	陈宝春	(福州大学)
陈静云	(大连理工大学)	邵旭东	(湖南大学)
项贻强	(浙江大学)	郭忠印	(同济大学)
黄　侨	(东南大学)	黄立葵	(湖南大学)
黄亚新	(解放军理工大学)	符锌砂	(华南理工大学)
葛耀君	(同济大学)	裴玉龙	(东北林业大学)
戴公连	(中南大学)		

秘 书 长: 孙　玺　(人民交通出版社股份有限公司)

第四版前言

本教材是以 2003 年版高等学校《公路工程地质》(第三版)教材为基础,经过调整、补充和删减改编而成。

公路工程与地质环境关系极为密切,与环境相互作用强烈,受地质条件制约明显。我国国土面积广大,自然环境复杂,公路建设、运营条件复杂多变。随着山区,特别是广袤的西部地区交通基础设施建设规模加大、速度加快,所面临的公路工程地质环境和问题会越来越复杂。另一方面,与公路工程地质有关的新理论、新技术不断涌现,为适应建设形势的发展和培养新型专业技术人才的需要,急需对教材进行相应的调整、补充和更新。

第四版教材基本沿用了第三版的结构框架,但在内容和文字上做了一些调整,加强了知识的系统性和完整性,同时力求反映工程地质学科理论和实践的进展,关注公路工程地质的发展。

本书由长安大学窦明健主编,由重庆交通大学陈洪凯教授主审。具体编写分工:长安大学窦明健编写绪论、第八章;长安大学梁杰编写第二章、第三章、第六章和第九章;长安大学王富春编写第一章、第四章、第五章和第七章。全书由窦明健统稿。

本书在编写过程中,得到了多方的帮助和支持,在此一并表示衷心的感谢。存在的不妥和错误之处,敬请读者斧正。

编　者
2016 年 2 月

第三版前言

本版教材以1986年版高等学校教材《公路工程地质》(第二版)为基础,经过调整、补充和删减改编而成。改编是以2001年面向21世纪交通版高等学校教材编审委员会(公路类)所审定的教材编写大纲为依据,同时注意吸取国内外同类教材的有益经验。

公路工程是线形建筑物,要穿越不同的地质、地貌单元,与地质环境关系极为密切,易受地质条件的制约。随着国家加快交通运输基础设施建设步伐,特别是西部大开发战略的实施,公路建设进入高速发展时期,山区、不良地质条件地区的高等级公路建设规模日益加大,建设和养护中的工程地质问题迅速增加。同时,公路工程地质方面的新理论和新技术也不断出现。为适应建设形势的发展和培养新型专业人才的需要,必须对教材进行相应的调整、充实和更新。

与1986年第二版教材相比,第三版教材在内容和结构上作了以下重要的调整:

(1)将"篇、章、节"结构层次改为常用的"章、节"层次,并将原来的十五章压缩为九章;

(2)受课时限制,取消了"地球演化"一章;

(3)新增了"公路工程地质问题"一章,对路基、桥梁、隧道等常见的工程地质问题进行了分析、阐述;

(4)在"地质构造"一章中增加了"活断层"一节,并将原"地震"一章压缩为地质构造中的一节；

(5)在"地貌"一章中增加了"第四纪松散沉积物"和"特殊土"两节；

(6)在"岩体稳定性分析"一章中增加了"岩质边坡稳定性分析"一节；

(7)受课时限制，取消了"地下水"一章中的"地下水的运动规律和涌水量计算"一节，在地下水类型中增加了岩溶水的内容。

教材其他部分基本沿用了第二版的框架，但在内容和文字上作了一些调整，以与公路工程实践紧密结合。

与第一版、第二版一样，编者在编写中**强调地质与工程的结合、理论与实践的结合**，在注意学科系统性的同时，还力求反映工程地质理论和实践的发展，关注公路工程地质的发展方向。

第三版教材由长安大学窦明健主编，重庆交通学院陈洪凯主审。

具体编写情况：窦明健编写绪论、第五章、第七章和第八章；长安大学李治平编写第一章、第二章和第四章；长安大学梁杰编写第三章、第六章和第九章。全书由窦明健统稿。

本版教材在编写过程中，得到了多方的帮助和支持，有关学校提出了许多宝贵的编写意见，在此谨表感谢。存在的不妥和错误之处，恳请读者批评指正。

编　者

2002 年 11 月

第二版前言

本版教材是在1980年出版的高等学校试用教材《公路工程地质》的基础上，经过补充、修改而成。改编是以1982年高等院校路、桥专业教材编审委员会所确定的《公路工程地质》教材大纲为依据，同时注意吸取国内外同类教材的有益经验。

与1980年第一版教材相比，主要有如下变动：(1)体系上划分为三篇，注重加强基础知识；(2)增加地球演化、多年冻土两章；(3)对地下水一章作了较多补充；(4)对岩石、地质构造、地震、外力作用、泥石流、岩溶各章作了部分修改、补充。其余六章均沿用第一版内容，基本未动，仅个别地方作了文字上的修改。

编者在教材编委会所定编写大纲以外，增加地球演化一章，是基于更新内容、拓宽知识面的考虑，各院校可根据具体情况确定是否讲授。

和第一版一样，在编写过程中，力求运用辩证唯物主义的观点，注意贯彻理论和实际相结合的原则，着重讲清工程地质的基本概念、原理和方法，取材紧密结合公路工程的主要地质问题。

本版教材由西安公路学院李斌主编，哈尔滨建筑工程学院杨可铭主审。书中所用新图，均由西安公路学院钟孝顺描绘。

对本版教材存在的缺点和错误，诚恳地希望读者提出宝贵意见。

第一版前言

本教材系以1978年3月交通部公路、桥隧、筑机专业教材编写大纲讨论会所确定的《公路工程地质》教材大纲为依据,并在吸取兄弟院校教学经验的基础上进行编写的。

本教材编写时,力求运用辩证唯物主义的观点,注意贯彻理论和实际相结合的原则,着重讲清工程地质的基本概念、原理和方法,紧密结合公路工程的主要地质问题取材。

本教材并用国际制与公制两种单位,但所列数据均以公制为准,国际制仅供参考。

本教材由西安公路学院李斌和左溪田主编。参加编写的还有重庆建筑工程学院戴震明;河北工学院李宗惕;西安公路学院张尚文、周兰玉等。全书图件由西安公路学院王文锐描绘。编写分工如下:

概述、第一章、第二章由左溪田编写;第三章、第四章由张尚文编写;第五章、第六章由李宗惕编写;第七章由李斌、周兰玉编写;第八章由戴震明、李斌编写;第九章由戴震明编写;第十章由李斌编写。

本教材由北京工业大学黄玉田主审。全国有十一所有关高等学校参加了审稿会议,与会者对教材进行了认真的审阅,提出了许多宝贵的意见和建议。在此,一并致谢。

对本教材的缺点和错误,诚恳地希望读者提出宝贵意见。

目录

绪论 ·· 1

第一章 岩石 ·· 10
第一节 造岩矿物 ·· 10
第二节 岩浆岩 ·· 14
第三节 沉积岩 ·· 18
第四节 变质岩 ·· 22
第五节 岩石的工程地质性质 ·· 25

第二章 地质构造 ·· 33
第一节 地质年代 ·· 35
第二节 地质构造 ·· 39
第三节 阅读地质图 ·· 52
第四节 活断层与地震 ·· 59

第三章 风化与地表流水的地质作用 ··· 76
第一节 风化作用 ·· 76
第二节 暂时性流水的地质作用 ··· 85
第三节 河流地质作用 ·· 89

第四章 地貌与第四纪松散沉积物 ·· 95
第一节 地貌 ·· 95
第二节 第四纪松散沉积物 ··· 107

第三节　特殊土及其工程地质性质 …………………………………………………… 110
第五章　地下水的地质作用 ………………………………………………………………… 128
　　第一节　地下水的物理性质和化学成分 ………………………………………………… 129
　　第二节　地下水的类型 …………………………………………………………………… 131
　　第三节　地下水的地质作用 ……………………………………………………………… 139
第六章　岩体结构与稳定性分析 …………………………………………………………… 143
　　第一节　岩体 ……………………………………………………………………………… 143
　　第二节　岩体的结构特性 ………………………………………………………………… 152
　　第三节　岩体稳定性分析 ………………………………………………………………… 160
　　第四节　岩质边坡的变形破坏及分析 …………………………………………………… 167
第七章　常见的不良地质现象 ……………………………………………………………… 179
　　第一节　崩塌 ……………………………………………………………………………… 179
　　第二节　滑坡 ……………………………………………………………………………… 183
　　第三节　泥石流 …………………………………………………………………………… 193
　　第四节　岩溶 ……………………………………………………………………………… 199
第八章　公路工程地质问题 ………………………………………………………………… 207
　　第一节　路基工程地质问题 ……………………………………………………………… 207
　　第二节　桥梁工程地质问题 ……………………………………………………………… 215
　　第三节　隧道工程地质问题 ……………………………………………………………… 220
第九章　公路工程地质勘探 ………………………………………………………………… 229
　　第一节　公路工程地质勘察的阶段与内容 ……………………………………………… 229
　　第二节　公路工程地质勘察的主要方法 ………………………………………………… 233
参考文献 ……………………………………………………………………………………… 251

绪　论

一、地球圈层构造与地质作用

(一)地球圈层构造

地球是一个旋转椭球体。它不是均质球体,而是具有同心圈层结构的球体。以地表为界,地球可分为外圈和内圈。根据物质成分、状态和性质的不同,外圈一般分为大气圈、水圈和生物圈三个圈层。内圈可以划分成许多圈层,一般分为地核、地幔和地壳三个基本圈层。

1. 地球外部圈层及其主要特征

(1) 大气圈

大气圈是地球最外面的一个圈层,主要由包围在地表外面的各种气体构成。现代大气的主要成分有氮气(体积百分比为78.1%)、氧气(占20.9%)、氩气(占0.93%)、二氧化碳(占0.03%)及水蒸气(占0~4%)等,并含少量尘埃微粒(总质量为5.6×10^9g,主要集中在100km高度以下的范围内)。大气的密度和压力随高度的增加而降低。据大气温度的垂直变化特性,由下到上可将大气圈进一步划分成对流层、平流层、中间层、暖层和散逸层。其中以对流层和平流层对地面影响较大。对流层中的氮气是植物制造蛋白质的主要原料。氧气是生物生命活动的重要条件,也是促进岩石等氧化分解的重要成分。位于大气圈最底部的二氧化碳主要来自有机物的氧化（燃烧）和生物的呼吸，它强烈吸收地面的长波辐射并放出新的热辐射，对地表可起到保温的作用，同时也是促进岩石风化分解的重要因素之一。水汽主要来自水圈的蒸发，它润湿大气，并能吸收地面的长波辐射。水汽以固态物质为中心凝集成云、雾、雨、雪等，在天气变化中扮演重要的角色。对流层的热量主要来自地面辐射。对流层直接影响大气圈下的生物生长和地球表层的改造。平流层是自对流层顶到50km高空的大气层，它的特点是大气以水平移动为主，其温度基本不受地面温度影响。平流层中存在大量臭氧，臭氧可吸收太阳的紫外辐射而使大气圈底层温度升高到0℃以上。平流层中臭氧对太阳紫外辐射的强烈吸收构成了对生物有效的天然保护。

（2）水圈

水圈由地球表层的水体组成，包括地表水、地下水及大气水等，其总体积约 $14 \times 10^8 km^3$。其中海水占总体积的97.2%，陆地水占2.8%。陆地水中极地和高山冰川约占78.6%，其余21.4%为河流、湖泊、沼泽中的水以及地下水。水圈中的海水在太阳辐射能的驱使下大量蒸发，形成水蒸气进入大气圈中的对流层内，随空气对流移至大陆上空，在一定条件下便凝结成雨、雪等落到地面。落到地面的大气降水在重力作用下沿地表和地下流回海洋，构成水的循环。河流、冰川、地下水等水体在流动的过程中，不断改造地表，塑造出各种地表形态。同时水圈也为生物的生存、演化提供了必不可少的条件，因此水圈是外动力地质作用的主要动力来源。

（3）生物圈

生物圈是生物及其生命活动的地带所构成的连续圈层。生物主要集中在地表和水圈中，特别是阳光、空气和水分充足而温度又适宜的地区。生物圈中生物和有机体的总量约为 $11.4 \times 10^{12} t$，为地壳总质量的 $1/10^5$。生物在其生命活动过程中，通过光合作用、新陈代谢等方式，可形成一系列生物地质作用，从而改变地壳表层的物质成分和结构，如促使某些分散的元素或成分富集，并在适当条件下沉积下来形成铁、磷、煤、石油等有用矿产。

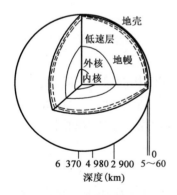

图 0-1　地球内部的分层结构图

2. 地球内部圈层及其主要特征

根据地震波传播速度的突变位置，可以确定地球内部的分界面，地球物理学上称为不连续面或界面。地球内部有两个波速变化最明显的界面：第一个界面深度很不一致，在大陆区较深，最深可达60km以上；在大洋区较浅，最浅不足5km，这个界面称为莫霍洛维奇不连续面，简称莫霍面，是前南斯拉夫的莫霍洛维奇在1909年发现的。第二个界面在地表下约2 900km处，称为古登堡不连续面，简称古登堡面，是美国的古登堡教授在1914年提出的。根据这两个界面可把地球内部分为地壳、地幔、地核三个基本的同心圈层(图0-1)。

（1）地核

古登堡面以下为地核，半径约3 471km，体积占地球总体积的16.2%，平均密度超过 $10g/cm^3$。形成如此巨大密度的地核，必定存在着高密度的物质，最合理的推断是金属。对陨石的分析表明，铁是最常见的构成行星的物质，在铁陨石中，铁通常与少量的镍形成合金。因此，大多数地质学家都认为，地核的成分很可能是铁—镍合金。根据地震波传播速度的变化，地核可进一步分出内核、过渡层和外核三个次一级的圈层。

①内核。根据穿过地核内部的纵波,可以肯定内核是固体。

②过渡层。波速变化复杂,并能测到速度不大的横波,是液态向固态过渡的象征。

③外核。纵波速度急剧降低,横波不能通过,说明外核是液体。有学者认为,地球外核运动的熔融铁就像一架巨大的直流发电机,它可能是地球磁场的来源。

(2) 地幔

莫霍面与古登堡面之间为地幔,厚约 2 900km,占地球总体积的 83%。地幔的平均密度为 $4.5g/cm^3$,说明地幔是由岩石组成的,而不是由金属物质组成的。根据地震波速变化情况,可进一步分为下地幔、过渡带和上地幔三个次一级圈层。根据对陨石成分的比较,一般认为铁陨石与下地幔成分相当,而石陨石则与上地幔成分相当。

①下地幔。地表以下 700km 深延伸到古登堡面为下地幔,平均密度为 $5.1g/cm^3$。下地幔能传播横波(S 波,即由震源传出的剪切波),说明其组成物质基本上是固体。

②过渡带。地表以下 400~700km 深为过渡带。带内波速的变化可能与成分的变化无关,而与矿物结构的变化即相变有关,故亦称为相变带。

③上地幔。莫霍面以下到 400km 深为上地幔。这一层对研究地球表面的地质是十分重要的,因为它的运动和历史与地壳的运动和历史有关。上地幔的平均密度为 $3.3g/cm^3$。上地幔能传播 S 波,因此它必定大部分是固体。

得到上地幔地震波速和密度的数据后,经与试验室对各种硅酸盐矿物按不同比例组合,在高温高压下测得的波速和密度数据对比,推测上地幔主要由橄榄石、辉石和石榴石组成。

上地幔最显著的特点是其具有低速层,该层纵波、横波的传播速度比其上、下圈层的速度都低。低速层顶部的深度各地不同,一般是 80~120km,其厚度为 100~200km。低速层波速低,说明其物质接近于熔融。低速层内有些区域不能传播横波,表明该处已形成液态区,可能是岩浆发源地。低速层岩石的塑性较大,易于发生塑性流动,给其上固体岩石的活动创造了条件,所以在构造地质学中也把低速层称作软流圈。软流圈以上到地表的物质均为固态岩石,称为岩石圈。岩石圈具有较强的刚性,分裂成许多不同级次的块体,称为板块。板块漂浮在软流圈上随之运动,即为板块运动,为构造运动发生的根源。

(3) 地壳

地壳由固体岩石构成,平均密度为 $2.8g/cm^3$,下界面为莫霍面,表面在陆地上直接暴露于地表。地壳平均厚度约为 33km,地壳的厚度变化很大,大洋地壳较薄,大陆地壳较厚。由于海洋和陆地下面的地壳各有特色,故可分为大洋壳和大陆壳两种基本类型。

①大洋壳。海洋约占地壳面积的 70.8%,大洋壳上平均覆盖 4km 深的海水。有些地方大洋壳的岩浆岩基底裸露在海水中,而在另一些地方,特别是在大陆边缘,大洋壳的岩浆岩基底被很厚的沉积物深深地埋在下面(一般说来,大洋壳上平均覆盖 0.5km 的沉积物)。大洋壳平均厚 6km,最厚约为 8km,最薄处不到 5km。大洋壳为单层结构,其主要组成物质是铁镁质,相当于玄武岩或辉长岩。

②大陆壳。大陆壳与大洋壳不同,大陆壳平均厚 35km,最厚处可达 70km(青藏高原),最薄处不到 25km。最高的珠穆朗玛峰海拔高度超过 8.8km,但大陆地表的平均海拔高度大约只有 800m。大陆壳的构造不是简单和均匀的。能直接观察到的地壳上部是由沉积岩、岩浆岩和变质岩组成的复杂混合物。大陆壳下部的地震波速比上部高,这种情况可能反映了地壳成分

的变化,也可能是成分大致不变而发生了相变的结果。大陆壳和大洋壳不仅在高程、厚度和构造等方面很不相同,它们的总成分也有很大的差别。大陆壳与大洋壳相比,硅和钾较多,而铁、镁和钙较少。大陆壳具有双层结构,上部为与安山岩、花岗闪长岩类似的中性成分,下部为玄武质成分。

(二)地质作用

地壳自形成以来,一直处在不停的运动和变化之中,因而引起地壳构造和地表形态不断地发生演变。人们把在地质历史发展过程中,促使地壳的组成物质、构造和地表形态不断变化的作用,统称为地质作用。地质作用按其能量来源的不同,可分为外力地质作用和内力地质作用两类。

1. 外力地质作用

由太阳辐射能、生物能和日月引力等所引起的地质作用,主要在地壳表面进行,称为外力地质作用,简称外力作用。外力地质作用可以概括为以下几种:

(1)风化作用。在温度变化、气体、水及生物等因素的综合影响下,促使组成地壳表层的岩石发生机械破碎,以致化学分解的一种破坏作用。风化作用使岩石强度和稳定性大为降低。

(2)剥蚀作用。将岩石风化破坏的产物从原地剥离下来的作用。它包括除风化作用以外的所有方式的破坏作用,诸如河流、大气降水、地下水、海洋、湖泊以及风等的破坏作用。

(3)搬运作用。岩石经风化、剥蚀破坏后的产物,被流水、风、冰川等介质搬运到其他地方的作用。

(4)沉积作用。由于搬运介质的搬运能力减弱,搬运介质的物理化学条件发生变化,或由于生物的作用,被搬运的物质从搬运介质中分离出来,形成沉积物的过程,称为沉积作用。

(5)成岩作用。沉积下来的各种松散堆积物,在一定条件下,由于压力增大、温度升高以及受到某些化学溶液的影响,发生压缩、胶结及重结晶等物理化学过程,固结成为坚硬岩石的过程,称为成岩作用。

外力地质作用一方面通过风化和剥蚀作用不断地破坏出露地表的岩石,另一方面又把地表高处剥蚀下来的风化产物通过流水等介质,搬运到低洼的地方使之沉积下来形成新的岩石。外力地质作用总的趋势是切削地壳表面隆起的部分,填平地壳表面低洼的部分,即"削高填平",不断使地壳的面貌发生变化。在地表主要形成戈壁、沙漠、黄土堆、泥石流、滑坡、深切谷、冲积平原等。

2. 内力地质作用

内力地质作用简称内力作用,由地球的转动能、重力能和放射性元素蜕变产生的热能所引起,主要是在地壳或地幔内部进行。内力地质作用包括以下几种:

(1)地壳运动。地壳运动引起海陆变迁,产生各种地质构造。因此,在一定意义上又把地壳运动称为构造运动。伴随地壳运动,常常发生岩浆作用、变质作用和地震。

(2)岩浆作用。地壳内部的岩浆在地壳运动等的影响下,向外部压力减小的方向移动,上升侵入地壳或喷出地面,冷却凝固成为岩石的全过程,称为岩浆作用。岩浆作用形成岩浆岩,并使围岩发生变质,同时引起地形改变。

(3)变质作用。由于地壳运动、岩浆作用等引起物理和化学条件发生变化,促使原有的岩石在基本保持固体状态下改变成分、结构和构造形成新岩石的作用,称为变质作用。变质作用形成各种不同的变质岩。

(4)地震。地震是地壳快速震动的现象,是地壳运动的一种特殊表现形式,地壳运动和岩浆作用都能引起地震。

内力作用总的趋势是形成地壳表层的基本构造和地壳表面大型的高低起伏。它一方面起着改变外力地质过程的作用,另一方面又为外力作用的不断发展提供新的条件。

内力作用与外力作用紧密关联、互相影响、互相制约,始终处于对立统一的发展过程中,是促使地壳不断运动、变化和发展的基本力量;同时也形成并不断改造着地表的工程地质条件。

二、公路工程地质

人类的工程活动都是在地表或地壳表层一定的地质环境中进行的,两者之间密切相关、相互影响、相互制约。

地质环境对工程活动的影响和制约是多方面的,它既可以影响工程活动的工程造价与施工安全,也可以影响工程的稳定和正常使用。如在开挖高边坡时,若忽视地质条件,可能引起大规模的崩塌或滑坡,不仅增加工程量、延长工期和提高造价,甚至危及工程安全。又如在岩溶地区修建水库,如不查明岩溶情况并采取适当措施,轻则蓄水大量漏失,重则完全不能蓄水,将使建筑物不能正常发挥功能。

工程活动也会以各种方式影响地质环境。如在地表进行工程建设,可能引起地基岩土体的压密沉降;桥梁可使局部河段冲刷淤积发生变化等。又如,在城市过量抽吸地下水,可能导致大规模的地面沉降;而大型水库对地质环境的影响,则往往超出局部场地的范围而波及广大区域,在平原地区可能引起大面积的沼泽化,在黄土地区可能引起大范围的湿陷,在某些地区还可能诱发地震等。

公路是修筑于地表环境中的线(带)状工程建筑,会穿越不同的地质、地貌单元,公路沿线的地质环境与条件会差异很大且变化复杂。公路工程包括路基路面、桥梁涵洞和隧道工程,会涉及由地质条件环境带来的边坡、地基、围岩等问题。因此,工程地质是公路工程专业领域的重要专业基础之一。

(一)工程地质学的概念与任务

工程地质学是研究工程建设活动与地质环境相互作用的有关地质问题的学科,也就是说是一门研究与工程建设活动有关的地质问题,为工程建设活动服务的地质学科,是工程学与地质学交叉形成的一门新的边缘学科,它是地质学的分支学科,属于应用地质学的范畴。

工程地质学与不同的工程建设活动相结合或为不同的工程活动服务,就形成各种不同的专门工程地质学,比如与公路工程建设活动相结合,为公路工程建设活动服务,就形成公路工程地质学。

工程地质学的具体任务是把地质科学应用于工程实践,通过查明并评价工程活动地区的工程地质条件,阐明对工程活动有利的和不利的因素;论证建筑物可能遇到的主要工程地质问题,进行定性和定量评价,作出确切结论;选择工程地质条件良好的建筑场址,并根据场址的工程地质条件具体情况提出合理的建筑类型、结构形式、规模的建议;预测建筑物建成后对地质环境的影响及其发展演化趋势,提出对地质环境合理利用和保护的对策和措施;提供改善和防治不良地质作用的方案、措施所需的地质依据。

由此可见,工程地质学的任务是多方面的。研究人类工程活动与地质环境之间的相互制约关系,以便做到既能使工程活动安全、经济、稳定,又能合理开发和保护地质环境,这是工程地质学的基本任务,而在大规模地改造自然环境的工程中,如何按地质规律办事,有效地顺应和改造地质环境,则是工程地质学面临的主要任务。

(二)工程地质学的研究内容与分支学科

工程地质学的上述基本任务,必然要求对与工程活动有关的地质环境,也称为工程地质条件,进行深入研究。一般认为,工程地质条件是一个综合概念,主要包括岩石和土的类型及工程性质、地质构造、地形地貌、水文地质条件、自然地质现象、地应力状态和天然建筑材料等因素。但其中最根本的是岩石和土的类型及工程性质,因为建筑物的地基、边坡或环境总是具有一定成分和性质的土或岩石或它们的组合。所以它们与工程活动有关的属性,是决定人类工程活动与地质环境相互制约的形式和规模的基本条件。这些属性通称为岩土体的物理力学性质或工程地质性质。研究岩土体的类型及工程性质的形成和它们在自然或人类活动影响下的变化,是工程地质学的专门分支之一"工程岩土学"的任务。

工程地质条件在工程活动和工程运行期间会产生一些新的变化和发展,构成影响工程安全的地质问题,称为工程地质问题。分析这些问题产生的地质条件、力学机制及其发展演化规律,以便正确评价和有效防治它们的不良影响,是工程地质学另一专门分支"工程地质分析"或"工程动力学"的基本任务。

上述两个专门分支学科是工程地质学的理论基础。将这些工程地质学理论用于解决工程实际问题,保证与人类工程活动的规划、设计、施工、使用、维修等有关的地质因素均能有效查明和妥善处理,需要在总结过去实践经验的基础上探讨研究勘察方法的选择、工作的布置原则、工作量的分配、勘察技术和方法理论的改进等。这是工程地质学另一专门分支"工程地质勘察学"的任务。

由于地表的工程地质条件具有明显的区域性分布规律,因此,工程地质问题也有区域性分布的特点,研究这些分布规律和特点的专门分支为"区域工程地质学"。

进入20世纪80年代以来,人们已充分认识到人类的工程活动或其他经济活动已经成为改变地表面貌、改变环境的强大营力,其规模和速度甚至超过了自然营力。如果认识不到人类赖以生存的大环境——岩石圈表层、水圈、大气圈、生物圈这一大系统的各子系统之间的内在联系、相互作用和环境发展演化的客观规律,人类的各种活动就将持续不自觉地破坏或恶化环境。为了避免人类工程活动对地质环境的不利影响,就需要定量预测人类活动干预下地表岩土体的变形破坏过程,预测各种工程活动可能产生的环境效应,研究各种地质灾害的区域性成灾规律和危险性分析评价方法,研究区域的、城市的或重大工程的地质环境评价的原则和方法,以便达到合理开发利用和保护、改善环境的目的。以环境工程地质问题为主要内容的研究评价就形成了工程地质学的一个新的分支学科"环境工程地质学"。

(三)工程地质学的研究方法

工程地质学的研究对象是复杂的地质体,所以其研究方法多种多样,主要包括定性分析法、定量分析法、试验分析法、模拟分析法等,常用方法如下。

1. 自然历史分析法

自然历史分析法即为地质学的方法，它是工程地质学最基本的一种研究方法。工程地质学所研究的对象——地质体和各种地质现象，是自然地质在历史过程中形成的，而且随着所处条件的变化，还在不断地发展演化。所以对一个动力地质作用或建筑场地进行工程地质研究时，首先就要做好基础地质工作，查明各项自然地质条件和各种地质现象以及它们之间的关系，预测其发展演化的趋势及结果。只有这样，才能真正查明研究地区的工程地质条件，并作为进一步研究工程地质问题的基础。例如，对斜坡变形与破坏问题进行研究时，要从研究形态入手，确定斜坡变形与破坏的类型、规模及边界条件，分析斜坡变形、破坏的机制及各项影响、控制因素，以展现其空间分布格局，进而分析其形成、发展演化过程和发育阶段。从空间分布和时间序列上揭示其内在的规律；并且还要预测在人类工程——经济活动下的变化情况，为深入进行斜坡稳定性工程地质评价奠定基础。

又如研究坝基抗滑稳定性问题时，首先必须查明坝基岩体的地层岩性特点、地质结构及地下水活动条件，尤其要注意研究软弱泥化夹层的存在和岩体中其他各种破裂结构面的分布及其组合关系，找出可能的滑移面和切割面以及它们与工程作用力的关系，研究滑移面的工程地质习性，以作为进一步研究坝基抗滑稳定性的基础。

但是，仅有地质学的方法是不能完全满足工程地质评价要求的，因为它终究属于定性研究的范畴，并没有数量的概念。所以要深入研究某一工程地质问题时，还必须采用定量研究的方法。数学力学分析法、模型模拟试验法即属定量研究的范畴。

2. 数学力学分析法

数学力学分析是在自然历史分析的基础上开展的，是对某一工程地质问题或工程动力地质现象，经自然历史分析之后，根据所确定的边界条件和计算参数，运用理论公式或经验公式进行定量计算。例如在斜坡稳定性计算中通常采用的刚体极限平衡理论法，就是在假定斜坡岩土体为刚体的前提下，将各种作用力以滑动力和抗滑力的形式集中作用于可能的滑移破坏面上，求出该面上的边坡稳定系数，作为定量评价的依据。为了搞清边界条件以及合理地选用各项计算参数，就需要进行工程地质勘探、试验，有时则要耗费巨大的资金和人力。所以除大型或重要的建筑物外，一般建筑物往往采用经验数据类比进行计算。

由于自然地质条件比较复杂，在计算时常需要把条件适当简化，并将空间问题简化为平面问题来处理。一般的情况是，先建立一个地质模型（物理模型），随后抽象为数学模型，再代入各项计算参数进行计算。由于现代计算机技术的发展，各种数学、力学计算模型越来越多地运用于工程地质领域中。弹性力学和弹塑性力学理论的有限单元法也日益广泛地应用于斜坡稳定性、坝基抗滑稳定性、地面沉降及水库诱发地震危险性等的分析计算中。这种方法在计算空间问题、非均一、非线性的复杂课题时更显示它的优越性。此外，模糊数学、数量化方法、灰色理论、逻辑信息法等的引入，也为工程地质定量评价开辟了新的途径。

3. 模型模拟试验法

模型模拟试验法在工程地质研究中也常被采用，它可以帮助我们探索自然地质作用的规律，揭示某一工程动力地质作用或工程地质问题产生的力学机制，及发生、发展演化的全过程，以便我们作出正确的工程地质评价。因为有些自然规律或建筑物与地质环境相互作用的关系可以用简单的数学表达式来表示；而更多的情况是数学表达式十分复杂而难解，甚至因不易发现其作用的规律而无法用数学表达式来表示,在这种情况下,采用模型模拟试验则更为有益。

模型试验与模拟试验的区别在于,试验所依据的基础规律是否与实际作用的基础规律一致。例如,用渗流槽进行坝基渗漏试验属于模型试验的方法,因为试验所依据的是达西定律,与实际控制坝基渗漏的基础规律相同。但若用电网络法进行这种试验,则属于模拟试验的方法,因为试验是以电学中的欧姆定律为依据的;欧姆定律与达西定律形式上虽然相似,但本质上则根本不同。

在工程地质中常见的模型试验有:地表流水和地下水渗流作用、斜坡稳定、地基稳定、水工建筑物抗滑稳定以及地下洞室围岩等工程岩土体稳定性的试验。常用的模拟试验有光测弹性和光测塑性模拟试验,以及模拟地下水渗流的电网络模拟试验等。

4. 工程地质类比法

工程地质类比法在工程地质研究中也是一种常用的方法,可以用于定性评价,也可做半定量评价。它是将已建建筑物工程地质问题的评价经验运用到自然地质条件与其大致相同的拟建的同类建筑物中去。很显然,这种方法的基础是相似性,即自然地质条件、建筑物的工作方式、所预测的工程地质问题性质都应大致相同或近似。它往往受研究者的经验限制。由于自然地质条件等不可能完全相同,类比时又往往把条件加以简化,所以这种方法是较为粗略的;一般适用于小型工程或初步评价。目前在斜坡稳定性评价中常用的"标准边坡数据法"即属此法。

上述4种研究方法各有特点,应互为补充、综合应用。其中自然历史分析法是最重要和最根本的研究方法,是其他研究方法的基础。将地质分析法与力学分析法、工程类比法与试验法等密切结合使用,即通常所说的定性分析与定量分析相结合的综合研究方法。要查明工程区工程地质条件的形成和发展,以及它在工程活动物作用下的发展变化,首先必须以地质学和自然历史的观点分析研究周围其他的自然因素和条件,了解在历史过程中对它的影响和制约程度,这样才有可能认识它形成的原因和预测其发展趋势和变化。这就是工程地质分析法,它是工程地质学的基本研究方法,也是进一步定量分析评价的基础。对工程设计和运用来说,仅有定性的论证是不够的,还要求对一些工程地质问题进行定量预测和评价。在阐明主要工程地质问题形成机制的基础上,还需建立模型进行计算和预测,例如地基稳定性分析、地面沉降量计算、地震液化可能性计算等。当地质条件十分复杂时,还可根据条件类似地区已有资料对研究区的问题进行定量预测,这就是采用类比法进行评价。采用定量分析方法论证地质问题时都需要采用试验测试方法,即通过室内或野外现场试验,取得所需要的岩土的物理性质、水理性质、力学性质数据。长期观测地质现象的发展速度也是常用的试验方法。综合应用上述定性分析和定量分析方法,才能取得可靠的结论,对可能发生的工程地质问题制订出合理的防治对策。

(四)工程地质学的发展前景

工程地质学自20世纪20年代产生以来,不足百年,还是一门新的学科。我国的工程地质学产生于20世纪50年代,到现在虽形成了以工程地质条件研究为基础,以工程地质问题分析为核心,以工程地质评价为目的,以工程地质勘察为手段的工程地质理论框架,但它的理论还很不完善,很多问题如岩质边坡的稳定性、各种特殊岩土体的工程性质、不良地质现象的处理措施等都有待进一步研究。当前,大量采用先进技术,提高工程地质勘探和测试质量是重要的努力方向。近几十年来,在地质勘探方面,探索出了一系列地球物理勘探方法,如电探、触探、地震勘探、声波探测、重力勘探、磁力勘探、放射性勘探等,其中有的已经取得了较好的成果。此外,航空工程地质勘探及遥感技术和电子技术的发展极为迅速,它们的应用将为工程地质学的研究开辟更为广阔的前景。在对工程岩土体稳定性的分析中,从有限单元法、边界元法及杂交元法的应用,已发展到开展各种黏弹性、弹塑性和黏弹塑性数值法以及损伤断裂、损伤蠕变等的模型研究,应用了离散元法、流形元法、界面元法、不连续位移法等计算方法。数值分析方面的发展不仅表现在多种模型的建立和多种计算方法的应用与开发,而且反映在反分析理论与方法的进展。从对人工神经网络、分形理论、模糊数学的应用,发展到不确定性和可靠度、统计概率的研究,特别是系统论的引入使工程地质综合集成方法得到发展。

公路工程地质方面也有很大的发展,应用先进的电子计算技术,现在已出现考虑土的特殊性质采用有限元法来计算路基的强度和稳定性的方法;在改良和加固不良土质方面,已开始应用化学加固、电硅化加固、土工格栅加固、真空法排水固结、化纤薄膜铺垫法等;在支挡建筑物方面,逐步向新型、轻型结构发展,如采用轻型挡土墙、柔性挡土墙等。

21 世纪,不论是公路还是桥梁,随着其等级标准的提高,各类工程结构物对工程地质条件的要求会更高,新理论、新方法、新技术的应用会更为广泛。

三、本课程的任务与学习要求

工程地质学应以严肃认真的科学态度,综合应用地质学理论及各种新技术、新方法、新理论(包括试验、计算),相互核对、相互验证,客观地反映各种地质现象,正确、全面地评价工程地质条件,为线路选择和各种建筑物的工程设计提供可靠的地质依据。

我国地域辽阔,自然条件复杂,公路建设中常常遇到各种各样的自然条件和地质问题。因此,作为公路工程专业技术人员,必须具备一定的工程地质知识,才能正确处理公路建设与自然地质条件的相互关系,才能胜任自己的工作。

本课程是公路与城市道路、桥梁工程和隧道工程等专业的一门专业基础课,它结合我国自然地质条件和公路、桥梁与隧道工程的特点,为学习专业和开展有关问题的科学研究提供必要的工程地质学基础知识;同时,通过一些基本技能的训练,使学生懂得搜集、分析和运用有关的地质资料,能对一般的工程地质问题进行评价。学习本课程最重要的不是死记硬背某些条文,而是学会具体问题具体分析。

作为公路与城市道路、桥梁与渡河工程和隧道工程等专业的一名本科生,在学习本课程后,应达到以下基本要求:

(1)能阅读一般的地质资料,在野外能辨认常见的岩石和土的类型,了解其主要的工程性质。

(2)能辨认基本的地质构造类型及各类不良地质现象,并了解这些构造及不良地质现象对工程的影响。

(3)掌握最常见的各种工程地质问题的基本知识,并能在工程设计、施工和运营中运用上述工程地质知识。

(4)一般地了解取得工程地质资料的工作方法、手段及成果要求。

第一章 岩　石

在地质作用下产生的,由一种或多种矿物以一定的规律组成的自然集合体,称为岩石。主要由一种矿物组成的岩石,称为单矿岩,如石灰岩就是由方解石组成的单矿岩;由两种或两种以上的矿物组成的岩石,称为复矿岩,如花岗岩是主要由正长石、石英和云母等矿物组成的复矿岩。根据矿物组成,可对岩石大致进行分类。矿物的成分、性质及其在各种因素影响下的变化,都会对岩石的强度和稳定性产生影响。

自然界有各种各样的岩石,按成因不同,可分为岩浆岩、沉积岩和变质岩三大类。由于岩石是由矿物组成的,所以要认识岩石,分析岩石在各种自然条件下的变化,进而对岩石的工程地质进行评价,就必须先从矿物讲起。

第一节　造岩矿物

一、矿物的概念

地壳和地球内部的化学元素,除极少数呈单质存在外,绝大多数都以化合物的形式存在。这些具有一定化学成分和物理性质的自然元素和化合物,称为矿物。其中构成岩石的矿物,称为造岩矿物,如常见的石英(SiO_2)、正长石($KAlSi_3O_8$)、方解石($CaCO_3$)等。

造岩矿物绝大部分是结晶质。结晶质的基本特点是组成矿物的元素质点(离子、原子或分子)在矿物内部按一定的规律排列,形成稳定的结晶格子构造(图1-1),在生长过程中如条件适宜,能生成具有一定几何外形的晶体(图1-2),如食盐的正立方晶体,石英的六方双锥晶体等。矿物的外形特征和许多物理性质,都是矿物的化学成分和内部构造的反映。

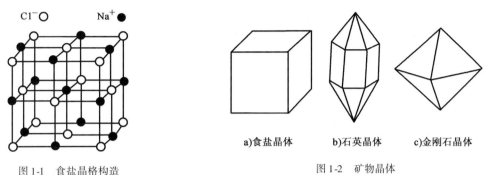

图1-1 食盐晶格构造　　　　　图1-2 矿物晶体
a)食盐晶体　b)石英晶体　c)金刚石晶体

自然界的矿物,都是在一定的地质环境中形成的,随后因经受各种地质作用而不断地发生变化。每一种矿物只在一定的物理和化学条件下才是相对稳定的,当外界条件改变到一定程度后,矿物原来的成分、内部构造和性质就会发生变化,形成新的次生矿物。

矿物不但是岩石的组成单元,而且是研究岩石生成环境和演变历史的一把重要的钥匙。

二、矿物的物理性质

矿物的物理性质决定于矿物的化学成分和内部构造。不同矿物由于化学成分或内部构造不同,因而反映出不同的物理性质,所以,矿物的物理性质是鉴别矿物的重要依据。

矿物的物理性质是多种多样的。为便于用肉眼鉴别常见的造岩矿物,这里主要介绍矿物的颜色、光泽、硬度、解理与断口。

(一)颜色

矿物的颜色,是矿物吸收可见光波后产生的。按成色原因,有自色、他色、假色之分。

(1)自色。自色是矿物固有的颜色,颜色比较固定。一般来说,含铁、锰多的矿物,如黑云母、普通角闪石、普通辉石等,颜色较深,多呈灰绿、褐绿、黑绿以至黑色;含硅、铝、钙等成分多的矿物,如石英、长石、方解石等,颜色较浅,多呈白、灰白、淡红、淡黄等各种浅色。

(2)他色。他色是矿物混入了某些杂质所引起的,与矿物本身性质无关。他色不固定,随杂质的不同而异。如纯净的石英晶体是无色透明的,混入杂质就呈紫色、玫瑰色、烟色。由于他色不固定,对鉴定矿物没有很大意义。

(3)假色。假色是由于矿物内部的裂隙或表面的氧化薄膜对光的折射、散射所引起的,如方解石解理面上常出现虹彩,斑铜矿表面常出现斑驳的蓝色和紫色。

(二)光泽

矿物表面呈现的光亮程度称为光泽。矿物的光泽是矿物表面反射率的表现,按其强弱程度,分为金属光泽、半金属光泽和非金属光泽。造岩矿物绝大部分呈现非金属光泽。由于矿物表面的性质或矿物集合体的集合方式不同,又会反映出各种不同特征的光泽。

(1)玻璃光泽。反光如镜,如长石、方解石解理面上呈现的光泽。

(2)珍珠光泽。光线在解理面间发生多次折射和内反射,在解理面上所呈现的像珍珠一样的光泽,如云母等解理面所呈现的光泽。

(3)丝绢光泽。纤维状或细鳞片状矿物,由于光的反射互相干扰,形成的丝绢般的光泽,如纤维石膏和绢云母等的光泽。

(4)油脂光泽。矿物表面不平,致使光线散射形成的油脂般的光泽,如石英断口上呈现的光泽。

(5)蜡状光泽。像石蜡表面呈现的光泽。如蛇纹石、滑石等致密块体矿物表面的光泽。

(6)土状光泽。矿物表面暗淡如土,如高岭石等松粒块体矿物表面所呈现的光泽。

(三)硬度

矿物抵抗外力刻划、研磨的能力,称为硬度。由于矿物的化学成分或内部构造不同,不同的矿物常具有不同的硬度。硬度是矿物的一个重要鉴定特征。在鉴别矿物的硬度时,是用两种矿物对刻的方法来确定矿物的相对硬度。硬度对比的标准,从软到硬依次由下列10种矿物组成,称为摩氏硬度计。可以看出,摩氏硬度只反映矿物相对硬度的顺序,它并不是矿物绝对硬度的等级。

1 滑石   2 石膏   3 方解石   4 萤石   5 磷灰石
6 正长石   7 石英   8 黄玉   9 刚玉   10 金刚石

矿物硬度的确定,是根据两种矿物对刻时是否互相刻伤的情况而定。如将需要鉴定的矿物与标准硬度矿物中的磷灰石对刻,结果被磷灰石所刻伤而自己又能刻伤萤石,说明它的硬度大于萤石而小于磷灰石,为4~5,即可定为4.5。常见的造岩矿物的硬度,大部分为2~6.5,大于6.5的只有石英、橄榄石、石榴子石等少数几种。野外工作中,常用指甲(2~2.5)、铁刀刃(3~3.5)、玻璃(5~5.5)、钢刀刃(6~6.5)鉴别矿物的硬度。

矿物的硬度,对岩石的强度有明显影响。风化、裂隙、杂质等会影响矿物的硬度,所以,在鉴别矿物的硬度时,要注意在矿物的新鲜晶面或解理面上进行。

(四)解理与断口

矿物受打击后,能沿一定方向裂开成光滑平面的性质,称为解理。裂开的光滑平面称为解理面。不具方向性的不规则破裂面,称为断口。

不同的晶质矿物,由于其内部构造不同,在受力作用后开裂的难易程度、解理数目以及解理面的完全程度也有差别。根据解理出现方向的数目,有一个方向的解理,如云母等;有两个方向的解理,如长石等;有三个方向的解理,如方解石等。根据解理的完全程度,可将解理分为以下几种。

(1)极完全解理。极易裂开成薄片,解理面大而完整,平滑光亮,如云母。

(2)完全解理。常沿解理方向开裂成小块,解理面平整光亮,如方解石。

(3)中等解理。既有解理面,又有断口,如正长石。

(4)不完全解理。常出现断口,解理面很难出现,如磷灰石。

矿物解理的完全程度和断口是互相消长的,解理完全时则不显断口。反之,解理不完全或无解理时,则断口显著。如不具解理的石英,只呈现贝壳状断口。

解理是造岩矿物的另一个鉴定特征。矿物解理的发育程度,对岩石的力学强度会产生不同的影响。

此外,如滑石的油腻感,方解石遇盐酸起泡等,都可作为鉴别该种矿物的特征。

三、常见的造岩矿物

常见的造岩矿物及其物理性质,见表1-1。

常见造岩矿物物理性质　　　　表1-1

矿物名称及化学成分	形状	物理性质				主要鉴定特征
		颜色	光泽	硬度	解理、断口	
石英 SiO_2	六棱柱状或双锥状、粒状、块状	无色、乳白或其他色	玻璃光泽、断口为油脂光泽	7	无解理,贝壳状断口	形状,硬度
正长石 $K[AlSi_3O_8]$	短柱状、板状、粒状	肉色、浅玫瑰或近于白色	玻璃光泽	6	二向完全解理,近于正交	解理,颜色
斜长石 $Na[AlSi_3O_8]$ $Ca[Al_2Si_2O_8]$	长柱状、板条状	白或灰白色	玻璃光泽	6	二向完全解理,斜交	颜色,解理面有细条纹
白云母 $KAl_3[AlSi_3O_{10}][OH]_2$	板状、片状	无色、灰白至浅灰色	玻璃或珍珠光泽	2~3	一向极完全解理	解理,薄片有弹性
黑云母 $K(Mg,Fe)_3[AlSi_3O_{10}][OH]_2$	板状、片状	深褐、黑绿至黑色	玻璃或珍珠光泽	2.5~3	一向极完全解理	解理,颜色,薄片有弹性
角闪石 $(Ca,Na)(Mg,Fe)_4(Al,Fe)$ $[(Si,Al)_4O_{11}]_2[OH]_2$	长柱状、纤维状	深绿至黑色	玻璃光泽	5.5~6	二向完全解理,交角近56°	形状,颜色
辉石 $(Na,Ca)(Mg,Fe,Al)$ $[(Si,Al)_2O_6]$	短柱状、粒状	褐黑、棕黑至深黑色	玻璃光泽	5~6	二向完全解理,交角近90°	形状,颜色

续上表

矿物名称及化学成分	形 状	物 理 性 质				主要鉴定特征
		颜色	光泽	硬度	解理、断口	
橄榄石 $(Fe,Mg)_2[(SiO_4)]$	粒状	橄榄绿或淡黄绿色	油脂或玻璃光泽	6.5~7	通常无解理,贝壳状断口	颜色,硬度
方解石 $CaCO_3$	菱面体、块状、粒状	白、灰白或其他色	玻璃光泽	3	三向完全解理	解理,硬度,遇盐酸强烈起泡
白云石 $CaMg[CO_3]_2$	菱面体、块状、粒状	灰白、淡红或淡黄色	玻璃光泽	3.5~4	三向完全解理,晶面常弯曲呈鞍状	解理,硬度,晶面弯曲,遇盐酸微弱起泡
石膏 $CaSO_4 \cdot 2H_2O$	板状、条状、纤维状	无色、白色或灰白色	玻璃或丝绢光泽	2	一向完全解理	解理,硬度,薄片无弹性和挠性
高岭石 $Al_4[Si_4O_{10}][OH]_8$	鳞片状、细粒状	白、灰白或其他色	土状光泽	1	一向完全解理	性软,黏舌,具可塑性
滑石 $Mg_3[Si_4O_{10}][OH]_2$	片状、块状	白、淡黄、淡绿或浅灰色	蜡状或珍珠光泽	1	一向完全解理	颜色,硬度,触抚有油腻感
绿泥石 $(Mg,Fe)_5Al(AlSi_3O_{10})[OH]_8$	片状、土状	深绿色	珍珠光泽	2~2.5	一向完全解理	颜色,薄片无弹性有挠性
蛇纹石 $Mg_6[Si_4O_{10}][OH]_8$	块状、片状、纤维状	淡黄绿、淡绿或淡黄色	蜡状或丝绢光泽	3~3.5	无解理,贝壳状断口	颜色,光泽
石榴子石 $(Mg,Fe,Mn,Ca)_3(Al,Fe,Cr)_2[SiO_4]_3$	菱形十二面体、二十四面体、粒状	棕、棕红或黑红色	玻璃光泽	6.5~7.5	无解理,不规则断口	形状,颜色,硬度
黄铁矿 FeS_2	立方体、粒状	浅黄铜色	金属光泽	6~6.5	贝壳状或不规则断口	形状,颜色,光泽

第二节 岩 浆 岩

岩浆岩是由岩浆冷凝形成的岩石。岩浆存在于地壳的深处,是处于高温、高压下的硅酸盐熔融体,它的主要成分是硅酸盐,还有其他元素、化合物以及溶解的气体(如 H_2O、CO_2 等)。

岩浆经常处于活动状态中,当地壳发生变动或受到其他内力作用时,承受巨大压力的岩浆,就会沿着构造薄弱带上升,侵入地壳或喷出地面。岩浆在上升过程中,压力减小,热量散失,经复杂的物理化学过程,最后冷却凝结,就形成了岩浆岩。

岩浆上升侵入围岩,在地壳深处结晶形成的岩石,称为深成岩,在地面以下较浅处形成的岩石,称为浅成岩,两者统称为侵入岩。由喷出地面的熔岩凝固形成的岩石,称为喷出岩。侵入岩和喷出岩,由于生成时的物理环境不同,因而具有不同的结构和构造。

岩浆侵入体和喷出体的产出状态,如图1-3所示。

一、岩浆岩的矿物成分

组成岩浆岩的矿物,根据颜色,可分为浅色矿物和深色矿物两类。

(1)浅色矿物。有石英、正长石、斜长石及白云母等。

(2)深色矿物。有黑云母、角闪石、辉石及橄榄石等。

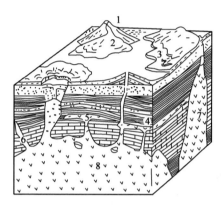

图1-3 岩浆侵入体和喷出体示意图
1-火山锥;2-熔岩流;3-岩被;4-岩床;5-岩盘;6-岩墙;7-岩株;8-岩基

岩浆岩的矿物成分,是岩浆化学成分的反映。岩浆的化学成分相当复杂,但含量高、对岩石的矿物成分影响最大的是 SiO_2。根据 SiO_2 的含量,岩浆岩可分为以下几类。

(1)酸性岩类(SiO_2 含量 $>65\%$)。矿物成分以石英、正长石为主,并含有少量的黑云母和角闪石。岩石的颜色浅,密度小。

(2)中性岩类(SiO_2 含量 $52\% \sim 65\%$)。矿物成分以正长石、斜长石、角闪石为主,并含有少量的黑云母及辉石。岩石的颜色比较深,密度比较大。

(3)基性岩类(SiO_2 含量 $45\% \sim 52\%$)。矿物成分以斜长石、辉石为主,含有少量的角闪石及橄榄石。岩石的颜色深,密度也比较大。

(4)超基性岩类($SiO_2 < 45\%$)。矿物成分以橄榄石、辉石为主,其次有角闪石,一般不含硅铝矿物。岩石的颜色很深,密度很大。

二、岩浆岩的结构和构造

(一)结构

岩浆岩的结构是指组成岩石的矿物的结晶程度、晶粒大小、晶体形状及其相互结合的情况。岩浆岩的结构特征是岩浆成分和岩浆冷凝时物理环境的综合反映。

1. 按岩石中矿物的结晶程度分类

(1)全晶质结构。岩石全部由结晶的矿物组成。这种结构是岩浆在温度缓慢降低的情况下形成的,通常是侵入岩特有的结构。

(2)半晶质结构。岩石由结晶的矿物和非晶质矿物组成。这种结构主要为浅成岩具有的结构,有时在喷出岩中也能见到。

(3)非晶质结构。岩石全部由非晶质矿物组成,又称玻璃质结构。这种结构是岩浆喷出地表迅速冷凝,在来不及结晶的情况下形成的,为喷出岩特有的结构。

2. 按岩石中矿物的晶粒大小分类

(1)显晶质结构。岩石全部由结晶较大的矿物组成,用肉眼或放大镜即可辨认。

(2)隐晶质结构。岩石全部由结晶微小的矿物组成,用肉眼和放大镜均看不见晶粒,只有在显微镜下可识别。

(3)玻璃质结构。岩石全部由非晶质组成,均匀致密似玻璃。

3. 按岩石中矿物晶粒的相对大小分类

(1)等粒结构。岩石中的矿物全部是显晶质粒状,同种主要矿物结晶颗粒大小大致相等。等粒结构是深成岩特有的结构。按矿物结晶颗粒大小可进一步划分为:

①粗粒结构。矿物结晶颗粒平均直径大于5mm。

②中粒结构。矿物结晶颗粒平均直径为1~5mm。

③细粒结构。矿物结晶颗粒平均直径小于1mm。

(2)不等粒结构。岩石中同种主要矿物结晶颗粒大小不等,相差悬殊。其中晶形完好、颗粒粗大的称为斑晶,小的称为石基。按其颗粒相对大小又可分为:

①斑状结构。石基为隐晶质或玻璃质。此种结构是浅成岩或喷出岩的重要特征。

②似斑状结构。石基为显晶质。此种结构多见于深成岩体的边缘或浅成岩中。

(二)构造

岩浆岩的构造是指矿物在岩石中由排列和充填方式所反映出来的外貌特征。岩浆岩的构造特征主要决定于岩浆冷凝时的环境。常见的岩浆岩构造主要有:

(1)块状构造。矿物在岩石中分布比较均匀,无一定的排列方向。这种构造是花岗岩、花岗斑岩等侵入岩所具有的构造。

(2)流纹状构造。岩石中不同颜色的条纹、拉长了的气孔以及长条形矿物沿一定方向排列所形成的流动状构造。这种构造是流纹岩等喷出岩所具有的构造。

(3)气孔状构造。岩浆凝固时,挥发性的气体未能及时逸出,在岩石中留下许多圆形、椭圆形或长管形孔洞的构造。气孔状构造常为玄武岩等喷出岩所具有。

(4)杏仁状构造。岩石中的气孔,为后期矿物(如方解石、石英等)充填所形成的一种形似杏仁的构造。如某些玄武岩和安山岩的构造。

三、岩浆岩的分类和常见的岩浆岩

(一)岩浆岩的分类

岩浆岩的分类如表1-2所示。

岩 浆 岩 分 类　　　　　表 1-2

岩石类型					酸性岩	中性岩		基性岩	超基性岩
SiO$_2$含量(%)					>65	52~65		45~52	<45
颜色					浅(浅灰、黄、褐、红)→深(深灰、黑绿、黑)				
主要矿物成分					正长石		斜长石		不含长石
结构					石英、黑云母、角闪石	角闪石、黑云母	角闪石、辉石、黑云母	辉石、角闪石、橄榄石	橄榄石、辉石、角闪石
产状			构造						
侵入岩	深成岩	岩基岩株	块状	等粒	花岗岩	正长岩	闪长岩	辉长岩	橄榄岩、辉岩
	浅成岩	岩床岩盘岩墙	块状、气孔	等粒、似斑状及斑状	花岗斑岩	正长斑岩	闪长玢岩	辉绿岩	少见
喷出岩		火山堆熔岩流熔岩被	块状、气孔、杏仁、流纹	隐晶质、玻璃质、斑状	流纹岩	粗面岩	安山岩	玄武岩	少见
			块状、气孔	玻璃质	浮岩、黑曜岩			少见	

(二)常见的岩浆岩

1. 酸性岩类

(1)花岗岩。花岗岩属于深成侵入岩。多呈肉红、浅灰、灰白等色。矿物成分主要为石英和正长石,其次有黑云母、角闪石和其他矿物。全晶质等粒结构,块状构造。根据所含深色矿物的不同,可进一步分为黑云母花岗岩、角闪石花岗岩等。花岗岩分布广泛,性质均匀坚固,是良好的建筑石料。

(2)花岗斑岩。花岗斑岩属于浅成侵入岩。成分与花岗岩相似,所不同的是具有斑状结构,斑晶为长石或石英,石基多由细小的长石、石英及其他矿物组成。

(3)流纹岩。流纹岩属于喷出岩,呈岩流状产出。常呈灰白、灰红、浅黄褐等色。矿物成分同花岗岩,具有典型的流纹构造,隐晶质斑状结构。细小的斑晶常由石英或长石组成。

2. 中性岩类

中性岩类可分为正长岩类和闪长岩类两个系列。

(1)正长岩。正长岩属于深成侵入岩,多呈肉红、浅灰或浅黄色。全晶质等粒结构,块状构造。主要矿物成分为正长石,其次为黑云母和角闪石,一般石英含量极少。其物理力学性质与花岗岩相似,但不如花岗岩坚硬,且易风化。

正长斑岩。正长斑岩属于浅成侵入岩,一般呈棕灰或浅红褐色。矿物成分同正长岩。与正长岩所不同的是具有斑状结构,斑晶主要是正长石,石基比较致密。

粗面岩。粗面岩属于喷出岩,常呈浅灰、浅褐黄或淡红色。斑状结构,斑晶为正长石,石基多为隐晶质,具有细小孔隙,用手抚摸有粗糙感。

(2)闪长岩。闪长岩属于深成侵入岩,灰白、深灰至黑灰色。主要矿物成分为斜长石和角闪石,其次有黑云母和辉石。全晶质等粒结构,块状构造。闪长岩结构致密,强度高,且具有较高的韧性和抗风化能力,是良好的建筑石料。

闪长玢岩。闪长玢岩属于浅成侵入岩,灰或灰绿色。矿物成分与闪长岩相同,具有斑状结构,斑晶主要为斜长石,有时为角闪石,岩石中常有绿泥石、高岭石和方解石等次生矿物。

安山岩。安山岩属于喷出岩,灰、紫或灰紫色。斑状结构,斑晶常为斜长石,气孔状或杏仁状构造。安山岩与粗面岩在颜色、外观上较为接近,但不具有粗面岩的粗糙感。

3. 基性岩类

(1)辉长岩。辉长岩属于深成侵入岩,灰黑至黑色。全晶质等粒结构,块状构造。主要矿物为斜长石和辉石,其次有橄榄石、角闪石和黑云母。辉长岩强度高,抗风化能力强。

(2)辉绿岩。辉绿岩属于浅成侵入岩,灰绿或黑绿色。具有特殊的辉绿结构(辉石充填于斜长石晶体格架的空隙中),矿物成分与辉长岩相同,但常含有方解石、绿泥石等次生矿物,强度也较辉石高。

(3)玄武岩。玄武岩属于喷出岩,灰黑至黑色。主要矿物成分与辉长岩相同。隐晶质细粒或斑状结构,气孔或杏仁状构造。玄武岩致密坚硬、性脆,强度很高,是良好的沥青类路面材料的骨架。

第三节 沉 积 岩

沉积岩是在地表环境中形成的岩石,沉积物质来自先前存在的岩石(岩浆岩、变质岩和早已形成的沉积岩)的化学和物理破坏产物。沉积岩是地表面分布最广的一种岩石,虽然它的体积只占地壳的5%,但是出露面积约占陆地表面积的75%。

沉积岩的形成是一个长期而复杂的地质作用过程。出露地表的各种岩石,经长期的日晒雨淋、风化破坏,逐渐地松散分解,或成为岩石碎屑,或成为细粒黏土矿物,或成为其他溶解物质。这些先成岩石的风化产物,大部分被流水等运动介质搬运到河、湖、海洋等低洼的地方沉积下来,成为松散的堆积物。这些松散的堆积物经过压密、胶结、重结晶等作用,逐渐形成沉积岩。

一、沉积岩的物质组成

1. 碎屑物质

由先成岩石经物理风化作用产生的碎屑物质组成。其中大部分是化学性质比较稳定,难溶于水的原生矿物的碎屑,如石英、长石、白云母等;一部分则是岩石的碎屑;此外,还有其他方式生成的一些物质,如火山喷发产生的火山灰等。

2. 黏土矿物

主要是一些由含铝硅酸盐类矿物的岩石,经化学风化作用形成的次生矿物,如高岭石、微晶高岭石及水云母等。这类矿物的颗粒极细(<0.005mm),具有很强的亲水性、可塑性及膨胀性。

3. 化学沉积矿物

经纯化学作用或生物化学作用从溶液中沉积结晶产生的沉积矿物,如方解石、白云石、石膏、石盐、铁和锰的氧化物或氢氧化物等。

4. 有机质及生物残骸

由生物残骸或经有机化学变化形成的物质,如贝壳、泥岩及其他有机质等。

在上述的沉积岩组成物质中,黏土矿物、方解石、白云石、有机质等,是沉积岩所特有的,是物质组成上区别于岩浆岩的一个重要特征。

在沉积岩的组成物质中还有胶结物,这些胶结物或是通过矿化水的运动被带到沉积物中,或是来自原始沉积物矿物组分的溶解和再沉淀。碎屑岩类岩石物理力学性质的好坏,与其胶结物有密切关系。常见的胶结物有以下几种:

(1)硅质。胶结成分为石英及其他二氧化硅。颜色浅,强度高。
(2)铁质。胶结成分为铁的氧化物及氢氧化物。颜色深,呈红色,强度仅次于硅质胶结。
(3)钙质。胶结成分为碳酸钙类的物质。颜色浅,强度比较低,具有可溶性。
(4)泥质。胶结成分为黏土。多呈黄褐色,胶结松散,强度低,易湿软、风化。

二、沉积岩的结构和构造

(一)结构

沉积岩的结构,按组成物质、颗粒大小及形状等方面的特点,一般分为碎屑结构、泥质结构、结晶结构及生物结构4种。

1. 碎屑结构

由碎屑物质被胶结物胶结而成,是沉积岩所特有的结构。按碎屑粒径的大小可分为:

(1)砾状结构。碎屑粒径 $>2mm$。碎屑形成后未经搬运或搬运不远而留有棱角者,为角砾状结构;碎屑经过搬运呈浑圆状或具有一定磨圆度者,为砾状结构。
(2)砂质结构。碎屑粒径介于 $0.05\sim2mm$。其中 $0.5\sim2mm$ 的为粗粒结构,如粗粒砂岩;$0.25\sim0.5mm$ 的为中粒结构,如中粒砂岩;$0.05\sim0.25mm$ 的为细粒结构,如细粒砂岩。
(3)粉砂质结构。碎屑粒径介于 $0.005\sim0.05mm$,如粉砂岩。

2. 泥质结构

由粒径 $<0.005mm$ 的黏土矿物颗粒组成,是泥岩、页岩等黏土岩的主要结构。

3. 结晶结构

由溶液中沉淀或经重结晶所形成的结构。结晶结构为石灰岩、白云岩等化学岩的主要结构。

4. 生物结构

由生物遗体或碎片组成,如贝壳结构、珊瑚结构等。是生物化学岩所具有的结构。

(二)构造

沉积岩的构造是指其组成部分的空间分布及其相互间的排列关系。沉积岩最主要的构造是层理构造、层面构造和化石。

1. 层理构造

沉积岩在形成过程中由于沉积环境的改变,使先后沉积的物质在颗粒大小、形状、颜色和成分上发生变化,从而显示出来的成层现象,称为层理构造。

层与层之间的界面,称为层面。层面是由较短的沉积间断所造成。上下两个层面间连续不断沉积所形成的岩石,称为岩层。一个岩层上下层面之间的垂直距离,称为岩层的厚度。

岩层按厚度可分为块状(>1m)、厚层(0.5~1m)、中厚层(0.1~0.5m)和薄层(<0.1m),大厚度岩层中所夹的薄层,称为夹层。

2. 层面构造

层面上有时还保留有反映沉积岩形成过程的某些特征,如波痕、泥裂等,称为层面构造。

(1)波痕。沉积过程中,沉积物由于受风力或水流的波浪作用,在沉积层面上遗留下来的波浪痕迹。

(2)泥裂。黏土沉积物表面,由于失水收缩而形成不规则的多边形裂缝。

3. 化石

在沉积岩中常可见到化石,它们是经石化作用保存下来的蚌壳、三叶虫、树叶等动植物的遗骸或遗迹,常沿层理面平行分布。根据化石可以推断岩石形成的地理环境和确定岩层的地质年代。

沉积岩的层理构造、层面特征和含有化石,是沉积岩在构造上区别于岩浆岩的重要特征。

三、沉积岩的分类和常见的沉积岩

(一)沉积岩的分类

沉积岩的分类见表1-3。

沉积岩分类 表1-3

岩类	结构		岩石名称	主要亚类及其矿物成分
碎屑岩类	火山碎屑岩	粒径>100mm	火山集块岩	主要由>100mm的熔岩碎块、火山灰尘等经压密胶结而成
		粒径2~100mm	火山角砾岩	主要由2~100mm的熔岩碎屑、晶屑、玻屑及其他碎屑混入物组成
		粒径<2mm	凝灰岩	由50%以上粒径<2mm的火山灰组成,其中有岩屑、晶屑、玻屑等细粒碎屑物质
	沉积碎屑岩	碎屑结构 砾状结构(粒径>2mm)	砾岩	角砾岩:由带棱角的角砾经胶结而成;砾岩:由浑圆的砾石经胶结而成
		砂质结构(粒径0.05~2mm)	砂岩	石英砂岩:石英(含量>90%)、长石及岩屑(<10%); 长石砂岩:石英(含量<75%)、长石(>25%)及岩屑(<10%); 岩屑砂岩:石英(含量<75%)、长石(<10%)及岩屑(>25%)
		粉砂质结构(粒径0.005~0.05mm)	粉砂岩	主要由石英、长石及黏土矿物组成

续上表

岩 类	结 构	岩石名称	主要亚类及其矿物成分
黏土岩类	泥质结构（粒径<0.005mm）	泥岩	主要由黏土矿物组成
		页岩	黏土质页岩：由黏土矿物组成；炭质页岩：由黏土矿物及有机质组成
化学及生物化学岩类	结晶结构及生物结构	石灰岩	石灰岩：方解石（含量>90%）、黏土矿物（<10%）；泥灰岩：方解石（含量50%~75%）、黏土矿物（25%~50%）
		白云岩	白云岩：白云石（含量90%~100%）、方解石（<10%）；灰质白云岩：白云石（含量50%~75%）、方解石（25%~50%）

(二)常见的沉积岩

1. 碎屑岩类

（1）火山碎屑岩

火山碎屑岩是由火山喷发的碎屑物质在地表经短距离搬运或就地沉积而成。由于它在成因上具有火山喷出与沉积的双重性，所以是介于喷出岩和沉积岩之间的过渡类型。常见的有：

①火山集块岩。主要由粒径>100mm的粗火山碎屑物质组成，胶结物主要为火山灰或熔岩，有时为碳酸钙、二氧化硅或泥质。

②火山角砾岩。火山碎屑占90%以上，粒径一般为2~100mm，多呈棱角状，常为火山灰或硅质胶结，颜色常呈暗灰、蓝灰或褐灰色。

③凝灰岩。一般由<2mm的火山灰及细碎屑组成，碎屑主要是晶屑、玻屑及岩屑。胶结物为火山灰等。凝灰岩孔隙性高，重度小，易风化。

（2）沉积碎屑岩

沉积碎屑岩又称为正常碎屑岩。是由先成岩石风化剥蚀的碎屑物质，经搬运、沉积、胶结而成的岩石。常见的有：

①砾岩及角砾岩。砾状结构，由50%以上大于2mm的粗大碎屑胶结而成，黏土含量小于25%。由浑圆状砾石胶结而成的称为砾岩；由棱角状的角砾胶结而成的称为角砾岩。角砾岩的岩性成分比较单一。砾岩的岩性成分一般比较复杂，经常由多种岩石的碎屑和矿物颗粒组成。胶结物的成分有钙质、泥质、铁质及硅质等。

②砂岩。砂质结构，由50%以上粒径介于0.05~2mm的砂粒胶结而成，黏土含量小于25%。按砂粒的矿物组成，可分为石英砂岩、长石砂岩和岩屑砂岩。按砂粒粒径的大小，可分为粗粒砂岩、中粒砂岩和细粒砂岩。胶结物的成分对砂岩的物理力学性质有重要影响。根据胶结物的成分，又可将砂岩分为硅质砂岩、铁质砂岩、钙质砂岩及泥质砂岩几个亚类。硅质砂岩的颜色浅，强度高，抵抗风化的能力强。泥质砂岩一般呈黄褐色，吸水性强，易软化，强度和稳定性差。铁质砂岩常呈紫红色或棕红色，钙质砂岩呈白色或灰白色，强度和稳定性介于硅质与泥质砂岩之间。砂岩分布很广，易于开采加工，是工程上广泛采用的建筑石料。

③粉砂岩。粉砂质结构，常有清晰的水平层理。由50%以上粒径介于0.005~0.05mm的

粉砂胶结而成,黏土含量小于25%。结构较疏松,强度和稳定性不高。

2. 黏土岩类

(1)页岩。是由黏土脱水胶结而成,以黏土矿物为主,大部分有明显的薄层理,呈页片状。可分为硅质页岩、黏土质页岩、砂质页岩、钙质页岩及炭质页岩。除硅质页岩强度稍高外,其余岩性软弱,易风化成碎片,强度低,与水作用易于软化而丧失稳定性。

(2)泥岩。成分与页岩相似,常呈厚层状。以高岭石为主要成分的泥岩,常呈灰白色或黄白色,吸水性强,遇水后易软化。以微晶高岭石为主要成分的泥岩,常呈白色、玫瑰色或浅绿色,表面有滑感,可塑性小,吸水性强,吸水后体积急剧膨胀。

黏土岩夹于坚硬岩层之间,形成软弱夹层,浸水后易于软化滑动。

3. 化学及生物化学岩类

(1)石灰岩。简称灰岩。矿物成分以方解石为主,其次含有少量的白云石和黏土矿物。常呈深灰、浅灰色,纯质灰岩呈白色。由纯化学作用生成的具有结晶结构,但晶粒极细,经重结晶作用即可形成晶粒比较明显的结晶灰岩。由生物化学作用生成的,常含有丰富的有机物残骸。石灰岩中一般都含有一些白云石和黏土矿物,当黏土矿物含量达25%~50%时,称为泥灰岩;白云石含量达25%~50%时,称为白云质灰岩。

石灰岩分布相当广泛,岩性均一,易于开采加工,是一种用途很广的建筑石料。

(2)白云岩。主要矿物成分为白云石,也含有方解石和黏土矿物,结晶结构。纯质白云岩为白色,随所含杂质的不同,可呈现不同的颜色。性质与石灰岩相似,但强度和稳定性比石灰岩高,是一种良好的建筑石料。

白云岩的外观特征与石灰岩近似,在野外难于区别,可根据遇盐酸起泡程度辨认。

第四节 变 质 岩

地壳内部原有的岩石(岩浆岩、沉积岩和变质岩),由于受到高温、高压及化学成分加入的影响,改变原来的矿物成分和结构、构造,形成新的岩石,称为变质岩。这种使岩石改变的作用,称为变质作用。变质岩不仅具有变质过程中所产生的特征,而且还常保留岩石原来的某些特点。

引起变质作用的主要因素是高温、高压和新的化学成分的加入。变质作用可概括为接触变质与区域变质两种基本类型。岩浆从地球深处上升到地壳中,带着很大热能,使与之接触的岩石温度急剧上升,由于这种热的影响所引起的变质作用,称为接触变质作用。在大规模区域性地壳变动的影响下,大面积岩体处在高温、高压、岩浆活动等因素的综合作用下所引起的变质作用,称为区域变质作用。

一、变质岩的矿物成分

变质岩的矿物成分可分为两大类:一是岩浆岩、沉积岩原有的矿物成分,如石英、长石、云母、角闪石、辉石、方解石等,它们大多是原岩残留下来的,有的是在变质作用中形成的;二是在变质作用中产生的变质岩所特有的矿物成分,如石墨、滑石、蛇纹石、石榴子石、绿泥石、绢云母、硅灰石、兰晶石、红柱石等,称为变质矿物。根据这些变质矿物,可以把变质岩与其他岩石区别开来。

二、变质岩的结构和构造

(一)结构

1. 变余结构

有些岩石经过变质以后,重结晶作用不完全,原岩的矿物成分和结构特征一部分被保留下来,即构成变余结构。如泥质砂岩变质以后,泥质胶结物变成绢云母和绿泥石,而其中碎屑物质(如石英)不发生变化,便形成变余砂状结构。还有其他的变余结构,如与岩浆岩有关的变余斑状结构、变余花岗结构等。

2. 变晶结构

变晶结构是岩石在变质作用过程中重结晶所形成的结构,它是变质岩最主要的结构,和岩浆岩的结晶结构有些相似,但也有不同之处,如岩石均为全晶质,没有非晶质成分;斑晶中常有大量基质矿物的包裹体等。

3. 碎裂结构

碎裂结构是由于岩石受力,矿物发生弯曲、破裂,甚至粉碎后,又被黏结在一起所形成的结构,如糜棱结构。

(二)构造

岩石经变质作用形成的在颜色、成分上呈层排列的现象称为片理构造。片理构造与沉积岩的层理构造相比,其延伸范围很小,且常呈曲面状。变质岩的构造可分为:

(1)板状构造。岩石中矿物颗粒细小,肉眼不能分辨,片理面平直,沿片理面偶有绢云母、绿泥石出现,光泽微弱,易沿片理面裂开成厚度一致的薄板,如板岩。

(2)千枚状构造。岩石中矿物颗粒细小,肉眼难以分辨,片理面较平直,沿片理面有绢云母出现,呈丝绢光泽,易沿片理面劈成薄片状,如千枚岩。

(3)片状构造。岩石中含有大量片状、板状或柱状矿物,沿片理面富集,平行排列,光泽较强,沿片理面易剥开成不规则的薄片,如云母片岩。

(4)片麻状构造。岩石由粒状矿物和片状或柱状矿物相间平行排列,呈条带状,沿片理面不易劈开,如片麻岩。

(5)块状构造。岩石由粒状结晶矿物组成,无定向排列,也不能定向裂开,如大理岩、石英岩等。

板状、千枚状、片状、片麻状等片理构造是变质岩所特有的,是识别变质岩的显著标志。

三、变质岩的分类和常见的变质岩

(一)变质岩的分类

变质岩的分类见表1-4。

变 质 岩 分 类　　　　　　　　　　表1-4

岩　类	构　造	岩石名称	主要亚类及其矿物成分
片理状岩类	片麻状	片麻岩	花岗片麻岩:长石、石英、云母为主,其次为角闪石,有时含石榴子石; 角闪石片麻岩:长石、石英、角闪石为主,其次为云母,有时含石榴子石
	片状	片岩	云母片岩:云母、石英为主,其次有角闪石等; 滑石片岩:滑石、绢云母为主,其次有绿泥石、方解石等; 绿泥石片岩:绿泥石、石英为主,其次有滑石、方解石等
	千枚状	千枚岩	绢云母为主,其次有石英、绿泥石等
	板状	板岩	黏土矿物、绢云母、石英、绿泥石、黑云母、白云母等
块状岩类	块状	大理岩	方解石为主,其次有白云石等
		石英岩	石英为主,有时含绢云母、白云母等

(二)常见的变质岩

1. 片理状岩类

(1)片麻岩。片麻岩具有典型的片麻状构造,变晶或变余结构,因发生重结晶,一般晶粒粗大,肉眼可以辨识。片麻岩可以由岩浆岩变质而成,也可由沉积岩变质形成。主要矿物为石英和长石,其次有云母、角闪石、辉石等,此外有时含有少许石榴子石等变质矿物。岩石颜色视深色矿物含量而定,石英、长石含量多时色浅,黑云母、角闪石等深色矿物含量多时色深。片麻岩还可根据矿物成分进一步分类和命名,如角闪石片麻岩,斜长石片麻岩等。

片麻岩强度较高,随着云母含量增多,强度相应降低,因具有片理构造,故较易风化。

(2)片岩。片岩具有片状构造,变晶结构。矿物成分主要是一些片状矿物,如云母、绿泥石、滑石等,此外常含有少许石榴子石等变质矿物。可根据矿物成分对片岩进一步分类和命名,如云母片岩、绿泥石片岩、滑石片岩等。

片岩的片理一般比较发育,片状矿物含量高,强度低,抗风化能力差,极易风化剥落,岩体也易沿片理倾向坍落。

(3)千枚岩。千枚岩多由黏土岩变质而成,矿物成分主要为石英、绢云母、绿泥石等。其结晶程度比片岩差,晶粒极细,肉眼不能直接辨别,外表常呈黄绿、褐红、灰黑等色。由于含有较多的绢云母,其片理面常有微弱的丝绢光泽。

千枚岩的质地松软,强度低,抗风化能力差,容易风化剥落,沿片理倾向容易产生坍落。

(4)板岩。板岩具有板状构造,变余结构,有时具有变晶结构,多是页岩经浅变质而成。其矿物颗粒细小,主要由绢云母、石英、绿泥石和黏土组成,常为深灰至黑灰色,也有绿色及紫色,易裂开成薄板,打击时有清脆之声,可与页岩区别,并能加工成各种尺寸的石板。

板岩在水的作用下易于泥化。

2. 块状岩类

(1)大理岩。大理岩由石灰岩或白云岩经重结晶变质而成,等粒变晶结构,块状构造。主要矿物成分为方解石,遇稀盐酸强烈起泡,可与其他浅色岩石相区别。大理岩常呈白色、浅红色、淡绿色、深灰色以及其他各种颜色,常因含有其他带色杂质而呈现出美丽的花纹。

大理岩强度中等,易于开采加工,色泽美丽,是一种很好的建筑装饰石料。

(2)石英岩。石英岩的结构和构造与大理岩相似,一般由较纯的石英砂岩变质而成,常呈白色,因含杂质,可出现灰白色、灰色、黄褐色或浅紫红色。

石英岩强度很高,抵抗风化的能力很强,是良好的建筑石料,但硬度很高,开采加工相当困难。

第五节 岩石的工程地质性质

岩石的工程地质性质包括物理性质、水理性质和力学性质三个主要方面。就大多数的工程地质问题来看,岩体的工程地质性质,主要决定于岩体内部裂隙系统的性质及其分布情况,但岩石本身的性质也起着重要的作用。这里主要介绍有关岩石工程地质性质的一些常用指标和影响岩石工程地质性质的一些主要因素。

一、岩石工程地质性质的常用指标

(一)岩石的物理性质

1. 岩石的密度(ρ)

岩石单位体积的质量称为岩石的密度,可用下式表示:

$$\rho = \frac{G}{V} \tag{1-1}$$

式中:ρ——岩石的密度(g/cm^3);

G——岩石的总质量(g);

V——岩石的总体积(cm^3)。

岩石孔隙中完全没有水存在时的密度,称为干密度。岩石孔隙全部被水充满时的密度,称为岩石的饱和密度。常见岩石的干密度为 $2.3 \sim 2.8 g/cm^3$。

2. 岩石的相对密度(D)

岩石的相对密度,是固体岩石的质量与同体积4℃水的质量的比值。在数值上,等于固体岩石的单位体积的质量,即:

$$D = \frac{G_s}{V_s \rho_w} = \frac{G_s}{V_s} \tag{1-2}$$

式中:D——岩石的相对密度(无因次);

G_s——固体岩石的质量(g);

V_s——固体岩石的体积(cm^3);

ρ_w——水的密度(g/cm^3)。

固体岩石的质量是指不包含气体和水在内的干燥岩石的质量;固体岩石的体积是指不包括孔隙在内的岩石的实体体积。

岩石相对密度的大小,决定于组成岩石的矿物的相对密度及其在岩石中的相对含量。常见岩石的相对密度一般为 2.5～3.3。

3. 岩石的孔隙率(n)

岩石的孔隙率(或孔隙度)是指岩石中孔隙、裂隙的体积与岩石总体积之比值,常以百分数表示,即:

$$n = \frac{V_V}{V} \times 100\% \tag{1-3}$$

式中:n——岩石的孔隙率(%);

　　V_V——岩石中孔隙、裂隙的体积(cm^3);

　　V——岩石总体积(cm^3)。

岩石孔隙率的大小,主要决定于岩石的结构和构造,同时也受风化或构造作用等因素的影响。一般坚硬岩石的孔隙率小于 2%～3%,但砾岩、砂岩等多孔岩石,则经常具有较大的孔隙率。

4. 岩石的吸水率(W_1)

岩石的吸水率是指在常压条件下岩石的吸水能力,以常压条件下岩石所吸水分质量与干燥岩石质量之比,用百分数表示,即:

$$W_1 = \frac{G_{W1}}{G_S} \times 100\% \tag{1-4}$$

式中:W_1——岩石的吸水率(%);

　　G_{W1}——岩石在常压下吸水的质量(g);

　　G_S——干燥岩石的质量(g)。

岩石的吸水率,与岩石孔隙的大小、孔隙张开程度等因素有关。岩石的吸水率大,则水对岩石的浸蚀、软化作用就强,岩石强度和稳定性受水作用的影响也就显著。

岩石的饱水率(W_2)是指在高压(15MPa)或真空条件下岩石的吸水能力,以该条件下岩石所吸水分质量与干燥岩石质量之比,用百分数表示。

岩石的吸水率与饱水率的比值,称为岩石的饱水系数。饱水系数越大,岩石的抗冻性越差。一般认为饱水系数小于 0.8 的岩石是抗冻的。

(二)岩石的水理性质

岩石的水理性质,是指岩石与水作用时的性质,如透水性、溶解性、软化性、抗冻性等。

1. 岩石的透水性

岩石的透水性是指岩石允许水通过的能力。岩石透水性的大小,主要取决于岩石中裂隙、孔隙及孔洞的大小和连通情况。

岩石的透水性用渗透系数(K)来表示。渗透系数等于水力坡降为 1 时,水在岩石中的渗透速度,其单位用 m/d 或 cm/s 表示。

2. 岩石的溶解性

岩石的溶解性是指岩石溶解于水的性质,常用溶解度或溶解速度来表示。在自然界中常见的可溶性岩石有石膏、岩盐、石灰岩、白云岩及大理岩等。岩石的溶解性不但和岩石的化学成分有关,而且还和水的性质有很大关系。淡水一般溶解能力较小,而富含 CO_2 的水,则具有较大的溶解能力。

3. 岩石的软化性

岩石的软化性是指岩石在水的作用下,强度及稳定性降低的一种性质。岩石的软化性主要决定于岩石的矿物成分、结构和构造特征。黏土矿物含量高、孔隙率大、吸水率高的岩石,与水作用容易软化而丧失其强度和稳定性。

岩石软化性的指标是软化系数,它等于岩石在饱水状态下的极限抗压强度与岩石在风干状态下极限抗压强度的比值。其值越小,表示岩石在水作用下的强度和稳定性越差。未受风化作用的岩浆岩和某些变质岩,软化系数大都接近于1,是弱软化的岩石,其抗水、抗风化和抗冻性强;软化系数小于0.75的岩石,认为是强软化的岩石,工程性质比较差。

4. 岩石的抗冻性

岩石孔隙中有水存在时,水一结冰,体积膨胀,就产生巨大的压力。这种压力的作用,会促使岩石的强度和稳定性降低。岩石抵抗这种冰冻作用的能力,称为岩石的抗冻性。在冰冻地区,抗冻性是评价岩石工程性质的一个重要指标。

岩石的抗冻性有不同的表示方法,一般用岩石抗冻试验前后抗压强度的降低率表示。抗压强度降低率小于20%~25%的岩石,认为是抗冻的;大于25%的岩石,认为是非抗冻的。

常见岩石的物理性质和水理性质指标见表1-5。

常见岩石的物理性质和水理性质指标 表1-5

岩石名称	相对密度	天然密度(g/cm³)	孔隙率(%)	吸水率(%)	软化系数
花岗岩	2.50~2.84	2.30~2.80	0.04~2.80	0.10~0.70	0.75~0.97
闪长岩	2.60~3.10	2.52~2.96	0.25 左右	0.30~0.38	0.60~0.84
辉长岩	2.70~3.20	2.55~2.98	0.29~1.13	—	0.44~0.90
辉绿岩	2.60~3.10	2.53~2.97	0.29~1.13	0.80~5.00	0.44~0.90
玄武岩	2.60~3.30	2.54~3.10	1.28 左右	0.30 左右	0.70~0.92
砂岩	2.50~2.75	2.20~2.70	1.60~28.30	0.20~7.00	0.44~0.97
页岩	2.57~2.77	2.30~2.62	0.40~10.00	0.51~1.44	0.24~0.55
泥灰岩	2.70~2.75	2.45~2.65	1.00~10.00	1.00~3.00	0.44~0.54
石灰岩	2.48~2.76	2.30~2.70	0.53~27.00	0.10~4.45	0.58~0.94
片麻岩	2.63~3.01	2.60~3.00	0.30~2.40	0.10~3.20	0.91~0.97
片岩	2.75~3.02	2.69~2.92	0.02~1.85	0.10~0.20	0.49~0.80
板岩	2.84~2.86	2.70~2.78	0.45 左右	0.10~0.30	0.52~0.82
大理岩	2.70~2.87	2.63~2.75	0.10~6.00	0.10~0.80	—
石英岩	2.63~2.84	2.60~2.80	0.00~8.70	0.10~1.45	0.96 左右

(三)岩石的力学性质

1. 岩石的强度指标

岩石的强度指标主要有抗压强度、抗拉强度和抗剪强度。岩石的破坏主要有压碎、拉断和剪断等形式。

1)抗压强度(f_r)

岩石在单向压力作用下,抵抗压碎破坏的能力称为岩石的抗压强度,即：

$$f_r = \frac{P_F}{A} \tag{1-5}$$

式中：f_r——岩石抗压强度(kPa)；

P_F——岩石受压破坏时的总压力(kN)；

A——岩石受压面积(m^2)。

2)抗拉强度(σ_t)

岩石受单向拉伸时,抵抗拉断破坏的能力称为岩石的抗拉强度,即：

$$\sigma_t = \frac{P_t}{A} \tag{1-6}$$

式中：σ_t——岩石抗拉强度(kPa)；

P_t——岩石受拉破坏时的总拉力(kN)；

A——岩石受拉面积(m^2)。

3)抗剪强度(τ)

岩石抵抗剪切破坏的能力称为岩石的抗剪强度。它又可分抗剪断强度、抗剪强度和抗切强度。

抗剪断强度是指在垂直压力作用下的岩石剪断强度,即：

$$\tau = \sigma \tan\varphi + c \tag{1-7}$$

式中：τ——岩石抗剪断强度(kPa)；

σ——破裂面上的法向应力(kPa)；

c——岩石的黏聚力(kPa)；

φ——岩石的内摩擦角；

$\tan\varphi$——岩石的摩擦系数。

坚硬岩石结晶联结或胶结联结牢固,因此其抗剪断强度较高。

抗剪强度是沿已有的破裂面发生剪切滑动时的指标,即：

$$\tau = \sigma \tan\varphi \tag{1-8}$$

抗剪强度大大低于抗剪断强度。

抗切强度是指压应力等于零时的抗剪断强度,即：

$$\tau = c \tag{1-9}$$

岩石的抗压强度最高,抗剪强度居中,抗拉强度最小。岩石越坚硬,其值相差越大。岩石的抗剪强度和抗压强度是评价岩石稳定性的重要指标。

常见岩石的抗压、抗剪及抗拉强度见表1-6。

常见岩石的抗压、抗剪及抗拉强度(MPa)　　　　　　　　　　表1-6

岩石名称	抗压强度	抗剪强度	抗拉强度
花岗岩	100~250	14~50	7~25
闪长岩	150~300	—	15~30
辉长岩	150~300	—	15~30
玄武岩	150~300	20~60	10~30
砂岩	20~170	8~40	4~25
页岩	5~100	3~30	2~10
石灰岩	30~250	10~50	5~25
白云岩	30~250	—	15~25
片麻岩	50~200	—	5~20
板岩	100~200	15~30	7~20
大理岩	100~250	—	7~20
石英岩	150~300	20~60	10~30

2. 岩石的变形指标

岩石的变形指标主要有弹性模量、变形模量和泊松比。

1）弹性模量（E）

应力与弹性应变的比值称为岩石的弹性模量，即：

$$E = \frac{\sigma}{\varepsilon_e} \tag{1-10}$$

式中：E——弹性模量（MPa）；

σ——正应力（MPa）；

ε_e——弹性正应变。

2）变形模量（E_0）

应力与总应变的比值称为岩石的变形模量，即：

$$E_0 = \frac{\sigma}{\varepsilon_e + \varepsilon_p} = \frac{\sigma}{\varepsilon} \tag{1-11}$$

式中：E_0——变形模量（MPa）；

σ——正应力（MPa）；

ε_e——弹性正应变；

ε_p——塑性正应变；

ε——总应变。

3）泊松比（ν）

岩石在轴向压力作用下的横向应变和纵向变应的比值，称为泊松比，即：

$$\nu = \frac{\varepsilon_x}{\varepsilon_y} \tag{1-12}$$

式中：ν——泊松比；

ε_x——横向应变；

ε_y——纵向应变。

岩石的泊松比一般为 0.2~0.4。

二、影响岩石工程地质性质的因素

从以上介绍可以看出,影响岩石工程地质性质的因素是多方面的,但归纳起来,主要有两个方面:一是岩石的地质特征,如岩石的矿物成分、结构、构造及成因等;二是岩石形成后所受外部因素的影响,如水的作用及风化作用等。现就上述因素对岩石工程地质性质的影响作简要说明。

(一)矿物成分

岩石是由矿物组成的,岩石的矿物成分会对岩石的物理力学性质产生直接的影响,这是容易理解的。例如辉长岩的密度比花岗岩大,这是因为辉长岩的主要矿物成分辉石和角闪石的密度比石英和正长石大。又如石英岩的抗压强度比大理岩要高得多,这是因为石英的强度比方解石高。两例说明,尽管岩类相同,结构和构造也相同,如果矿物成分不同,岩石的物理力学性质会有明显的差别。但也不能简单地认为,含有高强度矿物的岩石,其强度一定就高。因为岩石受力后,内部应力是通过矿物颗粒的直接接触来传递的,如果强度较高的矿物在岩石中互不接触,则应力的传递必然会受中间低强度矿物的影响,岩石不一定就能显示出高的强度。

从工程要求来看,大多数岩石的强度相对来说都是比较高的。所以,在对岩石的工程地质性质进行分析和评价时,更应该注意那些可能降低岩石强度的因素,如花岗岩中的黑云母含量是否过高,石灰岩、砂岩中黏土类矿物的含量是否过高等。黑云母是硅酸盐类矿物中硬度低、解理最发育的矿物之一,它容易遭受风化而剥落,也易于发生次生变化,最后成为强度较低的铁的氧化物和黏土类矿物。石灰岩和砂岩中,当黏土类矿物的含量大于20%时,就会直接降低岩石的强度和稳定性。

(二)结构

岩石的结构特征是影响岩石物理力学性质的一个重要因素。根据岩石的结构特征,可将岩石分为两类:一是结晶联结岩石,如大部分的岩浆岩、变质岩和一部分沉积岩;二是由胶结物联结的岩石,如沉积岩中的碎屑岩等。

结晶联结是由岩浆或溶液结晶或重结晶形成的。矿物的结晶颗粒靠直接接触产生的力牢固地联结在一起,结合力强,孔隙度小,比胶结联结的岩石具有更高的强度和稳定性。结晶联结的岩石,结晶颗粒的大小对岩石的强度有明显影响。如粗粒花岗岩的抗压强度一般为120~140MPa,而细粒花岗岩有的则可达200~250MPa。又如大理岩的抗压强度一般为100~120MPa,而最坚固的石灰岩则可达250MPa。这说明,矿物成分和结构类型相同的岩石,其矿物结晶颗粒的大小对强度的影响是显著的。

胶结联结是指矿物碎屑由胶结物联结在一起。胶结联结的岩石,其强度和稳定性主要决定于胶结物的成分和胶结的形式,同时也受碎屑成分的影响,变化很大。就胶结物的成分来说,硅质胶结的强度和稳定性高,泥质胶结的强度和稳定性低,铁质和钙质胶结的介于两者之间。如泥质胶结的砂岩,其抗压强度一般只有60~80MPa,钙质胶结的可达120MPa,而硅质胶结的则可高达170MPa。

胶结联结的形式,有基底胶结、孔隙胶结和接触胶结三种(图1-4)。肉眼不易分辨,但对岩石的强度有重要影响。基底胶结的碎屑物质散布于胶结物中,碎屑颗粒互不接触。所以基底胶结的岩石孔隙度小,强度和稳定性完全取决于胶结物的成分。当胶结物和碎屑的成分相同时(如硅质),经重结晶作用可以转化为结晶联结,强度和稳定性将会随之提高。孔隙胶结的碎屑颗粒互相间直接接触,胶结物充填于碎屑间的孔隙中,所以其强度与碎屑和胶结物的成分都有关系。接触胶结则仅在碎屑的相互接触处有胶结物联结,所以接触胶结的岩石,一般都是孔隙度大、重度小、吸水率高、强度低、易透水的岩石。

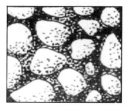 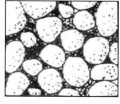 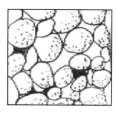

a)基底胶结　　　　　b)孔隙胶结　　　　　c)接触胶结

图 1-4　胶结联结的三种形式

(三)构造

构造对岩石物理力学性质的影响,主要是由矿物成分在岩石中分布的不均匀性和岩石结构的不连续性所决定的。

某些岩石所具有的片状构造、板状构造、千枚状构造、片麻构造以及流纹构造等,往往使矿物成分在岩石中的分布极不均匀。一些强度低、易风化的矿物,多沿一定方向富集,或成条带状分布,或成局部的聚集体,从而使岩石的物理力学性质在局部发生很大变化。观察和试验证明,岩石受力破坏和岩石遭受风化,都是从岩石的这些缺陷中开始发生的。

岩石结构的不连续性是指不同的矿物成分虽然在岩石中的分布是均匀的,但由于存在着层理、裂隙和各种成因的孔隙,致使岩石结构的连续性与整体性受到一定程度的影响,从而使岩石的强度和透水性在不同的方向上发生明显的差异。一般来说,垂直层面的抗压强度大于平行层面的抗压强度,平行层面的透水性大于垂直层面的透水性。假如上述两种情况同时存在,则岩石的强度和稳定性将会明显降低。

(四)水

岩石饱水后强度降低,已为大量的试验资料所证实。当岩石受到水的作用时,水就沿着岩石中可见和不可见的孔隙、裂隙侵入,浸湿岩石自由表面上的矿物颗粒,并继续沿着矿物颗粒间的接触面向深部浸入,削弱矿物颗粒间的联结,使岩石的强度受到影响。如石灰岩和砂岩被水饱和后,其极限抗压强度会降低 25% ~ 45%。即使像花岗岩、闪长岩及石英岩等一类的岩石,被水饱和后,其强度也均有一定程度的降低。降低程度在很大程度上取决于岩石的孔隙度。当其他条件相同时,孔隙度大的岩石,被水饱和后强度降低的幅度也大。

和上述的几种影响因素比较起来,水对岩石强度的影响,在一定程度上是可逆的,当岩石干燥后其强度仍然可以得到恢复。但是,如果伴随干湿变化,出现化学溶解、结晶膨胀等作用,使岩石的结构状态发生了改变,则岩石强度的降低就转化成为不可逆的过程了。

(五)风化

风化是指在温度、水、气体及生物等综合因素影响下,岩石状态、性质改变的物理化学过程。它是自然界中最普遍的一种地质现象。

风化作用促使岩石的原有裂隙进一步扩大，并产生新的风化裂隙，使岩石矿物颗粒间的联结松散，矿物颗粒沿解理面崩解。风化作用的这种物理过程，能促使岩石的结构、构造和整体性遭到破坏，孔隙度增大，重度减小，吸水性和透水性显著增高，强度和稳定性大为降低。随着物理过程的加强，则会引起岩石中的某些矿物发生次生变化，从根本上改变岩石原有的工程地质性质。

第二章 地质构造

地球作为一个天体，自形成以来就一直不停地运动着。地壳作为地球最外层的薄壳（主要指岩石圈），在地球历史演变过程中，同样不断地运动、发展和变化。例如，约3 000万年以前，喜马拉雅山脉地区曾是一片汪洋大海，后来由于地壳上升才隆起形成今日的"世界屋脊"。这种主要由地球内动力地质作用引起地壳变化，使岩层或岩体发生变形和变位的运动称为地壳运动。地壳运动的结果是形成了各种不同的构造形迹，如褶皱、断裂等，称为地质构造。因此，地壳运动也常称为构造运动。地壳运动控制着海、陆变迁及其分布轮廓，地壳的隆起和凹陷，以及山脉、海沟的形成，火山、地震的产生等。地壳运动一般以缓慢渐变的方式进行，不易为人们所察觉，其速度一般以毫米每年计，因此必须通过长期的观测才能发现。但有时也表现十分强烈，在短期内发生快速突变的运动，如火山爆发、地震活动等。地壳至今仍在发展运动中，按时间顺序，一般称晚第三纪以前的构造运动为古构造运动，晚第三纪以来的构造运动为新构造运动，其中人类历史时期发生的构造运动称为现代构造运动。

地壳运动的基本形式有两种，即水平运动和垂直运动。

（1）水平运动。指地壳沿地表切线方向产生的运动。主要表现为岩石圈的水平挤压、拉伸及剪切，引起岩体的弯曲和断裂，可以形成巨大的褶皱山系、裂谷和大陆漂移等。如印度洋板块挤压欧亚板块并插入欧亚板块之下，使三千万年前还是一片汪洋的喜马拉雅山脉地区逐渐抬升成现在的"世界屋脊"。

（2）垂直运动。指地壳沿地表法线方向产生的运动。主要表现为岩石圈的垂直上升或下降,引起地壳大面积的隆起和凹陷,形成海侵和海退等。如台湾高雄附近的珊瑚灰岩,更新世以来已被抬升至海面上350m高处;现在的江汉平原,晚第三纪以来下降了10 000多米,已形成巨厚的沉积层。

水平运动和垂直运动是紧密联系的,在时间和空间上往往交替发生。一般情况下,地壳运动是十分缓慢的,人们甚至难以察觉。如喜马拉雅山脉从海底上升到海平面上8 000多米的高山,平均每年仅上升2.4cm,但其长期的积累却是惊人的。有时,地壳运动可以十分剧烈的方式表现出来,如地震、火山喷发等。例如1976年7月28日,震惊中外的唐山里氏7.8级大地震,造成极震区70%~80%的建筑物倒塌或严重破坏,死亡人数达24万多人;2004年12月26日,印度洋发生里氏8.9级大地震并引发海啸,造成29万多人遇难。

地壳运动的成因理论,就是地壳运动的力学机制解释。主要有对流说、均衡说、地球自转说和板块运动说等。

(1)对流说。认为地幔物质已成塑性状态,并且上部温度低、下部温度高,在温差的作用下形成缓慢对流,从而导致上覆地壳运动。

(2)均衡说。认为地幔内存在一个重力均衡面,均衡面以上的物质重力均等,但因密度不同而表现为厚薄不一。当地表出现剥蚀或沉积时,重力发生变化,为维持均衡面以上重力均等,均衡面上的地幔物质将产生移动,以弥补地表的重力损失,从而导致上覆地壳运动。

(3)地球自转说。认为地球自转速度产生的快慢变化导致了地壳运动。当地球自转速度加快时,一方面惯性离心力增加,导致地壳物质向赤道方向运行;另一方面切向加速度增加,导致地壳物质由西向东运动。当基底黏着力不同时,地壳各部位运动速度不同,从而产生挤压、拉张、抬升、下降等变形、变位。当地球自转速度减慢时,惯性离心力和切向加速度均减小,地壳又产生相反方向的恢复运动,同样因基底黏着力不同,地壳发生变形、变位,故在地壳形成一系列纬向和经向的山系、裂谷、隆起和凹陷。

(4)板块运动说。此学说是在大陆漂移说和海底扩张说的基础上提出的。认为地球在形成过程中,表层冷凝成地壳之后,地球内部热量在局部聚集成高热点,并将地壳胀裂成六大板块。各大板块由大洋中脊和海沟分开,地球内部高热点的热能通过大洋中脊的裂谷得以释放。热流上升到大洋中脊的裂谷时,一部分热流遇海水冷却,在裂谷处形成新的洋壳,另一部分热流则沿洋壳底部向两侧流动,从而带动板块漂移(图2-1)。故在大洋中脊处新的洋壳不断形成,而在海沟处地壳相互挤压、碰撞,有的抬升成高大的山系,有的插入到地幔内熔解。在挤压碰撞带,板块间强烈摩擦,形成局部高温并积累大量的应变能,常构成火山带和地震带。各大板

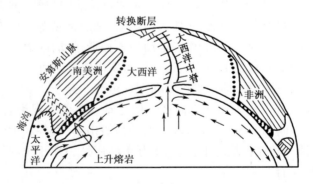

图2-1 地幔对流拉动岩石圈板块移动

块还可划分为若干次级板块,各板块在漂移中因基底黏着力不同,运动速度不一,同样可引起地壳岩层变形、变位。

第一节 地质年代

地球的年龄至少已有46亿年,在这漫长的地质历史中,地壳经历了大量的构造运动、岩浆活动、海陆变迁、剥蚀和沉积作用等各种地质事件,形成了不同时期的岩石地层和地质构造。判断岩石地层和地质构造的形成时间与新老关系非常重要,地质学上通常用地质年代来表示。

一、地层的地质年代

地层的地质年代有两种:一是绝对地质年代,用距今多少年来表示,是通过测定岩石样品所含放射性元素确定的;二是相对地质年代,是由该地层与相邻已知地层的相对层位关系来决定的。绝对地质年代,能说明岩层形成的确切时间,但不能反映岩层形成的地质过程。相对地质年代,不包含用"年"表示的时间概念,但能说明岩层形成的先后顺序及其相对的新老关系。在地质工作中,一般应用相对地质年代。

二、地层的相对地质年代

(一)沉积岩相对地质年代的确定

沉积岩岩层的相对地质年代,是通过地层层序法、岩性对比法、地层接触关系法和古生物化石比较法等方法来确定的。

1. 地层层序法

沉积岩在形成过程中,总是先沉积的岩层在下面,后沉积的岩层在上面,形成自然的层序。如果这种正常层序没有被褶皱或断层扰乱,岩层的相对地质年代可以由它们在层序中的位置确定(图2-2)。即位于下面的地层较老,而上面的地层较新。在构造变动复杂的地区,由于岩层的正常层位发生了变化,通过层序来确定岩层的相对地质年代就比较困难(图2-3)。必须用岩层的层面构造来恢复原始地层的层序以便确定其相对新老关系。

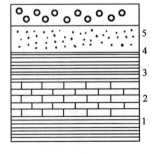

图2-2 正常层序
注:1~5代表岩层由老至新。

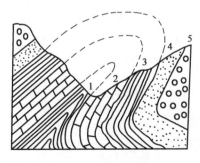

图2-3 变动层位
注:1~5代表岩层由老至新。

2. 岩性对比法

在一定区域内，同一时期形成的岩层，其岩性特点通常应是一致的或近似的。因此，可以将岩石的颜色、组成、结构、构造等岩性特点作为岩层对比的基础。但此法具有一定的局限性，因为同一地质年代的不同地区，其沉积物的组成、性质并不一定都是相同的；而同一地区在不同的地质年代，也可能形成某些性质类似的岩层。

3. 地层接触关系法

在很多沉积岩序列里，不是所有的原始沉积物都能保存下来。地壳上升可以形成侵蚀面，然后下降又被新的沉积物所覆盖，这种埋藏的侵蚀面称为不整合面。上下岩层之间具有不整合面的这种接触关系，称为不整合接触。不整合面以下的岩层先沉积，年代比较老；不整合面以上的岩层后沉积，年代比较新；不整合面上下岩层之间的差异反映着沉积间断，即岩层地质年代的不连续。由于发生了阶段性的变化，不整合面上下的岩层在岩性及古生物等方面往往都有显著不同。因此，不整合接触就成为划分地层相对地质年代的一个重要依据。

沉积岩的不整合，主要有角度不整合和平行不整合两种。

(1) 角度不整合。埋藏侵蚀面将年轻的、变形较轻的沉积岩同倾斜或褶皱的沉积岩分开，不整合面上下两套岩层的层理、层面之间有一角度差异[图2-4a)]。

(2) 平行不整合。不整合面上下两套岩层的层理、层面基本平行[图2-4b)]。

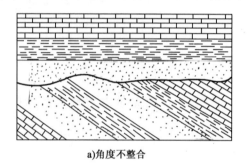

a) 角度不整合　　　　　　　　b) 平行不整合

图 2-4　不整合的两种类型

4. 古生物化石法

按照生物进化的规律，从古到今，生物总是由低级到高级，由简单向复杂逐渐发展的。在地质年代的每一个阶段中，都发育有适应于当时自然环境和发展阶段的特有生物群。因此，在不同地质年代沉积的岩层中，会含有不同特征的古生物化石。含有相同化石的岩层，无论相距多远，都是在同一地质年代中形成的。所以，只要确定出岩层中所含标准化石的地质年代，那么岩层的地质年代，自然也就跟着确定了。古生物化石法是沉积岩相对地质年代确定的重要方法，也是一种相对可靠的方法。

(二) 岩浆岩相对地质年代的确定

岩浆岩不含古生物化石，也没有层理构造。岩浆岩的相对地质年代，是通过它与沉积岩的接触关系以及它本身的穿插构造来确定的。

1. 接触关系法

接触关系法根据岩浆岩体与周围已知地质年代的沉积岩的接触关系，来确定岩浆岩的相对地质年代。接触关系分为两种：侵入接触、沉积接触。

（1）侵入接触。岩浆体侵入沉积岩层之中，侵入体周围沉积岩有受热变质现象，说明岩浆侵入体的形成年代，晚于发生变质的沉积岩层的地质年代[图 2-5a)]。

（2）沉积接触。岩浆岩形成之后，经长期风化剥蚀，在侵蚀面上又形成新的沉积。侵蚀面上部的沉积岩顶层无变质现象，而在沉积岩的底部往往有由岩浆岩组成的砾岩或岩浆岩风化剥蚀的痕迹。说明岩浆岩的形成年代，早于沉积岩的地质年代[图 2-5b)]。沉积岩与岩浆岩的这种接触关系，称为非整合，也属于不整合的一种。

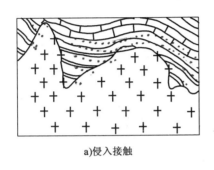 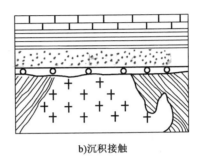

a) 侵入接触　　　　　　　　　　　b) 沉积接触

图 2-5　岩浆岩与沉积岩的接触关系

2. 穿插构造法

穿插的岩浆岩侵入体（如岩株、岩脉和岩基等），总是比被它们所侵入的最新岩层年轻，而比不整合覆盖在它上面的最老岩层老[图 2-6a)]。如果两个侵入岩接触，岩浆岩的相对地质年代，也可由穿插关系确定。一般是年轻的侵入岩脉穿过较老的侵入岩[图 2-6b)]。

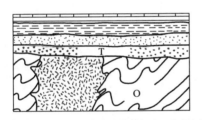 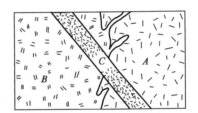

a) 花岗岩的侵入时代为晚奥陶世与晚三叠世之间　　b) 多期花岗岩侵入活动（A 最早，B 次之，C 最晚）

图 2-6　岩浆岩相对地质年代的确定

三、地质年代表与时间地层单位

地质学的发展，提供了适用于全球的统一地质年代表，这样不仅使一个大陆地区内的地质历史可以对比，而且使大陆之间的地质历史也同样可以对比。绝对年龄的测定，还可使地质学家把地球的历史和月球以及太阳系其他行星的历史联系起来。

（一）地质年代单位与时间地层单位

划分地质年代单位和时间地层单位的主要依据是地壳运动和生物演变的阶段性。地壳发生大的构造变动之后，自然地理条件将发生显著变化，各种生物也将随之演变，以适应新的生存环境，这样就形成了地壳发展历史的阶段性。地质学家根据几次大的地壳运动和生物界大的演变,把地质历史划分为5个"代",每个代又分为若干"纪",纪内因生物发展及地质情况不同,又进一步划分为若干"世"和"期"以及一些更细的段落,这些统称为地质年代单位。在特定的时间间隔内所形成的岩石体,称为时间地层单位,它可以包括多种不同的岩石类型。与地质年代单位对应的时间地层单位列于表2-1。

地质年代单位与时间地层单位　　　　　　　　　　　　表2-1

地质年代单位	代	纪	世	期
时间地层单位	界	系	统	阶

(二)地质年代表

第一个地质年代表是1756年由莱曼提出,1787年由维尔纳补充的。现代的地质年代表是在19世纪发展起来的。

在代、纪、世期间,世界各地都有普遍性的显著的地壳运动和生物演化。所以,代、纪、世是国际通用的地质年代单位,次一级的单位只具有区域性或地区性的意义。

中国地质年代表如表2-2所示。

中国地质年代表　　　　　　　　　　　　表2-2

代		纪	世	距今时间(百万年)	主要地壳运动	主要现象
新生代 Kz		第四纪 Q	全新世 Q_4 更新世上 Q_3 更新世中 Q_2 更新世下 Q_1	2~3	喜马拉雅山	冰川广布,黄土沉积,地壳发育成现代形势,人类出现
		第三纪 R	晚第三纪 N { 上新世 N_2 中新世 N_1			地壳初具现代轮廓,哺乳类动物、鸟类急速发展,并开始分化
			早第三纪 E { 渐新世 E_3 始新世 E_2 古新世 E_1	25		
中生代 Mz		白垩纪 K	上白垩世 K_2 下白垩世 K_1	70	燕山运动	地壳运动强烈,岩浆活动
		侏罗纪 J	上侏罗世 J_3 中侏罗世 J_2 下侏罗世 J_1	135		除西藏等地区外,中国广大地区已上升为陆,恐龙极盛,出现鸟类
		三叠纪 T	上三叠世 T_3 中三叠世 T_2 下三叠世 T_1	180	印支运动	华北为陆,华南为浅海,恐龙、哺乳类动物发育
古生代 Pz	上古生代 Pz_2	二叠纪 P	上二叠世 P_2 下二叠世 P_1	225	海西运动 (华力西运动)	华北至此为陆,华南为浅海,冰川广布,地壳运动强烈,间有火山爆发
		石炭纪 C	上石炭世 C_3 中石炭世 C_2 下石炭世 C_1	270 350		华北时陆时海,华南为浅海,陆生植物繁盛,珊瑚、腕足类、两栖类动物繁盛

续上表

代		纪	世	距今时间（百万年）	主要地壳运动	主 要 现 象
古生代 Pz	上古生代 Pz₂	泥盆纪 D	上泥盆世 D₃ 中泥盆世 D₂ 下泥盆世 D₁	350 400	加里东运动	华北为陆，华南为浅海，火山活动，陆生植物发育，两栖类动物发育，鱼类极盛
	下古生代 Pz₁	志留纪 S	上志留世 S₃ 中志留世 S₂ 下志留世 S₁	440		华北为陆，华南为浅海，局部地区火山爆发，珊瑚、笔石发育
		奥陶纪 O	上奥陶世 O₃ 中奥陶世 O₂ 下奥陶世 O₁	500		海水广布，三叶虫、腕足类、笔石极盛
		寒武纪 ∈	上寒武世 ∈₃ 中寒武世 ∈₂ 下寒武世 ∈₁	600	蓟县运动	浅海广布，生物开始大量发展，三叶虫极盛
元古代 Pt	新元古代 Pt₃	震旦纪 Z_Z		700	吕梁运动	浅海与陆地相间出露，有沉积岩形成，藻类繁盛
		青白口纪 Z_Q		1000		
	中元古代 Pt₂	蓟县纪 Z_J		1 400 ± 50		
		长城纪 Z_C		1 700 ±		
	古元古代 Pt₁			2 050	五台运动 鞍山运动	海水广布，构造运动及岩浆活动强烈，开始出现原始生命现象
太古代 Ar				2 400 ~ 2 500 4 500		
地球初期发展阶段				6 000		

第二节 地 质 构 造

由于地壳运动，地壳中存在着很大的应力，组成地壳的岩层就在地应力的长期作用下发生变形变位，并保留变动的形迹。构造运动在岩层和岩体中遗留下来的各种变形、变位的形迹称为地质构造。地质构造可分为水平构造、直立构造、倾斜构造、褶皱构造、断裂构造和不整合构造 6 种基本类型。它们可以构成不同规模、不同类型的复杂的构造体系。

地质构造的规模有大有小，但它们都是地壳运动的产物，都是地壳运动在地层和岩体中所造成的永久变形。各种地质构造都是地壳运动的真实记载。

一、岩层的产状

两个平行或近于平行的层面所限制的、由同一岩性组成的地质体称为岩层。由于地壳运动的影响，原始水平或近于水平的岩层可能发生倾斜、褶皱及断裂。岩层在空间的展布状态称为岩层的产状。岩层产状通常用岩层层面的走向、倾向和倾角三个要素来表示，如图2-7所示。

（一）岩层产状的三要素

1.走向

岩层层面与水平面的交线称为岩层的走向线，走向线所指的方向就是岩层的走向。岩层的走向表示岩层在空间的延伸方向，如图2-7中的ab直线。

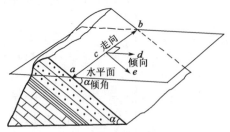

图2-7 岩层的产状要素
ab-走向；cd-倾向；α-倾角

2.倾向

垂直走向线顺倾斜岩层面向下引出一条射线，该射线在水平面上的投影称为倾向线，倾向线所指的方向称为岩层的倾向，如图2-7中cd线。岩层的倾向表示岩层在空间的倾斜方向。岩层的走向和倾向相差90°。

3.倾角

岩层层面与水平面所夹的锐角称为岩层的倾角，如图2-7中的α角，岩层的倾角表示岩层在空间倾斜角度的大小。

由此可见，用岩层产状的三个要素，可以反映出经过构造变动后的构造在空间的展布形态。

（二）岩层产状的表示方法

1.方位角表示法

方位角是平面方位或方向的一种表示方法。该方法以所需确定点的位置为中心，正北方向的方位角为0°，按顺时针方向旋转，旋转一周为360°。因此正东、正南、正西的方位角依次为90°、180°和270°，其他方向的方位角则在这几个数值之间等分。地质学中常使用方位角来表示产状。

方位角表示法只记倾向和倾角，如210°∠25°，前面是倾向的方位角，后面是倾角，读为倾向210°，倾角25°。

2.象限角表示法

象限角表示法是以北或南方向为准（0°），将平面划分为4个象限来表示方位或方向的方法。表示产状时，一般记走向、倾角和倾斜象限。例如，N65°W/25°S，读为"走向北偏西65°，倾角25°，大致向南倾斜"；N30°E/27°SE读为"走向北偏东30°，倾角27°，向南东倾斜"。

3.符号表示法

在地质图上，岩层产状要素用符号表示，常用的符号有：

$\underset{40}{\llcorner}$：水平线代表走向，垂线代表倾向，两线所示的均为实测方位，度数是倾角。

十:岩层水平(0°~5°)。

十:岩层直立,箭头指向较新岩层。

40↙:岩层倒转,箭头指向倒转后的倾向。

（三）岩层产状的测定

岩层产状测定是地质调查中的一项重要工作,在野外是用地质罗盘直接在岩层上测定的。

1. 岩层走向的测定

测走向时,先将罗盘上平行于刻度盘南北方向的长边贴于层面,然后放平,使圆水准泡居中,这时指北针(或指南针)所指刻度盘的度数就是岩层走向的方位。走向线两端的延伸方向均是岩层的走向,所以同一岩层的走向有两个数值,相差180°。

2. 岩层倾向的测定

测倾向时,将罗盘上平行于刻度盘东西方向的短边与走向线平行,同时将罗盘的北端指向岩层的倾斜方向,调整水平,使圆水准泡居中,这时指北针所指的度数就是岩层倾向的方位。倾向只有一个方向。同一岩层面的倾向与走向相差90°。

3. 岩层倾角的测定

测倾角时,将罗盘上平行于刻度盘南北方向的长边竖直贴在倾斜线上,紧贴层面使上边与岩层走向垂直,转动罗盘背面的倾斜器,使长管水准泡居中。倾角指示针所指刻度盘的度数就是岩层的倾角。

后面将要讲到的褶皱轴面、裂隙面、断层面等形态的产状意义、表示方法和测定方法,均与岩层的相同。

二、水平构造、直立构造及倾斜构造

（一）水平构造

水平构造指未经构造变动的沉积岩层,其形成时的原始产状是水平或近于水平的,先沉积的老岩层在下,后沉积的新岩层在上。经轻微构造变动改造,产状近于水平的岩层,也称为水平构造。水平构造多分布在大范围内均匀抬升或下降的地区,如陕北的中生界地层。

（二）直立构造

岩层层面与水平面垂直或近于垂直时,称为直立构造,也称直立岩层。

（三）倾斜构造

由于地壳运动使原始水平或近于水平的岩层发生倾斜,岩层层面与水平面之间有一定夹角的岩层称为倾斜构造,也称倾斜岩层。它常常是褶皱的一翼或断层的一盘,也可以是由大区域内的不均匀抬升或下降所形成。在一定地区内向同一方向倾斜且倾角基本一致的岩层又称为单斜构造。

三、褶皱构造

组成地壳的岩层,受构造应力的长期强烈作用,变形形成一系列波状弯曲而未彻底丧失其连续性的构造,称为褶皱构造。褶皱构造是岩层产生的塑性变形,是地壳表层广泛发育的基本地质构造之一。褶皱构造中的一个弯曲称为褶曲。

(一)褶曲要素

褶曲构造的各个组成部分称为褶曲要素。通常包括核部、翼、轴面、轴、枢纽和转折端等,如图2-8所示。

1. 核部

核部是褶曲的中心部分,通常指位于褶曲中央最内部的一个岩层。

2. 翼

翼是位于核部两侧,岩层向不同方向倾斜的部分。

3. 轴面

以褶曲顶平分两翼的面称为褶曲轴面。轴面是为了标定褶曲方位及产状而划定的一个假想面。褶曲的轴面可以是一个简单的平面,也可以是一个复杂的曲面。轴面可以是直立的,也可以是倾斜的或平卧的。

4. 轴

轴面与水平面的交线称为褶曲的轴。轴的方位即为褶曲的方位。轴的长度表示褶曲伸延的规模。

5. 枢纽

轴面与褶曲在岩层层面的交线称为褶曲的枢纽。褶曲枢纽有水平的、倾斜的甚至是直立的,也有波状起伏的。枢纽可以反映褶曲在延伸方向产状的变化情况。

6. 转折端

转折端是指褶曲两翼岩层互相过渡的弯曲部分。

(二)褶曲的基本形态

褶曲构造的基本形态是背斜和向斜,如图2-9所示。

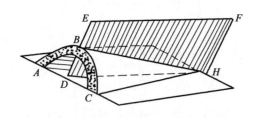

图2-8 褶曲的要素

注:ABC所包围的内部岩层为核部;ABH、CBH为翼;DEFH为轴面,DH为轴;BH为枢纽。

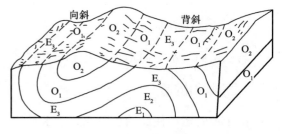

图2-9 背斜与向斜

1. 背斜

两翼岩层倾向相背的褶曲称为背斜褶曲。背斜在形态上一般表现为岩层向上隆起,它的岩层以褶曲轴为中心向两翼倾斜,当地面受到剥蚀而出露不同地质年代的岩层时,较老的岩层出露在褶曲的轴部,从轴部向两翼依次出露的是较新的岩层,并且两翼岩层对称出露。

2. 向斜

两翼岩层倾向相向(相对)的褶曲称为向斜褶曲。向斜在形态上一般表现为岩层向下凹陷弯曲,在向斜褶曲中,岩层的倾斜方向与背斜相反,两翼的岩层都向褶曲的轴部倾斜。如地面遭受剥蚀,在褶曲轴部出露的是较新的岩层,向两翼依次出露的是较老的岩层,其两翼岩层也对称出露。

(三)褶曲的形态分类

褶曲的形态多种多样,不同形态的褶曲反映了褶曲形成时不同的力学条件及成因。为了更好地描述褶曲在空间的分布,研究其成因,常以褶曲的形态为基础,对褶曲进行分类。下面介绍两种形态分类。

(1)按褶曲横剖面形态分类。即按横剖上轴面和两翼岩层的产状分类,如图2-10所示。

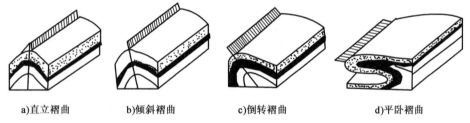

a)直立褶曲　　b)倾斜褶曲　　c)倒转褶曲　　d)平卧褶曲

图2-10　按褶曲横剖面形态分类

直立褶曲:轴面直立,两翼岩层倾向相反,倾角大致相等。
倾斜褶曲:轴面倾斜,两翼岩层倾向相反,倾角不相等。
倒转褶曲:轴面倾斜,两翼岩层倾向相同,其中一翼为倒转岩层。
平卧褶曲:轴面近水平,两翼岩层近水平,其中一翼为倒转岩层。

(2)按褶曲纵剖面形态分类。即按枢纽的产状分类,如图2-11所示。

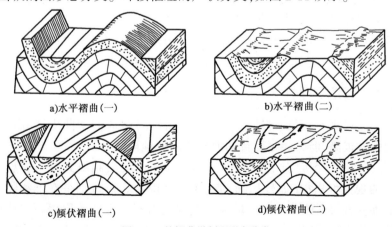

a)水平褶曲(一)　　b)水平褶曲(二)

c)倾伏褶曲(一)　　d)倾伏褶曲(二)

图2-11　按褶曲纵剖面形态分类

水平褶曲:枢纽近于水平,呈直线状延伸较远,两翼岩层界线基本平行,如图2-11a)和b)所示。若褶曲长宽比大于10:1,在平面上呈长条状,称为线状褶曲。

倾伏褶曲:枢纽向一端倾伏,另一端昂起,两翼岩层界线不平行,在倾伏端交汇成封闭弯曲线,如图2-11c)和d)所示。若枢纽两端同时倾伏,则两翼岩层界线呈环状封闭,其长宽比在3:1~10:1时,称为短轴褶曲。其长宽比小于3:1时,背斜称为穹窿构造,向斜称为构造盆地。

(四)褶曲构造的野外观察方法

在一般情况下,人们容易认为背斜为山,向斜为谷。存在这种情形,但实际情况要复杂得多。背斜因为遭受长期剥蚀,不但可以逐渐地被夷为平地,而且往往由于背斜轴部的岩层遭到构造作用的强烈破坏,在一定的外力条件下,甚至可以发展成为谷地,所以向斜山与背斜谷(图2-12)的情况在现实中也是比较常见的。将背斜为山,向斜为谷的地形称为顺(正)地形;反之,称为逆(负)地形。因此,不能够完全以地形的起伏情况作为识别褶曲构造的主要标志。

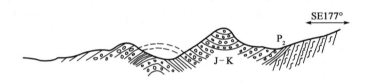

图2-12 褶曲构造与地形

褶曲的规模有比较小的,但也有很大的。小的褶曲,可以在小范围内,通过几个出露在地面的基岩露头进行观察。规模大的褶曲,一则分布的范围大,二则常受地形高低起伏的影响,既难一览无余,也不可能通过少数几个露头就能窥其全貌。对于这样的大型褶曲构造,在野外就需要采用穿越的方法和追索的方法进行综合观察。

穿越法,就是沿着选定的调查路线,垂直岩层走向进行观察。用穿越的方法,便于了解岩层的产状、层序及其新老关系。如果岩层在路线通过的地带有规律地对称出现,则必为褶曲构造。再根据岩层出露的层序及其新老关系,判断是背斜还是向斜。然后进一步分析两翼岩层的产状和两翼与轴面之间的关系,这样就可以判断褶曲的形态类型。

追索法,就是平行岩层走向进行观察的方法。平行岩层走向进行追索观察,便于查明褶曲延伸的方向及其构造变化的情况。当两翼岩层在平面上彼此平行展布时为水平褶曲,如果两翼岩层在转折端闭合或呈"S"形弯曲,则为倾伏褶曲。

穿越法和追索法,不仅是野外观察褶曲的主要方法,同时也是野外观察和研究其他地质构造现象的一种基本方法。在实践中一般以穿越法为主,追索法为辅,根据不同情况,穿插运用。

(五)褶曲的工程地质评价

由坚硬厚层岩石(如石英岩、硅质砂岩、硅质砾岩等)组成的褶曲山地,由于岩性坚硬,抗风化力强,一般强度很高,但裂隙很发育的地段或断层地段除外。

褶曲山区存在以下情况时对工程不利:在顺向坡(山坡面倾斜方向与岩层面倾斜方向一致)上部有较厚的现代堆积物(如残积物、坡积物、洪积物等),特别是在堆积物中有大量黏土矿物时,如果下卧基岩层面倾角大于山坡天然坡度或由不透水的薄层岩石组成或有软弱夹层(包括软弱的黏土岩夹层、片岩夹层)则对工程更为不利;在逆向坡(山坡面倾斜方向与岩层面倾斜方向相反),一般情况下,如果其上部有较厚的现代堆积物,特别是堆积物中含有大量黏土夹层或有大量黏土矿物则对工程不利。此外,要勘察清楚山区坡地堆积物中埋藏的大块孤石,不要错误判断为基岩,否则就有可能在施工中引起滑坡。

一般来说,褶曲构造对工程活动有以下方面的影响:

(1)褶曲核部或转折端岩层由于受水平张拉应力作用,产生许多张裂隙,直接影响岩体的完整性和强度,在石灰岩地区还往往使岩溶较为发育,所以在该部位布置各种建筑工程,如路桥、隧道等时,必须注意岩层的塌落、漏水、涌水问题。

(2)在褶曲翼部布置建筑工程,重点注意岩层的倾向及倾角的大小,特别是岩层产状与工程的组合关系,因为它对岩体的滑动有一定影响。

(3)对于地下工程,一般宜设计在褶曲翼部。一是隧道通过性质均一岩层,有利于稳定;二是褶曲核部岩层处在张力带中,岩层较破碎,易引起塌陷;且向斜核部一般是储水较为丰富的地段,围岩压力也会较大。

另外,在对比评价褶曲的工程地质时,还应注意褶曲的类型、组成、成因及变形程度等。

四、断裂构造

构成地壳的岩层受地应力作用后发生变形,当变形达到一定程度时,岩层的连续性和完整性遭到破坏,产生各种大小不同的断裂称为断裂构造。断裂构造主要分为裂隙和断层两大类。岩层破裂但沿破裂面无明显位移的断裂构造称为裂隙,也称为节理;沿破裂面两侧发生明显位移或较大错动的断裂构造称为断层。

断裂构造在地壳中广泛分布,往往成为工程岩体稳定性的控制性因素。

(一)裂隙

1. 裂隙成因分类及其特征

裂隙普遍存在于岩体或岩层中,按照成因可以分为构造裂隙与非构造裂隙两类。

受地壳运动作用形成的裂隙为构造裂隙。构造裂隙具有明显的方向性和规律性,其形成与褶皱和断层的形成过程密切相关,在不同的构造部位,构造裂隙的力学性质和发育程度都不尽相同。

根据裂隙的力学成因,可把构造裂隙分为剪裂隙(也称扭裂隙)和张裂隙两类。

(1)剪裂隙。岩石受剪(扭)应力作用形成的破裂面称为剪裂隙,其两组剪切面一般形成X形的裂隙,故又称X裂隙。剪裂隙常与褶皱、断层相伴生。剪裂隙的主要特征是:裂隙产状稳定,沿走向和倾向延伸较远;裂隙面平直光滑,常有剪切滑动留下的擦痕,可用来判断两侧岩石相对移动方向;剪裂隙两壁间的裂缝很小,一般呈闭合状;在砾岩中可以切穿砾石。剪裂隙常成对呈X形出现,一般发育较密,裂隙之间距离较小,特别是软弱薄层岩石中常密集成带。由于剪裂隙交叉互相切割岩层成碎块体,破坏岩体的完整性,故剪裂隙面常是易于滑动的软弱面。

(2)张裂隙。岩石受张应力作用而形成的破裂面称为张裂隙。在褶皱岩层中,多在弯曲顶部产生与褶皱向一致的张裂隙。张裂隙的主要特征是:裂隙产状不稳定,延伸不远即自行消失。裂隙面弯曲粗糙,张裂隙两壁间的裂缝较宽,呈开口或楔形,后期可被岩脉充填;张裂隙一般发育较稀,间距较大,很少密集成带,张裂隙往往是地下水渗漏的良好通道,在砾岩中常绕开砾石。

剪裂隙和张裂隙是构造应力作用的结果,在地壳岩体中广泛分布,对岩体的稳定性影响很大。

非构造裂隙是因成岩作用、外动力和重力等非构造因素所形成的裂缝,如原生裂隙、风化裂隙和卸荷裂隙等。其中具有普遍意义的是风化裂隙。风化裂隙广泛发育在岩层(体)靠近地面的部分,一般很少到达地面以下10~15m的深度。风化裂隙分布零乱,无明显的方向性,但相互间连通性强。风化裂隙使地表岩石破碎甚至完全松散,岩石工程地质性质降低,风化裂隙是基岩山区浅层地下水的主要赋存空间之一,风化裂隙对山区公路路堑、隧道进出口的边坡稳定性影响极大。

另外,裂隙按与岩层的产状关系可分为:

①走向裂隙,其走向与岩层走向平行;

②倾向裂隙,其走向与岩层走向垂直;

③斜向裂隙,其走向与岩层走向斜交;

④顺层裂隙,裂隙面大致平行于岩层面。按裂隙与褶曲枢纽的关系,裂隙又可分为纵裂隙、横裂隙和斜裂隙等。

2. 裂隙调查、统计与表示方法

为了反映裂隙分布规律及对岩体稳定性的影响,需要进行野外调查和室内资料整理工作,并利用统计图式,把岩体裂隙的分布情况表示出来。

调查时应先在工作地点选择一具代表性的基岩露头,对一定面积内的裂隙,按表2-3所列内容进行测量,并注意研究裂隙成因和填充情况。测量裂隙产状的方法和测量岩层产状的方法相同。为测量方便,当裂隙面出露不佳时,常利用硬纸片或金属薄片插入裂隙中,用测量纸片或金属摩片的产状数据,代替裂隙的产状。

裂隙野外测量记录表 表2-3

编 号	裂 隙 产 状			长 度	宽 度	条 数	填充情况	裂隙成因类型
	走向	倾向	倾角					
1	307°	37°	18°			22	裂隙面夹泥	扭性裂隙
2	332°	62°	10°			15	裂隙面夹泥	扭性裂隙
3	7°	277°	80°			2	裂隙面夹泥	张性裂隙
4	15°	285°	60°			4	裂隙面夹泥	张性裂隙

统计裂隙有多种图式,裂隙玫瑰图就是常用的一种,它可用来表示裂隙发育的程度。其资料的编制方法如下:

(1)裂隙走向玫瑰图通常是在一任意半径的半圆上,画上刻度网,把所测得的裂隙按走向以每5°或每10°分组,统计每一组内的裂隙条数并算出平均走向。自圆心沿半径引射线,射线的方位代表每组裂隙平均走向的方位,射线的长度代表每组裂隙的条数。然后用折线把射线的端点连接起来,即得到裂隙走向玫瑰图,如图2-13a)所示。图中的每一个"玫瑰花瓣",代表一组裂隙的走向,"花瓣"的长度,代表这个方向上裂隙的条数,"花瓣"越长,反映沿这个方向分布的裂隙越多。从图中可以看出,比较发育的裂隙有走向30°、60°、300°、330°及走向东西的共5组。

(2)裂隙倾向玫瑰图是先将测得的裂隙,按倾向以每5°或每10°为一组,统计每组内裂隙的条数,并算出其平均倾向,用绘制走向玫瑰图的方法,在注有方位的圆周上,根据平均倾向和裂隙条数,定出各组相应的端点。用折线将这些点连接起来,即为裂隙倾向玫瑰图,如

图2-13b)所示。如果用平均倾角表示半径方向的长度,用同样方法可以编制裂隙倾角玫瑰图。裂隙玫瑰图编制方法的优点是简单,但最大缺点是不能在同一张图上把裂隙的走向、倾向和倾角同时表示出来。

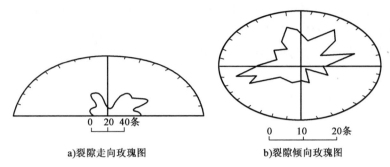

图2-13 裂隙玫瑰图

a)裂隙走向玫瑰图　　b)裂隙倾向玫瑰图

3. 裂隙的工程地质评价

岩体中的裂隙,在工程上除有利于岩体的开挖外,对岩体的强度和稳定性均有不利影响。裂隙破坏了岩体的整体性,促使风化速度加快;增强了岩体的透水性,使岩体强度和稳定性降低,在荷载作用下的变形增大。一般裂隙越发育对岩体的工程性质影响越大,张裂隙的影响比剪裂隙更大。若裂隙的主要发育方向与路线走向平行,倾向与边坡一致,不论岩体的产状如何,路堑边坡都容易发生崩塌或碎落。在路基施工时,还会影响爆破作业的效果。所以,当裂隙有可能成为影响工程设计的重要因素时,应当进行深入的调查研究,详细论证裂隙对岩体工程建筑条件的影响,采取相应措施,以保证建筑物的稳定和正常使用。

(二)断层

岩层受力的作用断裂后,两侧岩块沿断裂面发生显著位移的断裂构造,称为断层。断层的规模大小不一,小的几米,大的上千千米,相对位移可从几厘米到数十千米。

1. 断层要素

断层由以下几个部分组成(图2-14)。

1)断层面和破碎带

两侧岩块发生相对位移的断裂面,称为断层面。断层面可以是直立的,但大多数是倾斜的。断层的产状,就是用断层面的走向、倾向和倾角表示的。规模大的断层,经常不是沿着一个简单的面发生的,而往往是沿着一个错动带发生,称为断层破碎带。其宽度从几厘米到数百米不等。断层的规模越大,破碎带也就越宽、越复杂。由于两侧岩块沿断层面发生错动,所以在断层面上常留有擦痕,在断层带中常形成糜棱岩、断层角砾和断层泥等。

2)断层线

断层面与地面的交线,称为断层线。断层线表示断层的延伸方向,其形状决定于断层面的形状和地面的起伏情况。

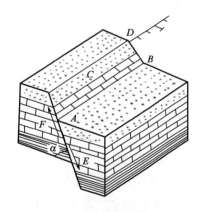

图2-14 断层要素

AB-断层线;C-断层面;α-断层倾角;E-上盘;F-下盘;DB-总断距

3）断盘

断层面两侧发生相对位移的岩块，称为断盘。当断层面倾斜时，位于断层面上部的称为上盘，位于断层面下部的称为下盘。当断层面直立时，常用断块所在的方位表示，如东盘、西盘等。如以断盘位移的相对关系为依据，则将相对上升的一盘称为上升盘，相对下降的一盘称为下降盘。上升盘和上盘，下降盘和下盘并不完全一致，上升盘可以是上盘，也可以是下盘。同样，下降盘可以是下盘，也可以是上盘，两者不能混淆。

4）断距

断距是指断层两盘沿断层面相对移动的距离。

2. 断层的基本类型

断层的分类方法很多，所以有各种不同的类型。根据断层两盘相对位移的情况，可以分为以下三种基本类型。

(1) 正断层[图 2-15a)]。沿断层面上盘相对下降，下盘相对上升的断层。正断层一般是由于岩体受到水平张应力及重力作用，使上盘沿断层面向下错动而成。

一般正断层的断层线不太平直，断层面倾角较陡，通常大于45°。破碎带较窄但连通性和开启程度较好，常是地下水的储水空间和集水廊道。

(2) 逆断层[图 2-15b)]。沿断层面上盘相对上升，下盘相对下降的断层。逆断层一般是由于岩体受到水平方向强烈挤压应力的作用，使上盘沿断层面向上错动而成。断层线的方向常和岩层走向或褶皱轴的方向近于一致，与压应力作用的方向垂直。断层面从陡倾角至缓倾角都有，但陡倾角多为小规模逆断层所具有。其中断层面倾角大于45°的称为冲断层；介于25°~45°的称为逆掩断层[图 2-15d)]；小于25°的称为辗掩断层。逆掩断层和辗掩断层常是规模很大的区域性断层。

逆断层由于受强烈水平挤压应力作用，所以破碎带较宽，破碎带内岩石破碎强烈，但挤压密实。

(3) 平推断层[图 2-15c)]。岩体由于受水平扭应力作用，两盘沿断层面发生相对水平位移的断层。平推断层的倾角很大，断层面近于直立，断层线比较平直。

上面介绍的，主要是受单向应力作用产生的断裂构造。由于岩体的受力性质和所处的边界条件十分复杂，所以实际情况还要复杂得多。

3. 断层的组合形式

断层的形成和分布，不是孤立的现象。它受区域性或地区性地应力场的控制，并经常与相关构造相伴生，很少孤立出现。在各构造之间，总是依一定的力学性质，以一定的排列方式有规律地组合在一起，形成不同形式的断层带。断层带也称断裂带，是局限于一定地带内的一系列走向大致平行的断层的组合，如阶状断层（图 2-16）、地堑、地垒（图 2-17）和迭瓦式构造（图 2-18）等，就是分布比较广泛的几种断层的组合形式。

在地形上，地堑常形成狭长的凹陷地带，如我国山西的汾河河谷、陕西的渭河河谷等，都是有名的地堑构造。地垒多形成块状山地，如天山、阿尔泰山等，都广泛发育有地垒构造。

在断层分布密集的断层带内，岩层一般都受到强烈破坏，产状紊乱，岩层破碎，地下水丰富，沟谷、斜坡、崩塌、滑坡、泥石流等不良地质现象发育。

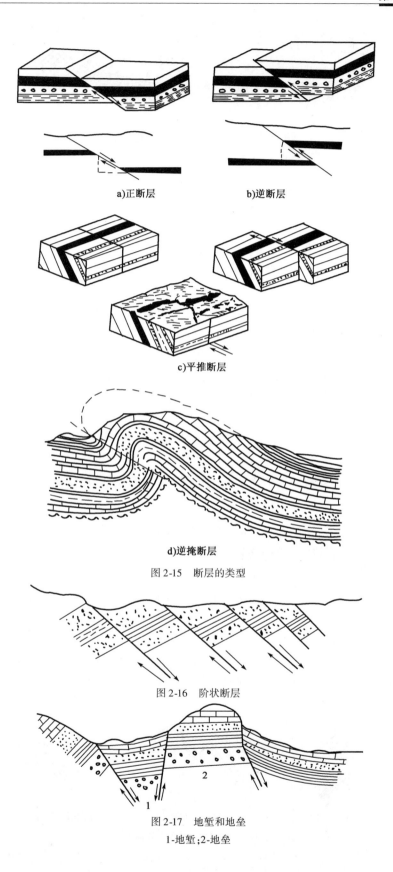

a)正断层　　b)逆断层

c)平推断层

d)逆掩断层

图 2-15　断层的类型

图 2-16　阶状断层

图 2-17　地堑和地垒

1-地堑;2-地垒

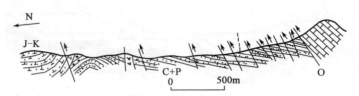

图 2-18　河北兴隆火神庙地区迭瓦式构造

O-奥陶纪石灰岩；C＋P-石炭二叠纪砾岩、砂岩、页岩夹煤层；J-K-侏罗白垩纪火山岩

4. 断层的工程地质评价

由于岩层发生强烈的断裂变动，致使岩体裂隙增多、岩石破碎、风化严重、地下水发育，岩石的强度和稳定性降低，可对工程建筑造成种种不利的影响。因此，在公路工程建设确定路线布局、选择桥位和隧道位置时，要尽量避开大的断层破碎带。

在研究路线布局，特别在安排河谷路线时，要特别注意河谷地貌与断层构造的关系。当路线与断层走向平行，路基靠近断层破碎带时，由于开挖路基，容易引起边坡发生大规模坍塌，直接影响施工和公路的正常使用。在进行大桥桥位勘测时，要注意查明桥基部分有无断层存在，准确评价其影响程度，以便根据不同情况，在设计基础工程时采取相应的处理措施。

在断层发育地带修建隧道，是最不利的一种情况。由于岩层的完整性遭到破坏，加之地面水或地下水的浸入，岩体的强度和稳定性都很差，容易产生洞顶坍落或围岩大变形，影响施工安全。因此，当隧道轴线与断层走向平行时，应尽量避免与断层破碎带接触。隧道横穿断层时，虽然只有个别段落受断层影响，但因地质及水文地质条件不良，必须预先考虑措施，保证施工安全。特别当断层破碎带规模很大，或者穿越断层带时，施工十分困难，在确定隧道平面位置时，要尽量设法避开。

此外，评价断层的工程地质还应考虑断层的类型、规模、组成及断盘效应等方面。

5. 断层的野外识别

从上述情况可看出，断层的存在，在许多情况下对工程建筑是不利的。为了采取措施，防止其对工程建筑产生不良影响，首先必须识别断层的存在。

当岩层发生断裂并形成断层后，不仅会改变原有地层的分布规律，还常在断层面及其相关部分形成各种伴生构造，并形成与断层构造有关的地貌现象。在野外可以根据这些标志来识别断层。

1）构造线和构造体的不连续

任何线状或面状的地质体，如地层、岩脉、岩体、不整合面、侵入体与围岩的接触界面、褶皱的枢纽及早期形成的断层等，在平面或剖面上突然中断、错开等的不连续现象，都是判断断层存在的重要标志（图 2-19）。

a) 岩石中断　　b) 岩脉切断　　c) 早期断层错段

图 2-19　断层造成的不连续标志

2)地层的重复与缺失

在层状岩石分布地区,沿岩层的倾向,原来层序连续的地层发生不对称的重复现象或者某些层位的缺失现象,一般是由走向正(或逆)断层造成的(图2-20)。断层造成的地层重复与褶曲造成的地层重复的区别为:前者是垂向重复,后者为对称重复。断层造成的缺失与不整合造成的缺失也不同,断层造成的缺失只限于断层两侧,而不整合造成的缺失有区域性的特征。

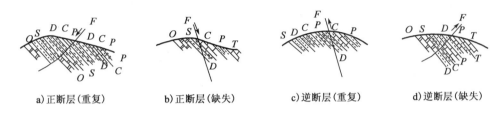

a)正断层(重复)　　b)正断层(缺失)　　c)逆断层(重复)　　d)逆断层(缺失)

图2-20　走向断层造成的地层重复或缺失

3)断层破碎带的特征

断层破碎带的特征是指由于断层面两侧岩块的相互滑动和摩擦,在断层面上及其附近留下的各种证据。

(1)擦痕、阶步和摩擦镜面。断层上下盘沿断层面相对运动时,因摩擦作用,在断层面上形成一些刻痕、小阶梯或磨光的平面,分别称为擦痕、阶步和摩擦镜面(图2-21)。

(2)构造岩。因地应力沿断层面集中释放,常造成断层面处岩体十分破碎,形成一个破碎带,即断层破碎带。破碎带宽几十厘米至几百米不等,破碎带内碎裂的岩、土体经胶结后称为构造岩。构造岩中碎块颗粒直径大于 2mm 时称为断层角砾岩;碎块颗粒直径为 0.01~2mm 时称为碎裂岩;碎块颗粒直径更小时称为糜棱岩;颗粒被研磨成泥状且单个颗粒不易分辨而又未固结时称为断层泥。

(3)牵引构造。断层运动时,断层面附近的岩层受断层面上摩擦阻力的影响,在断层面附近形成弯曲现象,称为断层的牵引构造,其弯曲的方向指示本盘的运动方向(图2-22)。

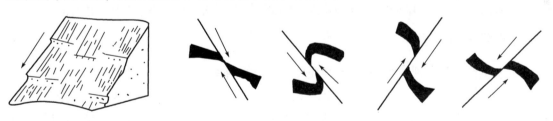

图2-21　擦痕与阶步　　　　　　　　图2-22　牵引弯曲

4)地貌标志

在断层通过地区,沿断层线常形成一些特殊的地貌现象。

(1)断层崖和断层三角面,在断层两盘的相对运动中,上升盘常常形成陡崖,称为断层崖,如峨眉山金顶舍身崖、昆明滇池西山龙门陡崖。当断层崖受到与崖面垂直方向的地表流水侵蚀切割时,原崖面形成一排三角形陡壁,称为断层三角面(图2-23)。

(2)断层湖、断层泉。沿断层带常形成一些串珠状分布的断陷盆地、洼地、湖泊、泉水等,可指示断层延伸方向。

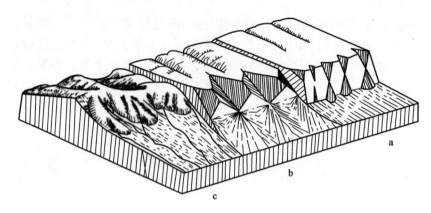

图 2-23　断层三角面的形成与消失
a-断层崖剥蚀成冲沟；b-冲沟扩大形成三角面；c-继续侵蚀，三角面消失

(3)错断的山脊、急转的河流。正常延伸的山脊突然被错断，或山脊突然断陷成盆地、平原，正常流经的河流突然产生急转弯，一些顺直深切的河谷，均可指示断层延伸的方向。

判断一条断层是否存在，主要是依据地层的重复、缺失和构造不连续这两个标志。其他标志只能作为辅证，不能依此下结论。

第三节　阅读地质图

地质图是反映一个地区各种地质条件的图件，是将自然界的地质情况以规定的颜色、符号按一定的比例缩小投影绘制的图件。地质图是工程实践中需要搜集和研究的一项重要地质资料。要清楚地了解一个地区的地质情况，需要花费不少的时间和精力，对已有地质图的分析和阅读，可以帮助我们具体了解一个地区的地质情况。这对我们研究路线的布局，确定野外工程地质工作的重点等，都可以提供很好的帮助。因此，分析和阅读地质图，是十分必要的。

一、地质图的种类

由于工作目的和表现内容的差异，地质图的类型多种多样，常见的地质图有以下几种：

(1)普通地质图。主要表示所研究地区地层分布、岩性和地质构造等基本地质内容的图件。一幅完整的普通地质图包括地质平面图、地质剖面图和综合地层柱状图。普通地质图简称为地质图。

(2)构造地质图。用线条和符号专门反映褶皱、断层等地质构造的图件。

(3)第四纪地质图。反映第四纪松散沉积物的成因、年代、成分和分布等情况的图件。

(4)基岩地质图。假想把第四纪松散沉积物"剥掉"，只反映第四纪以前基岩的时代、岩性和分布的图件。

(5)水文地质图。反映地区水文地质条件的图件。可分为岩层含水性图、地下水化学成分图、潜水等水位线图、综合水文地质图等类型。

(6)工程地质图。反映区域工程地质条件或建筑场地条件，为各类工程规划、设计、建设所专用的地质图,如区域工程地质图、地质灾害分布图、房屋建筑工程地质图、水库坝址工程地质图、矿山工程地质图、铁路工程地质图、公路工程地质图、港口工程地质图、机场工程地质图等。还可根据具体工程项目细分,如公路工程地质图还可分为路线工程地质图、工点工程地质图;工点工程地质图又可分为桥梁工程地质图、隧道工程地质图等。

二、地质图的规格和符号

(一)地质图的规格

地质平面图应有图名、图例、比例尺、编制单位和编制日期等。

在地质图的图例中,从新地层到老地层,严格要求自上而下或自左到右顺次排列。

比例尺的大小反映了图件的精细程度,比例尺越大,图的精度越高,对地质条件的反映也越详细、越准确。

(二)地质图的符号

地质图是根据野外地质勘测资料在地形图上填绘编制而成的。它除了应用地形图的轮廓和等高线外,还需要用各种地质符号来表明地层的岩性、地质年代和地质构造等情况。所以,要分析和阅读地质图,了解地质图所表达的具体内容,就需要了解和认识常用的各种地质符号。

1. 地层年代符号

在小比例尺(小于1∶100 000)的地质图上,沉积地层的年代是采用国际通用的标准色来表示的,在彩色的底子上,再加注地层年代和岩性符号。在每一系中,又用淡色表示新地层,深色表示老地层。岩浆岩的分布一般用不同的颜色加注岩性符号表示。

在大比例尺的地质图上,多用单色线条或岩石花纹符号再加注地质年代符号的方法表示地层的年代。当基岩被第四纪松散沉积层覆盖时,一般根据沉积层的成因类型,用第四纪沉积成因分类符号表示。

2. 岩石符号

岩石符号是用来表示岩浆岩、沉积岩和变质岩的符号,由反映岩石成因特征的花纹及点线组成。在地质图上,这些符号画在什么地方,表示这些岩石分布到什么地方。

3. 地质构造符号

地质构造符号用来表示地质构造。组成地壳的岩层,经构造变动形成各种地质构造,这就不仅要用岩层产状符号表明岩层变动后的空间形态,而且要用褶皱轴、断层线、不整合面等符号说明这些构造的具体位置和空间分布情况。

三、地质构造在地质图上的表现形式

在地质图上,是通过地层分界线、地层年代符号、岩石符号和地质构造符号,把不同地质构造的形态特征和分布情况反映出来的。下面介绍不同情况下的构造形态在地质平面图上的主要表现形式。

(一)水平构造

水平构造的地层分界线在地质平面图上与地形等高线平行或者一致,地形等高线怎样弯曲,地层分界线也随着怎样弯曲。较新的岩层分布在地势较高的地方,较老的岩层出露在地势较低的地方(图2-24)。

(二)直立岩层

除岩层走向有变化外,直立岩层的分界线在地质平面图上为一条直线,不受地形起伏的影响(图2-25)。

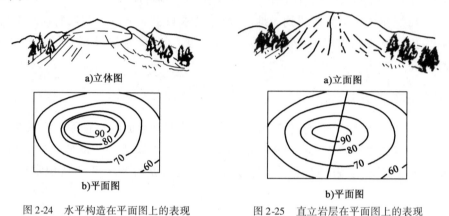

图2-24 水平构造在平面图上的表现　　　图2-25 直立岩层在平面图上的表现

(三)单斜构造

单斜构造的地层分界线在大比例尺的地质平面图上是一条随地形起伏而弯曲的曲线,曲线弯曲的形状和方向与岩层产状和地形起伏状况有关。

(四)褶皱

遭受剥蚀的水平褶皱,其地层分界线在地质平面图上呈带状分布,对称地大致向一个方向平行延伸(图2-26)。倾伏褶皱的地层分界线在转折端闭合,当倾伏背斜与倾伏向斜相间排列时,地层分界线呈S形曲线(图2-27)。如前所述,岩层的新老关系或产状特征,可以进一步反映是背斜还是向斜。

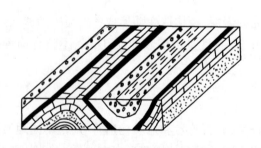
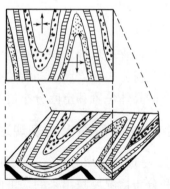

图2-26 水平褶皱在平面图上的表现　　　2-27 倾伏褶皱在平面图上的表现

(五)断层

断层在地质图上用断层线表示。由于断层倾角一般较大,所以断层线在地质平面图上通常是一段直线或近于直线的曲线。在断层线两侧存在有岩层中断、重复、缺失、宽窄变化或岩层、断层错动等现象。

当断层走向大致平行岩层走向时,断层线两侧出现同一岩层不对称重复或缺失(图2-28)。地面被剥蚀后,出露较老岩层的一侧为上升盘,出露新岩层的一侧为下降盘。当断层走向与岩层走向垂直或斜交时,不论正断层、逆断层还是平推断层,在断层线两侧岩层都出现中断和错动现象(图2-29)。正断层和逆断层向岩层倾向方向错动的一侧为上升盘,相对背向岩层倾向方向错动的一侧为下降盘。

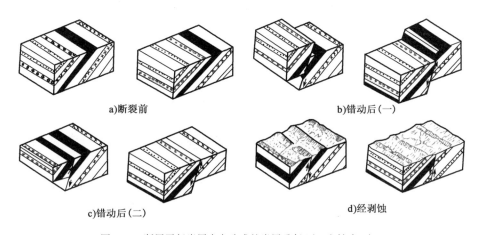

图2-28 断层平行岩层走向造成的岩层重复(左)和缺失(右)

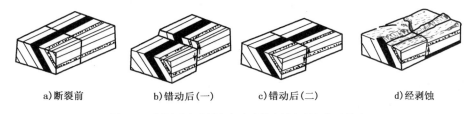

图2-29 断层垂直岩层走向造成的岩层中断和前后错动

当断层与褶皱轴线垂直或斜交时,不仅表现为翼部岩层顺走向不连续或错开,而且还表现为褶曲轴部岩层的宽度在断层线两侧有明显变化。对于背斜,上升盘轴部岩层出露的范围变宽,下降盘轴部岩层出露的范围变窄[图2-30a)]。向斜的情况与背斜相反,上升盘轴部岩层变窄而下降盘轴部岩层变宽[图2-30b)]。平推断层两盘轴部岩层的宽度不发生变化,在断层线两侧仅表现为褶曲轴线及岩层错开[图2-30c)]。

(六)不整合

平行不整合在地质平面图上表现为上下两套岩层的产状一致,岩层分界线彼此平行,但地质年代不连续。如图2-31中的早第三纪地层直接与第四纪地层接触,中间缺失了晚第三纪地层。而角度不整合不仅表现为上下两套岩层之间的地质年代不连续,而且产状也不相同,新岩层的分界线遮断了下部老岩层的分界线,如图 2-31 中的三叠纪向斜岩层,被覆盖于早第三纪的水平地层之下,缺失了侏罗纪和白垩纪岩层,形成了角度不整合。

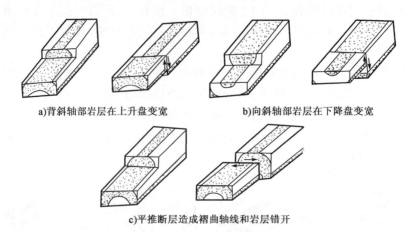

图 2-30 断层垂直褶曲轴线造成的岩层宽窄变化和错动

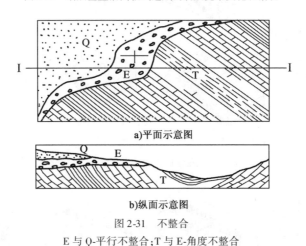

图 2-31 不整合
E 与 Q-平行不整合;T 与 E-角度不整合

四、阅读地质图

(一)读图步骤及注意事项

(1)读地质图时,先看图名和比例尺,了解图的位置及精度。

(2)阅读图例。图例自上而下,按从新到老的年代顺序,列出了图中出露的所有地层符号和地质构造符号,通过图例,可以概括了解图中出现的地质情况。在看图例时,要注意地层之间的地质年代是否连续,中间是否存在地层缺失现象。

(3)正式读图时先分析地形,通过地形等高线或河流水系的分布特点,了解地区的山川形势和地形高低起伏情况。

这样,在具体分析地质图所反映的地质条件之前,能使我们对地质图所反映的地区有一个比较完整的概括了解。

(4)阅读岩层的分布、新老关系、产状及其与地形的关系,分析地质构造。地质构造有两种不同的分析方法。一种是根据图例和各种地质构造所表现的形式,先了解地区总体构造的基本特点,明确局部构造相互间的关系,然后对单个构造进行具体分析;另一种是先研究单个构造,然后结合单个构造之间的相互关系,进行综合分析,最后得出整个地区地质构造的结论。两者并无实质性的区别,可以得出相同的分析结论。

图上如有几种不同类型的构造时,可以先分析各年代地层的接触关系,再分析褶皱,然后分析断层。

分析不整合接触时,要注意上下两套岩层的产状是否大体一致,分析是平行不整合还是角度不整合,然后根据不整合面上部的最老岩层和下伏的最新岩层,确定不整合形成的年代。

分析褶皱时,可以根据褶皱轴部及两翼岩层的新老关系,分析是背斜还是向斜。然后看两翼岩层是大体平行延伸,还是向一端闭合,分析是水平褶皱还是倾伏褶皱。其次是根据岩层产状,推测轴面产状,根据轴面及两翼岩层的产状,可将直立、倾斜、倒转和平卧等不同形态类型的褶皱加以区别。最后,可以根据未受褶皱影响的最老岩层和受到褶皱影响的最新岩层,判断褶皱形成的年代。

在水平构造、单斜构造、褶皱和岩浆侵入体中都会发生断层。不同的构造条件以及断层与岩层产状的不同关系,都会使断层露头在地质平面图上的表现形式具有不同的特点。因此,在分析断层时,首先应了解发生断层前的构造类型,发生断层后断层产状和岩层产状的关系;根据断层的倾向,分析断层线两侧哪一盘是上盘,哪一盘是下盘;然后根据两盘岩层的新老关系和岩层露头的变化情况,再分析哪一盘是上升盘,哪一盘是下降盘,确定断层的性质和类型;最后判断断层形成的年代,应早于覆盖于断层之上的最老岩层,晚于被错断的最新岩层。

最后需要说明一点,长期的风化剥蚀能够破坏出露地面的构造形态,会使基岩在地面出露的情况变得更为复杂,使我们在图上看不清构造的本来面目。所以,在读图时要注意与地质剖面图的配合,这样会更好地加深对地质图内容的理解。

通过上述分析,我们不仅能对一个地区的地质条件有一个清晰的认识,而且综合各方面的情况,也可掌握地区地质历史发展的概况。这样,我们就可以根据地质条件的客观情况,结合工程的具体要求,进行合理的工程布局和正确的工程设计。这也是阅读地质图的目的所在。

(二)读图示例

现根据宁陆河地区的地质平面图(图2-32)及综合地层柱状图(图2-33),对该区地质条件分析如下。

该区最低处在东南部宁陆河谷,高程约300m,最高点在二龙山顶,高程达800多米,全区最大相对高差近500m。宁陆河在十里沟以北地区,从北向南流,至十里沟附近,折向东南。区内地貌特征主要受岩性及地质构造条件的控制。一般在页岩及断层带分布地带形成河谷低地,而在石英砂岩、石灰岩及地质年代较新的粉细砂岩分布地带则形成高山。山脉多沿岩层走向,大体南北向延伸。

该区出露地层有:志留系(S)、泥盆系上统(D_3)、二叠系(P)、中下三叠系(T_{1-2})、辉绿岩墙(V_1)、侏罗系(J)、白垩系(K)及第四系(Q)。第四系主要沿宁陆河分布,侏罗系及白垩系主要分布于红石岭一带。

从图2-33中可以看出,该区泥盆系与志留系地层间虽然岩层产状一致,但缺失中下泥盆系地层,且上泥盆系底部有底砾岩存在,说明两者之间为平行不整合接触。二叠系与泥盆系地层之间,缺失石炭系,所以也为平行不整合接触。图中的侏罗系与泥盆系上统、二叠系及中下

图 2-32　宁陆河地区地质图

地层单位				代号	层序	柱状图 (1:25 000)	厚度 (m)	地质描述及化石	备注
界	系	统	阶						
新生界	第四系			Q	7		0～30	松散沉积层 角度不整合	
中生界	白垩系			K	6		111	砖红色粉砂岩、细砂岩，钙质和泥质胶结，较疏松 整合	
	侏罗系			J	5		370	浅黄色页岩夹砂岩，底部有一层砾岩，靠下部有一层厚达50m的煤层 角度不整合	
	三叠系			T_{1-2}	4		400	浅灰色质纯石灰岩，夹有泥夹岩及鲕状灰岩 整合	
古生界	二叠系			P	3		520	黑色含燧石结核石灰岩，底部有页岩、砂岩夹层，有珊瑚化石 顺张性断裂辉绿岩呈岩墙侵入，围岩中石灰岩有大理岩化现象 平行不整合	
	泥盆系			D_3	2		400	底砾岩厚度2m左右，上部为灰白色、致密坚硬石英岩、有古鳞木化石 平行不整合	
	志留系			S	1		450	下部为黄绿色及紫红色页岩，可见笔石类化石，上部为长石砂岩，有王冠虫化石	
审查		校核		制图		描图		日期	图号

图 2-33　宁陆河地区综合地层柱状图

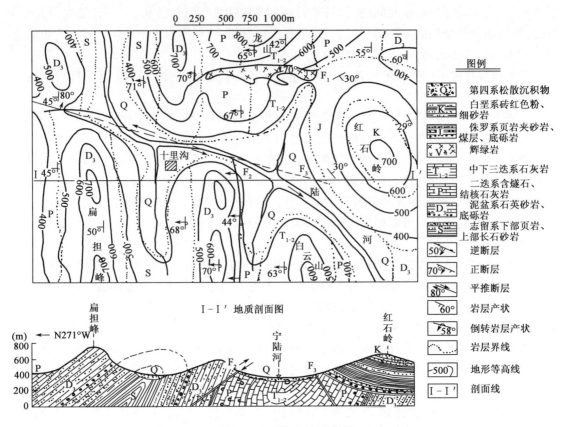

三叠纪三个地质年代较老的岩层接触,且产状不一致,所以为角度不整合接触。第四系与老岩层之间也为角度不整合接触。辉绿岩沿 F_1 张性断裂呈岩墙状侵入到二叠系及三叠系石灰岩中,因此辉绿岩与二叠系、三叠系地层为侵入接触,而与侏罗系间则为沉积接触。所以辉绿岩的形成年代,应在上中三叠系以后,侏罗系以前。

宁陆河地区有三个褶皱构造,即十里沟褶皱、白云山褶皱和红石岭褶皱。

十里沟褶皱的轴部在十里沟附近,轴向近南北延伸。轴部地层为志留系页岩、长石砂岩,上部广泛由第四纪松散沉积物覆盖,两翼对称分布的是泥盆系上统(D_3)、二叠系(P)、下中三叠系地层,但西翼只见到泥盆系上统和部分二叠系地层,三叠系已出图幅。两翼岩层走向大致南北,均向西倾,但西翼倾角较缓,为45°~50°,东翼倾角较陡,为63°~71°。所以十里沟褶皱为倒转背斜。十里沟倒转背斜构造因受 F_3 断裂构造的影响,其轴部已向北偏移至宁陆河南北向河谷地段。

白云山褶皱的轴部在白云山至二龙山附近,南北向延伸。褶皱轴部地层为中下三叠系,由轴部向翼部,地层依次为二叠系、泥盆系上统、志留系,其中西翼为十里沟倒转背斜东翼,东翼志留系地层已出图外,而二叠系与泥盆系上统因受上覆不整合的侏罗系与白垩系地层的影响,只在图幅的东北角和东南角出露。两翼岩层均向西倾斜,是一个倾角不大的倒转向斜。

红石岭褶皱,由白垩系、侏罗系地层组成,褶皱舒缓,两翼岩层相向倾斜,倾角约30°,为一直立对称向斜褶皱。

区内有三条断层,F_1 断层面向南倾斜约70°,断层走向与岩层走向基本垂直,北盘岩层分界线有向西移动现象,是正断层。由于倾斜向斜轴部紧闭,断层位移幅度小,所以 F_1 断层引起的轴部地层宽窄变化并不明显。

F_2 断层走向与岩层走向平行,倾向一致,但岩层倾角大于断层倾角。西盘为上盘,一则出露的岩层年代较老,二则二叠系地层出露宽度在东盘明显变窄,故为压性逆掩断层。

F_3 为区内规模最大的一条断层。从十里沟倒转背斜轴部志留系地层分布位置可以明显看出,断层的东北盘相对向西北错动,西南盘相对向东南错动,是扭性平推断层。

第四节　活断层与地震

一、活断层

(一)活断层的概念

活断层是指目前仍在活动或者地质历史近期有过活动,极可能在不远的将来重新活动的断层。后者也可称为潜在活断层。活断层可使岩层产生错动位移或发生地震,会对工程建筑造成很大甚至是无法抗拒的危害。

活断层的概念于1908年被提出,随着工程建设规模的扩大和地质灾害特别是地震灾害的日趋严重,越来越引起工程界的重视。定义中的"目前仍在活动"是判定活断层的直接依据,但地质历史"近期"却有不同的标准,一般认为晚更新世(距今10万~15万年)以来的时间范围属于"近期"。《岩土工程勘察规范》(GB 50021—2001)中将在全新地质时期(一万年内)有过地震活动或近期正在活动,在将来(今后一百年)可能继续活动的断裂称作全新活动断裂。并将全新活动断裂中,近期(近五百年)发生过地震,且里氏震级 $M \geqslant 5$ 级的断裂,或在未来一百年内预测可能发生 $M \geqslant 5$ 级的断裂称作发震断裂。

对活断层进行工程地质研究的重要意义有以下两个方面:一是活断层的地面错动及其附近伴生的地面变形,往往会直接损害跨断层修建或建于其邻近的建筑物;二是断层活动多伴有地震,而强烈地震又会使建于活断层附近较大范围内的建筑物受到损害。

(二)活断层的分类

活断层按两盘错动的方向分为走向滑动型断层(平移断层)和倾向滑动型断层(逆断层及正断层)。走向滑动型断层最常见,其特点是断层面陡倾或直立,平直延伸,部分规模很大,断层中常蓄积有较高的能量,可引发高震级强烈地震。倾向滑动型断层以逆断层更为常见,多数是受水平挤压形成,断层倾角较缓,错动时由于上盘为主动盘,故上盘地表变形开裂较严重,岩体较下盘破碎,对建筑物危害较大。倾向滑动型正断层的上盘也为主动盘,故上盘岩体也较破碎。

活断层按活动方式可分为黏滑型、蠕滑型及黏滑与蠕滑相伴生型。

黏滑错动是间断性突然发生的。在一定时间段内断层的两盘就如同黏在一起(锁固起来),不产生或仅有极其微弱的相互错动,一旦应力达到锁固段的强度极限,较大幅度的相互错动就在瞬时突然发生,锁固期间积蓄起来的弹性应变能也就突然释放出来而发生较强地震。这种瞬间发生的强烈错动间断、周期性地发生,沿这种断层就有周期性的地震活动。

蠕(稳)滑错动是持续平稳地发生的,其变形时间关系为一平滑曲线。由于断层两盘岩体强度低,或由于断层带内有软弱充填物或有高孔隙水压力,当承受一定水平的剪应力时,就会持续不断地相互错动而不能锁固以积蓄应变能,这种方式活动的断层一般无地震活动或仅伴有小震。如美国圣安德列斯断层南部加利福尼亚地段,几十年来平均位移速率达10mm/年,却没有较强的地震活动。另外,我国红河断裂带的南段,滑移速率达5~10mm/年,也基本无强震发生。

黏滑与蠕滑相伴生型。实际上活断层的活动方式,既非绝对蠕滑也非绝对黏滑,而是二者兼而有之。1995年日本阪神大地震和2008年我国四川汶川特大地震的发震活断裂就都是二者兼而有之,在发震黏滑错动发生之前二者都有震前蠕滑。

(三)活断层的主要特征

1. 活断层的活动方式

活断层的活动方式主要为蠕滑和黏滑两种。蠕滑是一个连续的滑动过程,因其中发生较小的应力降,不可能有大地震相伴随。这种方式活动的断层仅伴有小震或无地震活动。黏滑活动则是断层发生快速错动,在突发快速错动前断层呈闭锁状态,往往没有明显的位移发生。在同一条断裂带的不同区段可以有不同的活动方式。例如黏滑运动的断层有时也会伴有小的蠕动,而大部分地段以蠕动为主的断层,在其端部也会出现黏滑,产生大地震。由于活断层错动相当缓慢,所以不能采用一般的观测方法,通常用定期的形变测量来掌握活断层的活动情况。

2. 活断层的规模及活动速率

断层的规模包括其长度和切割深度,它能反映断裂能量和破坏力。据邓起东等(1987)统计:我国 $M \geq 8$ 级大震,有关断裂长度超过 500km,有些甚至超过 1 000km; $M = 7 \sim 7.9$ 级地震,有关断裂长度达 100km 以上; $M = 6 \sim 6.9$ 级地震,有关断裂长度 >10km。通过地震观测得到的震源深度代表断层错动的位置,所以它小于断层的切割深度。根据我国各地区地震震源深度的统计,大多数地震震源深度比沉积盖层厚度大(多数地区沉积盖层厚度为 3~5km)。$M \geq 6$ 级地震震源都在地壳下部或深度 10km 以上,最深达 570km。

活断层的活动速率是断层活动性强弱的重要标志。世界范围的统计资料表明,活断层活动速率一般为每年不足 1mm 到几毫米,最强的也仅有几十毫米。

我国中部沿贺兰山、六盘山和青藏高原东缘为一条近南北方向的活动构造带。它不仅是东西两侧的地形分界线,也是重要的构造分界线。我国大陆活断层的水平滑动速率在南北构造线两侧具有不同特点。南北构造线以西的断层两盘相对位移速率每年多在 6mm 以上,有的甚至可达 10mm 以上。例如云南东川(位于小江活动断裂带)1956~1965 年累积滑动位移量达 10cm,平均每年大于 10mm,结果于 1966 年 2 月 5 日发生 6.5 级地震。南北构造线以东地区,活断层两盘相对位移速率多在每年 5mm 以下,有些断层则为每年 0.1~1mm,如京津地区的一些活断层,活动速率为每年 0.24~0.27mm。

根据断层滑动速度,可将活断层分为不同的活动强度级别。日本活断层研究组,针对日本活断层平均滑动速率,将活断层作如表 2-4 所示的分级。断层滑动速率不仅是断层活动性强弱的标志,而且也是计算大地震重复周期的重要参数。对全新活动断裂的分级见表 2-5。

活断层活动强度分级 表 2-4

等 级	平均滑动速率 S(mm/年)	等 级	平均滑动速率 S(mm/年)
AA	>10	B	0.1~1
A	1~10	C	0.001~0.1

全新活动断裂分级 表 2-5

分级	指标	活动性	平均活动速率 v(mm/年)	历史地震及古地震震级 M
Ⅰ	强烈全新活动断裂	中或晚更新世以来有活动,全新世以来活动强烈	$v > 1$	$M \geq 7$
Ⅱ	中等全新活动断裂	中或晚更新世以来有活动,全新世以来活动较强烈	$0.1 \leq v \leq 1$	$6 \leq M < 7$
Ⅲ	微弱全新活动断裂	全新世以来有微弱活动	$v < 0.1$	$M < 6$

3. 活断层重复活动周期

活断层的活动方式以黏滑为主时,往往是间断性地产生突然错动。两次突然错动之间的时间间隔也就是地震重复周期。确定活断层突发错动事件的重复周期可以通过取得某一断层多次古地震事件及其年代数据来实现。相邻两次发震的时间即为重复周期。此方法称为古地震法。表 2-6 列出了我国部分活断层的大震重复周期,主要是用古地震法获得的。

我国部分活动断裂的强震重复周期　　　　　　　　表 2-6

活动断裂名称	最近一次地震名称(年)	重复周期	震级
新疆喀什河断裂	新疆尼勒克地震(1812)	2 000～2 500 年	8.0
新疆二台断裂	新疆富蕴地震(1931)	约 3 150 年	8.0
山西霍山山前断裂	山西洪洞地震(1303)	约 5 000 年	8.0
宁夏海原南西华山北麓断裂	海原地震(1920)	约 1 600 年	8.5
河北唐山	唐山地震(1976)	约 7 500 年	7.8
云南红河断裂北段		(150±50)年	6～7
四川鲜水河断裂	四川炉霍地震(1973)	约 50 年	7.9
郯庐断裂中南断	郯城地震(1668)	约 3 500 年	8.5

4.活断层的继承性

活断层绝大多数都是沿已有的老断层发生新的错动位移,这称作活断层的继承性。尤其是区域性的深大断裂更为多见。新的活动通常只是沿老断裂的某个段落发生,或是某些段落活动强烈,另一些段落则不强烈。活动方式和方向相同也是继承性的一个显著特点。形成年代越近的断层,其继承性也越强,如晚更新世以来的构造运动引起的断裂活动持续至今。

(四)活断层的识别标志

活断层的识别标志之一是建(构)筑物、公路等工程地基出现倾斜和错开现象。如宁夏石嘴山红果子沟明代长城有两处被错断,错动位移分别为 0.35m 和 0.95m。后经探槽挖掘,显示其晚更新世地基土层在这两处分别错开 1.95m 和 2.0m。

地形地貌方面的标志有：

(1)地形变化差异大,如"山从平地起";山口峡谷多、深且狭长;新的断层崖和三角面山连续出现,且比较显著,并有山崩和滑坡发生。

(2)断层形成的陡坎山山脚常有狭长洼地和沼泽。

(3)断层形成的陡坎山前第四系堆积物厚度大,山前洪积扇特别高或特别低,与山体不相对称,在峡谷出口处的洪积扇呈迭置式、线性排列。

(4)沿断裂带有串珠泉出露,若为温泉,则水温和矿化度较高。

(5)断裂带上植物突然干枯死亡或生长特别罕见植物。

(6)第四纪火山锥、熔岩呈线性分布。

地质及地震地质方面的标志有：

(1)第四系堆积物常见到小褶皱和小断层或被第四系以前的岩层所冲断。

(2)沿断层可见河谷、阶地等地貌单元同时发生水平或垂直位移错断。

(3)沿断层带的断层泥及破碎带多未胶结,断层崖壁可见擦痕和错碎岩粉。

(4)在断层带附近地区有现代地震、地面位移和地形变动以及微震发生。

(5)沿断裂带地热、地磁及各种气体数值一般偏高。

(五)活断层在我国的分布

我国位于欧亚板块东南隅,处于印度板块、太平洋板块和菲律宾海板块的夹持之中,是一个新近纪和现代构造活动强烈的地区。非常发育的晚第四纪活动断裂将我国大陆切割成不同级别的活动地块(图 2-34),现代构造变形以分块活动为主要特征。印度板块与欧亚板块在我国西部地区碰撞后,仍持续地向 NE20°方向推挤和楔入,其速度据近期 GPS 测定达 40mm/年。

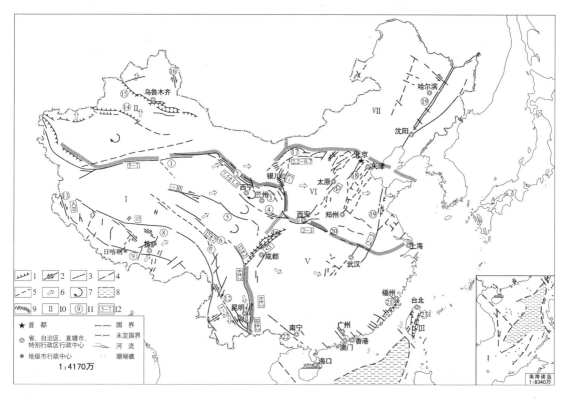

图 2-34 我国活动构造区及主要活断层

1-逆冲或逆掩断层;2-走滑断层;3-正断层;4-埋藏活断层;5-推断活断层;6-块体运动方向;7-块体旋转方式;8-下伏洋壳的盆地;9-活动构造区边界;10-活动构造区及其编号;11-活断层及其编号;12-活断层错动速率(mm/年)

活动构造区:Ⅰ-青藏高原区;Ⅱ-西北区;Ⅲ-台湾岛区;Ⅳ-南海区;Ⅴ-华南区;Ⅵ-华北区;Ⅶ-东北区

活断层:①阿尔金断层;②祁连山断层;③海原断层;④西秦岭断层;⑤东昆仑断层;⑥鲜水河断层;⑦金沙江断层;⑧怒江断层(或班公错—嘉黎断层);⑨雅鲁藏布江断层;⑩龙门山断层;⑪小江断层;⑫红河断层;⑬喀什断层;⑭天山南麓断层;⑮北天山断层;⑯可可托海—二台断层;⑰鄂尔多斯台缘断层系;⑱河北平原断层系;⑲郯城—庐江断层;⑳秦岭断层;㉑常乐—邵东断层;㉒右江断层;㉓纵谷断层

这一地球动力学环境,使得我国西部地区承受巨大的 NNE 向压应力。西部地区现代构造变形主要表现为地壳南北向缩短与加厚;下地壳与地幔物质向东挤压和上地壳分为多个活动块体向北偏东方向运动,其东西向运动分量自南而北逐渐加大,由 NNE 向转为 NEE 向;南北向缩短则自南而北逐渐减小。我国东部地区受到西部地区自西向东的推挤和向东挤出地幔流的底拖,现代构造变形则表现为上地壳分为多个活动块体,以较低速率向偏东方向运移,其运移方向由华南的东略偏南逐渐转为华北的东偏略北;其运移速率则由南而北有所减小。由于上地壳由形状不同的活动块体相互镶嵌,且各块体运移方向和速度不同,块体间的活断层就成为调整块体间相对运动的枢纽。块体间相互挤压则为活动的逆倾滑或逆断层;相对拉伸则为活动的正倾滑或正断层;块体间运动速率不同则为活动的走滑断层。我国大陆西部、东部地区上述现代构造活动的基本特征,决定了我国最主要的各类活断层具有如下的空间分布特征:

(1)分布于我国西部的多个 NWW—NW 向的长大弧形断裂,主要为逆走滑—走滑断层,其走滑速率由南而北有所减小。除红河断裂为右旋走滑外,其他的均为左旋走滑或逆走滑,自南而北这些断裂主要有:怒江(或称班公错—嘉黎)断裂、甘孜—玉树—鲜水河断裂、安宁河—则木河—小江断裂、东昆仑断裂、阿尔金—祁连—海原断裂等。在我国东部的 NNE 向河北平原断裂系和郯城—庐江断裂,现代活动也属于右旋走滑型。

(2)活动逆冲断裂也主要分布于我国西部。其中近东西向的有喜马拉雅山南的主边界逆冲断裂、天山南麓断层和北天山断层,青藏地块区的东边界则北有近南北向的贺兰山断层,中部有 NE 向的龙门山断层。

(3)现代活动正断层主要分布于我国东部。鄂尔多斯地块周边西有 NNE 向的银川—吉兰泰断陷盆地,东有山西(汾河)断陷盆地,南北侧则分别为东西走向的渭河断陷盆地和河套断陷盆地,这些断裂都以拉张剪切变形为特征。其中山西断陷盆地为一条活动拉张构造带;渭河、河套断陷也以正断层分量占主导地位,银川—吉兰泰则为右旋走滑。最新 GPS 研究表明,华北平原西边界的太行山东麓活动断裂也属于正断型。青藏高原地块最南的拉萨地块,由于受地幔物质东向挤出的底拖,上地壳也产生众多的走向近南北向的活动正断层。

二、地震

(一)地震的概念

地下深处的岩层,由于某种原因突然破裂、塌陷、错动或因火山爆发等产生震动,并以弹性波的形式传递到地表,这种现象称为地震。地震是一种地质现象,是地壳构造运动的一种特殊表现。

地壳或地幔中发生地震的地方称为震源。震源在地面上的垂直投影称为震中。震中可以看作地面上震动的中心,震中附近地面震动最大,远离震中地面震动减弱。

震源与地面的垂直距离,称为震源深度(图 2-35)。目前出现的最大震源深度是 720km。同样大小的地震,当震源较浅时,波及范围较小,破坏性较大;当震源深度较大时,波及范围虽较大,但破坏性相对较小。多数破坏性地震都是浅震。震源深度超过 100km 的地震,在地面上一般不会引起灾害。

地面上某一点到震中的直线距离,称为该点的震中距(图 2-35)。震中距在 1 000km 以内的地震,通常称为近震;大于 1 000km 的称为远震。引起灾害的一般都是近震。

围绕震中的一定面积的地区,称为震中区,它表示一次地震时震害最严重的地区。强烈地震的震中区往往又称为极震区。

在同一次地震影响下,地面上破坏程度相同的各点的连线,称为等震线。绘有等震线的平面图,称为等震线图。

全世界平均每年约发生 500 万次大大小小的地震。95% 以上的地震,或是由于发生在地下深处,或是由于其能量很小,因而人们无从感觉,只有用专用的仪器才能记录下来。三级左右的有感地震,每年约发生 5 万次,但是它们对人类的生命安

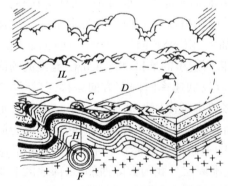

图 2-35 地震名词解释示意图
F-震源;C-震中;H-震源深度;D-震中距;IL-等震线

全与健康设施并无危害。能造成严重灾害的地震,全世界平均每年要发生十几次。

我国是一个多地震的国家,近50年以来,发生了多次破坏性巨大的强烈地震。强烈地震瞬时之间可使很大范围的城市和乡村沦为废墟,是一种破坏性很强的自然灾害,如1976年7月河北唐山地震、2008年5月四川汶川地震都造成了重大的生命和财产损失。因此,在规划各种工程活动时,都必须考虑地震这样一个极其重要的环境地质因素,而在修建各种公路建筑物时,都必须考虑可能遭受多强的地震并采取相应的防震措施。

(二)地震的类型

1. 地震的成因分类

形成地震的原因是各种各样的。按其成因,地震可分为天然地震与人为地震两大类型。人为地震所引起的地表震动都较轻微,影响范围也很小,且能做到事先预告及预防,不是本章所要讨论的对象,下面所讲皆指天然地震。天然地震按其成因可划分为构造地震、火山地震、陷落地震和激发地震。

1)构造地震

由于地质构造运动所产生的地震称为构造地震。这种地震与构造运动的强弱直接有关,它分布于新生代以来地质构造运动最为剧烈的地区。构造地震是地震的最主要类型,约占地震总数的90%。

构造地震中最为普遍的是由地壳断裂活动引起的地震,即多发生在活断层带上。这种地震绝大部分都是浅源地震,由于它距地表很近,对地面的影响最显著,一些巨大的破坏性地震都属于这种类型。一般认为这种地震的形成是由于岩层在大地构造应力的作用下产生应变,积累了大量的弹性应变能,应变一旦超过极限数值,岩层就突然破裂和位移而形成大的断裂,同时释放出大量的能量,以弹性波的形式引起地壳的震动,从而产生地震。此外,在已有的大断裂上,当断裂的两盘发生相对运动时,如在断裂面上有坚固的大块岩层伸出,能够阻挡滑动作用,两盘的相对运动就会在那里受阻,局部的应力就越来越集中,一旦超过极限,阻挡的岩块被粉碎,地震就会发生。

2)火山地震

由于火山喷发和火山下面岩浆的活动导致的地面震动称为火山地震。在世界一些大火山带都能观测到与火山活动有关的地震。火山活动有时相当猛烈,但地震波及的地区多局限于火山附近数十千米的范围。火山地震在我国很少见,主要分布在日本、印度尼西亚及南美等地。火山地震约占地震总数的7%。

3)陷落地震

由于洞穴崩塌、地层陷落等原因发生的地震,称为陷落地震。这种地震能量小,震级小,发生次数也很少,仅占地震总数的3%。在岩溶发育地区,由于溶洞陷落而引起的地震,危害小,影响范围不大,次数亦很少。在一些矿区,当岩层比较坚固完整时,采空区并不立即塌落,而是待悬空面积相当大以后方才塌落,因而造成矿山陷落地震。由于它总是发生在人口稠密的工矿区,对地面上的破坏不容忽视,对安全生产有很大威胁,所以也是地震研究的一个课题。

4)激发地震

在构造应力原来处于相对平衡的地区,由于外界力量的作用,破坏了相对稳定的状态,发生构造运动并引起地震,称为激发地震或诱发地震。属于这种类型的地震有水库地震、深井注水地震和爆破引起的地震,它们为数甚少。

由于建筑水库引起的地震,近来很受注意,因为它能达到较高的震级而造成地面的破坏,并进而危及水坝本身的安全。我国的水库地震曾发生于广东新丰江水库,该水库蓄水后,随水位上升,震级越来越高,曾发生6.1级地震。

与深井注水有关的地震,最典型的是美国科罗拉多州丹佛地区的例子,该地一口排灌废水的深井(3 614m深)开始使用后不久,就发生了地震。地震出现于深井附近,当注水量加大时地震随之加强,当注水量减少时地震随之减弱。其原因可能是注水后岩石抗剪强度降低,导致破裂面重新滑动。

此外,地下核爆炸、大爆破均可能激发小的地震。

2. 地震按震源深度分类

地震按震源深度分类如表2-7所示。

按震源深度分类 表2-7

类　别	震源深度(km)	类　别	震源深度(km)
浅源地震	0~70	中源地震	70~300
深源地震	>300		

多数破坏性地震是浅源地震,它占地震总数的72.5%。深度超过100km的地震,在地面上一般不会引起灾害。

3. 按震级大小分类

地震按震级大小分类如表2-8所示。一般认为,5级以上的地震就可以引起地面和建筑物不同程度的破坏,故也统称为破坏性地震。

按震级大小分类 表2-8

类　别	震级M	类　别	震级M
超强地震	$M \geq 7$	强震	$5 \leq M < 7$
小地震或有感地震	$2 \leq M < 5$	微震	$M < 2$

(三)地震分布

地震并不是均匀分布于地球的各个部分,而是集中于某些特定的条带上或板块边界上。这些地震集中分布的条带称为地震活动带或地震带。

1. 世界地震分布

世界范围内的主要地震带是环太平洋地震带与地中海—喜马拉雅地震带(图2-36),它们都是板块的汇聚边界。

1)环太平洋地震带

沿南北美洲西海岸,向北至阿拉斯加,经阿留申群岛至堪察加半岛,转向西南沿千岛群岛到日本列岛,然后分为两支,一支向南经马里亚纳群岛至伊利安岛,另一支向西南经我国台湾、菲律宾、印度尼西亚至伊利安岛,两支汇合后经所罗门至新西兰。

这一地震带的地震活动性最强,是地球上最主要的地震带。全世界80%的浅源地震、90%的中源地震和几乎全部的深源地震集中于此带,其释放出来的地震能量约占全球所有地震释放能量的76%。

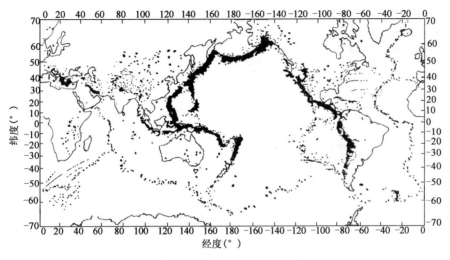

图 2-36 世界地震震中分布图

2)地中海—喜马拉雅地震带

地中海—喜马拉雅地震带主要分布于欧亚大陆,又称欧亚地震带。西起大西洋亚速尔岛,经地中海、希腊、土耳其、印度北部、我国西部与西南地区,过缅甸至印度尼西亚与环太平洋地震带汇合。

这一地震带的地震很多,也很强烈,它们释放出来的能量约占全球所有地震释放能量的 22%。

2. 我国地震分布

我国地处世界上两大地震活动带的中间,地震活动性较高,主要集中在以下 5 个地震带（图 2-37）。

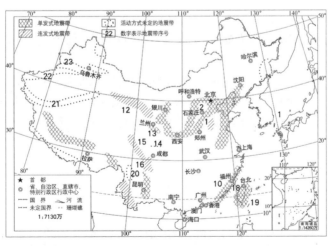

图 2-37 我国地震活动带的分布图

单发式地震带:1-郯城—庐江带;2-燕山带;3-山西带;4-渭河平原带;5-银川带;6-六盆山带;7-滇东带;8-西藏察隅带;9-西藏中部带;10-东南沿海带;连发式地震带:11-河北平原带;12-河西走廊带;13-天水—兰州带;14-武都—马边带;15-康定—甘孜带;16-安宁河谷带;17-腾冲—澜沧带;18-台湾西部带;19-台湾东部带(活动方式未定的地震带);20-滇西带;21-塔里木南缘带;22-南天山带;23-北天山带

1) 东南沿海及台湾地震带

以台湾的地震最频繁,属于环太平洋地震带。

2) 郯城—庐江地震带

自安徽庐江往北至山东郯城一线,穿越渤海,经营口再往北,与吉林舒兰、黑龙江依兰断裂连接,是我国东部的强地震带。

3) 华北地震带

北起燕山,南经山西到渭河平原,构成S形的地震带。

4) 横贯中国的南北向地震带

北起贺兰山、六盘山、横越秦岭,通过甘肃文县,沿岷江向南,经四川盆地西缘,直达滇东地区,为一规模巨大的强烈地震带。

5) 西藏—滇西地震带

属于地中海—喜马拉雅地震带。

此外,还有河西走廊地震带、天山南北地震带以及塔里木盆地南缘地震带等。

(四)地震波

地震发生时,震源处产生剧烈震动,以弹性波方式向四周传播,此弹性波称为地震波。

地震波在地下岩土介质中传播时称为体波,体波到达地表面或岩体内不连续界面后,引起沿地表面或界面传播的波称为面波。

体波包括纵波和横波。纵波又称压缩波或P波,它是由于岩土介质对体积变化的反应而产生的,靠介质的扩张和收缩而传播,质点振动的方向与传播方向一致。纵波传播速率最快,平均为 $7 \sim 13 \text{km/s}$。纵波既能在固体介质中传播,也能在液体或气体介质中传播。横波又称剪切波或S波,它是介质形状变化的结果,质点振动的方向与传播方向垂直,各质点间发生周期性剪切振动。横波传播速率平均为 $4 \sim 7 \text{km/s}$,比纵波慢。横波只能在固体介质中传播。

面波只限于沿界面传播,一般可认为它是体波经地层界面多次反射形成的次生波,它包括沿地面滚动传播的瑞利波和沿地面蛇形传播的勒夫波两种。面波传播速率最慢,平均速率为 $3 \sim 4 \text{km/s}$。

地震对地表面及建筑物的破坏是通过地震波实现的。纵波引起地面上下颠簸,横波使地面水平摇摆,面波则引起地面波状起伏。纵波先到,横波和面波随后到达,由于横波、面波振动更剧烈,造成的破坏也更大。随着与震中距离的增加,振动逐渐减弱,破坏也逐渐减小,直至消失。

(五)地震震级与烈度

1. 地震震级

地震震级是表示地震本身大小的尺度,是由地震所释放出来的能量的大小决定的。释放出来的能量越大则震级越大。因为一次地震所释放的能量是固定的,所以无论在任何地方测定只有一个震级。

地震释放能量的大小可根据地震波记录图的最高振幅来确定。由于远离震中波动要衰减,且不同地震仪的性能不同,记录的波动振幅也不同,所以必须以标准地震仪和标准震中距的记录为准。按古滕贝格和里希特的最初定义,里氏震级(M)是距震中100km的标准地震仪

(周期 0.8s,阻尼比 0.8,放大倍率 2 800)所记录的以 μm 表示的最大振幅 A 的对数值,即:
$$M = \lg A \tag{2-1}$$
古滕贝格和里希特根据观测数据,求得里氏震级 M 与能量 $E(\mathrm{J})$ 之间有如下关系:
$$\lg E = 11.8 + 1.5M \tag{2-2}$$
不同震级的地震通过地震波释放出来的能量大致如表 2-9 所示。

里氏震级 M 和震源释放的总能量 E 之间的关系　　　　表 2-9

里氏震级	能　量(J)	里氏震级	能　量(J)
1	2.0×10^6	6	6.3×10^{13}
2	6.3×10^7	7	2.0×10^{15}
3	2.0×10^9	8	6.3×10^{16}
4	6.3×10^{10}	9	2.0×10^{18}
5	2.0×10^{12}	10	6.3×10^{19}

一次 1 级地震所释放出来的能量约 $2 \times 10^6 \mathrm{J}$。震级每增大一级,能量增加约 30 倍。一个 7 级地震的能量相当于近 30 个 2 万吨级原子弹的能量。

小于 2 级的地震,人们感觉不到,称为微震;2~4 级的地震称为有感地震;5 级以上的地震可以引起不同程度的破坏,称为破坏性地震或强震;7 级以上的地震称为强烈地震或大震。

2. 地震烈度

地震烈度是指某一地区的地面和各种建筑物遭受地震影响的强烈程度。

地震烈度表是划分地震烈度的标准。它主要是根据地震时地面建筑物受破坏的程度、地震现象、人的感觉等来划分制订的。我国和世界上大多数国家都将烈度分为 12 级。表 2-10 是我国制订并采用的地震烈度表。

中国地震烈度鉴定标准表　　　　表 2-10

地震烈度	人的感觉	房屋震害			其他震害现象	水平向地面运动	
		类型	震害程度	平均震害指数		峰值加速度 ($\mathrm{m/s^2}$)	峰值速度 (m/s)
Ⅰ	无感	—	—	—	—	—	—
Ⅱ	室内个别静止中人有感觉	—	—	—	—	—	—
Ⅲ	室内少数静止中人有感觉	—	门、窗轻微作响	—	悬挂物微动	—	—
Ⅳ	室内多数人、室外少数人有感觉,少数人梦中惊醒	—	门、窗作响	—	悬挂物明显摆动,器皿作响	—	—
Ⅴ	室内绝大多数、室外多数人有感觉,多数人梦中惊醒	—	门窗、屋顶、屋架颤动作响,灰土掉落,个别房屋抹灰出现细微裂缝,个别有檐瓦掉落,个别屋顶烟囱掉砖	—	悬挂物大幅度晃动,不稳定器物摇动或翻倒	0.31 (0.22~ 0.44)	0.03 (0.02~ 0.04)

续上表

地震烈度	人的感觉	房屋震害 类型	房屋震害 震害程度	平均震害指数	其他震害现象	水平向地面运动 峰值加速度 (m/s²)	水平向地面运动 峰值速度 (m/s)
Ⅵ	多数人站立不稳,少数人惊逃户外	A	少数中等破坏,多数轻微破坏和/或基本完好	0.00~0.11	家具和物品移动;河岸和松软土出现裂缝,饱和砂层出现喷砂冒水;个别独立砖烟囱轻度裂缝	0.63 (0.45~0.89)	0.06 (0.05~0.09)
Ⅵ		B	个别中等破坏,少数轻微破坏,多数基本完好				
Ⅵ		C	个别轻微破坏,大多数基本完好	0.00~0.08			
Ⅶ	大多数人惊逃户外,骑自行车的人有感觉,行驶中的汽车驾乘人员有感觉	A	少数毁坏和/或严重破坏,多数中等和/或轻微破坏	0.09~0.31	物体从架子上掉落;河岸出现塌方,饱和砂层常见喷水冒砂,松软土地上地裂缝较多;大多数独立砖烟囱中等破坏	1.25 (0.90~1.77)	0.13 (0.10~0.18)
Ⅶ		B	少数毁坏,多数严重和/或中等破坏				
Ⅶ		C	个别毁坏,少数严重破坏,多数中等和/或轻微破坏	0.07~0.22			
Ⅷ	多数人摇晃颠簸,行走困难	A	少数毁坏,多数严重和/或中等破坏	0.29~0.51	干硬土上出现裂缝,饱和砂层绝大多数喷砂冒水;大多数独立砖烟囱严重破坏	2.50 (1.78~3.53)	0.25 (0.19~0.35)
Ⅷ		B	个别毁坏,少数严重破坏,多数中等和/或轻微破坏				
Ⅷ		C	少数严重和/或中等破坏,多数轻微破坏	0.20~0.40			
Ⅸ	行动的人摔倒	A	多数严重破坏或/和毁坏	0.49~0.71	干硬土上多处出现裂缝,可见基岩裂缝、错动,滑坡、塌方常见;独立砖烟囱多数倒塌	5.00 (3.54~7.07)	0.50 (0.36~0.71)
Ⅸ		B	少数毁坏,多数严重和/或中等破坏				
Ⅸ		C	少数毁坏和/或严重破坏,多数中等和/或轻微破坏	0.38~0.60			
Ⅹ	骑自行车的人会摔倒,处不稳状态的人会摔离原地,有抛起感	A	绝大多数毁坏	0.69~0.91	山崩和地震断裂出现;基岩上拱桥破坏;大多数独立砖烟囱从根部破坏或倒毁	10.00 (7.08~14.14)	1.00 (0.72~1.41)
Ⅹ		B	大多数毁坏				
Ⅹ		C	多数毁坏和/或严重破坏	0.58~0.80			
Ⅺ	—	A	绝大多数毁坏	0.89~1.00	地震断裂延续很大,大量山崩滑坡	—	—
Ⅺ		B					
Ⅺ		C		0.78~1.00			

续上表

地震烈度	人的感觉	房屋震害		平均震害指数	其他震害现象	水平向地面运动	
		类型	震害程度			峰值加速度（m/s²）	峰值速度（m/s）
XII	—	A B C		1.00	地面剧烈变化，山河改观	—	—

注：表中的数量词："个别"为10%以下；"少数"为10%～45%；"多数"为40%～70%；"大多数"为60%～90%；"绝大多数"为80%以上。

3. 地震烈度的确定

在工程建筑抗震设计时，经常用的地震烈度有基本烈度和设计烈度，此外，还有考虑场地条件影响的场地烈度。

1）基本烈度

基本烈度是指一个地区今后一定时期内，在一般场地条件下可能普遍遭遇的最大地震烈度（也称区域烈度）。它是根据对一个地区的实地地震调查、地震历史记载、仪器记录并结合地质构造综合分析得出的。基本烈度提供的是地区内普遍遭遇的烈度，它所指的是一个较大范围的地区，而不是一个具体的工程建筑场地。

2）场地烈度

场地烈度是指根据场地条件如岩石性质、地形地貌、地质构造和水文地质调整后的烈度。

在同一个基本烈度地区，由于建筑物场地的地质条件不同，往往在同一次地震作用下，地震烈度不相同，因此，在进行工程抗震设计时，应该考虑场地条件对烈度的影响，对基本烈度作适当的提高或降低，使设计所采用的烈度更切合实际情况。如岩石地基一般较安全，烈度可比一般工程地基降低半度到一度；淤泥类土或饱水粉细砂较基岩烈度应提高2～3度等。

3）设计烈度

在场地烈度的基础上，根据建筑物的重要性，针对不同建筑物，将基本烈度予以调整，作为抗震设防的根据，这种烈度称为设计烈度，也称设防烈度。永久性的重要建筑物需提高基本烈度作为设计烈度，并尽可能避免设在高烈度区，以确保工程安全。临时性和次要建筑物的设计烈度可比永久性或重要建筑物低1～2度。

地震烈度与震级紧密相关，但又明显有别。一次地震只有一个震级，而同一次地震在不同地区却有不同烈度。一般来讲，地震震级越大，烈度越高。地震烈度不仅与震级有关，还与震中距、震源深度、场地条件以及建筑物的抗震性能等因素有关。

（六）公路震害及防抗震原则和常用措施

1. 地震对公路的破坏作用

1）地震震动破坏作用

强烈地震引起的结构破坏和倒塌是造成大量生命财产损失的最普遍和最主要的原因。根据国内外破坏性地震调查资料估计,至少95%以上的人员伤亡和建筑物破坏是直接由这一原因造成的。此外,强烈地震震动也是其他地震破坏作用如地面破裂、地基失效和滑坡等的外部条件。所以,影响范围广大的强烈地震震动是所有地震破坏作用中最重要的。减轻它所产生的灾害的主要途径是合理地进行抗震和减震设计,并采取适当的抗震和减震措施。为此需要确定场地的设计地震动参数,包括地震动幅值、频率和持续时间。

地震使建筑物受到一种惯性力的作用,这种由地震波所直接产生的惯性力,通常称为地震力。如果建筑物经受不住这种地震力的作用,轻者开裂、变形,重者破坏。

由于水平振动对建筑物的影响最大,因而一般只考虑水平振动。但在震中区,竖向振动也是很重要的。某些大质量水坝、某些对竖向振动敏感的桥梁等也要考虑竖向振动的影响。

2）地面破裂破坏作用

地震时在地表产生的变形主要有断裂错动、地裂缝与地倾斜等。

断裂错动是浅源断层地震发生断裂错动时在地面上的表现。1933年四川迭溪地震,附近山上产生了一条上下错动很明显的断层,构成悬崖绝壁。1970年云南通海地震,出现了一条长达50km的断层。1976年河北唐山地震,也有断裂错动现象,错断的公路和桥梁水平位移达1m多,垂直位移达几十厘米。

地裂缝是地震时常见的现象。按一定方向规则排列的构造型地裂缝多沿发震断层及其邻近地段分布。它们有的是地下岩层受到挤压、扭曲、拉伸等作用发生断裂,直接出露地表形成;有的是由地下岩层的断裂错动影响到地表土层产生的裂缝。1973年四川炉霍地震,沿发震断层的主裂缝带长约90km,带宽20~150m,最大水平扭距3.6m,最大垂直断距0.6m,沿裂缝形成无数鼓包,清楚地说明它们是受挤压而产生的。裂缝通过处,地面建筑物全部倒光,山体开裂,崩塌、滑坡现象很多。1975年辽宁海城地震,位于地裂缝上的树木被从根部劈开,显然,这是张力作用的结果。

地倾斜是指地震时地面出现的波状起伏。从前面的介绍中可知,这种波状起伏是面波造成的,不仅在大地震时可以看到它们,而且在震后往往有残余变形留在地表。1906年美国旧金山大地震,街道严重破坏,变成波浪起伏的形状,就是地倾斜最典型的实例。这种地变形主要发生在土、砂和砾、卵石等地层内,由于振幅很大、地面倾斜等原因,它们对建筑物有很大的破坏力。

出现在发震断层及其邻近地段的断裂错动和构造型地裂缝,是人力难以克服的,对公路工程的破坏无从防治,因此,对待它们只能采取两种办法:一是尽可能避开;二是不能避开时本着便于修复的原则设计公路,以便破坏后能及时修复。

3）地基失效破坏作用

软弱地基一般是指可触变的软弱黏性土地基以及可液化的饱和砂土地基。它们在强烈地震作用下,由于触变或液化,承载力会大大降低或完全消失,这种现象通常称为地基失效。软弱地基失效时,可发生很大的变位或流动,不但不支承建筑物,反而对建筑物的基础起推挤作用,因此会严重地破坏建筑物。除此而外,软弱地基在地震时容易产生不均匀沉陷,这些都会使其上的建筑物遭到破坏。

1964年日本新潟7.5级地震,一些修建在饱和含水的松散粉、细砂地基上的钢筋混凝土楼房,在地震作用下,本身结构完好,并无损坏,但由于砂层液化使地基失效,楼房出现整体倾斜或下沉。1976年河北唐山7.8级地震,在震区南部的冲积平原和滨海平原地区,由于地下水埋藏浅(0~3m),第四纪松散的粉细砂层被水饱和,地震时造成大面积砂层液化和喷水冒砂,在河流岸边、堤坝和路基两侧造成大量的液化滑坡。路基和桥梁普遍遭到破坏,尤以桥梁的破坏最为严重。

鉴于软弱地基的抗震性能极差,修建在软弱地基上的建筑物震害普遍而且严重,因此,软弱黏性土层和可液化土层不宜直接用作路基和构造物的地基,当无法避免时,应采取抗震措施。

4)斜坡破坏作用

强烈的地震作用能激发滑坡、崩塌与泥石流(这些现象在第七章中将详细介绍)。如震前久雨,则更易发生。在山区,地震激发的滑坡、崩塌与泥石流所造成的灾害和损失,常常比地震本身直接造成的还要严重。规模巨大的崩塌、滑坡、泥石流,可以摧毁道路和桥梁,掩埋居民点。峡谷内的崩塌、滑坡,可以阻河成湖,淹没道路和桥梁。一旦堆石溃决,洪水下泻,常可引起下游水灾。水库区发生大规模滑坡、崩塌时,不仅会使水位上升,且能激起巨浪,冲击水坝,威胁坝体安全。

1933年四川迭溪7.5级地震,在迭溪15km范围之内,滑坡和崩塌到处可见。在迭溪附近,岷江两岸山体崩塌,形成3座高达100余米的堆石坝,将岷江完全堵塞,积水成湖。堆石坝溃决时,高达40余米的水头顺河而下,席卷了两岸的村镇。1960年智利8.5级大地震,造成了数以千计的滑坡和崩塌。滑坡、崩塌堵塞河流,造成了严重的灾害。在瑞尼赫湖区,3次大滑坡,使湖水上涨24m,湖水溢出,淹及65km外的瓦尔迪维亚城。

地震激发滑坡、崩塌、泥石流的危害,不仅表现在地震当时发生的滑坡、崩塌、泥石流,以及由此引起的堵河、淹没、溃决所造成的灾害,而且表现在因岩体震松、山坡裂缝,在地震发生后相当长的一段时间内,滑坡、崩塌、泥石流将连续不断。由于它们对公路工程的危害极大,地震时可能发生大规模滑坡、崩塌的地段为抗震危险地段,路线应尽量避开。

根据对最近几次山区强烈地震(四川炉霍、云南昭通、云南龙陵、四川松潘—平武)的调查统计,除四川松潘—平武因在雨季发震,在6度烈度区里发生一些崩塌和滑坡外,其余震区绝大多数的滑坡和崩塌都分布在≥7度的烈度区。河北唐山地震时,液化滑坡也都分布在≥7度的烈度区内。分析历史地震资料发现,除黄土地区在6度烈度区内有滑坡和崩塌外,其他地区都只在≥7度的烈度区内发生滑坡和崩塌。因此对修建于地震时可能发生大规模滑坡、崩塌地段的公路工程,设防起点为7度。

2.场地地质条件对震害的影响

1)岩土类型及性质

岩土类型及性质对震害的影响最为显著,也是目前研究得最为深入的因素。在一般情况下,主要从岩土的软硬程度、松软土的厚度以及地层结构3个方面来研究。

一般来说,在相同地震力的作用下,基岩上震害最轻,其次为硬土,而软土上震害最严重。地基岩土体的类型及性质和松软沉积层厚度对震害的影响,其根本是岩土振动周期的作用。土质越松软、厚度越大,特征周期越长,对自振周期较长的高层建筑、烟囱和木架房屋,越能引起共振,加重震害。此外,厚土、软土的共振历时较长,也会使震害加重。若地表分布有饱和细砂土、粉土和淤泥,则会因震动液化和震陷,而导致地基失效。

此外,地层结构对震害也有较大影响。一般情况是:下硬上软的结构震害重,而下软上硬的结构震害可减轻,尤其当硬土中有软土夹层时,可消减地震能量。

2)地质构造

地质构造的影响主要是指场地内断裂对震害的影响。以往一向认为,场地内位于断裂带上的建筑物,当地震发生时震害总是加重的,所以一律采取提高烈度的办法来处理。但近年来通过对我国几次大地震的观察发现,上述看法并不十分确切,应区分发震断裂(以及与之有联系的断裂)和非发震断裂。

发震断裂是引起地基和建筑物结构震动破坏的地震波的来源,又由于断裂两侧的相对错动,震害较其他地段更重。因此对发震断裂来说,跨越其上的建筑物是无法抵御震害的。所以采取提高烈度的办法无济于事,而应在选址时即避开。而对非发震断裂,若破碎带较好,则并无加重震害的趋势。所以,非发震断裂上的建筑物应根据断裂带物质的性质,按一般岩土对待即可,不应提高烈度。

3)地形地貌

国内外大量的调查资料以及仪器观测、模型试验和理论分析的结果,都证实了场地内的微地形对震害存在明显影响。其总体趋势是:突出孤立的地形震害加重;而低洼平坦的地形震害则相对减轻。

局部地形地貌影响震害的实质是:孤突的地形使山体发生共振或地震波多次被反射,可引起地面位移、速度和加速度放大。目前对局部地形反应的定量化评价还缺乏资料。

4)地下水

总体趋势:饱水的岩土体会影响地震波的传播速度,使场地烈度增高。例如,饱水砂砾石比不饱水者实际烈度要增加0.4~0.6度,其他类型上更为明显。另外,地下水的埋深越小,烈度增加值越大。在一般情况下,地下水埋深在1~5m范围时,影响最为明显,当埋深大于10m时,影响则不显著。

综上所述,场地地震效应受多种地质因素的影响。所以,为了给一个城市或建筑区的防震抗震设计提供可靠依据,就应综合研究这些地质因素的影响,从而进行地震区划。

3. 公路工程防抗震原则和常用措施

1)建筑场地选择

(1)避开活动性断裂带和大断裂破碎带。

(2)避开淤泥层、厚填土层、饱和砂层、可产生不均匀沉降的强烈震动效应和地面效应地段。

(3)避开不稳定斜坡地段及河岸。

(4)避开地下水埋藏过浅地段。

(5)避开岩溶发育区及地下采空区。

总之,应选择地形较平坦开阔、岩土坚硬均匀的地段;若土层较厚则应密实;无大断裂,若有则要求它与发震断层无关且断裂带胶结较好;地下水埋深较大;无不良地质现象地段。

2)持力层和基础方案设计

(1)基础应置于坚硬、密实的岩土层上。

(2)基础埋深要大些,防倾倒。

(3)同一建筑物避免并用多种不同形式的基础。

(4)同一建筑物基础避免跨越性质显著不同或厚度变化很大的土层。

(5)建筑物基础应采用刚度大的整体式。

3)建筑物结构形式设计

(1)平面形状简单、均匀、少突变。

(2)结构上减轻重力、降低重心。

(3)加强整体性,并使各部分之间有足够的刚度和强度。

(4)选用对震动和变形不敏感的结构。

第三章
风化与地表流水的地质作用

以太阳的辐射能、日月引力能及生物能等为主要能源,在地表或地表附近进行的地质作用称为外力作用。外力作用的主要类型有风化作用、剥蚀作用、搬运作用、沉积作用、成岩作用。其中剥蚀、搬运与沉积作用,按动力性质可分为风力作用、地表流水作用、地下水作用、湖海作用以及冰川作用等。外力地质作用与公路工程有密切关系,是公路工程地质研究的主要对象之一。本章只介绍具有普遍意义的风化作用和地表流水地质作用。

第一节 风 化 作 用

地壳表层的岩石,在太阳辐射、大气、水和生物等风化营力的作用下,发生物理和化学的变化,使岩石崩解破碎以至逐渐分解的作用,称为风化作用。风化作用是最普遍的一种外力地质作用,在大陆的各种地理环境中,都有风化作用在进行。风化作用在地表最显著,随着深度的增加,其影响就逐渐减弱以至消失。

风化作用使坚硬致密的岩石松散破坏,甚至改变岩石原有的矿物组成和化学成分,使岩石的强度和稳定性大为降低,对工程建筑条件有着不良的影响。此外,如滑坡、崩塌、碎落、岩堆及泥石流等不良地质现象,大部分都是在风化作用的基础上逐渐形成和发展起来的。所以了解风化作用,认识风化现象,分析岩石的风化程度,对评价工程建设条件是必不可少的。

一、风化作用的类型

按占优势的营力及岩石变化的性质,风化作用可分为物理风化、化学风化及生物风化三种密切联系的类型。

(一)物理风化作用

在地表或接近地表条件下,岩石、矿物在原地发生机械破碎而不改变其化学成分、不形成新矿物的作用,称为物理风化作用或机械风化作用。物理风化作用的方式主要有温差风化、冰冻风化、岩石释重(卸荷)和可溶盐的结晶与潮解等。

1.温差风化

温度变化是引起物理风化作用的最主要因素。由于温度的变化产生温差,温差可促使岩石膨胀和收缩交替进行,久而久之则引起岩石破裂。我们知道,地球表面存在着季节温差和昼夜温差,而岩石又是热的不良导体,导热性差,在日间,当它受太阳照射时,表层首先受热升温膨胀,而内部还未受热,仍然保持着原来的体积,这样必然会在岩石的表层引起壳状脱离;在夜间,外层首先冷却收缩,而内部余热未散,仍保持着受热状态时的体积,这样表层便会发生径向开裂,形成裂缝。如此往复,岩石便可产生纵横交错的裂缝,有的裂缝平行于岩石表面,形成层状剥离,有的裂缝则垂直于岩石表面。长此以往,岩石裂缝逐渐加大加深,则可由表及里地不断崩解、破碎成大大小小的碎块,如图 3-1 所示。

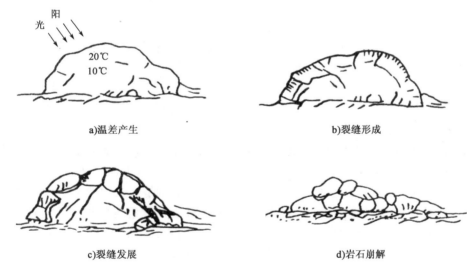

图 3-1 温差风化使岩石逐渐崩解的过程示意图

此外,不同矿物受热的体积膨胀系数各不相同,故由多种矿物组成的岩石在温度变化的影响下,各种矿物的体积胀缩也有差异,在它们的接触界面产生应力,也会破坏它们之间的结合能力。

温差风化的强弱主要决定于温度变化的速度和幅度,特别是昼夜温度变化的幅度。幅度越大,温差风化则越强烈。然而,温差风化的强弱还决定于岩石的性质,如矿物成分与岩石结构等。

2. 冰冻风化

充填在岩石孔隙或裂隙中的水结冰使岩石破坏的作用,称为冰冻风化。这是温度变化间接地使岩石破碎的现象。地表岩石的孔裂隙中,常有液体水充填,当岩石温度降到0℃以下时会冻结成冰。液体的水变成固态的冰时,体积较原来增大9%~11%。体积增大可对岩石的裂隙产生很大的压力(可达96~200MPa),使岩石中原有的裂隙进一步扩大,同时产生更多的新裂隙。当气温回升至0℃以上时,冰体融化成液体水并沿扩大和新产生的裂缝更深地渗入岩石内部,同时岩石外的水又补充进裂隙中。若气温在0℃上下波动,充填在岩石孔裂隙中的水分时而冻结、时而融化频繁进行,岩石在这样反复的作用下,裂隙就不断扩大、加深,从而使岩石崩裂成碎块,如图3-2所示。

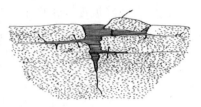

图3-2 水冻结引起岩石冻胀示意图

3. 岩石释重

无论是岩浆岩、变质岩还是沉积岩,在其形成以后,都可能因为上覆巨厚的岩层而承受巨大的静压力。一旦上覆岩层遭受剥蚀而卸荷时,岩石上部释重,随之产生向上或向外的膨胀作用,可形成一系列与地表平行的裂隙。处于地下深处承受巨大静压力的岩石,其潜在的膨胀力是十分惊人的。在一些矿山,当岩石初次出露在掌子面时,膨胀可迅速至使碎片炸裂飞出。岩石释重所形成的裂隙,为水和空气的活动提供了通路,也使它们的风化作用更有效地进行。

4. 可溶盐的结晶与潮解

在干旱及半干旱气候区,广泛地分布着各种可溶盐类。有些盐类具有很强的吸湿性,能从空气中吸收大量的水分而潮解,最后成为溶液。温度升高,水分蒸发,盐分又结晶析出,体积显著增大。由于可溶盐溶液在岩石的孔隙和裂隙中结晶时的撑裂作用,裂隙逐渐扩大,可导致岩石松散破坏。盐类结晶对岩石所起的物理破坏作用,主要决定于可溶盐的性质,同时与岩石孔隙度的大小和构造特征有很大的关系。

可以看出,对物理风化影响最强烈的是温度条件,特别是温差的影响最为显著。因此,远离海洋的大陆腹地,因温差大而物理风化强烈。我国西北及内蒙古地区,中亚各国及蒙古国等亚欧大陆腹地的干旱、半干旱地区广泛分布的戈壁、沙漠等就是强烈物理风化的产物。

物理风化的结果,首先是岩石的整体性遭到破坏,随着风化程度的增加,岩石逐渐成为碎屑和松散的矿物颗粒。由于碎屑逐渐变细,使热力方面的矛盾逐渐缓和,物理风化会随之相对削弱,但同时随着碎屑与大气、水、生物等营力接触的自由表面不断增大,风化作用的性质发生相应地转化,在一定的条件下,化学作用将在风化过程中起主要作用。

(二)化学风化作用

处于地表的岩石,与水溶液和空气中的有关气体等在原地发生化学反应逐渐使岩石分解,不仅改变其物理状态,同时也改变其化学成分,并可形成新矿物的作用,称为化学风化作用。化学风化作用的方式主要有溶解作用、水化作用、水解作用、碳酸化作用和氧化作用等。

1. 溶解作用

水直接溶解岩石中矿物的作用称为溶解作用。溶解作用的结果,是使岩石中的易溶物质被逐渐溶解而随水流失,难溶的物质则残留于原地。岩石由于可溶物质被溶解而导致孔隙增加,削弱了颗粒间的结合力从而降低了岩石的坚实程度,更易遭受物理风化作用而破碎。最容易溶解的矿物是卤化盐类(岩盐,钾盐),其次是硫酸盐类(石膏,硬石膏),再次是碳酸盐类(石灰岩,白云岩)。其他岩石虽然也溶解于水,但溶解的程度低得多。岩石在水里的溶解过程一般进行得十分缓慢,但是当水的温度升高以及压力增大时,水的溶解作用就比较活跃。特别是当水中含有侵蚀性的 CO_2 而发生碳酸化作用时,水的溶解作用就会显著增强,如在石灰岩分布地区,由于这种溶解作用,经常有溶洞、溶穴等岩溶现象。

2. 水化作用

有些矿物与水作用时,能够吸收水分作为自己的组成部分,形成含水的新矿物,称为水化作用。如硬石膏经过水化作用变为石膏就是很好的例子。

$$CaSO_4 + 2H_2O \rightarrow CaSO_4 \cdot 2H_2O$$
硬石膏　　　　　　石膏

水化作用的结果是产生含水矿物。含水矿物的硬度一般低于无水矿物,同时由于在水化过程中结合了一定数量的水分子,改变了原有矿物的成分,引起体积膨胀,对岩石也具有一定的破坏作用。

当岩层中含有硬石膏层时,石膏发生水化作用体积膨胀,对围岩会产生很大的压力,促使岩层破碎。在隧道施工中,这种压力甚至能引起支撑倾斜,衬砌开裂,应当引起足够的注意。

3. 水解作用

矿物遇水后离解,与水中的 H^+ 和 OH^- 离子起化学作用形成新的化合物,这种作用称为水解作用。无论是强酸弱碱盐或强碱弱酸盐,遇水后都会发生离解作用,与水的两种离子之一结合成新的化合物。造岩矿物大部分为硅酸盐类,都是强碱弱酸盐,所以经水解作用而分解的现象是很普遍的。例如正长石经过水解作用变成高岭石就是一种水解现象。

$$4KAlSi_3O_8 + 6H_2O \rightarrow 4KOH + Al_4(Si_4O_{10})(OH)_8 + 8SiO_2$$
正长石　　　　　　　　　　高岭石

其中易溶的 KOH 成为真溶液被带走。分解出来的 SiO_2,在有强碱钾盐的碱性溶液中不能凝聚下来,形成胶体溶液被带走。结果只有高岭石被残留下来。在炎热、潮湿的气候下,高岭石将进一步分解,形成铝土矿($Al_2O_3 \cdot nH_2O$)。

4. 碳酸化作用

当水中溶有 CO_2 时,水溶液中除 H^+ 和 OH^- 离子外,还有 CO_3^{2-} 和 HCO_3^- 离子,碱金属及碱土金属与之相遇会形成碳酸盐,这种作用称为碳酸化作用。硅酸盐矿物经碳酸化作用,其中的碱金属变成碳酸盐随水流失,如花岗岩中的正长石受到长期碳酸化作用时,则发生如下反应:

$$4KAlSi_3O_8 + 2CO_2 + 4H_2O \rightarrow Al_4(Si_4O_{10})(OH)_8 + 8SiO_2 + 2K_2CO_3$$
正长石　　　　　　　　　　高岭石　　　硅酸　碳酸钾

此外,碳酸盐类的岩石,如石灰岩、白云岩等,经碳酸化作用能够将比较难溶于水的碳酸盐转变为易溶解的重碳酸盐,因而加强了水对岩石的溶解作用。例如:

$$CaCO_3 + H_2O + CO_2 \rightarrow Ca(HCO_3)_2$$
碳酸钙　　　　　　　重碳酸钙

5. 氧化作用

氧化是地表的一种普遍的自然现象,氧化作用是化学风化作用的主要方式之一。

干燥空气中氧化作用不强,潮湿空气中氧化作用显著增强,水可大大加快氧化的速度。

自然界的有机化合物、低价氧化物和硫化物最易遭受氧化作用,尤其是低价铁最易氧化成高价铁。如自然界中常见的黄铁矿(FeS_2)在水的参与下,经氧化作用可形成褐铁矿($Fe_2O_3 \cdot nH_2O$),其化学反应方程式如下:

$$2FeS_2 + 7O_2 + 2H_2O \rightarrow 2FeSO_4 + 2H_2SO_4$$
$$12FeSO_4 + 3O_2 + 6H_2O \rightarrow 4Fe_2(SO_4)_3 + 4Fe(OH)_3$$
$$2Fe_2(SO_4)_3 + 9H_2O \rightarrow 2Fe_2O_3 \cdot 3H_2O + 6H_2SO_4$$

黄铁矿经氧化形成褐铁矿,颜色由铜黄色变为褐黄色,硬度、密度都变小。同时产生的硫酸对岩石腐蚀性极强,可使岩石中某些矿物分解形成洞穴和斑点,并产生一些新矿物。因此,岩石中含有较多黄铁矿时,用作建筑材料是不适宜的。

从以上化学风化作用的主要方式可以清楚地看出,化学风化作用在温暖、潮湿的地区较为活跃,进行得也比较彻底。因此,我国南方地区化学风化作用较北方和内陆腹地强烈,一般风化形成的土层也较厚。

(三)生物风化作用

岩石在动植物及微生物影响下受到的破坏作用,称为生物风化作用。生物风化作用主要发生在岩石的表层和土中。生物风化作用既有机械性的,也有化学性的,具有双重性。

1. 生物机械风化作用

生物的机械风化作用主要是通过生物的生命活动来进行的。如植物根系在岩石裂隙中生长,不断楔裂岩石,使裂隙扩大,从而引起岩石崩解。又如穴居动物田鼠、蚂蚁和蚯蚓等不停地挖掘洞穴,使岩石破碎、土粒变细。

2. 生物化学风化作用

生物的化学风化作用是通过生物的新陈代谢和生物死亡后的遗体腐烂分解来进行的。植物和细菌在新陈代谢过程中能析出有机酸、硝酸、亚硝酸、碳酸和氢氧化铵等溶液而腐蚀岩石。生物死亡后遗体聚集,逐渐形成腐殖质,它一方面可供给植物生长所需的钾盐、磷盐、氮的化合物和各种碳水化合物;另一方面因含有有机酸,对岩石、矿物也有腐蚀作用。生物,特别是微生物的化学风化作用是很强烈的。

由上可知,岩石的风化作用,实质上只有物理风化和化学风化两种基本类型,它们彼此是互相紧密联系的。物理风化作用加大岩石的孔隙度,使岩石获得较好的渗透性,这样就更有利于水分、气体和微生物等的侵入。岩石崩解为较小的颗粒,使表面积增加,更有利于化学风化作用的进行。从这种意义上来说,物理风化是化学风化的前提和必要条件。在化学风化过程中,不仅岩石的化学性质发生变化,而且也伴随着岩石物理性质的变化。物理风化只能使颗粒破碎到一定的粒径,大致形成中—细砂粒,因为机械崩裂的粒径下限为0.02mm,在此粒径以下,作用于颗粒上的大多数应力可以被弹性应变所缓解而消除。然而,化学风化却能进一步使颗粒分解破碎到更细小的粒径(直到胶体溶液和真溶液)。从这种意义上说,化学风化是物理风化的继续和深入。实际上,物理风化和化学风化在自然界往往是同时进行、互相影响、互相促进的。因此,风化作用是一个复杂的、统一的过程,只有在具体条件和阶段上,物理风化和化学风化才有主次之分。

从物理风化、化学风化和生物风化的产物来看,一般物理风化形成的碎屑物颗粒较粗,黏结性和吸水性较差,但内摩擦角较大;化学风化的产物颗粒细小,内聚力较大,黏结性较好,吸水能力强,内摩擦角较小;生物风化往往是在物理和化学风化的基础上进行的,但它的发生条件和影响因素与化学风化相近,因此风化产物的性质与化学风化接近,只是其中含有的有机质带来的改变是明显区别。

岩石、矿物经过物理、化学风化作用以后,再经过生物的化学风化作用,就不再是单纯的由无机物组成的松散物质,因为它还具有植物生长必不可少的腐殖质。这种具有腐殖质、矿物质、水和空气的松散物质称为土壤。土壤在物质组成、分布和性质等方面都有其特殊性,所以在概念上应与工程土类相区别,不可混用。

二、影响岩石风化的主要因素

(一)地质因素

1. 岩石性质

岩石的成因、矿物成分及结构、构造不同,对风化的抵抗能力也不同。

(1)成因。岩石成因反映它生成时的环境和条件。风化作用实质上是由于岩石生成时的环境和条件与目前它所处的环境和条件的差异性造成的。如果岩石生成的环境和条件与目前地表的环境、条件接近,则岩石抵抗风化的能力强,反之则容易风化。因此,喷出岩比浅成岩抗风化能力强,浅成岩又比深成岩抗风化能力强。一般情况下,沉积岩比岩浆岩和变质岩抗风化能力强。

(2)矿物成分。组成岩石的矿物成分的化学稳定性强弱和矿物种类的多少,是决定岩石抵抗风化能力大小的重要因素。按照矿物化学稳定性顺序,石英化学稳定性最好,抗风化能力强;其次是正长石、酸性斜长石、角闪石和辉石;而基性斜长石、黑云母和黄铁矿等矿物是很容易被风化的。一般来说,深色矿物风化快,浅色矿物风化慢,各种碎屑岩和黏土岩的抗风化能力强。另外,单矿岩比复矿岩抗风化能力强。

(3)结构和构造。一般来说,均匀、细粒结构岩石比粗粒结构岩石抗风化能力强,等粒结构比斑状结构岩石耐风化,而隐晶质岩石最不易风化。从构造上看,具有各向异性的层理、片理状岩石较致密块状岩石容易风化,而厚层、巨厚层岩石比薄层岩石更耐风化。

2. 地质构造

地质构造对风化的影响主要是岩石在构造变形时生成多种节理、裂隙和破碎带,使岩石破碎,为各种风化因素侵入岩石内部提供了途径,扩大了岩石与空气、水的接触面积,大大促进了岩石风化。因此在褶曲轴部、断层破碎带及其附近裂隙密集部位的岩石风化程度比完整的岩石严重。

(二)气候因素

气候因素主要体现在气温变化、降水和生物的繁殖情况。地表条件下温度每增加10℃,

化学反应速度就增加一倍;水分充足有利于物质间的化学反应。故气候可控制风化作用的类型和风化速度,在不同的气候区,风化作用的类型及其特点有明显的不同。例如,在寒冷的极地和高山区,以物理风化作用(冰冻风化)为主,岩石风化后形成棱角状的粗碎屑残积物。在湿润气候区,各种类型的风化作用都有,但化学风化、生物风化作用更为显著,岩石遭受风化后分解较彻底,形成的残积层厚,且往往发育有较厚的土壤层。在干旱的沙漠区,以物理风化(温差风化)作用为主,岩石风化形成薄层棱角状的碎屑残积物。

(三)地形

地形可影响风化作用的速度、深度、风化产物的堆积厚度及分布情况。地形起伏较大、陡峭、切割较深的地区,以物理风化作用为主,岩石表面风化后岩屑可不断崩落,使新鲜岩石直接露出表面而遭受风化,且风化产物较薄。在地形起伏较小、流水缓慢流经的地区,以化学风化作用为主,岩石风化彻底,风化产物较厚;在低洼有沉积物覆盖的地区,岩石由于有覆盖物的保护不易风化。

三、岩石风化程度的分级

(一)岩石风化程度的判断

岩石受到风化以后,不论其外观特征或物理力学性质,都会发生一系列的变化,根据这些变化,我们可以概略地判断岩石的风化程度。这些变化主要包括以下4个方面。

1. 岩石的颜色

岩石受到风化以后即引起岩石的颜色和光泽发生变化。未经风化的岩石,其造岩矿物保持着固有的颜色和光泽。岩石受到风化后,其中的深色矿物就会变浅变暗,并失去原来的光泽。例如,花岗岩受到风化后,具有玻璃光泽的正长石即变成土状光泽的白色粉末,而黑云母的色泽也变得深暗,因而使整个岩石失去原有色泽。观察时,一方面要注意岩石整体的颜色,同时,也要注意岩石的干湿情况以及颜色由表及里的变化情况。

2. 岩石的矿物成分

岩石受到风化后,首先会引起其中某些易风化的矿物发生次生变化。例如,花岗岩中的正长石,当发生风化后就逐渐变为高岭石,黑云母最后将变为蛭石。对于沉黏岩,特别是黏土岩,受到风化后成分的改变并不显著,但风化部分常有可溶盐类结晶析出及含水氧化铁产生。

3. 岩石的破碎程度

岩石风化后产生风化裂隙。风化程度越深,风化裂隙越发育,则岩体被裂隙割切得越破碎。所以,岩石的风化破碎程度,也是岩石风化程度的一个具体反映。

4. 岩石的强度

岩石遭受风化后,整体性破坏,矿物颗粒间的联结削弱,矿物成分发生次生变化,力学强度降低。某些岩石受到严重风化后,有的用手即可折断,有的用手可捏碎。野外调查时可用手锤敲击、小刀刻划、镐头挖掘或进行简单测试等方法确定其强度及变化。

(二)岩石风化程度的分级

根据上述 4 个方面的变化,将岩石风化程度划分为 5 级,见表 3-1。

岩石风化程度分级　　　　　　　表 3-1

岩石类别	风化程度	野外特征	压缩波速度 v_p(m/s)	波速比 K_v	风化系数 K_f
硬质岩石	未风化	岩质新鲜,未见风化痕迹	>5 000	0.9~1.0	0.9~1.0
	微风化	组织结构基本未变,仅节理面有铁锰质渲染或矿物略有变色,有少量风化裂隙	4 000~5 000	0.8~0.9	0.8~0.9
	中等风化	组织结构部分破坏,矿物成分基本未变化,仅沿节理面出现次生矿物。风化裂隙发育。岩体被切割成 20~50cm 的岩块。锤击声脆,且不易击碎,不能用镐挖掘,岩芯钻方可钻进	2 000~4 000	0.6~0.8	0.4~0.8
	强风化	组织结构已大部分破坏,矿物成分已显著变化。长石、云母已风化成次生矿物。裂隙很发育,岩体破碎。岩体被切割成 2~20cm 的岩块,可用手折断。用镐可挖掘,干钻不易钻进	1 000~2 000	0.4~0.6	<0.4
	全风化	组织结构已基本破坏,但尚可辨认,并且有微弱的残余结构强度,可用镐挖,干钻可钻进	500~1 000	0.2~0.4	
残积土		组织结构已全部破坏。矿物成分除石英外,大部分已风化成土状,锹镐易挖掘,干钻易钻进,具可塑性	<500	<0.2	
软质岩石	未风化	岩质新鲜,未见风化痕迹	>4 000	0.9~1.0	0.9~1.0
	微风化	组织结构基本未变,仅节理面有铁锰质渲染或矿物略有变色。有少量风化裂隙	3 000~4 000	0.8~0.9	0.8~0.9
	中等风化	组织结构部分破坏。矿物成分发生变化,节理面附近的矿物已风化成土状。风化裂隙发育。岩体被切割成 20~50cm 的岩块。锤击易碎,用镐难挖掘,岩芯钻方可钻进	1 500~3 000	0.5~0.8	0.3~0.8
	强风化	组织结构已大部分破坏,矿物成分已显著变化,含大量黏土质黏土矿物。风化裂隙很发育,岩体破碎。岩体被切割成碎块,干时可用手折断或捏碎,浸水或干湿交替时可较迅速地软化或崩解。用镐或锹可挖掘,干钻可钻进	700~1 500	0.3~0.5	<0.3
	全风化	组织结构已基本破坏,但尚可辨认,并且有微弱残余结构强度,可用镐挖,干钻可钻进	300~700	0.1~0.3	

续上表

岩石类别	风化程度	野外特征	压缩波速度 v_p(m/s)	波速比 K_v	风化系数 K_f
残积土		组织结构已基本破坏,矿物成分已全部改变并已风化成土状,锹镐易挖掘,干钻易钻进,具可塑性	<300	<0.1	

注:1. 波速比(K_v)为风化岩石与新鲜岩石压缩波速之比。
  2. 风化系数(K_f)为风化岩石与新鲜岩石饱和单轴抗压强度之比。
  3. 岩石风化程度,除按表列野外特征和定量指标划分外,亦可根据地区经验按点荷载试验资料划分。
  4. 花岗岩强风化、全风化与残积土的划分,宜采用标准贯入试验,其划分标准分别为强风化:$N \geq 50$;全风化:$30 \leq N < 50$;残积土:$N < 30$。

  岩石的风化是由表及里的,地表部分受风化作用的影响最显著,岩石风化程度也最高,由地表往下风化作用的影响逐渐减弱以至消失,因此在风化剖面的不同深度上,岩石的物理力学性质也有明显的差异。

  一般来说,在保留完整的风化剖面上,风化程度不同的岩石是逐渐过渡的,其间并不像地层岩性那样,存在着较为清晰和确切的地质界面。但在整个风化剖面上,从上到下存在着性质迥然不同的岩石。主要是因为:不同深度的岩石与风化营力接触的时间不同;主要风化作用具有分段性(如在潮湿温暖的气候条件下,硅酸盐的风化由开始到最终起主要化学作用的依次为:水化→淋滤→水解→氧化。因此,在风化剖面上,从上到下主要的化学作用带依次为:氧化带→水解带→淋滤带→水化带,从而造成各带岩石风化程度的差异);矿物的风化具有显著的阶段性(因为原生矿物形成与风化环境相适应的最终产物不是直接完成的,而是需要经过一些中间阶段,形成一些过渡性矿物)。基于这几方面的原因,风化壳在铅直剖面上,岩体从上到下在颜色、破碎程度、矿物成分和水理及物理力学性质等方面存在着明显的不同,从而为岩石风化带的确定提供了依据。从工程地质的角度,一般把风化岩层自下而上分为微风化带、中等风化带、强风化带、全风化带4个带。

  岩石风化带的界线,在公路工程实践中是一项重要的工程地质资料。在许多地方都需要运用风化带的概念来划定地表岩体不同风化带的分界线,作为拟定挖方边坡坡度、基坑开挖深度,以及采取相应的加固与补强措施的参考。但是到目前为止,还没有一个比较确切的定量指标作为划定分界线的依据,通常只是根据当地的地质条件并结合实践经验予以确定。另一方面,虽然岩石的风化是由表及里的,但往往由于各地的岩性、地质构造、地形和水文地质条件不同,岩体风化带的分布情况变化很大,不一定都能清楚地划定出上述的4个风化带;或者由于受到其他外力作用,部分风化层已被剥蚀,因而看不到完整的风化带的情况也是相当普遍的。

四、残积层

  地表岩石经过长期风化作用以后,矿物成分、结构和构造发生改变,形成和原来岩石性质不同的风化产物,除一部分易溶物质被水溶解流失外,大部分物质残留在原地,这种残留下来的物质称为残积物,这种风化层称为残积层。残积物向上逐渐过渡为土壤层。土壤层直接分布在地表,因富含有机质,颜色较深或有植物根系分布其中。残积层向下经风化岩石逐渐过渡为新鲜岩石。土壤层、残积层和风化岩层形成完整的风化壳。残积碎屑物从地表向深处由细变粗是其最重要的特征。

残积物粒度和成分受气候条件和母岩岩性控制。在干旱或寒冷地区,化学风化作用微弱而以物理风化作用为主,岩石风化产物多为棱角状的砂、砾等粗碎屑物质,其中缺少黏土矿物。在垂直剖面上,上部碎屑的粒径较小,向下部逐渐粗大。在半干旱地区,除物理风化作用外,尚可有化学风化作用进行,残积物中常包含黏土矿物、铁的氢氧化物与 Ca、Mg 碳酸盐和石膏等。在气候潮湿地区,化学风化作用活跃,物理风化作用不发育,残积物主要由黏土矿物组成,厚度也相应较大。而在气候湿热地区,残积物中除黏土矿物外,铝土矿和铁的氢氧化物含量通常较高,常为红色。残积物成分与母岩岩性关系密切,花岗岩的残积物中常含有由长石分解形成的黏土矿物,而石英则破碎成为细砂。石灰岩的残积物往往成为红黏土。碎屑沉积岩的残积物外观上变化不大,仅恢复其未固结前的松散状态。

残积层因未经搬运故不具有层理,碎屑物大小不均匀、无分选、棱角显著、无磨圆;残积层与下伏母岩没有明显界限,而是逐渐过渡的;残积层的厚度往往变化很大,一般与地形条件有关,在陡坡部位易被侵蚀而厚度较小,在平缓的山顶和斜坡上因不易被侵蚀而厚度较大。

残积层的工程地质性质,主要取决于矿物成分、结构和构造等因素。残积层具有较多的孔隙和裂缝,易遭冲刷,强度和稳定性较差。由于残积层孔隙多,加之成分和厚度很不均匀,所以作为建筑物的地基时,应考虑其承载能力和可能产生的不均匀沉陷。由于残积层结构比较松散,作为路堑边坡时,应考虑可能出现的坍塌和冲刷等问题。

第二节　暂时性流水的地质作用

地表流水可分为暂时性流水和经常性流水两类。暂时性流水是一种季节性、间歇性流水,它主要以大气降水以及积雪冰川融化为水源,所以一年中有时有水,有时干枯,如大气降水后沿山坡坡面或山间沟谷流动的水。经常性流水在一年中大部分时间流水不断,它的水量虽然也随季节发生变化,但不会较长期的干枯无水,这就是通常所说的河流。一条暂时流水的沟谷,若能不间断地获得水源的供给,就会变成一条河流。实际上,一条河流的水源往往是多方面的,除大气降水外,高山冰雪融化水和地下水都可能是它的重要水源。暂时性流水与河流相互连接,脉络相通,组成统一的地表流水系统。不论经常性流水或暂时性流水,在流动过程中都要和与其接触的地表岩土体发生相互作用,产生侵蚀、搬运和堆积作用,形成各种地貌和不同的松散沉积层。地表流水不仅是影响地表形态不断发展变化的一个普遍性的重要自然因素,而且经常影响着公路的建设条件。

一、坡面细流的地质作用及坡积层

(一)坡面细流的地质作用

雨水降落到坡面或覆盖坡面的积雪融化时,其中一部分蒸发,一部分渗入地下,剩下的部分在汇入洼地或沟谷之前形成无数的网状坡面细流,从高处沿坡面向低处缓慢流动,时而冲刷,时而沉积,不断地使坡面上细小的风化岩屑和黏土物质沿坡面向下移动,最后,在坡脚或山坡中下部低凹处沉积下来形成坡积层。雨水、融雪水对整个坡面所进行的这种比较均匀、缓慢和在短期内并不显著的地质作用,称为洗刷作用。洗刷作用的强度和规模,在一定的气候条件下与山坡的岩性、风化程度和坡面植物的覆盖程度有关，一般在缺少植物的土质山坡或风化严重的软弱岩质山坡上洗刷作用比较显著。

（二）坡积层（Q^{dl}）

因坡面细流的侵蚀、搬运和沉积作用在坡脚或山坡低凹处形成的沉积层称为坡积层（图3-3）。坡积层是山区公路勘测设计中经常遇到的第四纪陆相沉积物中的一个成因类型，它顺着坡面沿山坡的坡脚或山坡中下部的凹坡呈缓倾斜裙状分布，在地貌上称为坡积裙。

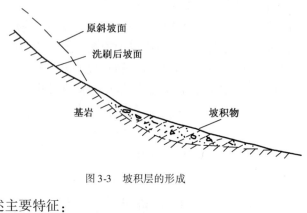

图3-3　坡积层的形成

坡积层具有下述主要特征：

（1）坡积层可分为山地坡积层和山麓平原坡积层两个亚组。其厚度变化较大，一般是中下部较厚，向山坡上部及远离山脚方向均逐渐变薄尖灭。

（2）坡积层多由碎石和黏性土组成，其成分与下伏基岩无关，而与山坡上部基岩成分有关。山地坡积层一般以粉质黏土夹碎石为主，而山麓平原坡积层则以粉质黏土为主，夹有少量的碎石。

（3）由于从山坡上部到坡脚搬运距离较短，故坡积层层理不明显，颗粒磨圆差，碎石棱角较清楚；组成物分选差，大小基本混杂在一起。

（4）坡积层一般松散、富水、厚度不均匀，作为建筑物地基时承载力较差且易产生不均匀变形。另外，坡积层稳定性很差，很容易发生滑动，其稳定性主要取决于以下3个方面：

①下伏基岩顶面的倾斜程度。当坡积层的厚度较小时，其稳定程度首先取决于下伏岩层顶面的倾斜程度，如下伏地形或岩层顶面与坡积层的倾斜方向一致且坡度较陡时，尽管地面坡度很缓，也易于发生滑动。山坡或河谷谷坡上的坡积层的滑动，经常是沿着下伏地面或基岩的顶面发生的。

②下伏基岩与坡积层接触带的含水情况。当坡积层与下伏基岩接触带有水渗入而变得软弱湿润时，将显著减低坡积层与基岩顶面的摩阻力，更容易引起坡积层发生滑动。坡积层内的挖方边坡在久雨之后容易产生塌方，水的作用是一个普遍性原因。

③坡积层本身的性质。坡积层的组成、结构、构造、密实程度、胶结情况及含水情况都会影响其稳定性。由于坡积层的孔隙度一般较高，特别是在黏土颗粒含量高的坡积层中，雨季含水率增加，不仅增大了本身的重量，而且抗剪强度也随之降低，因而稳定性大为减弱。以粗碎屑为主组成的坡积层，其稳定性受水的影响一般不像黏土颗粒那样显著。

二、山洪急流的地质作用及洪积层

(一)山洪急流的地质作用

在山区,集中暴雨或积雪骤然大量融化所形成的坡面流水汇集于沟谷中,会在短时间内形成流量大、流速高的流水,一般称为山洪急流。山洪急流具有极强的侵蚀和搬运能力,并能把冲刷下来的碎屑物质带到山麓平原或沟谷口堆积下来,形成洪积层。

山洪急流沿沟谷流动时,由于集中了大量的水,沟底坡度大,流速快,因而拥有巨大的动能,如果地表岩石或土比较疏松、裂隙发育,地面坡度较陡,再加上地面缺少植物覆盖,则该地区极易形成冲沟(由冲刷作用形成的沟底狭窄、两壁陡峭的沟谷)。经常、反复进行的冲刷作用,先在地表低洼处形成小沟,小沟又不断被加深、扩宽形成大沟,大沟两侧及上游又形成许多新的小支沟,随着冲沟的形成和不断发展,当地将产生大规模的水土流失,地表被纵横交错的大、小冲沟切割得支离破碎,见图3-4。黄土高原地区,如陕北的绥德、吴旗,甘肃陇东的庆阳、宁县,冲沟系统规模之大,切割之深,发展之快,均为其他地区所罕见。在这些地区,冲沟的形成和发展对公路等工程产生严重影响,冲沟使地形变得支离破碎,路线布局往往受到冲沟的控制,不仅增加路线长度和跨沟工程,增大工程费用,而且经常由于冲沟的不断发展,截断路基,中断交通,或者由于洪积物掩埋道路,淤塞涵洞,影响正常运输。

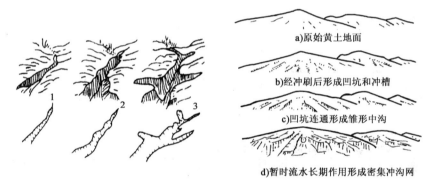

图3-4 冲沟形成和发展示意图
1-冲槽;2-下切;3-平衡

在降雨量较集中,缺少植被保护,由第四纪松散沉积物堆积的地区,冲沟极易形成。冲沟是以溯源侵蚀的方式由沟头向上逐渐延伸扩展的。冲沟的发展大致可以分为以下4个阶段。

1. 冲槽阶段

坡面径流局部汇流于凹坡,开始沿凹坡发生集中冲刷,形成不深的冲沟。沟床的纵剖面与斜坡剖面基本一致,见图3-5a)。在此阶段,只要填平沟槽,调节坡面使流水不再汇入,种植草皮保护坡面,即可使冲沟不再发展。

2. 下切阶段

由于冲沟不断发展,沟槽汇水增大,沟头下切,沟壁坍塌,使冲沟不断向上延伸和逐渐加宽。此时的沟床纵剖面与斜坡已不一致,出现悬沟陡坎,见图3-5b)。在沟口平缓地带开始有洪积物堆积。在此阶段,如果能够采取积极的工程防护措施,如加固沟头、铺砌沟底、设置跌水和加固沟壁等,可防止冲沟进一步发展。

3. 平衡阶段

悬沟陡坎已经消失,沟床已下切拓宽,形成凹形平缓的平衡剖面,冲刷逐渐减弱,沟底开始有洪积物堆积,见图3-5c)。在此阶段,应注意冲沟发生侧蚀和加固沟壁。

4. 休止阶段

沟头溯源侵蚀结束,沟床下切基本停止,沟底有洪积物堆积,见图3-5d),并开始有植物生长。

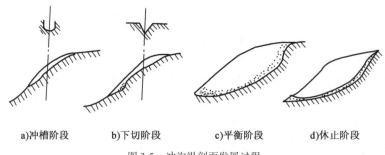

a) 冲槽阶段 b) 下切阶段 c) 平衡阶段 d) 休止阶段

图3-5 冲沟纵剖面发展过程

在冲沟地区修筑道路,首先必须查明该地区冲沟形成的各种条件和原因,特别要研究该地区冲沟的活动程度,分清哪些冲沟正处于剧烈发展阶段,哪些冲沟已处于衰老休止阶段,然后有针对性地进行治理。冲沟治理应以预防为主。通常采用的主要措施是调整地表水流、填平洼地、禁止滥伐树木、人工种植草皮等。对那些处于剧烈发展阶段的冲沟,必须从上部截断水源,用排水沟将地表水疏导到固定沟槽中;同时在沟头、沟底和沟壁受冲刷处采取加固措施。在大冲沟中筑石堰、修梯田,沿沟铺设固定排水槽,也是有效措施。在缺乏石料的地区,则可改用柴捆堰、篱堰等加固设备,效果也较好。某些地区采用种植多年生草本植物防止坡面冲刷,效果良好。对那些处于衰老阶段的冲沟,由于沟壁坡度平缓,沟底宽平且有较厚沉积物,沟壁和沟底都有植物生长,表明冲沟发展暂时处于休止状态,应当大量种植草皮和多年生植物加固沟壁,以免支沟重新复活。道路通过时应尽量少挖方,新开挖的边坡则应及时采取保护措施。

(二)洪积层(Q^{pl})

洪积层是由山洪急流搬运的碎屑物质沉积所形成的。当山洪夹带大量的泥沙石块流出沟口后,由于沟床纵坡变缓,地形开阔,水流分散,流速降低,搬运能力骤然减小,所夹带的石块、岩屑、砂砾等粗大碎屑先在沟口堆积下来,较细的泥沙继续随水搬运,多堆积在沟口外围一带。由于山洪急流的长期作用,在沟口一带就形成扇形展布的堆积体,在地貌上称为洪积扇(图3-6)。洪积扇的规模逐年增大,有时与相邻沟谷的洪积扇互相连接起来,形成规模更大的洪积裙或洪积冲积平原。

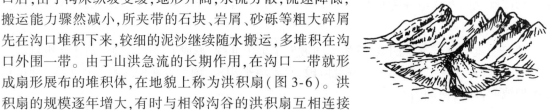

图3-6 洪积扇

洪积层是第四纪陆相堆积物中的另一种类型,从工程地质的观点来看,洪积层有以下一些主要特征:

(1)组成物质较复杂,取决于沟谷上游汇水区内的岩石种类;分选不良,粗细混杂,碎屑物质多带棱角,磨圆度不佳。

(2) 厚度变化大,常发育有不规则的交错层理、透镜体、尖灭及夹层等。

(3) 山前洪积层由于周期性的干燥,常含有可溶盐类物质,在土粒和细碎屑间,往往形成局部的软弱结晶联结,但遇水作用后,联结就会破坏。

洪积层主要分布于山麓坡脚的沟谷出口地带及山前平原,从地形上看,是有利于工程建设的。由于洪积物在搬运和沉积过程中的某些特点,规模很大的洪积层一般可划分为3个工程地质条件不同的地段(图3-7):靠近山坡沟口的粗碎屑沉积地段,孔隙大,透水性强,地下水埋藏深,压缩性小,承载力比较高,是良好的天然地基;洪积层外围的细碎屑沉积地段,如果在沉积过程中受到周期性的干燥,黏土颗粒发生凝聚并析出可溶盐,则洪积层的结构颇为结实,承载力也比较高。在上述两地段之间的过渡带,因为常有地下水溢出,水文地质条件不良,对工程建筑不利。

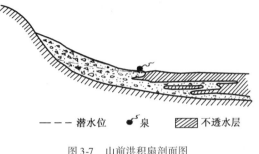

——— 潜水位　●泉　▨ 不透水层

图3-7　山前洪积扇剖面图

第三节　河流地质作用

具有明显谷槽的常年或季节性水流称为河流。河流普遍分布于不同的自然地理带,是改造地表的主要地质营力之一。由河流作用所形成的谷地称为河谷。河谷的形态要素包括谷坡和谷底两大部分,见图3-8。谷底中包括河床和河漫滩。河床是指平水期河水占据的谷底,也称为河槽。河漫滩是平水期不被河水淹没但可被洪水淹没的谷底部分。谷坡是河谷两侧因河流侵蚀而形成的岸坡。古老的谷坡上常发育有洪水不能淹没的阶地。谷坡与谷底的交界称为坡麓,谷坡与山坡交界的转折处称为谷缘,也称为谷肩。河水通过侵蚀、搬运和堆积作用形成河床,并使河床的形态不断发生变化,河床形态的变化反过来又影响着河水的流速场,从而促使河床发生新的变化,两者互相作用、互相影响。河流的侵蚀、搬运和堆积作用,可以认为是河水与河床动平衡不断发展的结果。

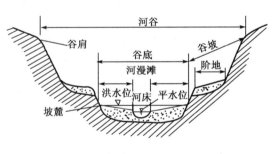

图3-8　河谷要素

河流地质作用的强弱,主要与河水的动能有关。河水的动能与流量和流速平方的乘积成正比。河流在洪水期冲刷、搬运和堆积作用之所以特别强烈,就是因为河流的流量、流速显著增大,河水动能显著增强。由于河流的长期作用,形成了河床、河漫滩、河流阶地和河谷等各种河流地貌,同时也形成了第四纪陆相堆积物的另一个成因类型,即冲积层。

一条河流从河源到河口一般可分为3段:上游、中游和下游。上游多位于高山峡谷中,急流险滩多,河道较直,流量不大但流速很高,河谷横断面多呈"V"字形。中游河谷较宽广,河漫滩和河流阶地发育,横断面多呈"U"字形。下游多位于平原地区,流量大而流速较低,河谷宽广,河曲发育,在河口处易形成三角洲。

河流的侵蚀作用、搬运作用和沉积作用在整条河流上同时进行，相互影响。在河流的不同段落上，3种作用进行的强度并不相同，常以某一种作用为主。

一、河流的侵蚀作用

河水在流动的过程中不断加深和拓宽河床的作用称为河流的侵蚀作用。按其作用的方式，可分为溶蚀和机械侵蚀两种。溶蚀是指河水对组成河床的可溶性岩石不断地进行化学溶解，使之逐渐随水流失。河流的溶蚀作用在石灰岩、白云岩等可溶性岩类分布地区比较显著。此外，河水对岩石中的可溶性矿物发生溶解，使岩石的结构松散破坏，有利于机械侵蚀作用的进行。机械侵蚀作用包括流动的河水对河床组成物质的直接冲击和夹带的砂砾、卵石等固体物质对河床的磨蚀、撞击。机械侵蚀在河流的侵蚀作用中具有普遍的意义，它是山区河流的一种主要侵蚀方式。

按照河床不断加深和拓宽的发展过程，河流的侵蚀作用可分为下蚀作用和侧蚀作用。下蚀和侧蚀是河流侵蚀过程中互相制约和互相影响的两个方面，不过在河流的不同发展阶段，或同一条河流的不同部分，由于河水动力条件的差异，优势作用是下蚀或侧蚀、侵蚀或沉积都也会有显著的差别。

1. 下蚀作用

河水在流动过程中使河床逐渐下切加深的作用，称为河流的下蚀作用。河水夹带固体物质对河床造成机械破坏，是使河流下蚀的主要因素。其作用强度取决于河水的流速和流量，同时，也与河床的岩性和地质构造密切相关。很明显，河水的流速和流量大时，下蚀作用的能量大。如果组成河床的岩石坚硬且无构造破坏，则会减慢河水对河床下切的速度；反之，如岩性松软或受到构造作用的破坏，则下蚀易于进行，河床下切过程加快。

河流的侵蚀过程总是从河的下游逐渐向河源方向发展的，这种溯源推进的侵蚀过程称为溯源侵蚀。分水岭不断遭到剥蚀切割，河流长度不断增加，以及河流的袭夺现象，都是河流溯源侵蚀造成的结果。

河流的下蚀作用并不会无止境地继续下去，而是有它自己的基准面。随着下蚀作用的发展，河床不断加深，河流的纵坡逐渐变缓，流速降低，侵蚀能量削弱，达到一定的基准面后，河流的侵蚀作用将趋于消失。河流下蚀作用消失的平面，称为侵蚀基准面。流入主流的支流，基本上以主流的水面为其侵蚀基准面；流入湖泊海洋的河流，则以湖面或海水面为其侵蚀基准面。大陆上的河流绝大部分都流入海洋，而且海洋的水面也较稳定，所以又把海平面称为基本侵蚀基准面。侵蚀基准面并不是固定不变的，由于河流的下蚀作用通常都受岩性、构造运动、植被、气候变化及人类工程活动等多种因素影响，因此河流的侵蚀基准面常会发生变化。侵蚀基准面一经变动，则会引起相关水系的侵蚀和堆积过程发生重大的改变。所以，根据对河谷侵蚀与堆积地貌组合形态的研究，能够对地区新构造运动的情况作出判断。

2. 侧蚀作用

河流以携带的泥、砂、砾石为工具，并以自身的动能和溶解力对河床两岸的岩石进行侵蚀，使河谷加宽的作用称为侧蚀作用。河流的中、下游以及平原区的河流，由于河床坡度较为平缓，侧蚀作用占主导地位。河水在运动过程中的横向环流作用，是促使河流产生侧蚀的经常性因素。此外，如河水受支流或支沟堆积的洪积物以及其他重力堆积物的障碍顶托，致使主流流向发生改变,引起对岸产生局部冲刷,也是一种在特殊条件下产生的河流侧蚀现象。在天然河道上能形成横向环流的地方很多,但在河湾部分最为显著[图3-9a)]。当运动的河水进入河湾后,由于受离心力的作用,表层水流以很大的流速冲向凹岸,产生强烈冲刷,使凹岸岸壁不断坍塌后退,并将冲刷下来的碎屑物质由底层水流带向凸岸堆积下来[图3-9b)]。由于横向环流的作用,凹岸不断受到冲刷,凸岸不断发生堆积,结果使河湾的曲率增大;同时受纵向流的影响,河湾逐渐向下游移动,因而导致河床发生平面摆动。这样天长日久,整个河床就被河水的侧蚀作用逐渐地拓宽(图3-10)。

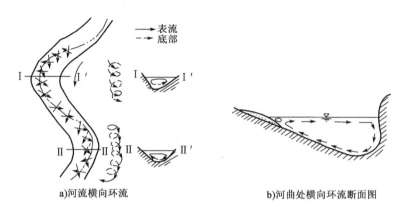

图3-9 横向环流示意图

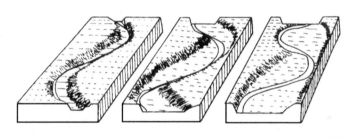

图3-10 侧蚀作用使河床加宽

沿河布设的公路,由于河流的水位变化及侧蚀,常在路基发生水毁现象,特别在河湾凹岸地段最为显著。因此,在确定路线具体位置时,必须加以注意。此外,河湾部分的横向环流作用明显加强,容易发生坍岸,并产生局部剧烈的冲刷和堆积作用,河床容易发生平面摆动,这对于桥梁的建设,也是很不利的。

由于河流侧蚀的不断发展,河流发展为一个河湾接着一个河湾,且河湾的曲率越来越大,河流的长度越来越长,结果使得河床的比降逐渐减小,河水流速不断降低,侵蚀能量逐渐削弱,直至常水位时已无能量继续发生侧蚀为止。这时河流所特有的平面形态,称为蛇曲[图3-11b)]。有些处于蛇曲形态的河湾,彼

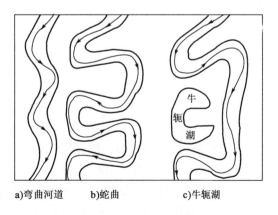

图3-11 蛇曲的发展与牛轭湖的形成

此之间十分靠近,一旦流量增大,河水会裁弯取直,流入新开拓的局部河道,而残留的原河湾的两端因逐渐淤塞而与原河道隔离,形成状似牛轭的静水湖泊,称为牛轭湖[图3-11c]。最终,由于主要承受淤积,牛轭湖逐渐成为沼泽,以至消失。

上述河湾的发展和消亡过程,一般只在平原区的某些河流中出现。这是因为河流的发展既受河流动力特征的影响,也受地区岩性和地质构造条件的制约,此外与河流夹沙量也有一定的关系。在山区,由于河床岩性以石质为主,所以河湾的发展过程较为缓慢;在一些输沙量大的平原河流中,曲率很大的河湾一般不容易形成,即使形成也会很快消失。

下蚀和侧蚀是河流侵蚀作用的两个密切联系的方面,在河流下蚀与侧蚀的共同作用下,河床不断加深和拓宽。由于各地河床的纵坡、岩性、构造等不同,两种作用的强度也就不同,或以下蚀为主,或以侧蚀为主。如果河流只进行下蚀作用,或以下蚀作用为主,河谷横断面呈V字形。如果河流只进行侧蚀作用,或以侧蚀作用为主,河谷横断面呈U字形,谷底宽平。如下蚀作用与侧蚀作用等量进行,河谷横断面多不对称。由于河水流动具有紊流的性质,是由纵流与横向环流组合而成,以螺旋状流束流动的,流速大时,纵流占优势,流速小时,横向环流占优势。一般在河流的中下游、平原区河流或处于老年期的河流,由于河湾增多,纵坡变小,流速降低,横向环流的作用相对增强。从这个意义上来说,中下游河段河流侵蚀以侧蚀作用为主;在河流的上游,由于河床纵坡大、流速大、纵流占主导地位,从总体上来说,以下蚀作用为主。

二、河流的搬运作用

河流在流动过程中夹带沿途冲刷侵蚀下来的物质(泥沙、石块)离开原地的移动作用,称为搬运作用。河流的侵蚀和堆积作用,在一定意义上都是通过搬运过程来进行的。河水搬运能量的大小,决定于河水的流量和流速,在一定的流量条件下,流速是影响搬运能量的主要因素。河流搬运物的粒径 d 与水流流速 v 的平方成正比,即 $d \propto v^2$。

河流搬运的物质,主要是从谷坡洗刷、崩落、滑塌下来的产物和冲沟内洪流冲刷出来的产物,其次是河流侵蚀河床的产物。

流水搬运的方式可分为物理搬运和化学搬运两大类。物理搬运的物质主要是泥沙石块,化学搬运的物质则是可溶解的盐类和胶体物质,其搬运的距离最远,水中各种离子和胶体颗粒多被搬运到湖、海盆地中,当条件适合时,在湖、海盆地中产生沉积。

物理搬运根据流速、流量和泥沙石块的大小不同,又可分为悬浮式、跳跃式和滚动式3种。悬浮式搬运的主要是颗粒细小的砂和黏性土,悬浮于水中或水面,顺流而下。例如黄河中大量黄土颗粒的移动主要是悬浮式搬运。跳跃式搬运的物质一般为块石、卵石和粗砂,它们有时被急流、涡流卷入水中向前搬运,有时则被缓流推着沿河底滚动。滚动式搬运的主要是巨大的块石、砾石,它们只能在水流强烈冲击下,沿河底缓慢向下游滚(移)动。

河流在搬运过程中,随着流速逐渐减小,被携带的物质按其大小和重量陆续沉积在河床中,上游河床中沉积物较粗大,越向下游沉积物颗粒越细小;从河床断面上看,流速逐渐减小时,粗大颗粒先沉积下来,细小颗粒后沉积,覆盖在粗大颗粒之上,从而在垂直方向上显示出层理。在河流平面上和断面上,沉积物颗粒大小的这种有规律的变化,称为河流的分选作用。另外,在搬运过程中,被搬运物质与河床之间、被搬运物质互相之间,都不断发生摩擦、碰撞,从而使原来有棱角的岩屑、碎石逐渐磨去棱角而成浑圆形状,成为在河床中常常见到的砾石、卵石和砂,它们都具有一定的磨圆度。这种作用称为河流的磨蚀作用。良好的分选性和磨圆度是河流沉积物区别于其他成因沉积物的重要特征。

三、河流的沉积作用与冲积层（Q^{al}）

河流在运动过程中，当河水夹带的泥沙、砾石等物质超过了河水的搬运能力时，被搬运的物质便在重力作用下逐渐沉积下来，称为沉积作用，河流的沉积物称为冲积层。河流沉积物几乎全部是泥沙、砾石等机械碎屑物，而化学溶解的物质多在进入湖盆或海洋等特定的环境后才开始发生沉积。冲积物按其沉积环境的不同，有以下几种类型。

1. 河床相沉积

河床内的沉积作用随水位的季节性变化而有规律地进行。在洪水期，大而重的碎屑物被搬走，在平水期又沉积下来，所以河床内的每个地方都有沉积发生。由于河床是经常被流水占据的部分，水流速度快，故沉积物粗，属冲积物中粒度最粗的部分。一般在上游颗粒最粗，多由粗砾甚至巨砾组成，且分选性差，粗细混杂；在中、下游颗粒较细，较均匀，多由粗砂、细砂等组成。

2. 河漫滩相沉积

在洪水期，河水漫出河床，由于流速突然减小，较粗的沉积物便迅速沉积下来，形成河漫滩相沉积物。沉积物多由粉砂与黏土组成，内侧较粗，向外逐渐变细。由于河曲的不断发展，河床侧向迁移，在河床相沉积层之上堆积了河漫滩相沉积，这一套沉积构成冲积层的二元结构。即下部为河床相沉积物，颗粒粗；表层为河漫滩相沉积物，颗粒细，以黏土、粉土为主（图3-12）。

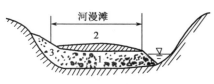

图3-12 河漫滩沉积
1-河床沉积物；2-河漫滩冲积物；3-山坡坡积裙

3. 牛轭湖相沉积

在牛轭湖范围内形成的沉积物，主要为静水沉积，一般多由富含有机质的淤泥和泥炭组成，天然含水率很大，抗压、抗剪强度小，容易发生受力变形。

4. 三角洲相沉积

河流流入湖、海的地方叫河口。河口是河流最主要的沉积场所。一方面，由于河口处水域骤然变宽，河水散开成为许多岔流，加之河水被湖水或海水阻挡，流速大减，机械搬运物便大量堆积下来，河流机械搬运物的一半以上沉积于此。另一方面，河水中的溶运胶溶体在胶体粒子所带电荷被海水电解质中和后也会迅速沉淀。大量物质在河口沉积下来，从平面上看，外形像三角形或鸡爪形，所以称为三角洲（图3-13）。

前积层是流水到达河口后最先沿水盆边缘沉积的较粗的泥沙沉积物。再向前就逐渐过渡到底积层。底积层是河流带来的悬浮物质和胶体物质在前积层的前方形成的水平沉积层，粒细而层薄，常由粉砂、黏土组成。顶积层是前积层增长到河底高度时，随着三角洲向海推进，在前积层上沉积的近于水平的河床沉积。

上述冲积物结构，是温带地区潮湿地带较大的永久性平原河流冲积物的典型特点。假如自然地理环境和水文动态条件发生变化，冲积物的结构和成分也会变化，形成另外一些类型的冲积物。

5. 山区河流冲积物

湍急的山区河流，冲积物几乎完全为河床相。在平水期水流清澈，河床相冲积物主要为砾石、卵石及粗砂。洪水期间水流能量很大，剧烈地侵蚀河谷谷底，同时带来巨大的卵石、砂砾石及浑浊的泥质物质。这些物质混杂堆积，砾石的磨圆度及分选性都很差，砾石有时具有一定的排列方向，形成迭瓦状沉积。由于河床坡降大，砂、黏土等细粒物质几乎不可能在河床底部的表面沉积下来，在洪峰以后，浑浊水流中的泥沙，以充填方式在巨大的砾石空隙中沉积下来。因此几乎见不到成层的砂、黏土层。

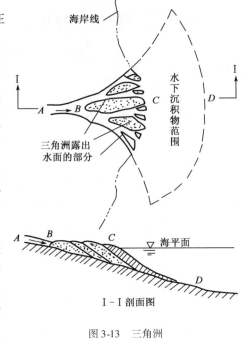

图 3-13 三角洲

从冲积层的形成过程，可知它具有以下特征：

（1）冲积层分布在河床、冲积扇、冲积平原或三角洲中；冲积层的成分非常复杂，河流汇水面积内的所有岩石和土都能成为该河流冲积层的物质来源。与前面讨论过的 3 种第四纪沉积层相比，冲积层物质的分选性好，磨圆度高，且发育近水平层理。

（2）山区河流沉积物较薄，颗粒较粗，承载力较高且易清除，地基条件较好。

（3）由于冲积平原分布广，表面坡度比较平缓，多数大、中城市都坐落在冲积层上；道路也多选择在冲积层上通过。作为工程建筑物的地基，砂、卵石的承载力较高，黏性土较低。在冲积平原应当特别注意冲积层中的两种不良沉积物，一种是软弱土层，例如牛轭湖、沼泽地中的淤泥、泥炭等；另一种是容易发生流沙现象的细、粉砂层。遇到它们时应当采取专门的设计和施工措施。

（4）三角洲沉积物含水率高，常呈饱和状态，承载力较低。但其最上层因长期干燥，比较硬实，承载力较下层高，俗称硬壳层，可用作低层建筑物的天然地基。

（5）冲积层中的砂、卵石、砾石常被选用为建筑材料。厚度稳定、延续性好的砂、卵石层是水量丰富的含水层，可以作为良好的供水水源。

第四章
地貌与第四纪松散沉积物

第一节 地 貌

一、地貌概述

由于内、外力地质作用的长期进行,在地壳表面形成的各种不同成因、不同类型、不同规模的起伏形态,称为地貌。地貌学是专门研究地壳表面各种起伏形态的形成、组成、发展和空间分布规律的科学。

"地形"与"地貌"含义不同。"地形"专指地表既成形态的某些外部特征,如高低起伏、坡度大小和空间分布等,它不涉及这些形态的地质结构,以及这些形态的成因和发展。这些形态在地形图中以等高线表达。"地貌"含义广泛,它不仅包括地表形态的全部外部特征,如高低起伏、坡度大小、空间分布、地形组合及其与邻近地区地形形态之间的相互关系等,更重要的是运用地质动力学的观点,分析和研究这些形态的组成、成因及其发展。

地貌条件与公路工程的建设及运营有着密切的关系。公路常穿越不同的地貌单元,地貌条件是评价公路工程地质条件的重要内容之一。各种不同的地貌,都关系到公路勘测设计、桥隧位置选择的技术经济问题和养护工程等。为了处理好公路工程与地貌条件之间的关系,就必须学习和掌握一定的地貌知识。

（一）地貌的形成和发展

1. 地貌形成和发展的动力

地壳表面的各种地貌都在不断地形成和发展变化。促使地貌形成和发展变化的动力，是内、外力地质作用。

内力作用形成了地壳表面的基本起伏，对地貌的形成和发展起决定性作用。首先，地壳的构造运动不仅使地壳岩层受到强烈的挤压、拉伸或扭动而形成一系列褶皱带和断裂带，而且还在地壳表面造成大规模的隆起区和沉降区。隆起区将形成大陆、高原、山岭；沉降区则形成海洋、平原、盆地。其次，地下岩浆的喷发活动对地貌的形成和发展也有一定的影响，火山喷发可形成火山锥和熔岩盖等堆积物，后者的覆盖面积可达数百以至数十万平方千米，厚度可达数百、数千米。内力作用不仅形成了地壳表面的基本起伏，而且还对外力作用的条件、方式及过程产生深刻的影响。例如，地壳上升，侵蚀、剥蚀、搬运等作用增强，堆积作用就变弱；地壳下降，则情况相反。

外力作用对由内力作用所形成的基本地貌形态，不断地进行雕塑、加工，起着改造作用，其总趋势是削高补低，力图把地表夷平，即把由内力作用所造成的隆起部分进行剥蚀破坏，同时把破坏的碎屑物质搬运堆积到由内力作用所造成的低地和海洋中去。如同内力作用会引起外力作用的加剧一样，在外力作用把地表夷平的过程中，也会改变地壳已有的平衡，从而又为内力作用产生新的地面起伏提供新的条件。

综上所述，地貌的形成和发展是内、外力共同作用的结果。我们现在看到的各种地貌形态，就是地壳在内、外力作用下发展到现阶段的形态表现。

2. 地貌形成和发展的规律及影响因素

地貌的形成和发展变化，首先取决于内、外力作用之间量的对比。例如，在内力作用使地表上升的情况下，如果上升量大于外力作用的剥蚀量，地表就会升高，最后形成山岭地貌；反之，如果上升量小于外力作用的剥蚀量，地表就会降低或被削平，最后形成剥蚀平原。同样，在内力作用使地表下降的情况下，如果下降量大于外力作用所造成的堆积量，地表就会下降，形成低地；反之，如果下降量小于外力作用所造成的堆积量，地表就会被填平甚至增高，形成堆积平原或各种堆积地貌。

此外，地貌的形成和发展变化也取决于地貌水准面。当内力作用形成地表基本起伏后，如果地壳运动由活跃期转入宁静期，此时内力作用变弱，但外力作用并未因此而变弱，它的长期继续作用最终将把地表夷平，形成一个夷平面，这个夷平面是高地被削平、凹地被填充的水准面，所以也称为地貌水准面。地貌水准面是外力作用力图最终达到的剥蚀界面，所以也称为侵蚀基准面。在此过程中，由外力作用所形成的各种地貌，其形成和发展均要受它的控制。地貌水准面并非一个，一般认为有多少种外力作用，就有多少相应的地貌水准面，这些地貌水准面可以是单因素的，但在更多情况下是多种因素共同决定的，因为在同一地区各种外力作用常是同时进行的。地貌水准面有局部地貌水准面与基本地貌水准面之分，如果地貌水准面不与海平面发生联系，则它只能控制局部地区地貌的形成和发展，这种地貌水准面称为局部地貌水准面；如果地貌水准面能够和海平面发生联系，那么海平面就成为控制整个地区地貌形成和发展的地貌水准面，所以海平面也称为基本地貌水准面。当某一地区地貌的发展达到它的地貌水准面时,特别是有许多河流穿插切割时,地表就会变成波状起伏的侵蚀平原,称为准平原。

地貌的形成和发展除受上述规律制约外,还受地质构造、岩性、植被、气候条件等因素的影响。外力作用改造地表形态的能力,常常是与地质构造和岩石性质相联系的。地质构造对地貌的影响,明显地见于山区及剥蚀地区,例如,各种构造破碎带常是外力作用表现最强烈的地方,而单斜山、桌状山等也多是岩层产状在地貌上的反映。岩性不同,其抵抗风化和剥蚀的能力也就不同,从而形成不同的地貌。气候条件对地貌形成和发展的影响也是显著的,例如,高寒的气候地带常形成冰川地貌,干旱地带则形成风沙地貌等。

（二）地貌的分级与分类

1. 地貌分级

不同等级的地貌,其成因不同,形成的主导因素也不同,对工程建设的控制或影响也不同。地貌等级一般划分为 4 级:

(1)巨型地貌:大陆、海洋、大的内海及大的山系都是巨型地貌。巨型地貌几乎完全是由内力作用形成的,所以又称大地构造地貌。

(2)大型地貌:山脉、高原、山间盆地等为大型地貌,基本上也是由内力作用形成的。

(3)中型地貌:河谷及河谷之间的分水岭等为中型地貌,主要由外力作用造成。内力作用产生的基本构造形态是中型地貌形成和发展的基础,而地貌的外部形态决定于外力作用的特点。

(4)小型地貌:残丘、阶地、沙丘、小的侵蚀沟等为小型地貌,基本上受外力作用的控制。

2. 地貌的形态分类

地貌的形态分类,就是按地貌的绝对高度、相对高度及地面的平均坡度等形态特征进行分类。表 4-1 是陆地上山地和平原的一种常见的分类方案。

大陆地貌的形态分类 表 4-1

形态类别		绝对高度(m)	相对高度(m)	平均坡度(°)	举 例
山地	高山	>3 500	>1 000	>25	喜马拉雅山、天山
	中山	1 000~3 500	500~1 000	10~25	大别山、庐山、雪峰山
	低山	500~1 000	200~500	5~10	川东平行岭谷、华蓥山
	丘陵	<500	<200		闽东沿海丘陵
平原	高原	>600	>200		青藏、内蒙古、黄土、云贵高原
	高平原	>200			成都平原
	低平原	0~200			东北、华北、长江中下游平原
	洼地	低于海平面高度			吐鲁番洼地

在公路工程中,把表 4-1 中的丘陵进一步按相对高度划分为重丘和微丘,相对高度大于 100m 的为重丘,小于 100m 的为微丘。

3. 地貌的成因分类

目前还没有公认的地貌成因分类方案,根据公路工程的特点,这里介绍以地貌形成的主导因素作为分类基础的方案,这个方案比较简单实用。

1)内力地貌

即以内力作用为主所形成的地貌,它又可分为:

(1)构造地貌:由地壳的构造运动所形成的地貌,其形态能充分反映原来的地质构造形态,如高地符合于构造隆起和上升运动为主的地区,盆地符合于构造凹陷和下降运动为主的地区;又如褶皱山、断块山等。

(2)火山地貌:由火山喷发出来的熔岩和碎屑物质堆积所形成的地貌为火山地貌,如熔岩盖、火山锥等。

2)外力地貌

即以外力作用为主所形成的地貌,根据外动力的不同,它又分为以下几种:

(1)水成地貌:水成地貌以水的作用作为地貌形成和发展的基本因素。水成地貌又可分为面状洗刷地貌、线状冲刷地貌、河流地貌、湖泊地貌与海洋地貌等。

(2)冰川地貌:冰川地貌以冰雪的作用作为地貌形成和发展的基本因素。冰川地貌又可分为冰川剥蚀地貌与冰川堆积地貌,前者如冰斗、冰川槽谷等,后者如侧碛、终碛等。

(3)风成地貌:风成地貌以风的作用作为地貌形成和发展的基本因素。风成地貌又可分为风蚀地貌与风积地貌,前者如风蚀洼地、蘑菇石等,后者如新月形沙丘、沙垄等。

(4)岩溶地貌:岩溶地貌以地表水和地下水的溶蚀作用作为地貌形成和发展的基本因素。形成的地貌如溶沟、石芽、溶洞、峰林、地下暗河等。

(5)重力地貌:重力地貌以重力作用作为地貌形成和发展的基本因素。形成的地貌如崩塌、滑坡等。

此外,还有湖成地貌、海成地貌、黄土地貌、冻土地貌等。

二、地貌类型

各种地貌类型众多,其他章节已有所涉及,这里主要介绍与公路工程关系密切的山岭地貌,并简要介绍平原地貌及河流地貌。

(一)山岭地貌

1. 山岭地貌的形态要素

山岭地貌具有山顶、山坡、山脚等明显的形态要素。

山顶是山岭地貌的最高部分,山顶呈长条状延伸时称山脊。山脊高程较低的鞍部,即相连的两山顶之间较低的部分称为垭口。一般来说,山体岩性坚硬、岩层倾斜或受冰川刨蚀时,多呈尖顶或很狭窄的山脊,如图 4-1a)所示;在气候湿热、风化作用强烈的花岗岩或其他松软岩石分布地区,岩体经风化剥蚀,多呈圆顶,如图 4-1b)所示;在水平岩层或古夷平面分布地区,则多呈平顶,如图 4-1c)所示,典型的如方山、桌状山等(图 4-2)。

山坡是山岭地貌的重要组成部分。在山区,山坡分布的面积最广。山坡的形状有直线形、凹形、凸形以及复合形等各种类型,这取决于新构造运动、岩性、岩体结构及坡面剥蚀和堆积的演化过程等因素。

山脚是山坡与周围平地的交接处。由于坡面剥蚀和坡脚堆积,山脚在地貌上一般并不明显,在那里通常有一个起缓和作用的过渡地带,它主要由一些坡积裙、冲积锥、洪积扇及岩堆、滑坡堆积体等流水堆积地貌和重力堆积地貌组成。

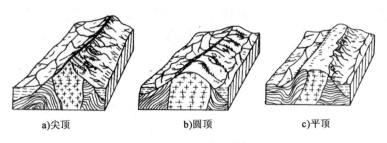

图 4-1　山顶的各种形态

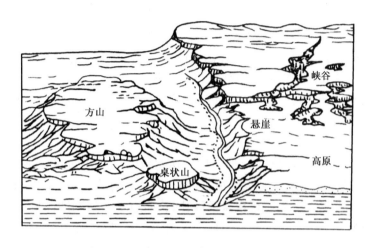

图 4-2　方山和桌状山

2. 山岭地貌的类型

山岭地貌可以按形态或成因分类。按形态分类如表 4-1 所示。根据成因，可以将山岭地貌划分为以下类型。

1）构造变动形成的山岭地貌

（1）平顶山

平顶山是由水平岩层构成的一种山岭，如图 4-2 中的方山和桌状山。多分布在顶部岩层坚硬（如灰岩、胶结紧密的砂岩或砾岩）和下卧层软弱（如页岩）的软硬互层发育地区，在侵蚀、溶蚀和重力崩塌作用下，四周形成陡崖或深谷，顶面由于硬岩抗风化能力强而兀立如桌面。

（2）单面山

单面山是由单斜岩层构成的沿岩层走向延伸的一种山岭，如图 4-3a）所示，它常常出现在构造盆地的边缘和舒缓的穹窿、背斜和向斜构造的翼部，其两坡一般不对称。与岩层倾向相反的一坡短而陡，称为前坡。前坡多是经外力的剥蚀作用所形成，故又称为剥蚀坡。与岩层倾向一致的一坡长而缓，称为后坡或构造坡。如果岩层倾斜超过 40°，则两坡的坡度和长度均相差不大，其所形成的山岭外形很像猪背，所以又称猪背岭，如图 4-3b）、c）所示。单面山的发育，主要受构造和岩性控制。如果各个软硬岩层的抗风化能力相差不大，则上下界限分明，前后坡面不对称，上为陡崖，下为缓坡；若软岩层抗风化能力很弱，则陡坡不明显，上部出现凸坡，下部出现凹坡。如果上部硬岩层很薄，下部软岩层很厚，则山脊走线比较弯曲；反之若上厚下薄，则山脊走线比较顺直，陡崖很高。如果岩层倾角较小，则山脊走线弯曲；反之，若倾角较大，则山脊走线顺直。此外,顺岩层走向流动的河流,河谷一侧坡缓,另一侧坡陡,称为单斜谷。猪背岭由硬岩层构成,山脊走线很平直,顺岩层倾向的河流,可以将岩层切成深的峡谷。

a)单面山　　　　b)猪背岭(一)　　　　c)猪背岭(二)

图 4-3　单面山山岭

单面山的前坡(剥蚀坡)由于地形陡峻,若岩层裂隙发育,风化强烈,则容易产生崩塌,且其坡脚常分布有较厚的坡积物和倒石堆,稳定性差,故对布设路线不利。后坡(构造坡)由于山坡平缓,坡积物较薄,故常常是布设路线的理想部位。不过在岩层倾角大的后坡上深挖路堑时,应注意边坡的稳定性问题,因为开挖路堑后,与岩层倾向一致的一侧会因坡脚开挖而失去支撑,特别是当地下水沿着其中的软弱岩层渗透时,容易产生顺层滑坡。

(3)褶皱山

褶皱山是由褶皱岩层所构成的一种山岭。在褶皱形成的初期,往往是背斜形成高地(背斜山),向斜形成凹地(向斜谷),地形是顺应构造的,所以称为顺地形。但随着外力剥蚀作用的不断进行,有时地形也会发生逆转现象,背斜因长期遭受强烈剥蚀而形成谷地,而向斜则形成山岭,这种与地质构造形态相反的地形称为逆地形。一般在年轻的褶曲构造上顺地形居多,在较老的褶曲构造上,由于侵蚀作用进一步发展,逆地形则比较发育。此外,在褶曲构造上还可能同时存在背斜谷和向斜谷,或者演化为猪背岭或单斜山、单斜谷。

(4)断块山

断块山是由断裂变动所形成的山岭。它可能只在一侧有断裂,也可能两侧均为断裂所控制。断块山在形成的初期可能有完整的断层面及明显的断层线,断层面构成了山前的陡崖,断层线控制了山脚的轮廓,使山地与平原或山地与河谷间的界线相当明显而且比较顺直。以后由于剥蚀作用的不断进行,断层面可能遭到破坏而后退,崖底的断层线也可能被巨厚的风化碎屑物所掩盖。此外,在第二章中已经指出过,由断层面所构成的断层崖,也常受垂直于断层面的流水侵蚀,因而在谷与谷之间就形成一系列的断层三角面,它常是野外识别断层的一种地貌证据。

(5)褶皱断块山

上述山岭都是由单一的构造形态所形成的,但在更多情况下,山岭常常是由它们的组合形态所构成。由褶皱和断裂构造的组合形态构成的山岭称为褶皱断块山,褶皱断块山的形成表明这里曾经是构造运动剧烈和频繁的地区。

2)火山作用形成的山岭地貌

火山作用形成的山岭,常见的有锥状火山和盾状火山。锥状火山是由多次火山活动造成的,其熔岩黏性较大、流动性小,冷却后便在火山口附近形成坡度较大的锥状外形。盾状火山是由黏性较小、流动性大的熔岩冷凝形成的,故其外形呈基部较大、坡度较小的盾状。

3)剥蚀作用形成的山岭地貌

这种山岭是在山体地质构造的基础上,经长期外力剥蚀作用所形成的。例如,地表流水侵蚀作用所形成的河间分水岭,冰川刨蚀作用所形成的刃脊、角峰,地下水溶蚀作用所形成的峰林等,都属于此类山岭。由于此类山岭的形成是以外力剥蚀作用为主,山体的构造形态对地貌形成的影响已退居不明显地位,所以此类山岭的形态特征主要取决于山体的岩性、外力的性质及剥蚀作用的强度和规模。

3. 垭口与山坡

1) 垭口

对于公路工程来说,研究山岭地貌必须重点研究垭口。因为越岭的公路路线若能寻找合适的垭口,可以降低公路高程和减少展线工程量,以隧道穿过时也能缩短隧道的长度。从地质作用看,可以将垭口归纳为如下 3 个基本类型。

(1) 构造型垭口

这是由构造破碎带或软弱岩层经外力剥蚀所形成的垭口。常见的有下列 3 种。

①断层破碎带型垭口:这种垭口的工程地质条件比较差。岩体的整体性被破坏,经地表水侵入和风化,岩体破碎严重,一般不宜采用隧道方案,如采用路堑,也需控制开挖深度或考虑边坡防护,以防止边坡发生崩塌,如图 4-4 所示。

②背斜张裂带型垭口:这种垭口虽然构造裂隙发育,岩层破碎,但工程地质条件较断层破碎带型好,这是因为垭口两侧岩层外倾,有利于排除地下水,有利于边坡稳定,一般可采用较陡的边坡坡度,使挖方工程量和防护工程量都比较小。如果选用隧道方案,施工费用和洞内衬砌也比较节省,是一种较好的垭口类型,如图 4-5 所示。

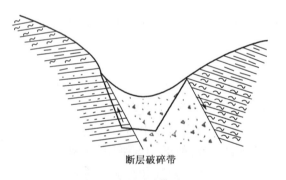

图 4-4 断层破碎带型垭口

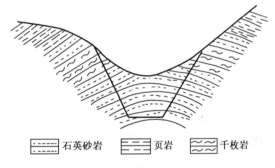

图 4-5 背斜张裂带型垭口

③单斜软弱层型垭口:这种垭口主要由页岩、千枚岩等易于风化的软弱岩层构成。两侧边坡多不对称,一坡岩层外倾,略陡一些。由于岩性松软,风化严重,稳定性差,故不宜深挖,若采取路堑深挖方案,与岩层倾向一致的一侧边坡和坡角应小于岩层的倾角,两侧坡面都应有防风化的措施,必要时应设置护壁或挡土墙。穿越这一类垭口,宜优先考虑隧道方案,可以避免因风化带来的路基病害,还有利于降低越岭线的高程,缩短展线工程量或提高公路线形标准,如图 4-6 所示。

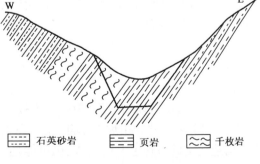

图 4-6 单斜软弱层型垭口

(2)剥蚀型垭口

这是以外力强烈剥蚀为主导因素所形成的垭口,其形态特征与山体地质结构无明显联系。此类垭口的共同特点是松散覆盖层很薄,基岩多半裸露。垭口的肥瘦和形态特点主要取决于岩性、气候及外力的切割程度等因素。在气候干燥寒冷地带,岩性坚硬和切割较深的垭口本身较薄,宜采用隧道方案;采用中垫深挖也比较有利,是一种良好的垭口类型。在气候温湿地区和岩性较软弱的垭口,则本身较平缓宽厚,采用深挖路堑或隧道对穿都比较稳定,但工程量比较大。在石灰岩地区的溶蚀性垭口,无论是明挖路堑或开凿隧道,都应注意溶洞或其他地下溶蚀地貌的影响。

(3)剥蚀—堆积型垭口

这是在山体地质结构的基础上,以剥蚀和堆积作用为主导因素所形成的垭口。其开挖后的稳定条件主要决定于堆积层的地质特征和水文地质条件。这类垭口外形浑缓,垭口宽厚,宜于公路展线,但松散堆积层的厚度较大,有时还发育有湿地或高地沼泽,水文地质条件较差,故不宜降低过岭高程,通常多以低填或浅挖的断面形式通过。

(二)山坡

山坡是山岭地貌形态的基本要素之一,不论越岭线或山脊线,路线的绝大部分都是设置在山坡或靠近岭顶的斜坡上的。所以在路线勘测中总是把越岭垭口和展线山坡作为一个整体通盘考虑。山坡的形态特征是新构造运动、山坡的地质结构和外动力地质条件的综合反映,对公路的建设条件有着重要的影响。

山坡的外部形态特征包括山坡的高度、坡度及纵向轮廓等。山坡的外形是各种各样的,下面根据山坡纵向轮廓和山坡的坡度,将山坡简略地概括为以下几种类型。

1)按山坡的纵向轮廓分类

(1)直线形坡。在野外见到的直线形山坡,一般可分为三种情况。第一种是山坡岩性单一,经长期的强烈冲刷剥蚀,形成的纵向轮廓比较均匀的直线形山坡,这种山坡的稳定性一般较高;第二种是由单斜岩层构成的直线形山坡,这种山坡在介绍单面山时曾经提到,其外形在山岭的两侧不对称,一侧坡度陡峻,另一侧则与岩层层面一致,坡度均匀平缓,从地形上看,有利于布设路线,但开挖路基后遇到的均是顺倾向边坡,在不利的岩性和水文地质条件下,很容易发生大规模的顺层滑坡,因此不宜深挖;第三种是由于山体岩性松软或岩体相当破碎,在气候干寒、物理风化强烈的条件下,经长期剥蚀碎落和坡面堆积而形成的直线形山坡,这种山坡在青藏高原和川西峡谷比较发育,其稳定性最差,选作傍山公路的路基,应注意避免挖方内侧的塌方和路基沿山坡滑坍。

(2)凸形坡。这种山坡上缓下陡,自上而下坡度渐增,下部甚至呈直立状态,坡脚界限明显。这类山坡往往是由于新构造运动加速上升,河流强烈下切所造成。其稳定条件主要决定于岩体结构,一旦发生山坡变形,则会形成大规模的崩塌。凸形坡上部的缓坡可选作公路路基,但应注意考察岩体结构,避免因人工扰动和加速风化导致失去稳定,如图4-7a)、b)所示。

(3)凹形坡。这种山坡上部陡,下部急剧变缓,坡脚界线很不明显。山坡的凹形曲线可能是新构造运动的减速上升所造成,也可能是山坡上部的破坏作用与山麓风化产物的堆积作用相结合的结果。分布在松软岩层中的凹形山坡,不少都是在过去特定条件下由大规模的滑坡、崩塌等山坡变形现象形成的,凹形坡面往往就是古滑坡的滑动面或崩塌体的依附面。地震后的地貌调查表明,凹形山坡在各种山坡地貌形态中是稳定性比较差的一种。在凹形坡的下部缓坡上,也可进行公路布线,但设计路基时,应注意稳定平衡;沿河谷的路基应注意冲刷防护,如图 4-7c)所示。

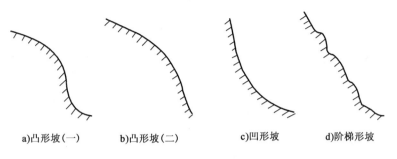

a)凸形坡(一)   b)凸形坡(二)   c)凹形坡   d)阶梯形坡

图 4-7 各种形态的山坡

(4)阶梯形坡。阶梯形山坡有两种不同的类型,一种是由软硬不同的水平岩层或微倾斜岩层组成的基岩山坡,由于软硬岩层的差异风化而形成阶梯状山坡外形,山坡的表面剥蚀强烈,覆盖层薄,基岩外露,稳定性一般比较高;另一种是由于山坡曾经发生过大规模的滑坡变形,由滑坡台阶组成的次生阶梯状斜坡。这种斜坡多存在于山坡中下部,如果坡脚受到强烈冲刷或不合理的切坡,或者受到地震的影响,可能引起古滑坡复活,威胁建筑物的稳定,如图 4-7d)所示。

2)按山坡的纵向坡度分类

山坡的纵向坡度小于 15°的为微坡,介于 16°~30°的为缓坡,介于 31°~70°的为陡坡,山坡坡度大于 70°的为垂直坡。

稳定性高、坡度平缓的山坡便于公路展线,对于布设路线是有利的,但应注意考察其工程地质条件。平缓山坡特别是在山坡的一些凹洼部分,通常有厚度较大的坡积物和其他重力堆积物分布,坡面径流也容易在这里汇聚;当这些堆积物与下伏基岩的接触面因开挖而被揭露后,遇到不良水文情况,就可能引起堆积物沿基岩顶面发生滑动。

(三)平原地貌

平原地貌是地壳在升降运动微弱或长期稳定的条件下,经过风化剥蚀夷平或岩石风化碎屑经搬运而在低洼地面堆积所形成的。平原地貌具有大地表面开阔平坦、地势高低起伏不大的外部形态。一般说来,平原地貌有利于公路选线,在选择有利地质条件的前提下,可以设计成比较理想的公路线形。

按高程,平原可分为高原、高平原、低平原和洼地;按成因,平原可分为构造平原、剥蚀平原和堆积平原。

1.构造平原

此类平原主要是由地壳构造运动所形成,其特点是地形面与岩层面一致,堆积物厚度不大。构造平原又可分为海成平原和大陆拗曲平原,前者是由地壳缓慢上升海水不断后退所形成,其地形面与岩层面一致,上覆堆积物多为泥沙和淤泥,并与下伏基岩一起微向海洋倾斜;后者是由地壳沉降使岩层发生拗曲所形成,岩层倾角较大,平原面呈凹状或凸状,其上覆堆积物多与下伏基岩有关。

由于基岩埋藏不深,所以构造平原的地下水一般埋藏较浅。在干旱或半干旱地区如排水不畅,常易形成盐渍化。在多雨的冰冻地区则常易造成道路的冻胀和翻浆。

2. 剥蚀平原

此类平原是在地壳上升微弱的条件下,经外力的长期剥蚀夷平所形成,其特点是地形面与岩层面不一致,覆盖的堆积物常常很薄,基岩常常裸露于地表,只是在低洼地段时才覆盖有厚度稍大的残积物、坡积物、洪积物等。按外力剥蚀作用的动力性质不同,剥蚀平原又可分为河成剥蚀平原、海成剥蚀平原、风力剥蚀平原和冰川剥蚀平原。其中较为常见的是前面两种剥蚀平原。河成剥蚀平原是由河流长期侵蚀作用所造成的侵蚀平原,亦称准平原,其地形起伏较大,并向河流上游逐渐升高,有时在一些地方则保留有残丘。海成剥蚀平原是由海流的海蚀作用所造成,其地形一般极为平缓,微向现代海平面倾斜。

剥蚀平原形成后,往往因地壳运动变得活跃,剥蚀作用重新加剧,使剥蚀平原遭到破坏,故其分布面积常常不大。剥蚀平原的工程地质条件一般较好。

3. 堆积平原

此类平原是在地壳缓慢而稳定下降的条件下,经各种外力作用的堆积填平所形成,其特点是地形开阔平缓,起伏不大,往往分布有厚度很大的松散堆积物。按外力堆积作用的动力性质不同,堆积平原又可分为河流冲积平原、山前洪积冲积平原、湖积平原、风积平原和冰碛平原,其中较为常见的是前面三种。

1)河流冲积平原

河流冲积平原是由河流改道及多条河流共同沉积所形成。它大多分布于河流的中、下游地带,因为在这些地带河床常常很宽,堆积作用很强,且地面平坦,排水不畅,每当雨季洪水溢出河床,其所携带的大量碎屑物质便堆积在河床两岸,形成天然堤。当河水继续向河床以外的广大面积淹没时,流速不断减小,堆积面积越来越大,堆积物的颗粒更为细小,则形成广阔的冲积平原。

河流冲积平原地形开阔平坦,适于开展工业交通建设。但其下伏基岩埋藏一般很深,第四纪堆积物很厚,细颗粒多,地下水位浅,地基土的承载力较低。在地形比较低洼或潮湿的地区,历史上曾是河漫滩、湖泊或牛轭湖,常有较厚的带状淤泥分布。在冰冻潮湿地区,道路的冻胀翻浆问题比较突出。低洼地面容易遭受洪水淹没。在公路勘测设计和路基、桥梁基础工程中,应注意选择较有利的工程地质条件,采取可靠的工程技术措施。

2)山前洪积冲积平原

山前区是山区和平原的过渡地带,一般是河流冲刷和沉积都很活跃的地区。汛期到来时,洪水冲刷,在山前堆积了大量的洪积物;汛期过后,常年流水的河流中冲积物增加。洪积物或冲积物多沿山麓分布,靠近山麓地形较高,环绕着山前成一狭长地带,形成规模大小不一的山前洪积冲积平原。由于山前平原是由多个大小不一的洪(冲)积扇互相连接而成,因而呈高低起伏的波状地形。在新构造运动上升的地区,堆积物随洪(冲)积扇向山麓的下方移动,使山前洪积冲积平原的范围不断扩大;如果山区在上升过程中曾有过间歇,在山前平原上就会产生高差明显的山麓阶地。

山前洪积冲积平原堆积物的岩性与山区岩层的分布有密切关系,其颗粒为砾石和砂,以至粉粒或黏粒。由于地下水埋藏较浅,常有地下水溢出,水文地质条件较差,往往对工程建筑不利。

3）湖积平原

湖积平原是由河流注入湖泊时,将所挟带的泥沙堆积在湖底使湖底逐渐淤高,湖水溢出,湖泊干涸后沉积层露出地面所形成。在各种平原中,湖积平原的地形最为平坦。

湖积平原中的堆积物,由于是在静水条件下形成的,故淤泥和泥炭的含量较多,其总厚度一般也较大,其中往往夹有多层呈水平层理的薄层细砂或黏土,很少见到圆砾或卵石,且土颗粒由湖岸向湖心逐渐由粗变细。

湖积平原地下水一般埋藏较浅。其沉积物由于富含淤泥和泥炭,常具可塑性和流动性,孔隙度大,压缩性高,因此承载力很低。

（四）河谷地貌

河流所流经的槽状地形称为河谷,它是在流域地质构造的基础上经河流的长期侵蚀、搬运、沉积作用逐渐形成和发展起来的一种地貌,其类型繁多,这里仅介绍与公路工程相关的主要类型。

1. 按发展阶段分类

河谷的形态多种多样,按其发展阶段可分为未成形河谷、河漫滩河谷和成形河谷 3 种类型。

1）未成形河谷

在山区河谷发育的初期,河流处于以垂直侵蚀为主的阶段,由于河流下切很深,多形成断面呈 V 形的深切河谷,因此也称 V 形河谷。其特点是两岸谷坡陡峻甚至直立,基岩直接出露,谷底较窄,常为河水充满,谷底基岩上缺乏河流冲积物。

2）河漫滩河谷

河谷进一步发育,河流的下蚀作用减弱而侧向侵蚀加强,使谷底拓宽,并伴有一定程度的沉积作用,因而河谷多发展为谷底平缓、谷坡较陡的 U 形河谷,在河床的一侧或两侧形成河漫滩,河床只占据谷底的最低部分。

3）成形河谷

河流经历了比较漫长的地质时期,侵蚀作用几乎停止,沉积作用显著,河谷宽阔,并形成完整的阶地。

2. 按河谷走向与地质构造的关系分类

按河谷走向与地质构造的关系,可将河谷分为以下几类。

1）背斜谷

背斜谷是沿背斜轴伸展的河谷,是一种逆地形。背斜谷多是沿张裂隙发育而成,虽然两岸谷坡岩层反倾,但因纵向构造裂隙发育,谷坡陡峻,故岩体稳定性差,容易产生崩塌。

2）向斜谷

向斜谷是沿向斜轴伸展的河谷,是一种顺地形。向斜谷的两岸谷坡岩层均属顺倾,在不良的岩性和倾角较大的条件下,容易发生顺层滑坡等病害。但向斜谷一般都比较开阔,使路线位置的选择有较大的回旋余地,应选择有利地形和抗风化能力较强的岩层修筑路基。

3）单斜谷

单斜谷是沿单斜岩层走向伸展的河谷。单斜谷在形态上通常具有明显的不对称性,岩层反倾的一侧谷坡较陡,不宜于公路布线;顺倾的一侧谷坡较缓,但应注意采取可靠的防护措施,防止坡面顺层坍滑。

4) 断层谷

断层谷是沿断层走向延伸的河谷。河谷两岸常有构造破碎带存在,岸坡岩体的稳定取决于构造破碎带岩体的破碎程度。

5) 横谷与斜谷

上面4种构造谷的共同点,是河谷的走向与构造线的走向一致,也可以把它们称为纵谷。横谷与斜谷就是河谷的走向与构造线的走向大体垂直或斜交,它们一般是在横切或斜切岩层走向的横向或斜向断裂构造的基础上,经河流的冲刷侵蚀逐渐发展而成的,就岩层的产状条件来说,它们对谷坡的稳定性是有利的,但谷坡一般比较陡峻,在坚硬岩石分布地段,多呈峭壁悬崖地形。例如,重庆北碚附近的嘉陵江河段,横切3个背斜,形成了著名的小三峡。

3. 河流阶地

河谷内河流侵蚀或沉积作用形成的阶梯状地形称为河流阶地。若阶地延伸方向与河流方向垂直,称为横向阶地;若阶地延伸方向与河流方向平行,则称为纵向阶地。通常所讲的阶地,多指纵向阶地。

横向阶地是由于河流经过各种悬崖、陡坎,或经过各种软硬不同的岩石,其下切程度不同而造成的。河流在经过横向阶地时常呈现为跌水或瀑布,故横向阶地上较难保存冲积物,并且随着强烈下蚀作用的继续进行,这些横向阶地将向河源方向不断后退。

纵向阶地参见图4-8,它们是地壳上升运动与河流地质作用的结果。地壳每一次剧烈上升,均使河流侵蚀基准面相对下降,大大加速了下蚀的强度,河床底被迅速向下切割,河水面随之下降。以致再到洪水期时也淹没不到原来的河漫滩了。这样,原来的老河漫滩就变成了最新的Ⅰ级阶地,原来的Ⅰ级阶地变为Ⅱ级……依此类推,在最下面则形成新的河漫滩。道路沿河流行进,通常都选择在纵向阶地上。

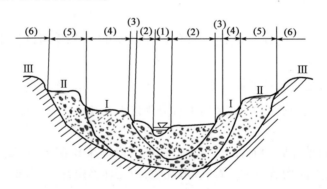

图4-8 河谷横断面

一条河流有多少级阶地是由该地区地壳上升的次数决定的,每剧烈上升一次就应当有相应的一级阶地,例如兰州地区的黄河就有6级阶地。但是,由于河流地质作用的复杂性,河流两岸生成的阶地级数及同级阶地的大小范围并不完全对称相同,例如左岸有Ⅰ、Ⅱ、Ⅲ共三级阶地,右岸可能只有Ⅱ、Ⅲ两级阶地;左岸的Ⅲ级阶地可能比较宽广、完整,右岸的Ⅲ级阶地则可能支离破碎、残余面积不大。阶地编号越大,生成年代越老,则可能被侵蚀破坏得越严重,越不易完整保存下来。

根据河流阶地组成物质的不同,可以把阶地分为3种基本类型(图4-9):

(1)侵蚀阶地,也称基岩阶地。指阶地表面由河流侵蚀而成,表面只有很少的冲积物,主要由被侵蚀的岩石构成。侵蚀阶地多位于山区,是由于地壳上升太快、河流下切极强造成的。

(2)基座阶地。指阶地表面有较厚的冲积层,但地壳上升、河流下切较深,以致切透了冲积层,切入了下部基岩以内一定的深度,从阶地斜坡上可明显地看出,阶地由上部冲积层和下部基岩两部分构成。

(3)冲积阶地,也称堆积阶地或沉积阶地。指整个阶地在阶地斜坡上出露的部分均由冲积层构成,表明该地区冲积层很厚,地壳上升引起的河流下切未能把冲积层切透。

根据阶地的形成过程,在野外辨认河流阶地时应注意下述两方面特征:形态特征和物质组成特征。从形态上看,阶地表面一般较平缓,纵向微向下游倾斜,倾斜度与本段河床底坡接近,横向微向河中心倾斜。河床两侧同一级阶地,其阶地表面距河水面高差应当相近。某些较老的阶地,由于长时间受到地表水的侵蚀作用,平整的阶地表面遭到破坏,形成高度大致相等的小山包。应当指出,不能只从形态上辨认阶地,以免与人工梯田、台坎混淆,还必须从物质组成上研究。由于阶地是由老的河漫滩形成,因此具有二元结构,表层由黏性土,下部由砂、卵石等冲积层组成。就侵蚀阶地而言,在基岩表面上也应或多或少地保留冲积物。因此,冲积物是阶地物质组成中最重要的物质特征。

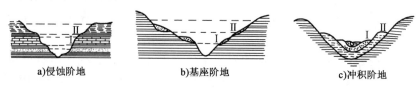

图4-9　河流阶地的类型

由于河流的长期侵蚀堆积,成形的河谷一般都有不同规模的阶地存在,它一方面缓和了山谷坡脚地形的平面曲折和纵向起伏,有利于路线平纵面设计和减少工程量,另一方面又不易遭受山坡变形和洪水淹没的威胁,容易保证路基稳定。所以在通常情况下,阶地是河谷地貌中敷设路线的理想地貌部位。当有几级阶地时,除考虑过岭高程外,一般以利用一、二级阶地敷设路线为好。

第二节　第四纪松散沉积物

第四纪是地球发展的最新阶段,包括更新世和全新世。第四纪沉积物的形成,是各种岩石在长期的外动力作用下,受到风化剥蚀而破碎,破碎的块石、碎石、岩屑等留在原地或被搬运到其他地方沉积下来,未经胶结成岩作用的过程。第四纪松散沉积物具有如下的基本特征:

(1)主要是陆相沉积:第四纪的沉积物,除了少数是海相和过渡相以外,主要是陆相沉积,同时一般未受到变质作用的影响。

(2) 岩相多变性:第四纪沉积物的沉积环境极为复杂,因而沉积物的物质成分、结构、厚度在水平方向和垂直方向上都有很大的差异性。

(3) 松散性:属于散体介质,具有松散性,故习惯上往往也称它们为松散沉积物。

(4) 移动性:因未胶结成岩,所以在内外营力的作用下,经常处于再搬运沉积的过程中,在成分、结构和厚度上不断发生变化,大多数难以找到其原始产状,因而第四纪地层的对比是比较困难的。

(5) 第四纪沉积物常构成各种堆积地貌形态,并在各地貌单元中呈现规律性的分布。如山区的残积物通常分布在起伏平缓的山顶或较平缓的山坡段;坡积物多分布于山坡至坡麓地段;洪积物多以洪积扇形态分布于山麓、沟口地段,甚至可由几个洪积扇联结而成洪积扇裙或洪积平原;以及冲积物往往分布在河谷地带和山前冲积平原。

因此,常将第四纪地质与地貌一起研究。

一、第四纪松散沉积物的类型

第四纪沉积物形成时间短,成岩作用不充分,常常成为松散、多孔软弱的土层覆盖在前第四纪坚硬岩层之上。

坚硬岩石经过风化、剥蚀等外力作用,破碎成大小不等的岩石碎块或矿物颗粒(其中部分矿物可转变为次生矿物),这些岩石碎屑物质在斜坡重力作用、流水作用、风力吹扬作用、冰川作用及其他外力作用下被搬运到别处,在适当的条件下沉积成各种类型的土体。实际上在土粒被搬运的过程中,颗粒大小、形状及矿物成分仍在进一步变化,并在沉积过程中常因分选作用而使土在成分、结构、构造和性质上表现出有规律的变化。

一般说来,地质成因相同,处于相似的形成条件下的土体,其工程地质特征也将具有很大的一致性。因此,对第四纪沉积物的成因进行研究,根据沉积物形成的地质作用、沉积环境、物质组成等划分出土的成因类型是很有必要的。按成因类型,第四纪沉积物的土可分为残积物、坡积物、洪积物、湖泊堆积物、海水堆积物、冰积物及风积物等。

表4-2列出了第四纪沉积物的成因类型。

第四纪沉积物成因分类　　　　　表4-2

成　因	成　因　类　型	主导地质作用
风化残积	残积物	物理、化学风化作用
重力堆积	坠积物	较长期的重力作用
	崩塌堆积物	短促间发生的重力破坏作用
	滑坡堆积物	大型斜坡块体的重力破坏作用
	土溜	小型斜坡块体表面的重力破坏作用
大陆流水堆积	坡积物	斜坡上雨水、雪水间有重力的搬运、堆积作用
	洪积物	短期内大量地表水流的搬运、堆积作用
	冲积物	长期的地表水流沿河谷的搬运、堆积作用
	三角洲(河—湖)堆积物	河水、湖水混合物的堆积作用
	湖泊堆积物	浅水型的静水堆积作用
	沼泽堆积物	潴水型的静水堆积作用

续上表

成因	成因类型	主导地质作用
海水堆积	滨海堆积物	海浪及岸流的堆积作用
	浅海堆积物	浅海相动荡及静水的混合堆积作用
	深海堆积物	深海相静水的堆积作用
	三角洲(河—海)堆积物	河水、海水混合物的堆积作用
地下水堆积	泉水堆积物	化学堆积作用及部分机械堆积作用
	洞穴堆积物	机械堆积作用及部分化学堆积作用
冰川堆积	冰碛堆积物	固体状态冰川的搬运、堆积作用
	冰水堆积物	冰川中冰下水的搬运、堆积作用
	冰碛湖堆积物	冰川地区的静水堆积作用
风力堆积	风积物	风的搬运堆积作用
	风—水堆积物	风的搬运堆积作用后又经流水的搬运堆积作用

二、第四纪松散沉积物的基本特征与工程地质性质

残积物、坡积物、洪积物和冲积物的基本特征与工程地质性质在第三章已进行了讨论,这里简要介绍其他主要类型的第四纪松散沉积物及其基本性质。

1. 湖泊沉积物

湖泊是大陆上主要的沉积场所。湖水在风力作用下产生的波浪称为湖浪。湖浪的大小与风力强弱、湖面的大小及水深等有关。一般在水深20m以下的湖底就不受波浪干扰成为静水环境。在湖岸带,湖浪冲蚀湖岸形成湖蚀洞穴和湖蚀崖等地形。湖浪侵蚀的碎屑物以及由入湖河流等带来的碎屑物由湖流和湖浪等动力向湖心方向搬运。一般地说,搬运动力由湖岸向湖心逐渐减弱。较粗的砾、砂沉积在湖岸附近,具有较好的磨圆度及明显的层理和交错层理,并形成湖滩、沙洲、沙坝及沙嘴等地形。而较细的碎屑物质被带到湖心发生沉积。湖心沉积物颗粒细小,主要为黏土和淤泥,常夹有粉砂、细砂薄层。

湖岸沉积物以近岸带土的承载力高,远岸较差。湖心沉积物一般压缩性高,强度很低。

湖泊淤塞后可变成沼泽,地表水聚集或地下水出露的洼地也会形成沼泽。沼泽沉积物主要是腐烂的植物残体、泥炭和部分黏土与细砂,组成沼泽土。泥炭含水率极高,承载力低,一般不宜作天然地基。

2. 海洋沉积物

根据海底地形起伏和海水深度,由海岸向海洋方向分为滨海带、浅海带、大陆斜坡和深海带。滨海带是海水运动强烈的近岸水域。波浪的作用一方面与其他外力作用共同破坏海岸带形成大量碎屑物质,另一方面又能引起海岸带物质的搬运与沉积。在进流和回流的作用下,碎屑物质得到很好的磨圆和分选,较粗的部分沿海岸形成砾滩、沙滩,而较细的在距岸一定距离的水下沉积形成沙坝及沙嘴。这些沉积物都具有良好的层理和交错层理。滨海带沉积物一般都具有高承载力,但透水性强。

浅海位于大陆架主体上,水深下限为200m。受较强的波浪影响,海水较为动荡。浅海沉积碎屑物主要来自大陆,有细粒砂土、黏性土及淤泥,水平层理和交错层理十分发育。除碎屑

沉积外，化学沉积和生物化学沉积（包括 Al、Fe、Mn 的氧化物及磷酸盐的化学沉积，以及石灰质、硅质等生物化学沉积）。浅海沉积物较滨海疏松、含水率高、压缩性大而强度低。

大陆斜坡和深海沉积以生物软泥、黏土及粉细砂为主。海洋沉积物中，水下海底表层的砂砾层稳定性差，选择它作为地基时应注意在海浪作用下发生移动变化的可能。

3. 冰碛与冰水沉积物

冰川融化，其搬运物就地堆积形成冰碛。巨大的石块和泥质混合在一起极不均匀，缺乏分选，磨圆差，棱角分明，不具成层性。砾石表面常具有磨光面或冰川擦痕，砾石因长期受冰川压力作用而弯曲变形，这些都是冰碛物的主要特点。

冰雪融化形成的水流可冲刷和搬运冰碛物进行再沉积，形成冰水沉积。冰水沉积物具有一定程度的分选和良好的层理。

4. 风积物

在干旱地区，地面无植被保护，岩石风化碎屑物被风吹扬，在风力减弱时发生沉积形成风积物。风积物中最常见的是风成砂与黄土。

风成沙也称风积沙，主要由砂、粉砂及少量黏土组成，分选性好，磨圆度高。风成沙具有较大的内摩擦角，但无黏结性或黏结性极低，因此其承载力较高但抗风蚀能力极差。大范围的风成沙常常具有流动性，其运动能力与方向受气候、地表植被和自身特性的影响。强烈的风沙运动既造成空气和环境的恶化，也常形成道路掩埋或吹蚀。一般在风成沙分布地区，黏土、砾石、石料和水等建筑材料较为缺乏。

风成黄土垂直节理发育，均匀无层理，孔隙大，一部分具有湿陷性。黄土的工程地质性质在本章第三节详细介绍。

第三节　特殊土及其工程地质性质

第四纪松散沉积物也称为土，土是人类生存活动中接触频繁的自然体，也是公路工程主要的建设环境与建筑材料。上节介绍了土的成因类型及其主要特征，各类土有着一些共同的特征和相近的性质。不同行业对土的关注角度和关注点不同，土的分类原则和方法也不同。土木工程领域的土分类体系见图 4-10，在其主体依据粒径分类外，将具有特殊工程性质的一些土单独划分出来，即特殊土。

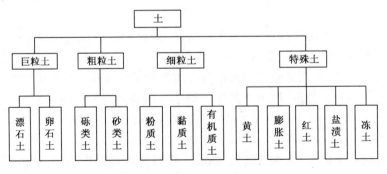

图 4-10　土分类体系

一、软土

1. 软土及其特征

软土一般是指天然含水率大、压缩性高、承载力低和抗剪强度很低的呈软塑至流塑状态的黏性土。软土是一类土的总称,并非指某一种特定的土,一般将软土分为软黏性土、淤泥质土、淤泥、泥炭质土和泥炭等,即其性质大体与上述概念相近的土都可以归为软土。

软土主要是在静水或缓慢流水环境中沉积的以细颗粒为主的第四纪沉积物。通常在软土形成过程中有一定的生物化学作用的参与,这是因为在软土沉积环境中,往往生长一些喜湿的植物,这些植物死亡后遗体埋在沉积物中,在缺氧条件下分解,参与了软土的形成。就我国各地区情况,软土一般有下列特征:

(1) 软土的颜色多为灰绿、灰黑色,手摸有滑腻感,能染指,有机质含量高时,有腥臭味。

(2) 软土的粒度成分主要为黏粒及粉粒,黏粒含量高达60%~70%。

(3) 软土的矿物成分,除粉粒中的石英、长石、云母外,黏粒中的黏土矿物主要是伊利石,高岭石次之。此外,软土中常有一定量的有机质,含量可高达8%~9%。

(4) 软土具有曲形的海绵状或蜂窝状结构,这是造成软土孔隙比大、含水率高、透水性小、压缩性大、强度低的主要原因之一。

(5) 软土常具有层理构造,软土和薄层的粉砂、泥炭层等相互交替沉积,或呈透镜体相间,形成性质复杂的土体。

2. 软土的成因及分布

我国软土分布广泛,主要位于沿海、平原地带、内陆湖盆、洼地及河流两岸地区。沿海、平原地带的软土多位于大河下游入海三角洲或冲积平原处,如长江、珠江三角洲地带,塘沽、温州、闽江口平原等地带;内陆湖盆、洼地则以洞庭湖、洪泽湖、太湖、滇池等地为代表性的软土发育地区;山间盆地及河流中下游两岸漫滩、阶地、废弃河道等处也常有软土分布;沼泽地带则分布着富含有机质的软土和泥炭。

我国软土的成因主要有下列几种:

(1) 沿海沉积型:我国东南沿海自连云港至广州湾几乎都有软土分布,其厚度大体自北向南变薄,由40m至5~10m。沿海沉积的软土又可按沉积部位分为4种。

① 滨海相。软土颗粒微细,孔隙比大,强度低,分布广,常形成海滨平原,如天津塘沽、浙江温州软土。

② 潟湖相。软土颗粒微细,孔隙比大,强度低,分布广,常形成滨海平原,如宁波软土。

③ 溺谷相。呈窄带状分布,范围小于潟湖相,结构疏松,孔隙比大,强度很低,如闽江口软土。

④ 三角洲相。在河流与海潮复杂交替作用下,软土层常与薄层中、细砂交错沉积,如上海地区和珠江三角洲软土。

(2) 内陆湖盆沉积型:软土多为灰蓝至绿蓝色,颜色较深,厚度一般在10m左右,常含粉砂层、黏土层及透镜体状泥炭层。

(3) 河滩沉积型:一般呈带状分布于河流中、下游漫滩及阶地上,这些地带常是漫滩宽阔、河岔较多、河曲发育、牛轭湖分布的地段。软土沉积交错复杂,透镜体较多,厚度不大,一般小于 10m。

(4)沼泽沉积型:沼泽软土颜色深,多为黄褐色、褐色至黑色,主要成分为泥炭,并含有一定数量的机械沉积物和化学沉积物。

3.软土的工程性质

(1)软土的孔隙比和含水率:软土多在静水或缓慢流水中沉积,颗粒分散性高,联结弱,具有较大的孔隙比和高含水率,孔隙比一般大于 1.0,高的可达 5.8(滇池淤泥),含水率大于液限,达 50%~70%,最大可达 300%。但随沉积年代的久远和深度的加大,孔隙比和含水率降低。

(2)软土的透水性和压缩性:软土孔隙比大,但孔隙小,黏粒的吸水、亲水性强,土中有机质多,分解出的气体封闭在孔隙中,使土的透水性变差,一般渗透系数 K 小于 10^{-6} cm/s,在荷载作用下排水不畅,固结慢,压缩性高,压缩系数 $a = 0.7 \sim 2.0 (\text{MPa})^{-1}$,压缩模量 E_s 为 $1 \sim 6$ MPa,压缩过程长,开始时压缩下沉很慢,完成下沉的时间很长。

(3)软土的强度:软土强度低,无侧限抗压强度为 $10 \sim 40$ kPa。不排水直剪试验的 $\phi = 2° \sim 5°$,$c = 10 \sim 15$ kPa;排水条件下 $\phi = 10° \sim 15°$,$c \approx 20$ kPa。所以评价软土抗剪强度时,应根据建筑物加荷情况选用不同的试验方法。

(4)软土的触变性:软土受到振动后,海绵状结构破坏,土体强度降低,甚至呈现流动状态,称为触变,也称振动液化。触变使地基土大面积失效,对建筑物破坏极大。一般认为,触变是由于吸附在土颗粒周围的水分子的定向排列受扰动破坏,土粒好像悬浮在水中,出现流动状态,因而强度降低。静置一段时间后,土粒与分子相互作用,重新恢复定向排列,结构恢复,土的强度又逐渐提高。软土的触变性用灵敏度(S_t)表示:

$$S_t = \frac{c}{c'} \tag{4-1}$$

式中:c——天然结构下的抗剪强度;

c'——结构扰动后的抗剪强度。

一般,S_t 为 $3 \sim 4$,个别达 $8 \sim 9$,灵敏度越大,强度降低越明显,造成的危害也越大。

(5)软土的流变性:软土在长期荷载作用下,变形可以延续很长时间,最终引起破坏,这种性质称为流变性。破坏时软土的强度远低于常规试验测得的标准强度,一些软土的长期强度只有标准强度的 40%~80%。但是,软土的流变发生在一定荷载下,小于该荷载,不产生流变,不同的软土产生流变的荷载值也不同。

4.软土的变形破坏

简单地说,软土地基的变形破坏主要是承载力低、地基变形大或发生挤出,造成建筑物的破坏。修建在软土地基上的公路路堤受强度限制,必须控制在临界高度以下,否则容易发生挤出破坏。

二、黄土

1.黄土及其特征

黄土是第四纪以来,在干旱、半干旱气候条件下,陆相沉积的一种特殊土。标准的或典型的黄土具有下列 6 项特征:

(1) 颜色为淡黄、褐色或灰黄色。

(2) 颗粒组成以粉土颗粒(0.074~0.002mm)为主,约占60%~70%。

(3) 黄土中含有多种可溶盐,特别富含碳酸盐,主要是碳酸钙,含量可达10%~30%,局部密集形成钙质结核,又称姜结石。

(4) 结构疏松,孔隙多,有肉眼可见的大孔隙或虫孔、植物根孔等各种孔洞,孔隙度一般为33%~64%。

(5) 质地均一无层理,但具有柱状节理和垂直节理,天然条件下能保持近于垂直的边坡。

(6) 湿陷性。黄土湿陷性是引起黄土地区工程建筑破坏的重要原因。并非所有黄土都具有湿陷性。具有湿陷性的黄土称为湿陷性黄土。

只具有上述6个特征中部分特征的黄土称为黄土状土或黄土类土。

2. 黄土的成因、分布及沉积年代

1) 黄土的成因

黄土的成因历来受到中外地质学者的重视。20世纪初,一些外国地质学家和地理学家纷纷前来中国考察黄土的成因。他们根据黄土在高原顶部、沟谷中都呈均匀分布、厚度大、无层理、多分布在戈壁外围等特点,认为我国的黄土是风搬运沉积的。但是也有一些学者发现在山前洪积区、河流阶地上亦有一定范围的黄土分布,提出黄土有坡积、残积、洪积和冲积等多种成因。目前较为普遍的看法是黄土高原主体的黄土是风成的,而坡积、残积等黄土主要是由风积黄土经过再搬运、再沉积形成的。所以有些研究者把风成黄土称为原生黄土,而其他各种成因的为次生黄土。这里需要特别提出的是,近代数十年新沉积的黄土,工程性质很差,在这类黄土分布地区修建工程建筑,常常因为对它的工程性质认识不清而导致工程建筑的失败。

2) 黄土的分布

黄土在全世界均有分布,主要分布在亚洲、欧洲和北美,总面积达1 300万 km^2,相当于全球面积的2.5%以上。我国是世界上黄土分布面积最大的国家,西北、华北、山东、内蒙古及东北等地区均有分布,面积达64万 km^2,占国土面积的6.7%。黄河中上游的陕西、甘肃、宁夏及山西、河南一带黄土面积广、厚度大,地理上有黄土高原之称。陕甘宁地区黄土厚100~200m,某些地区可达300m,渭北高原黄土厚50~100m,山西高原黄土厚30~50m,陇西高原黄土厚30~100m,其他地区一般为几米到几十米,很少超过30m。

3) 黄土的沉积年代

我国黄土从第四纪初开始沉积,一直延续至现在,贯穿了整个第四纪,表4-3列出了按年代划分的黄土地层层序及其特征。午城黄土(Q_1)和离石黄土(Q_2)因沉积年代早,大孔隙已退化,土质紧密,不具湿陷性;马兰黄土(Q_3)沉积年代较新,有强烈的湿陷性;而新近堆积的黄土(Q_4)结构疏松,压缩性强,工程性质最差。习惯上把午城、离石黄土称为老黄土,而马兰黄土等称为新黄土。

3. 黄土的工程性质

1) 黄土的粒度成分

前面提到黄土的粒度成分以粉粒为主,约占60%~70%,其次是砂粒和黏粒,各占1%~29%和8%~26%。在黄土分布地区,黄土的粒度成分有明显的变化规律,陇西和陕北地区黄土的砂粒含量大于黏粒,而豫西地区黏粒含量大于砂粒,即由西北向东南,砂粒减少、黏粒增多,这种情况与黄土湿陷性西北强、东南弱的递减趋势大体相同。一般认为黏粒含量大于20%的黄土,湿陷性减小或无湿陷性。但是也有例外的情况,如兰州西黄河北岸的次生黄土黏粒含量超过20%,湿陷性仍十分强烈。这与黏粒在土中的分布状态有关,均匀分布在土骨架中的黏粒,起胶结作用,湿陷性小;呈团粒状分布的黏粒,在骨架中不起胶结作用,就有湿陷性。

按年代分类黄土及其特征　　　　　　表 4-3

地质时代	地层	颜色	土层特征及包含物	古土壤层	开挖情况	边坡稳定性
全新世	新近堆积黄土	浅褐至深褐色或黄至黄褐色	多虫孔,最大直径0.5~2.0cm,有植物根孔,有的有白色粉末状碳酸盐结晶,有人类活动遗迹,结构松软,似蜂窝状	无	锹挖极为容易,进度很快	结构松散,不能维持陡边坡
全新世 Q_4^1	新黄土	褐色至黄褐色	具有大孔,有虫孔及植物根孔,含少量小姜石及砾石,有时有人类活动遗迹,土质较均匀,稍密至中密	有埋藏土,呈浅灰色,或没有	锹挖极为容易,但进度稍慢	
上更新世 Q_3（马兰黄土）	新黄土	浅黄至灰黄及黄褐色	土质均匀,大孔发育,具垂直节理,有虫孔及植物根孔,易形成天生桥及陷穴,有少量小姜石呈零星分布,稍密至中密	浅部有埋藏土,一般为浅灰色	锹、镐挖不困难	
中更新世 Q_2（离石黄土）	老黄土	深黄、棕黄及微红	有少量大孔或无大孔,土质紧密,具柱状节理,抗侵蚀力强,土质较均匀,不见层理,上部姜石少而小,古土壤层下姜石粒径5~20cm,且成层分布,或成钙质胶结层,下部有砂砾及小石子分布	有数层至十余层古土壤,上部间距2~4m,下部1~2m,每层厚约1m	锹、镐开挖困难	结构紧密,能维持陡边坡
下更新世 Q_1（午城黄土）	老黄土	微红及棕红等	不具大孔,土质紧密至坚硬,颗粒均匀,柱状节理发育,不见层理,姜石含量比 Q_2 少,成层或零星分布于土层内,粒径1~3cm,有时含砂及砾石等粗颗粒土层	古土壤层不多,呈棕红及褐色	锹、镐开挖很困难	

2) 黄土的相对密度和密度

黄土的相对密度一般为2.54~2.84,与黄土的矿物成分及其含量多少有关,砂粒含量高的黄土相对密度低,约在2.69以下,黏粒含量高的相对密度大,一般在2.72以上。

黄土结构疏松,具有大孔隙,密度较低,为 1.5~1.8g/cm³,干密度约为 1.3~1.6g/cm³,干密度反映土的密实程度,一般认为干密度小于 1.5g/cm³ 的黄土具有湿陷性。

3)黄土的含水率

黄土的含水率与当地年降雨量及地下水埋深有关,位于干旱、半干旱地区的黄土一般含水率较低,当地下水埋藏较浅时,含水率就高一些。含水率与湿陷性有一定关系,含水率低,湿陷性强,含水率增加,湿陷性减弱,一般含水率超过 25% 时就不再具有湿陷性了。

4)黄土的压缩性

土的压缩性由压缩系数 a 表示,它是指在单位压力作用下土的孔隙比的减小。a 的单位为 $(MPa)^{-1}$。一般认为 a 小于 $0.1(MPa)^{-1}$ 为低压缩性土;$a = 0.1 \sim 0.4(MPa)^{-1}$ 为中等压缩性土;a 大于 $0.5(MPa)^{-1}$ 为高压缩性土。黄土虽然具有大孔隙,结构疏松,但压缩性中等,只有近代堆积的黄土是高压缩性的。年代越老的黄土压缩性越小。

5)黄土的抗剪强度

一般黄土的内摩擦角 $\phi = 15° \sim 25°$,凝聚力 $c = 30 \sim 40 kPa$,抗剪强度中等。

从上述黄土的一般工程性质看,干燥状态下黄土的工程力学性质并不是很差的,但遇水软化甚至发生湿陷后,常引起工程建筑物的破坏,所以湿陷性是湿陷性黄土的最不良的性质。

6)黄土的湿陷性和黄土陷穴

天然黄土在一定的压力作用下,浸水后产生突然的下沉现象,称为湿陷。黄土湿陷发生在一定的压力下,这个压力称为湿陷起始压力,当土体受到的压力小于起始压力时,不产生湿陷。如果湿陷发生在土的饱和自重压力下称为自重湿陷,如果湿陷发生在自重压力和建筑物的附加压力下称为非自重湿陷。自重湿陷的黄土湿陷起始压力小于自重压力,非自重湿陷黄土的湿陷起始压力大于自重压力。黄土的非自重湿陷比较普遍,其工程意义比较大。

黄土湿陷的原因目前尚未查清,多数学者的看法是进入黄土中的水使土的凝聚力降低甚至消失。

黄土湿陷性的评价目前都采用浸水压缩试验方法,将黄土原状土样放入固结仪内,在无侧限膨胀条件下进行压缩试验,测出天然湿度下变形稳定后的试样高度 h_2 及浸水饱和条件下变形稳定后的试样高度 h'_2,然后按式4-2计算黄土的相对湿陷系数 δ_{sh}。根据黄土的相对湿陷系数,可按表4-4划分黄土的湿陷程度。

$$\delta_{sh} = \frac{h_2 - h'_2}{h_2} \tag{4-2}$$

湿陷性黄土湿陷程度划分表   表4-4

相对湿陷系数	$0.015 \leq \delta_{sh} \leq 0.03$	$0.03 < \delta_{sh} \leq 0.07$	$\delta_{sh} > 0.07$
湿陷程度	轻微	中等	强烈

尽管黄土产生湿陷的原因还不甚清楚,但是黄土内部疏松的结构、水的浸入和一定的附加压力是引起湿陷的内在、外部条件,应当针对这些条件采取相应的防治措施。首先是防水措施,防止地表水下渗和地下水位的升高;其次对地基进行处理,降低黄土的孔隙度,加强内部联结和土的整体性,提高土体强度。具体措施详见"土力学"、"地基基础"等有关课程。

此外,除了湿陷性引起工程建筑物的破坏外,黄土地区地下常常有天然或人工的洞穴,这些洞穴的存在和发展容易造成上覆土层和工程建筑物突然陷落,因此称为黄土陷穴。天然洞穴主要由黄土自重湿陷和地下水潜蚀形成。在黄土地区地表略凹处，雨水积聚下渗，黄土被浸湿发生湿陷变形下沉。地下水在黄土的孔隙、裂隙中流动时，既能溶解黄土中的易溶盐，又能在流速达到一定值时把土中的细小颗粒冲蚀带走，从而形成空洞，这就是潜蚀作用。随着地下水潜蚀作用不断地进行，土中空洞由少变多，由小变大，最终导致地表的塌陷或工程建筑物的破坏。潜蚀作用多发生在黄土中易溶盐含量高、大孔隙多、地下水流速及流量较大的部位。从地表地形、地貌看，地表坡度变化较大的河谷阶地边缘、冲沟两岸、陡坡地带等，有利于地表水下渗或地下水加速，是潜蚀洞穴分布较多的地方。人工洞穴包括古老的采矿、掏砂坑道和墓穴等，这些洞穴分布无规律，不易发现，容易造成隐患。所以在黄土地区必须注意对黄土陷穴的位置、形状及大小进行勘察调研，然后有针对性地采取整治措施。

三、膨胀土

膨胀土是一种黏性土，具有明显的膨胀、收缩特性。它的粒度成分以黏粒为主，黏粒的主要矿物是蒙脱石、伊利石，这两类矿物有强烈的亲水性，吸收水分后体积膨胀，失水后收缩，经多次膨胀、收缩，强度很快衰减，可导致修建在膨胀土上的工程建筑物开裂、下沉、失稳破坏。过去对这种土的性质认识不清，由于它裂隙多，就称为裂隙黏土，也有以地区命名的，如成都黏土。目前多称为膨胀土。

1. 膨胀土的特征及其分布

1) 膨胀土的特征

(1) 膨胀土颜色多为灰白、棕黄、棕红、褐色等。

(2) 粒度成分以黏粒为主，含量在 35%～50% 以上，其次是粉粒，砂粒最少。

(3) 黏土矿物以蒙脱石、伊利石为主，高岭石含量很少。

(4) 具有强烈的膨胀、收缩特性，吸水时膨胀，产生膨胀压力，失水收缩时产生收缩裂隙，干燥时强度较高，多次反复胀缩强度降低。

(5) 膨胀土中各种成因的裂隙十分发育。

(6) 早期（第四纪以前或第四纪早期）生成的膨胀土具有超固结性。

2) 膨胀土的分布

膨胀土分布范围广泛，世界各国均有分布，我国是世界上膨胀土分布范围最广、面积最大的国家之一，有 20 多个省、直辖市、自治区发现有膨胀土的分布：主要分布在云贵高原到华北平原之间各流域形成的平原、盆地、河谷阶地以及河间地块和丘陵等地区；还包括北京、河北、山西、山东、陕西、河南、安徽、江苏、四川、湖北、湖南、云南、贵州、福建、广西等省市自治区的大部分或一部分。

2. 膨胀土的成因和形成年代

我国各地的膨胀土成因不同，大致有洪积、冲积、湖积、残积、坡积等多种因素，形成年代自晚第三纪末期的上新世 N_2 开始到更新世晚期的 Q_3，各地不一。

3. 膨胀土的工程性质

(1) 膨胀土的粒度成分。如前所述，膨胀土的粒度成分以黏粒为主，含量高达 50% 以上，黏粒粒径小于 0.002mm，接近胶体颗粒，为准胶体颗粒，比表面积大，颗粒表面由具有游离价的原子或离子组成，即具有较大的表面能，在水溶液中吸引极性水分子和水中离子，呈现出强亲水性。

（2）天然状态下，膨胀土结构紧密，孔隙比小，干密度达 $1.6 \sim 1.8 \text{g/cm}^3$，塑性指数为 $18 \sim 23$，膨胀土的天然含水率与塑限比较接近，一般为 $18\% \sim 26\%$，土体处于坚硬或硬塑状态，常被误认为是良好的天然地基。

（3）膨胀土中裂隙十分发育，是区别于其他土的明显标志。膨胀土的裂隙按成因有原生和次生之别。原生裂隙多闭合，裂面光滑，常有蜡状光泽，暴露在地表后受风化影响裂面张开，次生裂隙多以风化裂隙为主，在水的淋滤作用下，裂面附近蒙脱石含量显著增高，呈灰白色，构成膨胀土的软弱面，这种灰白色土是引起膨胀土边坡失稳滑动的主要原因。

（4）天然状态下，膨胀土的剪切强度、弹性模量都比较高，但遇水后强度降低，凝聚力小于 100kPa，内摩擦角小于 $10°$，有的甚至接近饱和淤泥的强度。

（5）膨胀土具有超固结性。所谓超固结性是指在膨胀土的受应力史中，曾受到比现在土的上覆自重压力更大的压力，因而孔隙比小，压缩性低。但是一旦开挖，遇水膨胀，强度降低，将造成破坏。

膨胀土的固结程度用超固结比 R 表示，即：

$$R = \frac{P_c}{P_0} \tag{4-3}$$

式中：P_c——土的前期固结压力；

P_0——目前土层的上覆自重压力。

正常土 $R=1$，超固结土 $R>1$。

4. 膨胀土的胀缩性指标

一般来讲，黏性土都具有一定的膨胀性，只是膨胀量小，没有达到危害程度。为了正确评价膨胀土与非膨胀土，必须测定其膨胀收缩指标。表示膨胀土胀缩性的指标有下列几种：

（1）自由膨胀率（F_s）：指人工制备的烘干土，在水中吸水后的体积增量（$V_w - V_0$）与原体积（V_0）之比。

$$F_s = \frac{V_w - V_0}{V_0} \times 100\% \tag{4-4}$$

$F_s \geq 40\%$ 为膨胀土。

（2）膨胀率（C_{sw}）：指人工制备的烘干土，在一定的压力下，侧向受限浸水膨胀稳定后，试样增加的高度（$h_w - h_0$）与原高度（h_0）之比。

$$C_{sw} = \frac{h_w - h_0}{h_0} \times 100\% \tag{4-5}$$

$C_{sw} \geq 40\%$ 为膨胀土。

（3）线缩率（e_{sl}）：指土样收缩后的高度减小量（$l_0 - l$）与原高度 l_0 之比。

$$e_{sl} = \frac{l_0 - l}{l_0} \times 100\% \tag{4-6}$$

$e_{sl} \leq 5\%$ 为膨胀土。

膨胀土的膨胀等级分类也可参见表4-5。

膨胀土的膨胀等级分类 表 4-5

指数 \ 分类	非膨胀土	弱膨胀土	中等膨胀土	强膨胀土
自由膨胀率 F_s(%)	$F_s<40$	$40\leqslant F_s<60$	$60\leqslant F_s<90$	$F_s>90$
塑性指数 I_p(%)	$I_p<15$	$15\leqslant I_p<28$	$28\leqslant I_p<40$	$I_p>40$
标准吸湿含水率 ω_1(%)	$\omega_1<2.5$	$2.5\leqslant\omega_1<4.8$	$4.8\leqslant\omega_1<6.8$	$\omega_1>6.8$

5. 膨胀土的野外识别(表 4-6)

膨胀土的野外识别标准 表 4-6

项目	特征	项目	特征
地层	以第四系中、上更新统为主,少量为全新统及第三系	结构	结构致密,易风化成碎块状,更细小的呈鳞片状
地貌	地形平缓开阔,具垄岗式地貌,垄岗与沟谷相间,无明显的天然陡坡,自然坡度平缓,坡面沟槽发育	裂隙	裂隙发育,呈网纹状,裂面光滑,具蜡状光泽,或有擦痕,或有铁锰质薄膜覆盖。常有灰白、灰绿色黏土充填
颜色	以褐黄、棕黄、棕红色为主,间夹灰白、灰绿色条带或薄膜,灰白、灰绿色多成透镜体或夹层出现	崩解性	遇水易沿裂隙崩解成碎块状
黏性	土质细腻,手触摸有滑感,旱季成坚硬状,雨季黏滑,液限大于40%	不良地质	常见浅层溜塌、滑坡、地裂,新开挖的路堑、边坡、基坑易产生坍塌
含有物	含有较多的钙质结核,并有豆状铁锰质结核	自由膨胀率	$F_s\geqslant40\%$

四、盐渍土

岩石在风化过程中分离出少量的易溶盐类(常见的有氯盐、硫酸盐和碳酸盐),易溶盐被水流带至江河、湖泊洼地或随水渗入地下水中,当地下水沿土层的毛细管升高于地表或接近地表时,经蒸发作用,水中盐分将分离出来聚集于地表或地表下不深的土层中。土层中易溶盐的含量大于 0.5% 时,这种土一般可称为盐渍土。

盐渍土易于识别,土层表面常残留着薄薄的白色盐层,地面常没有植物覆盖,或仅生长着特殊的盐区植物。在探井壁上可见到盐的白色结晶,从探井剖面看,土层表面含易溶盐最多,其下为盐化潜水。地面以下深 1~2m 的潜水,盐渍作用最强。通常盐渍土中的潜水成分与盐渍土中所含盐类的成分虽然不完全一样,但两者之间保持着一定的关系。

1. 盐渍土的形成和类型

1)盐渍的形成

盐渍土的形成条件是:

(1)地下水的矿化度较高,有充足盐分的来源。

(2)地下水埋藏较浅,毛细作用能达到地表或接近地表,有被蒸发作用影响的可能。

(3)气候比较干燥,一般年降雨量小于蒸发量的地区,易形成盐渍土。

盐渍土的形成由于受上述条件的限制,因此一般分布在地势比较低且地下水位较高的地段,如内陆洼地、盐湖,河流两岸的漫滩、低阶地,牛轭湖及三角洲洼地、山间洼地等地段。

盐渍土的厚度一般不大,平原及滨海地区通常分布在地表以下 $2\sim4m$,其厚度与地下水埋深、土的毛细作用上升高度及蒸发作用影响深度(蒸发强度)有关。内陆盆地的盐渍土厚度有的可达几十米,如柴达木盆地中盐湖区的盐渍土厚度达 $30m$ 以上。

2)盐渍土的分类

(1)按形成条件分类:按形成条件,盐渍土可分为盐土、碱土和胶碱土等类型。

①盐土:以含有氯盐及硫酸盐为主的盐渍土称为盐土。盐土通常是在矿化了的地下水位很高的低地内形成的,盐分由于毛细管作用,经过蒸发而聚集在土的表层。在海滨,由于海水浸渍也可以形成盐土。盐土也在草原和荒漠中的洼地内形成,由于带有盐分的地表水流入洼地,经过蒸发而形成盐土。干旱季节时,盐土表面常有盐霜或盐壳出现。

②碱土:碱土的特点是在表土层中含有较多的碳酸钠和碳酸氢钠,不含或仅含微量的其他易溶盐类,黏土胶体部分地为吸附性钠离子所饱和。碱土通常具有明显的层次,表层为层状结构的淋溶层,下层为柱状结构的淀积层。深度 $40\sim60cm$ 的土层含易溶盐最多,同时也聚积有碳酸钙和石膏。碱土可由盐土因地下水位降低而形成,或因地表水的渗入多于土中水的蒸发而形成。碱土在水中能发生碱性反应,碱土与盐土常常共生和相互交替。盐碱土多分布在草原和河流或湖泊的阶地上,以及平原的小盆地中。我国的黄河中下游阶地,以盐碱土分布广而闻名。盐碱土表层的植物生长很稀疏,常生长着黑艾蒿等特种草类,与周围的草完全不同,这是识别盐碱土的一种标志。

③胶碱土:胶碱土又称龟裂黏土,生成于荒漠或半荒漠的地形低洼处,大部分是黏性土或粉性土,表面平坦,不长植物。干燥时非常坚硬,干裂成多角形。潮湿时立即膨胀,裂缝挤紧,成为不透水层,非常泥泞。胶碱土的整个剖面内,易溶盐的含量均较少,盐类被淋溶至 $0.5m$ 以下的地层内,而表层往往含有吸附性的钠离子。

(2)按分布区域分类:按地理分布区域,我国盐渍土可分为滨海盐渍土、内陆盐渍土和冲积平原盐渍土 3 类。

盐渍土在我国分布范围较广,新疆、青海、甘肃、内蒙古、宁夏等省(自治区)分布较多,陕西、辽宁、吉林、黑龙江、河北、河南、山东、江苏等省也有分布。

(3)按含盐成分分类:按含盐成分比例,盐渍土的分类如表 4-7 所示。

盐渍土按含盐性质分类 表 4-7

编号	盐渍土名称	Cl^-/SO_4^{2-}	$CO_3^{2-}+HCO_3^-/Cl^-+SO_4^{2-}$	编号	盐渍土名称	Cl^-/SO_4^{2-}	$CO_3^{2-}+HCO_3^-/Cl^-+SO_4^{2-}$
1	氯盐渍土	>2		4	硫酸盐渍土	<0.3	
2	亚氯盐渍土	1~2		5	碳酸盐渍土		>0.3
3	亚硫酸盐渍土	0.3~1					

注:离子的含量以 100g 干土内的 mg 当量计。

(4)按土层中以质量计的平均含盐量分类,如表 4-8 所示。

盐渍土按平均含盐量分类 表4-8

编号	盐渍土名称	细粒土土层的平均含盐量（以质量百分数计）		粗粒土通过10mm筛孔土的平均含盐量（以质量百分数计）	
		氯盐渍土及亚氯盐渍土	硫酸盐渍土及亚硫酸盐渍土	氯盐渍土及亚氯盐渍土	硫酸盐渍土及亚硫酸盐渍土
1	弱盐渍土	0.3~1.0	0.3~0.5	2.0~5.0	0.5~1.5
2	中盐渍土	1.0~5.0	0.5~2.0	5.0~8.0	1.5~3.0
3	强盐渍土	5.0~8.0	2.0~5.0	8.0~10.0	3.0~6.0
4	过盐渍土	>8.0	>5.0	>10.0	>6.0

2. 盐渍土的工程性质

硫酸盐沉淀结晶时体积增大,脱水时体积缩小。干旱地区日温差较大,由于温度的变化,硫酸盐的体积时缩时胀,致使土体结构疏松。在冬季温度下降幅度较大,便产生大量的结晶,使土体剧烈膨胀。一般认为硫酸盐含量在2%以内时,膨胀带来的危害性较小,高于这个含量,则膨胀危害性迅速增大。

碳酸盐含大量的吸附性阳离子,遇水便与胶体颗粒相作用,在胶体颗粒和黏土颗粒周围形成结合水薄膜,不仅使土颗粒间的内聚力减小,而且引起土体膨胀,如 Na_2CO_3 的含量超过0.5%时,其膨胀量即显著增大。

1) 盐渍土的力学性质

在一定含水率的条件下,因土粒中含有盐分,土粒间的距离增大,而内聚力及内摩擦角则随之减小,土体的强度降低,因此,土在潮湿状态时,土中的含盐量越大,则其强度越低。当含盐量增加到某一程度后,盐分能起胶结作用时,或土中含水率减小,盐分开始结晶,晶体充填于土孔隙中起骨架作用时,则土的内聚力及内摩擦角增大,其强度反而比不含盐的同类土的强度高。因此盐渍土的强度与土的含水率关系密切,含水率较低且含盐量较高时,土的强度就较高,反之较低。

2) 盐渍土的湿陷性和水稳性

盐渍土不仅遇水发生膨胀,易溶盐遇水还会发生溶解,地基也会因溶蚀作用而下陷。有些地区盐渍土的结构与黄土类似,其粉粒含量>45%,孔隙度>45%,有一定的湿陷性。盐分遇水溶解后,土体结构破坏,在上覆土层及附加荷载作用下土体压密变形,即产生溶陷或湿陷。

水对盐渍土的稳定性影响很大,在潮湿的情况下,一般均表现为吸湿软化,使稳定性降低。

3) 盐渍土的压实性

当土中的含盐量增大时,其最佳密度逐渐减小,当含盐量超过一定限度时,就不易达到规定的标准密度。如果需要以含盐量较高的土作为填料,就需要加大夯实能量。硫酸盐渍土的含盐量增加到接近2%时,碳酸盐渍土的含盐量超过0.5%时,土的密度显著降低。氯盐渍土中的盐类晶体填充在土的孔隙中,能使土的密度增大,但当土湿化后,盐类溶解,土的密度就降低。

4) 盐渍土中的有害毛细水作用

盐渍土中的毛细水上升能直接引起地基土的浸湿软化和次生盐渍化,进而使土的强度降低,产生盐胀、冻胀等病害。影响毛细水上升高度和上升速度的因素,主要是土的粒度成分、土的矿物成分、土颗粒的排列和孔隙的大小,以及水溶液的成分、浓度、温度等;土的粒度成分对毛细水上升高度的影响最为显著,一般来说,颗粒越细上升高度越高。盐分含量对毛细水的上升高度也有影响,主要因素是盐的含量和盐的类型。盐分对毛细水上升高度有着正反两个方面的影响:一方面,水中含盐量高可以提高其表面张力,毛细水上升高度随着表面张力增大而增大;另一方面,水中盐分又使其溶液的相对密度增大,并使颗粒表面的分子水膜厚度增大,从而增加了毛细水上升的阻力,使毛细水的上升值减小。当矿化度较低时,前种情况占优势,反之则后一种影响占优势。

五、红土

红土是岩石在热带、亚热带特定的湿热气候条件下,经历了不同程度的红土化作用而形成的一种含较多黏粒,富含铁铝氧化物胶结的红色黏性土、粉土。红土具有较特殊的工程特性,虽然孔隙比较大,含水较多,但却常有偏低的压缩性和较高的强度,是一种区域性特殊土。

1. 红土的形成与分类

1)红土的形成

(1)红土化作用分为三个阶段:

第一阶段,碎屑化和黏土化阶段。红土化之前,岩石破碎,矿物大量分解,盐基成分淋失,硅、铝显著分离,出现大量硅铝酸盐及铁铝氧化物,形成一些黏土矿物,铁、铝有所积累,含一定量易溶解的二价铁,风化产物为残积黏性土,呈灰、黄、白色而不是红色,这个阶段是红土化作用的准备阶段。

第二阶段,红土化阶段。此阶段除石英外,几乎所有矿物都遭彻底分解。盐基成分基本淋失,形成大量以高岭石为主的黏土矿物,铁、铝大量富集,形成大量红色三价氧化铁和部分三水铝石,风化产物以红色黏性土为主,部分呈网纹状,红、白、黄相间。

第三阶段,铝土矿物阶段。红土化后期,黏土矿物继续分解,部分含水氧化物脱水,形成含铝质矿物、铁质矿物和少量高岭石黏土的铝土矿。

(2)红土分布地域:红土分布在北纬35°到南纬35°之间。我国主要分布在北纬32°以南,即长江流域以南地区。红土一般发育在高原夷平面、台地、丘陵、低山斜坡及洼地,厚度多在5~15m,有的达到20~30m,其发育与下述因素有关。

第一,热带、亚热带季风气候区的高温、多雨、潮湿、干湿季节是红土形成的必备条件。水温高、循环明显、矿化度低,为地下水对岩体的淋滤、水合、水解等物理化学作用提供了良好的条件。

第二,母岩类型不同,红土的发育程度和速度也不同,其由快到慢的顺序为碳酸盐类岩、基性岩、中酸性岩、碎屑沉积岩和第四纪沉积物。

第三,地形、地貌和新构造运动影响着红土的发育厚度,在地形平缓的台地、低丘陵等比较稳定的地区,红土难于保存;在地壳下降地区,红土发育不完整。

(3)红土层次:我国红土完整的剖面,自上而下包括三个层次。

第一层次,均质红土和网纹红土。黏土矿物以高岭石为主,含针铁矿、赤铁矿和三水铝石,表面红土化程度最高,红色为主,称为均质红土;下段为红、白、黄相间的网纹状红土。此层即一般典型红土,俗称"红层"。

第二层次,杂色黏性土。黏土矿物以高岭石和伊利石为主,两者含量接近,含部分针铁矿,一般不含三水铝石,颜色浅,以黄色为主,夹部分红色,红土化程度很低,俗称"黄层"。

第三层次,一般残积土。黏土矿物以伊利石、蒙脱石为主,为黏粒含量较少的黏性土或砂砾质土。

2)红土的分类

按物质来源不同,有两类红土:一类是各种岩石的残积物(局部坡积物),经红土化作用而形成的残积红土。另一类是非残积成因的堆积物(冲积、洪积、冰积),经红土化作用而形成的网纹红土。残积红土的特性与母岩关系密切,是各类岩石长期风化残积的产物,其中有一些粒度较细,石英含量较少,塑性较强,有一定的胀缩性,如碳酸盐岩类、玄武岩类、泥质岩类形成的红黏土,以及经再搬运形成的次生红黏土;另一些粒度较粗,石英含量多,塑性较弱,有弱胀缩性,如碎屑沉积岩、花岗岩类形成的含砂砾红土。网纹红土因具有明显的网纹状结构而得名,由于形成年代不同,其工程特性差别较大,中更新世及其以前形成的网纹红土,胶结好,强度高,是最常见的典型网纹红土;晚更新世及其以后形成的网纹红土,胶结弱,红土化程度微弱,其特性与一般土接近,不属于特殊土。

综合成因、年代、母岩特征等因素,对红土分类如以下5种。

(1)碳酸盐岩形成的典型红黏土:这类红黏土是指覆盖于碳酸盐岩类基岩上的棕红、褐黄等色的高塑性黏土。其液限一般大于50%。经流水再搬运后仍保留红黏土的基本特征。液限大于45%的土称为次生红黏土,在物理指标相同的情况下,其力学性能低于红黏土。红黏土及次生红黏土广泛地分布于我国的云贵高原、四川东部、广西、粤北及鄂西、湘西等地区的低山、丘陵地带顶部和山间盆地、洼地、缓坡及坡脚地段,其分布范围达108万 km^2。云贵高原的2/3以上地区分布着红黏土。红黏土的厚度变化与原始地形和下伏基岩面的起伏密度相关:分布在台地和山坡的厚度较薄,在山麓的则厚度较厚;当下伏基岩的溶沟、石芽等较发育时,上覆红黏土的厚度变化相差较大,咫尺之间相差可达数米甚至十多米。红黏土的厚度一般在5~15m,最厚达30m。

(2)玄武岩形成的红黏土:玄武岩出露区的红黏土分布在广东雷州半岛和海南岛北部(简称琼雷地区),是于第四纪中更新世至晚更新世期间形成。多期大面积喷发的橄榄玄武岩,在热带湿热气候条件下,经强烈的风化作用而形成厚薄不等的风化壳,其表层是经红土化作用的红色黏性土,就是一般所说的玄武岩风化残积红黏土,其分布面积近5 000km^2。云南东部、中部分布着二叠纪玄武岩,南方其他地方也零星分布着玄武岩,其表层也形成风化残积红黏土。风化残积红土经再搬运后,仍保留着红土基本特征的红色黏土,称为次生红黏土。琼雷地区的分布厚度为2~20m。云南玄武岩分布区的风化壳可达20余米,但红土层下为红土化程度较低的棕黄色黏性土。湖南益阳的玄武岩风化壳可达50m,棕红、紫红色残积红黏土厚10~30m。

(3)花岗岩形成的红土:花岗岩广泛分布于我国南方各地,分布面积约占赣、湘、桂、浙、闽、粤、琼诸省(自治区)面积的1/6,滇、皖也有少量分布。南方花岗岩以燕山期中—粗粒黑云母花岗岩为主。也有部分中—细二长花岗岩和花岗闪长岩,在热带、亚热带的湿热气候条件下,遭受了长期而强烈的风化作用,形成了巨厚的红色风化壳表层,称为花岗岩残积红土。它主要形成于上更新世至晚更新世期间,尤以中更新世的作用最为强烈,全新世以来直至目前仍继续进行着红土化作用。残积红土主要分布于丘陵和台地,一般厚2~20m,尤以广东沿海地区土的厚度最大。

(4) 红层出露区红土:在我国南方浙、赣、闽、粤、桂等地,零星分布着白垩纪至下第三纪的中生代红层,受构造体系控制,形成了一系列以沿北东方向为主的串珠状断陷盆地,沉积物是以湖相、河流相、滨海相为主的陆相红色碎屑岩建造,产状平缓,倾角10°~25°,岩相受局部沉积环境的影响,变化很大,岩性有砾岩和砂砾岩、砂岩、粉砂岩、黏土岩等,胶结物包括硅质、钙质、泥质等,混杂着游离的红色氧化铁。红层形成以后,尤其是在第四纪更新世期间,遭受了强烈的化学风化作用(包括红土化作用),形成了厚度变化大,粒度各异,性质多样的残积红土。江西红土厚1~10m,广州红土一般厚1~15m,个别地区红土可达20m。

(5) 中更新世网纹红土:网纹红土是第四纪沉积物在高温、湿润的气候条件下,受特殊的地球化学改造作用(红土化作用)而形成的红色黏性土,具有红、白、黄色相间的网纹状结构。网纹红土主要分布于湘、赣、鄂南、皖南等长江流域中下游地区,浙、闽、粤等地局部沿河流也有零星分布,主要形成于中更新世。河流冲积相网纹红土与其下伏的砂砾石层组成双层构造,一般沿河流高阶地分布,厚度为6~15m,常形成红土缓丘或相对高差为数米的小波状平原,在洞庭湖区的局部因新构造运动下降而处于埋藏状态。某些坡积、洪积相网纹红土混杂有砾石,分布于山麓地带。某些洼地可能有局部再搬运的次生红土分布。

2. 红土的工程性质

(1) 液限较高,含水较多,饱和度常大于80%,土常处于硬塑至可塑状态,且具有上软下硬的现象。厚度变化大,有时发育有土洞。

(2) 孔隙比变化范围大,一般孔隙比较大,尤其是残积红土,孔隙比常超过0.9,甚至达2.0。先期固结压力和超固结比很大,除少数软塑状态红土外,均为超固结土,这与游离氧化物胶结有关。一般常具有中等偏低的压缩性。

(3) 强度变化范围大,一般较高,黏聚力一般为10~60kPa,内摩擦角为10°~30°或更大。

(4) 膨胀性极弱,但某些土具有一定的收缩性,这与红土的粒度、矿物、胶结物等情况有关,某些红土化程度较低的"黄层"收缩性较强,应划入膨胀土范畴。

(5) 浸水后强度一般降低,部分含粗粒较多的红土,湿化崩解明显。

综上所述,红土是一种处于饱和状态,孔隙比较大,以硬塑和可塑状态为主,具中等压缩性,强度较高的红黏土,具有一定的收缩性。

六、冻土

在高纬度和海拔高程较高的高原、高山地区,一年中有相当长一段时间气温低于零度,这时土中的水分冻结成固态的冰,冰与土冻结成整体,就形成一种特殊的土——冻土。

土冻结时发生冻胀,强度增高,融化时发生沉陷,强度降低,甚至出现软塑或流塑状态。在冻土地区修建工程建筑物,常常由于反复冻融,土体冻胀、融沉,导致工程建筑物的破坏。

冻土从冻结时间看,有季节冻土和多年冻土两种。季节冻土是指冬季冻结、夏季融化的土。在年平均气温低于零度的地区,冬季长,夏季很短,冬季冻结的土层在夏季结束前还未全部融化,又随气温降低开始冻结,这样地面以下一定深度的土层常年处于冻结状态,就是多年冻土。通常认为,持续2年以上处于冻结不融化的土称为多年冻土(表4-9)。

冻土按冻结状态的持续时间分类   表4-9

冻结状态持续时间	不到1年	1~2年	2年以上
冻土分类	季节冻土	隔年冻土	多年冻土

1. 季节冻土及其冻融现象

季节冻土主要分布在我国华北、西北、东北地区及淮河流域部分地区，分布面积广大。自长江流域以北向东北、西北方向，随着纬度及地面高度的增加，冬季气温越来越低，冬季时间延续越来越长，因此季节冻土的厚度自南向北越来越大。石家庄以南季节冻土厚度小于0.5m，北京地区为1m左右，而辽源、海拉尔一带则达到2~3m。

季节冻土对工程建筑物的危害主要是由土的冻胀、融沉造成的。冻结时，土中水分向冻结部位转移、集中，体积膨胀；融化时，局部土中含水率增大，土呈软塑或流塑状态，出现融沉。季节冻土的冻胀与融沉与土的粒度成分和含水率有关，土颗粒粗，冻胀性小或没有冻胀性，如砾石、卵石、碎石层。砂土稍具冻胀性。土中粉土颗粒含量多，冻胀性强。就含水率而言，含水率大，冻胀严重。土中水结冰时，体积增大1/11左右，以1m厚冻土层为例，当含水率为30%时，冻胀量为$100cm \times 30\% \times 1/11 = 2.7cm$。一般季节冻土冬季冻胀可使公路路基隆起3~4cm；春季融化时，路基沉陷发生翻浆冒泥。如果季节冻土层与地下水发生水力联系，这种冻胀融沉的危害更为严重。在地下水埋藏较浅时，季节冻结区不断得到水的补充，地面明显冻胀隆起，就形成冻胀土丘，又称冰丘。图4-11为东北兴安岭某处的一个冰丘剖面示意图。

2. 多年冻土及其工程性质

1) 多年冻土的分布及其特征

我国多年冻土按地区分布不同可分为高原冻土和高纬度冻土。高原冻土主要分布在青藏高原和西部高山（如天山、阿尔泰山及祁连山等）地区，高纬度冻土主要分布在大、小兴安岭，自满洲里—牙克石—黑河一线以北地

图4-11 冰丘剖面示意图
1-塔头草层；2-泥岩层；3-黏性土层；4-含水层

区。多年冻土存在于地表以下一定深度内，地表面至多年冻土间常有季节冻土层存在。受纬度控制的多年冻土，其厚度由北向南逐渐变薄，从连续多年冻土区到岛状多年冻土区，最后尖灭到非多年冻土(季节冻土)区，其分布剖面见图4-12。

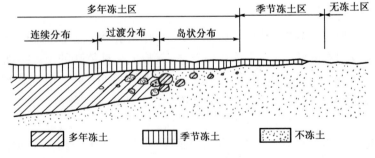

图4-12 多年冻土分布剖面图

(1)组成特征。冻土由矿物颗粒(土粒)、冰、未冻水和气体4相组成。矿物颗粒是4相中的主体，其颗粒大小、形状、成分、比表面积、表面活动等对冻土性质和冻土中发生的各种作用

都有重要影响。冻土中的冰是地下冰,是冻土存在的基本条件,也是冻土各种特殊工程性质的基础。未冻水是负温条件下冻土中仍未冻结成冰的液态水,主要是结合水及毛细水。强结合水在 -78℃时才开始冻结,弱结合水在 -20 ~ -30℃时冻结,毛细水的冰点稍低于0°。未饱和的冻土孔隙、裂隙中有空气。

(2)结构特征。冻土结构与一般土结构的不同是由于土冻结过程中水分的转移和状态改变形成的。根据冻土中冰的分布位置、形状结构,可分为3种结构,即整体结构、网状结构及层状结构,如图4-13所示。

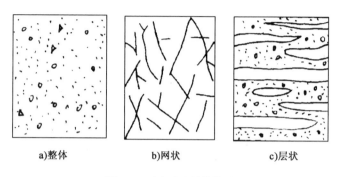

a)整体　　　b)网状　　　c)层状

图4-13　多年冻土结构类型

整体结构是当温度降低很快时,土冻结过程中水分来不及迁移和集聚,土中冰晶均匀分布于原有孔隙中,冰与土形成整体状态。这种结构有较高的冻结强度,融化后土的原有结构未遭破坏,一般不发生融沉。故整体结构冻土的工程性质较好。

网状结构的冻土在冻结过程中水分产生转移和集聚,在土中形成交错状冰晶。这种结构破坏了土的原有结构,融化后呈软塑或流塑状态,工程性质变化较大,性质不良。

层状结构是在冻结速度较慢的单向冻结条件下,伴随着水分的转移和外界水源的充分补充,形成的土粒与冰透镜体和薄冰层相互间隔成层状的结构。原有土的结构被冰层分割完全破坏,融化时强烈融沉。

(3)构造特征。多年冻土的构造是指多年冻土与其上的季节冻土层间的接触关系,见图4-14。

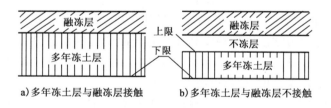

a)多年冻土层与融冻层接触　　　b)多年冻土层与融冻层不接触

图4-14　多年冻土构造类型

衔接型构造是指季节冻土最大冻结深度可达到或超过多年冻土上限,季节冻土与多年冻土相连接的构造。稳定的或发展的多年冻土区具有这种构造。

非衔接型构造是指季节冻土最大冻结深度与多年冻土上限间被一层不冻土(或称为融土层)隔开而不直接接触的构造。这种构造出现在退化的多年冻土区。

我国多年冻土层厚度变化较大,薄者数米,厚者200m左右。

2)多年冻土的工程性质

(1)物理及水理性质。由多年冻土的组成可知,土中水分既包括冰,也包括未冻水。因此,在评价土的工程性质时,必须测定天然冻土结构的重度、相对密度、总含水率(冰及未冻水)和相对含冰率(土中冰重与总含水率之比)4项指标。其中,未冻结水含量的获取是关键,多采用下式计算:

$$W_c = KW_p \tag{4-7}$$

式中:W_c——未冻水含量;

W_p——土的塑限含水率;

K——温度修正系数,由表4-10选用。

修正系数 K 值　　　　表4-10

土的类别	塑性指数 I_p	地 温（℃）							
		-0.3	-0.5	-1.0	-2.0	-4.0	-6.0	-8.0	-10.0
砂类土、粉土	$I_p \leq 2$	0	0	0	0	0	0	0	0
粉土	$2 < I_p \leq 7$	0.6	0.5	0.4	0.35	0.3	0.28	0.26	0.25
粉质黏土	$7 < I_p \leq 13$	0.7	0.65	0.6	0.5	0.45	0.43	0.41	0.4
	$13 < I_p \leq 17$	*	0.75	0.65	0.55	0.5	0.48	0.46	0.45
黏土	$I_p > 17$	*	0.95	0.9	0.65	0.6	0.58	0.56	0.55

注:*表示在该温度下孔隙中的水均为未冻水。

总含水率 W_n 和相对含冰率 W_i 按下式计算:

$$\begin{aligned} W_n &= W_b + W_c \\ W_i &= W_b / W_n \end{aligned} \tag{4-8}$$

式中:W_b——在一定温度下,冻土中的含冰率(%);

W_c——在一定温度下,冻土中的未冻水率(%)。

(2)力学性质。冻土的强度和变形仍可用抗压强度、抗剪强度和压缩系数表示。但是由于冻土中冰的存在,冻土力学性质随温度和加载时间而变化的敏感性大大增加。在长期荷载作用下,冻土强度明显衰减,变形明显增大。温度降低时,土中未冻水减少,含冰量增大,冻土类似岩石,短期荷载下强度大增,变形可忽略不计。

冻土冻胀融沉是其重要的工程性质,现按冻土的冻胀率和融沉情况对其进行分类。

冻胀率 n 为土在冻结过程中土体积的相对膨胀量,以百分率表示,即:

$$n = \frac{h_2 - h_1}{h_1} \times 100\% \tag{4-9}$$

强冻胀土 $n > 6\%$,冻胀土 $3.5\% < n \leq 6\%$,弱冻胀土 $2\% < n \leq 3.5\%$,不冻胀土 $n \leq 2\%$。

冻土融化下沉由两部分组成,一是外力作用下的压缩变形,另一是温度升高引起的自身融化下沉。多年冻土按融沉情况分级见表4-11,融沉类型的现场初步判定见表4-12。

多年冻土按融沉情况分级 表 4-11

冻土名称	土 的 类 别	总含水率 $W(\%)$	融化后的潮湿程度	融沉性分类
少冰冻土	粉黏粒质量≤15%的粗颗粒土(其中包括碎石类土、砾砂、粗砂、中砂,以下同)	$W \leq 10$	潮湿	(Ⅰ级)不融沉
	粉黏粒质量>15%的粗颗粒土、细砂、粉砂	$W \leq 12$	稍湿	
	黏性土、粉土	$W \leq W_p$	坚硬(粉土为稍湿)	
多冰冻土	粉黏粒质量≤15%的粗颗粒土	$10 < W \leq 16$	饱和	(Ⅱ级)弱融沉
	粉黏粒质量>15%的粗颗粒土、细砂、粉砂	$12 < W \leq 18$	潮湿	
	黏性土、粉土	$W_p < W \leq W_p + 7$	硬塑(粉土为潮湿)	
富冰冻土	粉黏粒质量≤15%的粗颗粒土	$16 < W \leq 25$	饱和出水(出水率<10%)	(Ⅲ级)融沉
	粉黏粒质量>15%的粗颗粒土、细砂、粉砂	$18 < W \leq 25$	饱和	
	黏性土、粉土	$W_p + 7 < W \leq W_p + 15$	软塑(粉土为潮湿)	
饱冰冻土	粉黏粒质量≤15%的粗颗粒土	$25 < W \leq 44$	饱和出水(出水率10%~20%)	(Ⅳ级)强融沉
	粉黏粒质量>15%的粗颗粒土、细砂、粉砂		饱和出水(出水率<10%)	
	黏性土、粉土	$W_p + 15 < W \leq W_p + 35$	流塑(粉土为饱和)	

多年冻土融沉类型的现场初步判定 表 4-12

冻土名称	融沉类型	粗 粒 土		细 粒 土	
		冻土状态特征	融化过程特征	冻土状态特征	融化过程特征
少冰冻土	不融层	结构较为紧密,仅在孔隙中有冰存在	融化过程中土的结构没有变化,不发生颗粒重分布现象	整体状冻土构造,肉眼看不见冰层,多数小冰晶在放大镜下可见	融化过程中土的状态没有发生变化,不发生颗粒重分布现象,没有渗水现象
多冰冻土	弱融层	有较多冰晶填充在空隙中,偶尔可见薄冰层及冰包裹体	融化后产生轻微的密实作用,但结构外形基本保持不变,有明显的渗水现象	以整体状冻土构造为主,偶尔可见微冰透镜体或小的颗粒状冰	融化过程中土的结构形态基本保持不变,但有体积缩小现象并有少量渗水
富冰冻土	融层	除空隙被冰充填外,可见冰晶将颗粒包裹,使卵砾石相互隔离或存在较多的土冰透镜体	融化过程中发生明显的颗粒重排列(密实),并有大量水分渗出,土表面可见冰层	以网状、层状冻土构造为主,冻土中可见分布不均匀的冰透镜体和薄冰层	融化过程中发生明显的矿物颗粒重分布(密实)作用,并有较多水分渗出
饱冰冻土	强融层	卵砾石颗粒基本为冰晶所包裹或存在大量的土冰透镜体和冰透镜体	融化过程使土的结构破坏,土(石)发生密实作用,最后水土(石)界限分明	以网状、层状冻土构造为主,在空间上冰、土普遍相间分布	融化中发生崩塌现象,融化后呈流动状态,在容器中融化,最后水土界限分明
含土冰层	强融层	冰体积大于土颗粒体积	融化后水土(石)分离,上部可见水层	以中厚层状为主,冰体积大于土体积	融化后完全呈流动体

第五章
地下水的地质作用

赋存在地表面以下岩土体空隙(土体中的孔隙,岩体中的孔隙、裂隙、溶隙)中的水称为地下水,地下水有气态、液态和固态三种,但以液态为主。当水量少时,水分子受静电引力作用被吸附在碎屑颗粒和岩石的表面成为吸附水;薄层状的吸附水的厚度超过几百个水分子直径时,则为薄膜水。吸附水和薄膜水因受静电引力作用,不能自由移动。当水将岩土空隙填满时,如果空隙较小,则水受表面张力作用,可沿空隙上升形成毛细管水;如果空隙较大,水的重力大于表面张力,则水受重力的支配从高处向下渗流,形成重力水,它是地下水存在的最主要的方式。

研究地下水的学科称为水文地质学,与地下水的赋存、补给、径流和排泄等有关的条件称为水文地质条件。地下水的富集必须具备三个条件:有较多的储水空间;有充足的补给水源;有良好的汇水条件。地下水在重力作用下不停地运动着,运动特点主要取决于岩土的透水性。岩土的透水又取决于岩土中空隙的大小、数量和连通程度。岩土体按相对透水能力可划分为不同的等级,如表5-1所示。透水的岩土层称为透水层;不透水的岩土层称为隔水层;当透水层被水充满时称为含水层。

岩层透水性分类　　　　　　表5-1

透水程度	渗透系数 $K(m/d)$	岩 石 名 称
良透水	>10	砾石、粗砂、岩溶发育的岩石、裂隙发育且很宽的岩石
透水	1.0~10	粗砂、中砂、细砂、裂隙岩石

续上表

透水程度	渗透系数 K(m/d)	岩石名称
弱透水	0.01~1.0	黏质粉土、细裂隙岩石
微透水	0.001~0.01	粉砂、粉制黏土、微裂隙岩石
不透水	<0.001	黏土、页岩

地下水分布很广,与人们的生产、生活和工程活动的关系也很密切。一方面它是饮用、灌溉和工业供水的重要水源之一,是宝贵的天然资源。但另一方面,它与土石相互作用会使土体和岩体的强度和稳定性降低,给工程的建设和正常使用带来危害。许多不良地质现象和工程病害,如滑坡、岩溶、潜蚀、土体盐渍化和路基盐胀、多年冻土和季节冻土中冰的富集、地基沉陷、道路冻胀和翻浆等都与地下水的存在和活动有关,地下水还常常给隧道施工和运营带来困难,甚至是灾害。

第一节 地下水的物理性质和化学成分

地下水在运动过程中与各种岩土相互作用,溶解岩土中的可溶物质等,使地下水成为一种复杂的溶液。研究地下水的物理性质和化学成分,对于了解地下水的成因与动态,确定地下水对混凝土等的侵蚀性,进行各种用水的水质评价等,都有着实际的意义。

一、物理性质

地下水的物理性质包括温度、颜色、透明度、嗅(气味)、味(味道)和导电性等。

地下水的温度变化范围很大。地下水温度的差异,主要受各地区的地温条件所控制。通常随埋藏深度不同而异,埋藏越深,水温越高。

地下水一般是无色、透明的,但当水中含有某些有色离子或含有较多的悬浮物质时,便会带有各种颜色和显得混浊。如含有高价铁的水为黄褐色,含腐殖质的水为淡黄色。

地下水一般是无嗅、无味的,但当水中含有硫化氢气体时,水便有臭蛋味,含氯化钠的水味咸,含氯化镁或硫化镁的水味苦。

地下水的导电性取决于所含电解质的数量与性质(即各种离子的含量与离子价),离子含量越多,离子价越高,则水的导电性越强。

二、主要化学成分

1. 地下水中的常见成分

地下水中含有多种元素,有的含量大,有的含量甚微。地壳中分布广、含量高的元素,如 O、Ca、Mg、Na、K 等在地下水中最为常见。有的元素如 Si、Fe 等在地壳中分布很广,但在地下水中却不多;有的元素如 Cl 等在地壳中极少,但在地下水中却大量存在,这是各种元素的溶解度不同的缘故。所有这些元素可以以离子、化合物分子和气体状态存在于地下水中,而以离子状态为主。

地下水中含有数十种离子成分,常见的阳离子有 H^+、Na^+、K^+、Mg^{2+}、Ca^{2+}、Fe^{2+}、Fe^{3+}、

Mn^{2+}等;常见的阴离子有OH^-、Cl^-、SO_4^{2-}、NO_3^-、HCO_3^-、CO_3^{2-}、SiO_3^{2-}、PO_4^{3-}等。上述离子中的Cl^-、SO_4^{2-}、HCO_3^-、Na^+、K^+、Mg^{2+}、Ca^{2+}等7种是地下水的主要离子成分,它们分布最广,在地下水中占绝对优势,它们决定了地下水化学成分的基本类型和特点。

地下水中含有多种气体成分,常见的有O_2、N_2、CO_2、H_2S。

地下水中呈分子状态的化合物(胶体)有Fe_2O_3、Al_2O_3、和H_2SiO_3等。

2. 氢离子浓度(pH值)

氢离子浓度是指水的酸碱度,用pH值表示,$pH = lg[H^+]$。根据pH值可将水分为5类,见表5-2。

水按pH值的分类　　　　　　　　　　　　　　　　　　　　表5-2

指标＼水的类别	强酸性水	弱酸性水	中性水	弱碱性水	强碱性水
pH值	<5	5~7	7	7~9	>9

地下水的氢离子浓度主要取决于水中HCO_3^-、CO_3^{2-}和H_2CO_3的含量。自然界中大多数地下水的pH值为6.5~8.5。

氢离子浓度为一般酸性侵蚀指标。酸性侵蚀是指酸可分解水泥混凝土中的$CaCO_3$成分,其反应式为:

$$2CaCO_3 + 2H^+ \rightarrow Ca(HCO_3)_2 + Ca^{2+}$$

3. 总矿化度

水中离子、分子和各种化合物的总量称为总矿化度,它表示水的矿化程度,以g/L为单位。通常以在105~110℃温度下将水蒸干后所得干涸残余物的含量来确定。根据矿化程度可将水分为5类,见表5-3。

水按矿化度的分类　　　　　　　　　　　　　　　　　　　　表5-3

指标＼水的类别	淡水	微咸水(低矿化水)	咸水	盐水(高矿化水)	卤水
矿化度	<1	1~3	3~10	10~50	>50

矿化度与水的化学成分之间有密切的关系:淡水和微咸水常以HCO_3^-为主要成分,称为重碳酸盐水;咸水常以SO_4^{2-}为主要成分,称为硫酸盐水;盐水和卤水则往往以Cl^-为主要成分,称为氯化物水。

地下水的矿化度除受其所存在的岩土介质成分影响外,还与气候条件、径流长度和循环速度等因素有关。含水层的岩土中可溶盐含量高、当地气候干燥、蒸发量大、地下水径流距离长、循环交替慢,地下水的矿化度就高;反之则低。一般来看,北方地下水矿化度较南方的高;地表地形平坦完整时的地下水,其矿化度较地形切割强烈的高;地下水的矿化度较地表水的高。

高矿化度水能降低混凝土的强度,腐蚀钢筋,促使混凝土分解,故拌和混凝土时不允许用高矿化度水,在高矿化度水中的混凝土建筑也应注意采取防护措施。

4. 硬度

水中Ca^{2+}、Mg^{2+}的总含量称为总硬度。将水煮沸后,水中一部分Ca^{2+}、Mg^{2+}的重碳酸盐因分解生成碳酸盐沉淀下来,致使水中Ca^{2+}、Mg^{2+}的含量减少,由于煮沸而减少的这部分

Ca^{2+}、Mg^{2+}的总含量称为暂时硬度。其反应式为：

$$Ca^{2+} + 2HCO_3^- \rightarrow CaCO_3 + H_2O + CO_2$$

$$Mg^{2+} + 2HCO_3^- \rightarrow MgCO_3 + H_2O + CO_2$$

总硬度与暂时硬度之差称为永久硬度，相当于煮沸时未发生碳酸盐沉淀的那部分Ca^{2+}、Mg^{2+}的含量。

我国采用的硬度表示法有两种：一种是德国度，每一度相当于1L水中含有10mg的CaO或7.2mg的MgO；另一种是每升水中Ca^{2+}和Mg^{2+}的毫摩尔数。1毫摩尔硬度=2.8德国度。根据硬度可将水分为5类，见表5-4。

水按硬度的分类　　　　　　　　　　表5-4

指标	水的类别	极软水	软水	微硬水	硬水	极硬水
硬度	$Ca^{2+} + Mg^{2+}$的毫摩尔数/L	<1.5	1.5~3.0	3.0~6.0	6.0~9.0	>9.0
	德国度	<4.2	4.2~4.8	8.4~16.8	16.8~25.2	>25.2

第二节　地下水的类型

地表以下岩土层中的空隙充满水的地带称为饱水带，在饱水带之上未被水充满的地带称为包气带，如图5-1所示。

地下水的埋藏条件是指含水岩层在地质剖面中所处的部位以及受隔水层限制的情况。根据地下水的埋藏条件，可以把地下水划分为上层滞水、潜水和承压水，见图5-2。按含水层空隙性质(含水介质)的不同，可将地下水分为孔隙水、裂隙水和岩溶水，见表5-5。

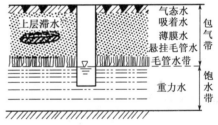

图5-1　包气带及饱水带

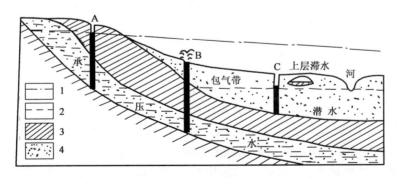

图5-2　地下水埋藏示意图
1-承压水位；2-潜水位；3-隔水层；4-含水层；
A-承压水井；B-自流水井；C-潜水井

地下水分类　　　　表5-5

埋藏条件＼类型	孔隙水	裂隙水	岩溶水
上层滞水	局部黏性土隔水层上季节性存在的重力水(上层滞水)	裂隙岩层浅部季节性存在的重力水及毛细水	裸露的岩溶化岩层上部岩溶通道中季节性存在的重力水
潜水	各类松散堆积物浅部的水	裸露于地表的各类裂隙岩层中的水	裸露于地表的岩溶化岩层中的水
承压水	山间盆地及平原松散堆积物深部的水,向斜构造的碎屑岩孔隙中的水	组成构造盆地、向斜构造或单斜断块的被掩覆的各类裂隙岩层中的水	组成构造盆地、向斜构造或单斜断块的被掩覆的岩溶化岩层中的水

一、上层滞水

在包气带内局部隔水层上积聚的具有自由水面的重力水称为上层滞水,见图5-3中 A 处。上层滞水接近地表,接受大气降水的补给,以蒸发形式或向隔水底板边缘排泄。其主要特征是:埋藏浅,在垂直和平面上分布均不稳定,分布区、补给区和排泄区一致;水量和水质受气候控制,季节性变化明显,雨季水量多,旱季水量少,甚至干涸。

上层滞水的存在,可使地基土的强度减弱。在寒冷的北方地区,易引起道路的冻胀和翻浆。此外,由于其分布和水位变化大,常给工程的设计、施工带来困难。

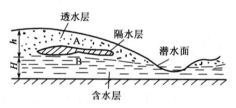

图5-3　上层滞水和潜水示意图
A-上层滞水;B-潜水;h-潜水面埋深;H-潜水层厚度

二、潜水

地表下面第一个连续隔水层之上具有自由表面的含水层中的水称为潜水,见图5-2和图5-3中 B 处。潜水一般存在于第四纪松散堆积物的孔隙中(孔隙潜水)或地表的基岩裂隙(裂隙潜水)和溶洞(岩溶潜水)中。

潜水的水面为自由水面,称为潜水面。潜水面上各点的高程称作潜水位。从潜水面到隔水底板的垂直距离为潜水含水层厚度。潜水面到地面的距离为潜水埋藏深度,见图5-3。

潜水含水层直接与包气带相接,所以潜水在其分布范围内,都可以通过包气带接受大气降水、地表水或凝结水的补给。潜水与地表水之间的关系见图5-4。

潜水在重力作用下,通常由水位高的地方向水位低的地方径流。流动快慢取决于含水层的渗透能力和水力坡度。潜水面的形状或水力坡度大小与地形有一定程度的一致性,地面坡度越大,潜水面的坡度越大,但比地形的起伏要平缓。因此,一般地形切割强烈时,潜水就径流,循环快,含水层厚度小,水的矿化度低;地形完整、开阔时则相反。

潜水的排泄方式有两种:一种是径流到适当地形处,以泉、渗流等形式泄出地表或流入地表水,即径流排泄,也称水平排泄;另一种是通过包气带或植物蒸发进入大气,即蒸发排泄,也称垂直排泄。水平排泄在地形切割强烈的山区最为普遍,而垂直排泄则在干旱和平原地区较为明显。

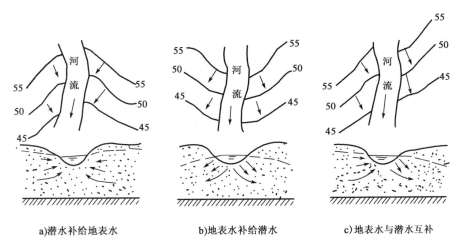

a) 潜水补给地表水　　b) 地表水补给潜水　　c) 地表水与潜水互补

图 5-4　潜水与地表水之间的关系

潜水直接通过包气带与地表发生联系,气象、水文因素的变动对它影响显著,丰水季节或年份,潜水接受的补给量大于排泄量,潜水面上升,含水层厚度增加,埋藏深度变小。干旱季节排泄量大于补给量,潜水面下降,含水层变薄,埋藏深度增大。因此,潜水的动态有明显的季节变化。潜水动态变化的影响因素有自然因素和人为因素两方面。自然因素有气象、水文、地质和生物等。人为因素主要有兴修水利工程、大面积灌溉和疏干等。只要人们掌握潜水的动态变化规律,就能合理地利用地下水,防止地下水可能对建筑工程造成的危害。

潜水的化学成分变化很大。主要取决于气候、地形及岩性条件。湿润气候和地形切割强烈的地区,利于潜水的径流排泄,而不利于蒸发排泄,往往形成含盐量低的淡水。干旱气候和低平地形区,潜水以蒸发排泄为主时,因为只有水分蒸发,而将盐分留下,所以常形成含盐量高的咸水以及形成地表盐渍化。盐渍土对筑路不利,因此在盐渍土地区筑路必须重视排水问题,采用降低地下水位和隔离层等办法以防因潜水蒸发排泄而引起的盐分集中。

一般情况下,潜水面是向排泄区倾斜的曲面,起伏基本与地形一致,但较地形起伏平缓。将潜水位相等的各点连线,即得潜水等水位线图(图5-5),该图能反映潜水面形状。相邻两等水位线间作一垂直连线,即得此范围内的潜水的流向。根据等水位线图可以判断潜水与地表水的相互补给关系。在山区和河流上游地区,一般潜水埋藏在沟谷两侧斜坡下,水位较高,而河流位于沟谷底部,水位低,因此是潜水通过径流补给地表河流;平原地区则常常是地表水补给潜水。

由于等水位线图能表明潜水的埋藏深度、流向、含水层厚度及其动态变化等,所以在工程上,特别是对于隧道工程有很大的实用价值,是评价工程所在地区水文地质条件的重要图件。应当指出,潜水位是在不断变化的,潜水等水位图只能反映某一特定时间的水位情况。应该注重雨季的最高等水位线图和旱季的最低等水位线图,其他时间的潜水位在二者之间变化。

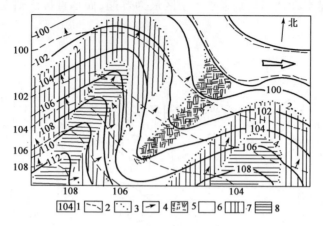

图 5-5 潜水等水位线及埋藏深度图

1-地形等高线;2-等水位线;3-等埋深线;4-潜水流向;5-埋深为零区;6-埋深 0～2m 区;7-埋深 2～4m 区;8-埋深大于 4m 区

三、承压水

充满于两个隔水层之间含水层中的地下水称为承压水。承压水含水层上部的隔水层称为隔水顶板,下部的隔水层称为隔水底板。顶底板之间的距离为含水层厚度。

具有承压性是承压水的一个重要特征。图 5-6 所示为一个基岩向斜盆地,含水层中心部分埋于隔水层之下,两端出露于地表。含水层从出露位置较高的补给区获得补给,向另一侧排泄区排泄,中间是承压区。补给区位置较高,水由补给区进入承压区,受到隔水顶底板的限制,含水层充满水,水自身承受压力,并以一定的压力作用于隔水顶板。用钻孔揭露含水层,水位将上升到含水层顶板以上一定高度才静止下来。静止水位高出含水层顶板的距离便是承压水头。钻孔中静止水位的高程就是含水层在该点的测压水位。测压水位高于地表时,钻孔能够自喷出水。将某一承压含水层测压水位相等的各点连线,即得等水压线,在图上根据钻孔水位资料绘出等水压线,便得到等水压线图,见图 5-7。根据等水压线图可以确定承压水的流向和水力梯度。

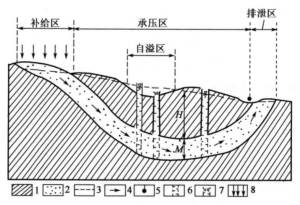

图 5-6 承压水

1-隔水层;2-含水层;3-承压水位线;4-地下水流向;5-泉;6-钻孔,虚线为进水部分;7-自喷孔;8-大气降水补给;H-承压水头;M-含水层厚度

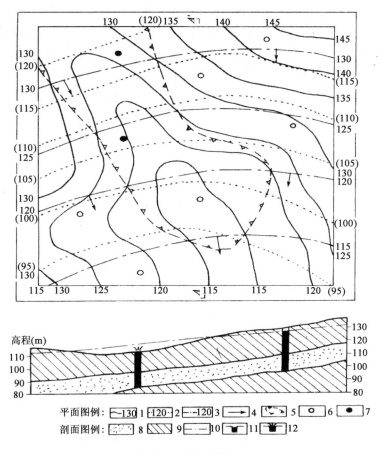

图 5-7 等水压线图

1-地形等高线;2-含水层底板等高线;3-等测压水位线;4-地下水流向;5-承压水自流区;6-钻孔;7-自喷孔;8-含水层;9-隔水层;10-测压水位线;11-钻孔;12-自喷孔

承压水受隔水层的限制,与地表水联系较弱,因此气候、水文因素的变化对承压水的影响较小,承压水动态变化稳定。

适宜形成承压水的地质构造大致有两种:一种为向斜构造或盆地,称为自流盆地(图5-6);另一种为单斜构造,称为自流斜地。形成自流斜地的构造条件,可以是含水层下部被断层截断(图5-8),也可以是含水层下部在某一深度尖灭,即岩性发生变化(图5-9)。另外山前冲洪积斜地或洪积扇的中下部黏性土覆盖在砂砾石层上也能形成自流斜地(图5-10)。

承压含水层在接受补给时,主要表现为测压水位上升,而含水层的厚度加大很不明显。增加的水量通过水的压密及空隙的扩大而储容于含水层之中。承压含水层因排泄而减少水量时,测压水位降低。这时,上覆岩层的压力并不改变,为了恢复平衡,含水空隙必须作相应的收缩,将减少的水所承受的那部分压力转移给含水层骨架承受。与此同时,由于减压,水的体积膨胀。过量抽取地下承压水使得含水层空隙压缩变形,是导致地面沉陷的主要原因,治理的主要措施就是减少地下承压水的抽取量和向地下注水。

承压含水层在地形适宜处出露地表时,可以泉或溢流形式排向地表或地表水体。也可以通过导水断裂带向地表或其他含水层排泄。

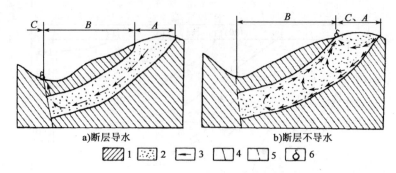

图 5-8 断块构造形成的承压斜地
1-隔水层；2-含水层；3-地下水流向；4-导水断层；5-不导水断层；6-泉
A-补给区；B-承压区；C-排泄区

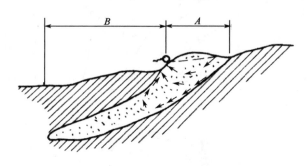

图 5-9 岩层尖灭形成的承压斜地
1-黏土层；2-砂层；3-地下水流向；4-地下水位；5-泉
A-补给、排泄区；B-承压区

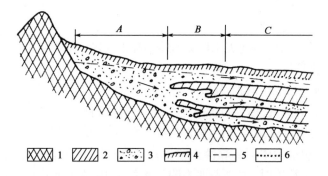

图 5-10 山前承压斜地
1-基岩；2-黏性土；3-砂砾石；4-表土；5-潜水位；6-承压水位
A-只有潜水位区；B-潜水位与承压水位重合区；C-承压水位高于潜水位区

承压水一般水量较大，隧道和桥基施工若钻透隔水层，会造成突然而猛烈的涌水，处理不当将给工程带来重大损失。

四、裂隙水

埋藏在基岩裂隙中的地下水称为裂隙水。裂隙水分布很不均匀，水力联系也很复杂。裂隙水的这些特点与裂隙介质的特征有关。根据裂隙水赋存介质的不同,将裂隙水划分为脉状裂隙水和层状裂隙水两种类型。坚硬基石中的裂隙分布不均匀且具方向性,通常只在岩层中某些局部范围内连通,构成若干互不联系或联系很差的脉状含水系统,这个系统中赋存的为脉状裂隙水。破碎岩层中,裂隙分布连续均匀,构成具有统一水力联系、水量分布均匀的层状裂隙含水系统,赋存的为层状裂隙水。另外,按基岩裂隙成因的不同,可将裂隙水分为风化裂隙水、成岩裂隙水和构造裂隙水3种类型。

1. 风化裂隙水

分布于风化裂隙中的地下水一般为层状裂隙水,受风化壳的控制,风化裂隙水多属潜水。通常情况下,风化壳规模和厚度相当有限,风化裂隙含水层水量不大,就地补给,就地排泄。但风化裂隙水在基岩山区分布十分广泛,对边坡工程影响很大,常常是边坡失稳和浅层滑坡形成的重要原因。

2. 成岩裂隙水

沉积岩和深成岩浆岩的成岩裂隙多是闭合的,含水意义不大。陆地喷溢的玄武岩在冷凝收缩时,常形成六方柱状节理和层面节理。这类节理大多张开且密集均匀,连通良好,常构成储水丰富、导水通畅的层状裂隙含水系统。岩脉及侵入岩接触带,张开裂隙发育,常形成近乎垂直的带状裂隙含水系统。成岩裂隙水可以是潜水,也可以是承压水。

3. 构造裂隙水

构造裂隙是岩石在构造运动中受力产生的。在岩石性质和构造应力的控制下,裂隙的张开性、密度、方向性和连通性均有显著的区别。因此,构造裂隙水的分布规律相当复杂,呈现出不均匀性和各向异性的主要特点。与主要构造线方向一致和垂直主要构造线的裂隙,一般是张应力作用形成的,张开性好,为导水裂隙。剪应力造成的节理面平整而闭合,多半不导水。应力集中的部位,裂隙常较发育,岩层的透水性好。在同一裂隙含水层中,背斜轴部常较两翼富水,倾斜岩层常较平缓岩层富水,断层带附近往往格外富水。同一岩层的不同部位,岩性与应力分布不均匀,裂隙密度与张开性也有差别,在应力集中或岩性有利的部位,张开裂隙互相连通,构成裂隙含水系统。同一岩性中可包含若干个裂隙含水系统。发育构造裂隙的岩层,透水性常显示各向异性,某些方向上的裂隙张开性好,另一些方向上的裂隙张开性差,甚至闭合。构造裂隙水可以是潜水,也可以是承压水。然而,即使是构造裂隙潜水,只要不是裂隙发育十分密集均匀,往往显示局部的承压性。构造裂隙水的局部流向往往与整体流向不一致,迂回绕行,有时甚至与整体流向正好相反。

构造裂隙水一般水量比较丰富,常常是良好的供水水源,但对隧道施工往往造成危害,如产生突然涌水事故等。

五、岩溶水

赋存与运移于可溶岩的空隙、裂隙以及溶洞中的地下水称为岩溶水。岩溶水受岩溶作用规律的控制,其埋藏分布、运动、水量动态变化和水质等与其他类型地下水都有明显差异。岩溶水具有以下基本特征和运动规律:含水层系统独立完整,空隙、裂隙、竖井、落水洞中水向支流管道汇集,支流管道向暗河集中,与地表水的流域系统相似;岩溶水空间分布极不均匀,主要集中于岩溶管道或暗河系统中,地表及地下岩溶现象不发育地区则严重缺水;岩溶管道和暗河中水流动迅速,运动规律与地表河流相似;水量在时间上变化大,受气候影响明显,雨季水量大,旱季明显减小;水的矿化度低,但易被污染。总的来看,岩溶水虽属地下水,但许多特征与地表水相近,因埋藏于地下而比地表水更为复杂。

岩溶含水介质是多级次的空隙系统。一般情况下,包含下列尺寸不等的空隙:(1)岩溶管道,通常直径数十厘米到数米,其中还可能包括体积十分巨大的溶洞;(2)各级构造裂隙;(3)成岩过程中形成的各种原生孔隙与裂隙;(4)充填溶洞的松散沉积物的孔隙。

上述成因与尺寸不等的空隙,按一定序次组合,构成宏观上具有统一水力联系的岩溶含水介质。广泛分布的细小的孔隙,渗透性差而总容积相当大,是主要的储水空间,大的岩溶管道及开阔的溶蚀裂隙,主要起导水通道的作用;尺寸介于两者之间的不同级次裂隙构成的网络,兼具储水空间和导水通道的作用,联系着主要导水通道与主要储水空间。

在尺寸大小悬殊的空隙中流动的岩溶水,运动状况相当复杂。在裂隙网络与较小的溶蚀管道中,地下水作层流运动;在巨大的干流通道中,作紊流运动。

岩溶水可以是潜水,也可以是承压水。

岩溶管道与周围裂隙网络中的水流并不是同步运动的。雨季时,通过地表的落水洞、溶蚀漏斗,岩溶管道迅速大量地吸收降水及地表水,水位抬升快,在向下游流动的同时,还向周围裂隙网络散流。枯水期,管道中形成水位凹槽,而周围裂隙网络保持高水位,沿着垂直于管道流的方向向其汇流。在岩溶含水系统中,局部流向与整体流向一般是不一致的。

在岩溶地区,降水通过落水洞、溶蚀漏斗等直接流入或灌入,短时间内,通过顺畅的途径,迅速补给岩溶水。流入岩溶地区的河流,往往全部转入地下。地下河系化的结果是,成百甚至成千千米范围内的岩溶水,集中地通过一个大泉或泉群排泄。灌入式的补给、畅通的径流及集中排泄,决定了岩溶水水位动态变化十分强烈,远离排泄区的地段,地下水位年变化幅度可达数十米乃至数百米,变化迅速而缺乏滞后。

岩溶水径流交替强烈,因此岩溶水多为矿化度小于 0.5g/L 的 HCO_3-Ca 水,白云岩分布区多为 $HCO_3-Ca-Mg$ 水,岩溶承压水的化学成分则随水交替条件而异,由补给区向深部,矿化度可逐渐增大到每升数克,转为 $SO_4-HCO_3-Ca-Mg$ 型水。由于降水与地表水未经过滤便直接进入岩溶含水层,岩溶水极易被污染。

综上所述,岩溶水分布极不均匀,由于岩溶分布和发育的不均匀性,岩溶含水层的富水性也极不均匀;水力联系密切,由于地下溶洞与溶洞、溶洞与溶蚀裂隙之间相互连通,因而使岩溶水具有密切的水力联系和较强的传递能力;水量动态多变,随季节变化大。由于岩溶地下水与地表水联系密切,所以岩溶地下水流量的季节变化幅度很大,基本与地表河流相同。另外,当溶蚀漏斗、落水洞和溶蚀裂隙与排泄条件较差的地下通道相联系,往往随季节表现为间歇性或周期性的消水与涌水。

岩溶水分布不均匀、水量大,给工程预测预防带来困难,尤其是加大隧道施工难度,也常造成路基水毁。因此,在岩溶地区进行公路建设,必须认真研究岩溶发育规律和岩溶水运动特点。

六、泉水

地下水在地表的天然集中出露称为泉。它是地下水的主要排泄方式之一。研究泉对了解地质构造和地下水都有很大意义。

泉的出露多在山麓、河谷、冲沟等地面切割强烈的地方,平原地区堆积物厚,切割微弱,地下水不易出露,所以平原地区极少见到泉。

泉的类型很多,从不同的角度可以作不同的分类。下面介绍两种常用的分类。

1. 根据出露原因分类

(1)侵蚀泉:河谷切割到潜水含水层时,潜水即出露为侵蚀下降泉,见图5-11a);若切穿承压含水层的隔水顶板,承压水便喷涌成泉,称为侵蚀上升泉,见图5-11b)。

(2)接触泉:透水性不同的岩层相接触,地下水流受阻,沿接触面出露,称为接触泉,见图5-11c)。

(3)断层泉:断层使承压含水层被隔水层阻挡,当断层导水时,地下水沿断层上升,在地面高程低于承压水位处出露成泉,称为断层泉。沿断层线可看到呈串珠状分布的断层泉,见图5-11d)。

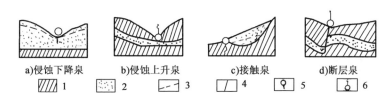

图5-11 不同类型的泉
1-隔水层;2-透水层;3-地下水位;4-导水断层;5-下降泉;6-上升泉

2. 根据泉水温度分类

(1)冷泉:泉水温度大致相当或略低于当地年平均气温的泉称为冷泉。这种冷泉大多由潜水补给。

(2)温泉:泉水温度高于当地年平均气温的泉称为温泉。如陕西临潼华清池温泉的水温为50℃。温泉形成的原因有二:一是受地下岩浆的影响;二是受地下深处地热的影响。温泉多沿断层破碎带出露,因此当温泉呈线状分布时,往往预示着有深大断裂带存在。

第三节　地下水的地质作用

地下水大多被限制在透水层中渗流,与自由流动的地表水有一定的差异,表现在:

(1)流速小、机械动能小。地下水除受重力影响由高向低流,受压力影响由高压向低压流外,在流动过程中受到透水层中岩石的阻碍,由于摩擦而消耗能量,因此流速小,机械动能小。

(2)矿化度高、化学动力大。地下水在岩土中渗流,渗流途中的可溶盐分被溶蚀,因而地下水矿化度高,成分复杂,化学动力强。

一、地下水的地质作用

地下水也是地壳表层的一种外动力,其地质作用包括侵蚀、搬运、沉积3种方式。

1. 侵蚀作用

地下水的侵蚀作用是在地下进行的,所以通常称为潜蚀作用,它包括机械冲刷和化学溶蚀两种类型。

1) 机械冲刷作用

通常地下水的动能较小,对岩体的冲刷破坏较弱,主要在一些较大的裂隙或洞穴,如暗河、水流集中,能够冲刷带走一些砂砾、黏土;除此之外,在河床相或洪积扇顶部等粒径较粗的沉积物内,地下水的潜蚀也比较强烈,尤其在抽水、排水情况下会更加剧烈。

另外疏松细粒土体的机械冲刷也是比较显著的,如黄土因未胶结成岩,较疏松,就易于被冲蚀,因此在黄土中常会由于地下水潜蚀而形成黄土洞穴。

城市供、排水管道渗漏水亦可看作地下水潜蚀的一种类型,此种潜蚀常是城市道路路面突然塌陷的主要原因。

2) 化学溶蚀作用

地下水以化学反应的方式对可溶性岩石的溶解破坏作用称为溶蚀。地下水渗透速度较慢,其与岩土体的接触时间较长,因此在地下水的潜蚀中,化学溶蚀是普遍的甚至是主要的。

地下水的矿化度较高,常含有多种不同的酸根离子,这种酸性水对某些岩石的溶蚀是很强烈的,一些在纯水中难溶的物质,遇到酸性水后,却可能分解得比较快,最典型且常见的是:

$$H_2O + CO_2 + CaCO_3 \rightleftharpoons Ca(HCO_3)_2 \quad (重碳酸钙,易溶)$$

我们知道,地下水中都含有一定量的 CO_2,因此,在地下水丰富的石灰岩地区,由于这样的溶蚀作用,常形成一种特殊的地质现象,称为喀斯特(Karst)岩溶。

2. 搬运作用

地下水的搬运也包括机械搬运和化学搬运。机械搬运一般仅在暗河中或疏松的细粒土中较明显。化学搬运(也称溶运)是地下水的主要搬运方式。

在地下水溶解周围岩石的同时,也把溶解下来的物质以真溶液或胶体溶液的方式随水流搬运到其他地方。溶运物主要以重碳酸盐类型为主,还有氯化物、硫酸盐、氢氧化物和金属阳离子 Fe^{2+}、Cu^{2+}、Pb^{2+}、Zn^{2+}、Sb^{2+} 等。

盐渍土中盐分的积聚就是地下水溶运及沉积的结果,地下水在渗流过程中将岩土空隙里的可溶盐溶解并带走,地下水径流越长,矿化度越高,溶运作用也越强。

3. 沉积作用

地下水的沉积作用包括机械沉积和化学沉积。机械沉积:在暗河中碎屑沉积,但量小,沉积物具有一定的分选性和磨圆度。化学沉积:地下水的溶运物在一定条件下沉淀下来。

沉积方式主要有孔隙沉积、裂隙沉积和溶洞沉积。孔隙沉积:在孔隙中如果沉积物围绕某一矿物颗粒发生凝聚,可形成结核,如黄土中的钙质结核与铁锰结核;裂隙沉积:在裂隙中形成脉状沉积体,如方解石脉;溶洞沉积:富含 $Ca(HCO_3)_2$ 的地下水,沿着孔隙、裂隙渗入空旷的溶洞,由于温度、压力改变,CO_2 逸出,加之蒸发作用,就沉淀出 $CaCO_3$。如地下水自溶洞顶下滴,边滴边沉淀,可形成自洞顶向下垂直生长的石钟乳。渗出水滴落到洞底后,$CaCO_3$ 就在洞底沉淀并向上生长形成石笋。石钟乳与石笋长大后连成一体,称为石柱。如地下水沿着洞壁裂隙成层状渗出,可形成石帘、石帷幕、石瀑布和石幔等。

饱含溶解矿物质的泉水溢出地表时,在泉水出口处,因环境变化,CO_2 大量逸出,溶液中的矿物质迅速达到过饱和而沉淀下来,在泉口附近形成泉华。

二、地下水对工程的不利影响

公路工程修建于地表的岩土体之中或之上,且常用混凝土或钢筋混凝土建造,因此这里仅简单介绍地下水对公路工程岩土体的不利影响及对公路工程所用混凝土的不利影响。

1. 对岩土体的不利影响

1)岩土的软化作用

地下水主要通过物理的(湿化及泥化)和化学的(溶解、离子交换、水化、水解、碳酸化、氧化等)两方面作用,使得工程岩土体的刚度变小、强度降低,在工程荷载作用下产生过大变形或不均匀变形,使承载力或岩土体的稳定性不足。

2)静水压力作用

存在于透水性差的岩土体裂隙中的地下水,对裂隙壁产生静水压力,使岩土体更加破碎,稳定性降低;存在于公路工程构造物背后的地下水,对构造物产生静水压力,影响其强度及稳定性。

3)动水压力作用

坡体岩土层中流动的地下水,当其产生的动水压力方向与岩土体可能滑动的方向一致时,将诱发坡体失稳;当岩土层中的动水压力较高时,将会使岩土层发生流砂或流土、管涌等,致使其上的建筑物变形及破坏。

4)影响岩土层的应力状态

如当地下水位降低时,土体有效应力增大,土体产生压密变形,将使其上的建筑物变形及破坏。

5)增重性

坡体包气带含水层得到补给时,岩土层自重增大,坡体的下滑力可能增加,导致坡体的稳定性降低。

6)浮托力作用

当地下水位升高时,建筑物基础会受到地下水的浮托力作用,可能导致建筑物基础产生变形破坏;坡体滑动面以上的岩土体透水性较差时,地下水的浮托力可使滑体作用在滑动面上的动压力降低,坡体更易滑动。

7)诱发特殊岩土体的不良工程性质

地下水的溶解作用可造成部分黄土的湿陷,水化作用可造成膨胀岩土的胀缩,地下水的冻结可造成岩土体的冻胀与溶陷。

8)堵塞作用

地下水在流动过程中,将岩土体中的细小颗粒剥蚀、搬运,其沉积在公路工程的有关设施中(如反滤层、渗沟等),将堵塞并影响这些设施功能的正常发挥。

9)涌水与淹没

隧道及桥梁基础等地下工程施工时,若产生地下水的突涌,可淹没施工设施,甚至造成灾害。

2. 对混凝土的侵蚀性

地下水中含有某些成分时,对建筑材料中的混凝土、金属等有侵蚀性和腐蚀性。地下水对混凝土的破坏是通过分解性侵蚀、结晶性侵蚀和分解结晶复合性侵蚀作用进行的。地下水的这种侵蚀性主要取决于水的化学成分，同时也与水泥类型有关。

1）分解性侵蚀

分解性侵蚀是指酸性水溶滤氢氧化钙，以及侵蚀性 CO_2 溶滤碳酸钙而使混凝土分解破坏的作用，主要包括：

(1) 溶出侵蚀

硅酸盐水泥遇水硬化，生成氢氧化钙[$Ca(OH)_2$]、水化硅酸钙($2CaO \cdot SiO_2 \cdot 12H_2O$)、水化乳酸钙($2CaO \cdot Al_2O_3 \cdot 6H_2O$)等，地下水流动使 $Ca(OH)_2$ 及 CaO 不断被溶解带走，分解混凝土，最终致使混凝土强度下降。

$$Ca(OH)_2 + Ca(HCO_3)_2 = 2CaCO_3 + 2H_2O$$

反应的进行与地下水中 HCO_3^- 的含量关系很大。$CaCO_3$ 不溶于水，既可充填混凝土空隙，又可在混凝土表面形成一个保护层，防止 $Ca(OH)_2$ 溶出，当 HCO_3^- 含量低于 2mg/L 时，地下水具侵蚀性。

(2) 碳酸侵蚀

水中含 CO_2（称游离 CO_2）是碳酸侵蚀发生的主要原因，水中 CO_2 与混凝土中 $CaCO_3$ 的化学反应是一种可逆反应：

$$CaCO_3 + CO_2 + H_2O \rightleftharpoons Ca(HCO_3)_2 \rightleftharpoons Ca^{2+} + 2HCO_3^-$$

CO_2 增加或减少，反应方向改变，只有达到平衡时，化学反应才停止进行，此时所需的 CO_2 称为平衡 CO_2，当游离 CO_2 > 平衡 CO_2，则超出部分的 CO_2 称为侵蚀性 CO_2，可使混凝土溶解。

2）结晶性侵蚀

结晶性侵蚀主要是硫酸侵蚀，是含硫酸盐的水与混凝土发生反应，在混凝土的孔洞中形成石膏和硫酸铝盐晶体。

一般 SO_4^{2-} 的含量大于 250mg/L 时，生成石膏 $CaSO_4 \cdot 2H_2O$，体积膨胀到原来的 1.5 倍，石膏可继续与含水铝酸钙作用生成含 $31H_2O$ 的含水硫铝酸钙，体积增大为原来的 2.2 倍，在混凝土中产生很大应力，使混凝土严重溃裂，因此在现场又称含水硫铝酸钙为水泥细菌，反应式如下：

$$3(CaSO_4 \cdot 2H_2O) + 3CaO \cdot Al_2O_3 \cdot 6H_2O + 19H_2O = 3CaO \cdot Al_2O_3 \cdot 3CaSO_4 \cdot 31H_2O$$

当水泥中含水铝酸钙含量极少时，水泥抗硫酸盐侵蚀的能力强，当 SO_4^{2-} 含量 < 3 000mg/L 时，不发生硫酸侵蚀。

3）复合式侵蚀

复合式侵蚀主要是水中弱碱强酸离子的侵蚀，即水中 Mg^{2+}、NH_4^+、Cl^-、SO_4^{2-}、NO_3^- 等含量很多时，与混凝土发生化学反应，使混凝土力学强度降低，甚至破坏。例如水中的 $MgCl_2$ 与混凝土中结晶的 $Ca(OH)_2$ 起置换反应，形成 $Mg(OH)_2$ 和易溶于水的 $CaCl_2$，使混凝土遭受破坏。

第六章
岩体结构与稳定性分析

岩质地区的公路工程,无论是路桥工程的地基、路堑边坡还是公路隧道工程的围岩,遇到的都不是简单的岩石而是复杂的岩体。

第一节 岩 体

一、岩体的概念

岩体是在漫长的地质历史过程中形成的,具有一定的结构和构造,赋存于一定的环境中,并与工程建筑有关的天然地质体。岩体由各种各样的岩石组成,并在其形成过程中经受了构造变动、风化作用和卸荷作用等各种内外力地质作用的破坏和改造,因此,岩体经常被各种不连续面(如层面、节理、断层、片理等)所切割,使岩体成为一种多裂隙的不连续介质。

岩体的多裂隙性特点决定了岩体与岩石(单一岩块)的工程地质性质有明显不同。二者最根本的区别,就是岩体中存在结构面使得岩体具有结构性。这些结构面的强度与岩石相比要低得多,并且破坏了岩体的连续性和完整性。岩体的工程性质首先取决于这些结构面的性质,其次才是组成岩体的岩石性质。因此,在工程实践中,研究岩体的特征比研究单一岩石的特征更为重要。从工程地质观点出发,可以把岩体的主要特征概括为以下几点:

（1）由于岩体是地质体的一部分，因此，岩石、地质构造、地下水及岩体中的天然应力状态对岩体稳定有很大的影响。岩体是地质体还说明，在研究岩体时不仅要研究它的现状，而且还要研究它的历史。

（2）岩体中的结构面是岩体强度相对薄弱的部位，它导致岩体力学性能的不连续性、不均一性和各向异性。岩体中的软弱结构面常常成为岩体稳定性的控制面。

（3）岩体在工程荷载作用下的变形与破坏，主要受各种结构面的性质及其组合形式即岩体结构的控制。岩体结构特征不同，岩体的变形与破坏机制也不同。

（4）岩体中存在着复杂的天然应力场。在多数情况下，岩体中不仅存在自重应力，而且还有构造应力。这些应力的存在，使岩体的工程地质性质复杂化。

二、岩体的工程分类

这里仅简要介绍公路工程岩体的基本分类。

1. 按岩石的坚硬程度分类

如表 6-1 所示，岩石的坚硬程度用岩石单轴饱和抗压强度 R_C 定量表达，R_C 一般采用实测值。

R_C 与岩石坚硬程度定性划分的关系　　　　表 6-1

岩石单轴饱和抗压强度 R_C(MPa)	$R_C>60$	$30<R_C\leq60$	$15<R_C\leq30$	$5<R_C\leq15$	$R_C\leq5$
类别	坚硬岩	较坚硬岩	较软岩	软岩	极软岩

如无实测值，可采用实测的岩石点载荷强度指数 $I_{s(50)}$ 换算，$R_C = 22.82 I_{s(50)}^{0.75}$。

岩石坚硬程度的定性划分可按表 6-2 进行。

岩石坚硬程度的定性划分　　　　表 6-2

类别		定性鉴定	代表性岩石
硬质岩	坚硬岩	锤击声清脆，有回弹，振手，难击碎；浸水后大多无吸水反应	未风化～微风化的花岗岩、正长岩、闪长岩、辉绿岩、玄武岩、安山岩、片麻岩、石英片岩、硅质板岩、石英岩、硅质胶结的砾岩、石英砂岩、硅质石灰岩等
	较坚硬岩	锤击声较清脆，有轻微回弹，稍振手，较难击碎；浸水后有轻微吸水反应	1. 弱风化的坚硬岩； 2. 未风化～微风化的熔结凝灰岩、大理岩、板岩、白云岩、石灰岩、钙质胶结的砂页岩等
软质岩	较软岩	锤击声不清脆，无回弹，较易击碎；浸水后指甲可刻出印痕	1. 强风化的坚硬岩； 2. 弱风化的较坚硬岩； 3. 未风化～微风化的凝灰岩、千枚岩、砂质泥岩、泥灰岩、泥质砂岩、粉砂岩、页岩等
	软岩	锤击声哑，无回弹，有凹痕，易击碎；浸水后手可掰开	1. 强风化的坚硬岩； 2. 弱风化～强风化的较坚硬岩； 3. 弱风化的较软岩； 4. 未风化的泥岩
	极软岩	锤击声哑，无回弹，有较深凹痕，手可捏碎；浸水后可揉成团	1. 全风化的各种岩石； 2. 各种半成岩

2. 按岩体的完整程度分类

按完整程度将岩体分类如表6-3所示。

岩体完整程度的定性划分　　　　　　表6-3

类别	结构面发育程度		主要结构面的结合程度	主要结构面类型	相应结构类型
	组数	平均间距(m)			
完整	1~2	>1.0	好或一般	节理、裂隙、层面	整体状或巨厚层结构
较完整	1~2	>1.0	差	节理、裂隙、层面	块状或厚层状结构
	2~3	0.4~1.0	好或一般		块状结构
较破碎	2~3	0.4~1.0	差	节理、裂隙、层面、小断层	裂隙块状或厚层结构
	>3	0.2~0.4	好		镶嵌碎裂结构
			一般		中、薄层状结构
破碎	>3	0.2~0.4	差	各种类型结构面	裂隙块状结构
		<0.2	一般或差		碎裂结构
极破碎	无序		很差		散体结构

岩体的完整程度用岩体完整性系数 K_v 定量表达。用弹性波探测 K_v 值，如无探测值，可用体积节理数 J_v 按表6-4确定对应的 K_v 值。完整性系数测试，应针对不同的工程地质岩组或岩性段，选择代表性点、段测定岩体的弹性纵波速度，并在同一岩体内取样测定岩石的弹性纵波速度，按式(6-1)计算岩体完整性系数。

$$K_v = \left(\frac{V_{pm}}{V_{pt}}\right)^2 \quad (6-1)$$

式中：V_{pm}——岩体弹性纵波速度(km/s)；

V_{pt}——岩石弹性纵波速度(km/s)。

岩体体积节理数测试，应针对不同的工程地质岩组或岩性段，选择代表性露头或开挖面进行。每一节理统计点的面积不应小于 $2 \times 5 m^2$，节理(结构面)统计时，除已为硅质、铁质、钙质充填再胶结的节理不进行统计外，对成组节理和延伸长度大于1m 的分散节理均应进行统计，并根据节理统计结果，按式(6-2)计算岩体体积节理数 J_v。

$$J_v = S_1 + S_2 + \cdots + S_n + S_k \quad (6-2)$$

式中：J_v——岩体体积节理数(条/m³)；

S_n——每米长测线上第 n 组节理的条数；

S_k——每立方米岩体非成组节理的条数。

J_v 与 K_v 对照表　　　　　　表6-4

J_v(条/m³)	<3	3~10	10~20	20~35	>35
K_v	>0.75	0.55~0.75	0.35~0.55	0.15~0.35	<0.15

K_v 与岩体完整程度定性划分的对应关系如表6-5。

K_v 与岩体完整程度定性划分的对应关系　　　　　　表6-5

K_v	>0.75	0.55~0.75	0.35~0.55	0.15~0.35	<0.15
岩体完整程度	完整	较完整	较破碎	破碎	极破碎

3. 按结构面的结合程度分类(表6-6)

结构面结合程度划分 表6-6

结合程度	好	一般	差	很差
结构面特征	张开度小于1mm,无充填;张开度1~3mm,为硅质或铁质胶结;张开度大于3mm,结构面粗糙,为硅质胶结	张开度1~3mm,为钙质或泥质胶结;张开度大于3mm,结构面粗糙,为钙质或铁质胶结	张开度1~3mm,结构面平直,为泥质或泥质和钙质胶结;张开度大于3mm,多为泥质或岩屑充填	泥质充填或泥夹岩屑充填,充填物厚度大于起伏差

4. 按岩体的节理发育程度分类(表6-7)

岩体节理发育程度划分 表6-7

节理间距 d(mm)	$d>400$	$200<d\leqslant 400$	$20<d\leqslant 200$	$d\leqslant 20$
节理发育程度	不发育	发育	很发育	极发育

5. 按岩体的基本质量分类

岩体基本质量级别根据岩体基本质量的定性特征和岩体基本质量指标(BQ)两者结合确定(表6-8)。当根据基本质量定性特征和基本质量指标(BQ)确定的级别不一致时,应通过对定性划分和定量指标的综合分析,确定岩体的基本质量级别,必要时应重新进行测试。

岩体基本质量级别及分级指标 表6-8

基本质量级别	岩体基本质量的定性特征	岩体基本质量指标 BQ
Ⅰ	坚硬岩,岩体完整	>550
Ⅱ	坚硬岩,岩体较完整;较坚硬岩,岩体完整	451~550
Ⅲ	坚硬岩,岩体较破碎;较坚硬岩或较软硬岩层,岩体较完整;较软岩,岩体完整	351~450
Ⅳ	坚硬岩,岩体破碎;较坚硬岩,岩体较破碎~破碎;较软岩或软硬岩互层,且以软岩为主,岩体较完整~较破碎	251~350
Ⅴ	较软岩,岩体破碎;软岩,岩体较破碎~破碎;全部极软岩及全部极破碎岩石	<250

围岩基本质量指标 BQ 根据 R_C 与 K_v,按式(6-3)计算。

$$BQ = 90 + 3R_C + 250K_v \tag{6-3}$$

当 $R_C>90K_v+30$ 时,令 $R_C=90K_v+30$;当 $K_v>0.04R_C+0.4$ 时,令 $K_v=0.04R_C+0.4$。

对工程岩体进行初步定级时,宜以表6-8规定的岩体基本质量级别作为岩体级别;对工程岩体进行详细定级时,应在岩体基本质量分级的基础上,结合不同类型工程的特点,考虑地下水状态、初始应力状态、工程轴线或走向线的方位与主要软弱结构面产状的组合关系等必要的修正因素,其中边坡岩体还应考虑地表水的影响。围岩基本质量指标修正值通过式(6-4)计算。

$$[BQ] = BQ - 100(K_1 + K_2 + K_3) \tag{6-4}$$

式中：$[BQ]$——围岩基本质量指标修正值；

BQ——围岩基本质量指标；

K_1——地下水影响修正系数，按表6-9计算；

K_2——主要软弱结构面产状影响修正系数，按表6-10计算；

K_3——初始应力状态影响修正系数，按表6-11计算。

地下水影响修正系数 K_1　　　　　　　　　表6-9

地下水出水状态 \ BQ	>450	351~450	251~350	≤250
潮湿或点滴状出水	0	0.1	0.2~0.3	0.4~0.6
淋雨状或涌流状出水，水压≤0.1MPa 或单位出水量≤10L/(min·m)	0.1	0.2~0.3	0.4~0.6	0.7~0.9
淋雨状或涌流状出水，水压>0.1MPa 或单位出水量>10L/(min·m)	0.2	0.4~0.6	0.7~0.9	1.0

主要软弱结构面产状影响修正系数 K_2　　　　　　　　　表6-10

结构面产状及其与洞轴线的组合关系	结构面走向与洞轴线夹角<30°，结构面倾角30°~75°	结构面走向与洞轴线夹角>60°，结构面倾角>75°	其他组合
K_2	0.4~0.6	0~0.2	0.2~0.4

初始应力状态影响修正系数 K_3　　　　　　　　　表6-11

初始应力状态 \ BQ	>550	451~550	351~450	251~350	≤250
极高应力区	1.0	1.0	1.0~1.5	1.0~1.5	1.0
高应力区	0.5	0.5	0.5	0.5~1.0	0.5~1.0

三、岩体中的应力

1. 基本概念

地应力是指存在于岩体中未受扰动的自然应力，也称原岩应力、原始应力、初始应力。岩体具有初始地应力是其区别于岩石的第二个最具有特色的性质。地应力场呈三维状态有规律地分布于岩体中。当地层被开挖后，存在于开挖空间周围岩体中的重新分布的应力称为次生应力，也叫诱发应力。

2. 地应力的成因

产生地应力的原因是十分复杂的。多年来的实测和理论分析表明，地应力的形成主要与地球的各种动力运动过程有关，其中包括：板块边界受压、地幔热对流、地球内应力、地心引力、地球旋转、岩浆侵入和地壳非均匀扩容等。另外，温度不均、水压梯度、地表剥蚀或其他物理化学变化等也可引起相应的应力场。其中，自重应力场和构造应力场为现今地应力场的主要组成部分。

1) 岩体的自重应力

地壳上部各种岩体由于受地心引力的作用而引起的应力称为自重应力,也就是说自重应力是由岩体的自重引起的。岩体的自重作用不仅产生垂直应力,而且由于岩体的泊松效应和流变效应,也会产生水平应力。研究岩体的自重应力时,一般把岩体视为均匀、连续且各向同性的弹性体。因而,可以引用连续介质力学原理来探讨岩体的自重应力问题。将岩体视为半无限体,即上部以地表为界,下部及水平方向均无界限,那么岩体中某点的自重应力可按以下方法求得。

设在距地表深度为 H 处取一单元体, μ 为岩体的泊松比。令 $\lambda = \dfrac{\mu}{1-\mu}$,岩体自重在地下深为 H 处产生的自重应力为:

$$\sigma_z = \gamma H$$
$$\sigma_x = \sigma_y = \lambda \sigma_z \tag{6-5}$$
$$\tau_{xy} = 0$$

式中:γ——上覆岩体的平均重度(kN/m^3);

H——岩体单元的深度(m);

σ_z——垂直应力;

σ_x, σ_y——x, y 方向的水平应力。

一般岩体的泊松比 μ 为 $0.2 \sim 0.35$,故侧压系数 λ 通常都小于1,因此在岩体自重应力场中,σ_x 约为 σ_z 的 25%~54%。只有岩石处于塑性状态时,λ 值才增大。当 $\mu = 0.5$ 时,$\lambda = 1$,它表示侧向水平应力与垂直应力相等($\sigma_x = \sigma_y = \sigma_z$),即所谓的静水应力状态(海姆假说)。海姆认为岩石长期受重力作用产生塑性变形,甚至在深度不大时也会发展成各向应力相等的隐塑性状态。在地壳深处,其温度随深度的增加而升高,温变梯度为 30℃/km。在高温高压下,坚硬的脆性岩石也将逐渐转变为塑性状态。据估算,此深度应在距地表 10km 以下。

2) 构造应力

地壳形成之后,在漫长的地质历史中经历无数次构造运动,有的地方隆起,有的地方下沉。这说明在地壳中长期存在着一种促使构造运动发生和发展的内在力量,这就是构造应力。构造应力在空间有规律的分布状态称为构造应力场。

目前,原岩应力主要靠现场实测得到。从测出的数据来看很不均匀,有的点最大主应力在水平方向,且较垂直应力大很多,有的点其垂直应力就是最大主应力,还有的点最大主应力方向与水平面形成一定的倾角,这说明最大主应力方向是随地区而变化的。

近代地质力学的观点认为,在全球范围内,构造应力的总规律是以水平应力为主。

3. 地应力场的分布规律

已有的研究表明,浅部地壳应力分布主要有如下的一些基本规律。

(1) 地应力是一个具有相对稳定性的非稳定应力场,它是时间和空间的函数。

地应力在绝大部分地区是以水平应力为主的三向不等压应力场。三个主应力的大小和方向是随着空间和时间而变化的,因而它是个非均匀的应力场。地应力在空间上的变化,从小范围来看,其变化是很明显的;但就某个地区整体而言,地应力的变化是不大的。在某些地震活动活跃的地区,地应力的大小和方向随时间的变化是很明显的。在地震前,处于应力积累阶段,应力值不断升高,而地震使集中的应力得到释放,应力值突然大幅度下降。主应力方向在地震发生时会发生明显改变,在震后一段时间又会恢复到震前的状态。

(2)实测垂直应力基本等于上覆岩层的重力。

对全世界实测垂直应力 σ_z 统计资料的分析表明,在深度为 25~2 700m 的范围内,σ_z 呈线性增长,大致相当于按平均重度 γ 等于 27kN/m³ 计算出来的重力 γH。但在某些地区,测量结果有一定幅度的偏差,这些偏差除有一部分归结于测量误差外,板块移动、岩浆对流和侵入、扩容、不均匀膨胀等也都可能引起垂直应力的异常。

(3)水平应力普遍大于垂直应力。

实测资料表明,在绝大多数(几乎所有)地区均有两个主应力位于水平或接近水平的平面内,其与水平面的夹角一般不大于 30°,最大水平主应力 $\sigma_{h,max}$ 普遍大于垂直应力 σ_z;$\sigma_{h,max}$ 与 σ_z 的比值一般为 0.5~5.5,在很多情况下比值大于 2。如果将最大水平主应力与最小水平主应力的平均值 $\sigma_{h,av} = \dfrac{\sigma_{h,max} + \sigma_{h,min}}{2}$ 与 σ_z 相比,总结目前全世界地应力实测的结果,可得出 $\sigma_{h,av}/\sigma_z$ 的值一般为 0.5~5.0,大多数为 0.8~1.5。这说明在浅层地壳中,平均水平应力也普遍大于垂直应力。垂直应力在多数情况下为最小主应力,在少数情况下为中间主应力,只在个别情况下为最大主应力。这主要是由于构造应力以水平应力为主造成的。

(4)平均水平应力与垂直应力的比值随深度增加而减小,但在不同地区,变化的速度很不相同。图 6-1 所示的为世界不同地区取得的实测结果。

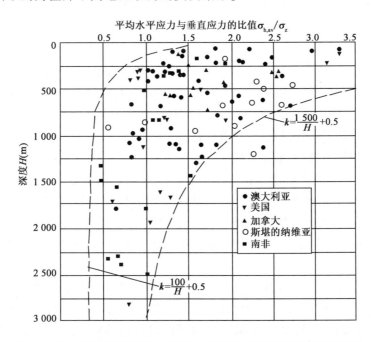

图 6-1 世界各国(地区)平均水平应力与垂直应力的比值随深度的变化规律

霍克和布朗根据图 6-1 所示结果回归出公式(6-6),用其表示 $\sigma_{h,av}/\sigma_z$ 随深度变化的取值范围:

$$\frac{100}{H} + 0.3 \leq \frac{\sigma_{h,av}}{\sigma_z} \leq \frac{1\,500}{H} + 0.5 \tag{6-6}$$

式中:H——深度(m)。

(5)最大水平主应力和最小水平主应力也随深度呈线性增长关系。

与垂直应力不同的是,水平主应力线性回归方程中的常数项比垂直应力线性回归方程中常数项的数值要大些,这反映了在某些地区近地表处仍存在显著水平应力的事实,斯蒂芬森(O. Stephansson)等根据实测结果给出了芬诺斯堪底亚的亚古陆最大水平主应力和最小水平主应力随深度变化的线性方程:

最大水平主应力 $\sigma_{h,\max} = 6.7 + 0.0444H$ (MPa)

最小水平主应力 $\sigma_{h,\min} = 0.8 + 0.0329H$ (MPa)

(6)最大水平主应力和最小水平主应力之值一般相差较大,显示出很强的方向性。

地应力的上述分布规律还会受到地形、地表剥蚀、风化、岩体结构特征、岩体力学性质、温度、地下水等因素的影响,特别是受地形和断层扰动的影响最大。

地形对原始地应力的影响是十分复杂的。在具有负地形的峡谷或山区,地形的影响在侵蚀基准面以上及以下一定范围内表现特别明显。一般来说,谷底是应力集中的部位,越靠近谷底,应力集中越明显。最大主应力在谷底或河床中心近于水平,在两岸岸坡则向谷底或河床倾斜,并大致与坡面相平行。近地表或接近谷坡的岩体,其地应力状态和深部及周围岩体显著不同,并且没有明显的规律性。随着深度不断增加或远离谷坡,地应力分布状态逐渐趋于规律化,并且显示出和区域应力场的一致性。

在断层和结构面附近,地应力分布状态将会受到明显的扰动。断层端部、拐角处及交汇处将出现应力集中的现象。端部的应力集中与断层长度有关,长度越大,应力集中越强烈;拐角处的应力集中程度与拐角大小及其与地应力的相互关系有关。当最大主应力的方向和拐角的对称轴一致时,其外侧应力大于内侧应力。由于断层带中的岩体一般都较软弱和破碎,不能承受高的应力和不利于能量积累,所以成为应力降低带,其最大主应力和最小主应力与周围岩体相比均显著减小。同时,断层的性质不同,对周围岩体应力状态的影响也不同。压性断层中的应力状态与周围岩体比较接近,仅是主应力的大小比周围岩体有所下降,而张性断层中的地应力大小和方向与周围岩体相比均发生显著变化。

隧道工程中有时会遇到高地应力问题。

高地应力是一个相对的概念。由于不同岩石具有不同的弹性模量,岩石的储能性能也不同。一般来说,地区初始地应力大小与该地区岩体的变形特性有关,岩质坚硬,则储存弹性能多,地应力也大。因此高地应力是相对于围岩强度而言的。也就是说,当围岩强度R_b与围岩内部的最大地应力$\sigma_{\max}$的比值$R_b/\sigma_{\max}$达到某一水平时,才能称为高地应力或极高地应力。

目前在地下工程的设计施工中,都把围岩强度比作为判断围岩稳定性的重要指标,有的还作为围岩分级的重要指标。从这个角度讲,应该认识到埋深大不一定就存在高地应力问题,而埋深小但围岩强度很低时,如大的变形出现,也可能出现高地应力的问题。因此,在研究是否出现高或极高地应力问题时,必须与围岩强度联系起来进行判定。

表6-11是一些以围岩强度比为指标的地应力分级标准,可以参考。但一定不要以为初始地应力大,就是高地应力。因为,有时初始地应力虽然大,但与围岩强度相比却不一定高。因而在埋深较浅的情况下,虽然初始地应力不大,但因围岩强度极低,也可能出现大变形等现象。

以围岩强度比为指标的地应力分级标准　　　　　　　　　　　　　　表 6-11

分 级 标 准	极高地应力	高地应力	一般地应力
法国隧道协会分级	<2	2~4	>4
我国工程岩体分级基准	<4	4~7	>7
日本新奥法指南(1996年)	>2	4~6	>6
日本仲野分级	<2	2~4	>4

围岩强度比与围岩开挖后的破坏现象有关,特别是与岩爆、大变形有关。前者是在坚硬完整的岩体中可能发生的现象,后者是在软弱或土质地层中可能发生的现象。表 6-12 是我国工程岩体分级基准中的有关描述,而日本仲野分级则是以是否产生塑性地压来判定围岩强度比(表 6-13)。

高初始地应力岩体在开挖中出现的主要现象　　　　　　　　　　　　表 6-12

应力情况	主 要 现 象	R_b/σ_{max}
极高应力	硬质岩:开挖过程中时有岩爆发生,有岩块弹出,洞室岩体发生剥离,新生裂缝多,成洞性差,基坑有剥离现象,成形性差。 软质岩:岩心常有饼化现象。开挖工程中洞壁岩体有剥离,位移极为显著,甚至发生大位移,持续时间长。不易成洞,基坑发生显著隆起或剥离,不易成形	<4
高应力	硬质岩:开挖过程中可能出现岩爆,洞壁岩体有剥离和掉块现象,新生裂缝较多,成洞性较差,基坑时有剥离现象,成形性一般。 软质岩:岩心时有饼化现象。开挖工程中洞壁岩体位移显著,持续时间长,成洞性差。基坑有隆起现象,成形性较差	4~7

不同围岩强度比围岩在开挖中出现的现象　　　　　　　　　　　　表 6-13

围岩强度比	>4	2~4	<2
地压特性	不产生塑性地压	有时产生塑性地压	多产生塑性地压

高地应力区可能发生以下现象:

(1) 岩芯饼化现象。在中等强度以下的岩体中进行勘探时,常可见到岩芯饼化现象。美国的 L. Obert 和 D. E. Stophenson(1965 年)用实验验证的方法同样获得了饼状岩芯,由此认定饼状岩芯是高地应力的产物。从岩石力学破裂成因来分析,岩芯饼化是剪张破裂的产物。除此以外,还能发现钻孔缩径现象。

(2) 岩爆。在岩性坚硬完整或较完整的高地应力地区开挖隧洞或探洞时,在开挖过程中时有岩爆发生。鉴于岩爆在岩体工程中的重要性,稍后将做专题论述。

(3) 探洞和地下隧洞的洞壁产生剥离,岩体锤击为嘶哑声并有较大变形。在中等强度以下的岩体中开挖探洞或隧洞,高地应力状况不会像岩爆那样剧烈,洞壁岩体产生剥离现象,有时裂缝一直延伸到岩体浅层内部,锤击时有破哑声。在软质岩体中则产生洞体较大的变形,位移显著,持续时间长,洞径明显缩小。

(4) 岩质基坑底部隆起、剥离以及回弹错动现象。在坚硬岩体表面开挖基坑或槽,在开挖过程中会发生坑底突然隆起、断裂,并伴有响声;或在基坑底部产生隆起、剥离。在岩体中,如有软弱夹层,则会在基坑斜坡上出现回弹错动现象。

(5)野外原位测试测得的岩体物理力学指标比实验室岩块试验结果高。由于高地应力的存在,致使岩体的声波速度、弹性模量等参数增高,甚至比实验室无应力状态岩块测得的参数高。野外原位变形测试曲线的形状也会变化,在 σ 轴上有截距。

4.公路工程研究地应力的意义

(1)地应力影响隧道工程的围岩稳定与支护结构设计、地下洞室走向选择、地下洞室断面几何形状、坚硬脆性岩体中的岩爆、群洞结构的布设等。

(2)地应力影响公路边坡工程的深挖路堑边坡稳定性分析、工程边坡的卸荷变形分析、基坑开挖的抗隆起分析等。

第二节 岩体的结构特性

大量的工程实践表明,边坡岩体的破坏、地基岩体的滑移,以及隧道岩体的塌落,大多数是沿着岩体中的软弱结构面发生的。岩体结构在岩体的变形与破坏中起到了主导作用。本节简要介绍岩体结构的有关知识。

岩体结构包括结构面和结构体两个要素。结构面是指存在于岩体中的各种不同成因、不同特征的地质界面;结构体是由结构面切割后形成的岩石块体。结构面和结构体的排列与组合便形成了岩体结构。

一、结构面

结构面是指存在于岩体中的各种不同成因、不同特征的具有一定方向、延展较大而厚度较小的二维面状地质界面,它包括物质分异面和不连续面,如:断层、裂隙面、层理、片理面、软弱夹层及不整合面等。

(一)结构面的类型

1.按结构面的成因分类:由于结构面是在岩石建造和改造过程中形成的,其空间性状和界面特征与其成因和演变历史关系密切,因而其基本分类可按成因分为原生结构面、构造结构面和次生结构面三大类,其主要特征见表6-14。

岩体结构面的类型及其特征　　　　表6-14

成因类型	地质类型	主要特征			工程地质评价
		产状	分布	性质	
原生结构面	沉积结构面	①层理、层面;②软弱夹层;③不整合面、假整合面、沉积间断面	一般与岩层产状一致,为层间结构面	海相岩层中此类结构面分布稳定,陆相岩层中呈交错状,易尖灭	层面、软弱夹层等结构面较为平整;不整合面及沉积间断面多由碎屑泥质物构成,且不平整	国内外较大的坝基滑动及滑坡很多是由此类结构面所造成的,如奥斯汀、圣佛兰西斯、马尔帕赛坝的破坏,瓦依昂坝附近的巨大滑坡等

续上表

成因类型		地质类型	主要特征			工程地质评价
			产状	分布	性质	
原生结构面	岩浆结构面	①侵入体与围岩接触面;②岩脉岩墙接触面;③原生冷凝裂隙	岩脉受构造结构面控制,而原生裂隙受岩体接触面控制	接触面延伸较远,比较稳定,而原生裂隙往往短小密集	与围岩的接触面,可具熔合及破坏两种不同的特征,原生节理一般为张裂面,较粗糙不平	一般不造成大规模的岩体破坏,但有时与构造断裂配合,也可形成岩体的滑移,如有的坝肩局部滑移
	变质结构面	①片理;②片岩软弱夹层	产状与岩层或构造方向一致	片理短小,分布极密,片岩软弱夹层延展较远,具固定层次	结构面光滑平直,片理在岩层深部往往闭合成隐蔽结构面,片岩、软弱夹层、片状矿物,呈鳞片状	在变质较浅的沉积岩区,如千枚岩等路堑边坡常见塌方。片岩夹层有时对工程及地下洞体的稳定性也有影响
构造结构面		①裂隙(X形裂隙、张裂隙);②断层(冲断层、张性断层、横断层);③层间错动;④羽状裂隙劈理	产状与构造线有一定关系,层间错动与岩层一致	张性断裂较短小,剪切断裂延展较远,压性断裂规模巨大,但有时被横断层切割成不连续状	张性断裂不平整,常具次生充填,呈锯齿状;剪切断裂较平直,具羽状裂隙;压性断层具多种构造岩,成带状分布,往往含断层泥、糜棱岩	对岩体稳定性影响很大,上述许多岩体的破坏过程,大都有构造结构面的配合作用。此外常造成边坡及地下工程的塌方、冒顶
次生结构面		①卸荷裂隙;②风化裂隙;③风化夹层;④泥化夹层;⑤次生夹泥层	受地形及原始结构面控制	分布上往往呈不连续状透镜体,延展性差,且主要在地表风化带内发育	一般被泥质物充填,水理性质很差	在天然及人工边坡上造成危害,有时对坝基、坝肩及浅埋隧洞等工程亦有影响,但一般在施工中予以清基处理

(1) 沉积结构面是沉积岩层在沉积、成岩过程中形成的结构面,包括层理、层面、不整合面、原生软弱夹层等。这类结构面的产状一般与岩层的产状一致。其中软弱夹层对岩体稳定性影响很大。

陆相沉积岩层在沉积过程中往往发生沉积间断,在沉积间断期,由于岩层遭受风化剥蚀,其后又被新的沉积物所覆盖,因而在不整合面上下两套岩层之间形成软弱夹层。在火山岩流或喷发间歇期,也会形成古风化夹层。它们一般含泥质物质较多,胶结松散,且多为地下水的通道,易软化或泥化,强度较低。

原生软弱夹层一般有碎屑岩类中的各类页岩夹层;碳酸盐岩体中的泥质灰岩、钙质页岩夹层;陆相碎屑岩及泻湖相岩层中的石膏等可溶盐类夹层以及火山碎屑岩系中的凝灰质页岩夹层等。它们当中多数强度较低、水稳性差。

(2)岩浆结构面是岩浆侵入活动及冷凝过程中所形成的结构面,包括岩浆岩体与围岩的接触面、冷凝原生裂隙及侵入挤压破碎结构面等。

岩浆岩体与围岩的接触面往往胶结不良,或形成小型破碎带。冷凝原生裂隙具张性破裂面的特征,一般粗糙不平。

(3)变质结构面是受变质作用而形成的结构面,如片理、片岩软弱夹层等。

片理在岩体深部往往闭合成隐蔽结构面。沿片理面一般片状矿物富集,对岩体强度起控制作用。

薄层云母片岩、绿泥石片岩、滑石片岩等由于片理极为发育,岩性软弱,矿物易受风化,所以也会形成相应的软弱夹层。

(4)构造结构面是岩体中受构造应力作用所产生的破裂面或破碎带,包括构造裂隙、断层及层间错动面等,其特点是延展性较强、规模较大、分布有一定规律、对岩体稳定性影响很大。其工程地质性质与力学成因、规模及次生变化等有密切关系。它们的产状和分布情况主要受当地构造应力场的控制。

(5)次生结构面是岩体受卸荷、风化、地下水等次生作用所形成的结构面。如卸荷裂隙、风化裂隙、风化夹层、泥化夹层、次生夹泥层等。它们的产状及分布受地形影响较大,对河谷及岸坡岩体稳定性影响较为显著,在桥基、隧道口及路堑边坡等工程部位应特别注意。

卸荷裂隙主要是当岩体受河流切割等影响出现临空面,由于应力释放及调整在岩体内产生相应的张应力,致使岩体发生引张破裂所形成的,在块状脆性岩体中较为常见。它可以进一步受重力、风化及岸坡剥蚀作用的影响而张开,甚至发生位移。

风化作用既可以直接在岩体中形成风化裂隙,又可以沿原结构面发育形成风化夹层。风化裂隙一般仅限于表层风化带内,产状无规律,短小密集。而风化夹层则可能延至岩体较深部位,如断层风化、岩脉风化、夹层风化等,其特征在很大程度上取决于原结构面的特征。

地下水一方面可以使原来的软弱夹层泥化,另一方面也可以产生次生夹泥。泥化作用在黏土岩、泥质灰岩等隔水的软弱夹层顶部最为发育,其上覆岩层往往坚硬,断裂发育,地下水循环剧烈。次生夹泥可沿层面、裂隙、断层形成,在地下水活动带内,尤其是河槽两侧常见,主要由地下水携带细粒泥质物重新沉积充填而成。

2.按结构面的力学性质分类:按结构面的力学性质通常将结构面分为下列两种。

(1)硬性结构面,是指干净无松软充填物、强度较高的结构面。

(2)软弱结构面,是指有松软充填物、强度较低的结构面。

(二)结构面特征的研究

岩体结构面的类型很多,性质复杂,且各具不同的特征。因此,在进行岩体稳定性分析时,除应注意查明结构面的成因、力学类型外,还应结合具体工程注意研究以下几方面的主要特征:

1.结构面的规模

实践证明,结构面对岩体力学性质及岩体稳定性的影响程度,首先取决于结构面的延展性及其规模。中国科学院地质与地球物理研究所将结构面的规模分为五级(表6-15)。

结构面按规模分级　　　　　　　　　　　　　　　　表 6-15

级序	分级依据	力学效应	力学属性	地质构造特征
Ⅰ级	延展长度达几千米至几十千米以上,贯通岩体,破碎带宽度达数米至数十米	①形成岩体力学作用边界;②控制岩体变形和破坏;③构成独立的力学介质单元	软弱结构面	较大的断层
Ⅱ级	延展规模与研究的岩体相当,破碎带宽度比较窄,从几厘米到数米	①形成块裂体边界;②控制岩体变形和破坏方式;③构成次级地应力场边界	软弱结构面	小断层、层间错动带
Ⅲ级	延展长度短,从十几米至几十米,无破碎带,不夹泥,偶有泥膜	①参与块裂岩体切割;②划分Ⅱ级结构类型的重要依据;③构成次级地应力场边界	多数属坚硬结构面,少数属软弱结构面	大裂隙或小断层、开裂的层面
Ⅳ级	延展短,未错动,不夹泥,有的呈弱闭合状态	①划分Ⅱ级结构类型的基本依据;②是岩体力学性质、结构效应的基础;③有的为次级地应力场边界	坚硬结构面	裂隙、劈理、层面、次生裂隙
Ⅴ级	延展短,且连续性差	①体内形成应力集中;②岩块力学性质结构效应基础	坚硬结构面	不连续的小裂隙、隐裂隙及层面、片理面

2. 结构面的形态

结构面的平整、光滑和粗糙程度对结构面的抗剪性能有很大的影响。自然界中结构面的几何形状非常复杂,大体上可分为 4 种类型。

(1)平直型,包括大多数层面、片理和剪切破裂面等。

(2)波状起伏型,如波痕的层面、轻度揉曲的片理、呈舒缓波状的压性及压扭性结构面等。

(3)锯齿状型,如多数张性和张扭性结构面。

(4)不规则型,其结构面曲折不平,如沉积间断面、交错层理及沿原有裂隙发育的次生结构面等。

一般用粗糙度和起伏度表征结构面的形态特征。结构面的粗糙程度和起伏度,对抗剪强度影响很大。粗糙度指结构面的粗糙程度,一般将粗糙度分为 3 级,即粗糙的、平滑的和镜面的。粗糙的结构面抗剪强度较高,镜面的强度极低,平滑的处于两者之间。起伏度包括两个要素:起伏的幅度及起伏的长度。起伏幅度越大,长度越小,结构面抗剪强度越高,反之则小。通常剪切裂隙面较平直光滑,而张性结构面则表现为曲折、粗糙,有时甚至呈锯齿状。

3. 结构面的物质构成

有些结构面上的物质软弱松散,含泥质物及水理性质不良的黏土矿物抗剪强度很低,对岩体稳定性的影响较大。如黏土岩或页岩夹层,假整合面(包括古风化夹层)及不整合面,断层夹泥、层间破碎夹层、风化夹层、泥化夹层及次生夹泥层等。对于这些结构面,除进行一般物理力学性质的试验研究外,还应对其矿物成分及微观结构进行分析,预测结构面可能发生的变化(如泥化作用是否会发展等),比较可靠地确定抗剪强度参数。

4. 结构面的延展性

结构面的延展性也称连续性,有些结构面延展性较强,在一定工程范围内切割整个岩体,对稳定性影响较大,但也有一些结构面比较短小或不连续,岩体强度一部分仍为岩石(岩块)强度所控制,稳定性较好。因此,在研究结构面时,应注意调查研究其延展长度及规模。结构面的延展性可用线连续性系数及面连续性系数表示。

5. 结构面的密集程度

结构面的密集程度反映了岩体的完整性,它决定岩体变形和破坏的力学机制。有时在岩体中,虽然结构面的规模和延展长度均较小,但却平行密集,或是互相交织切割,使岩体稳定性大为降低,且不易处理。试验表明,岩体内结构面越密集,岩体变形越大,强度越低,而渗透性越高。通常用结构面间距和线密度来表示结构面的密集程度。

6. 结构面的张开度和填充胶结特征

有些结构面,特别是张性断裂面,它为次生充填和地下水活动提供了条件,不仅显著地降低其抗剪强度,而且会产生静、动水压力,大量涌水和增加山岩压力,对斜坡岩体稳定性和隧道围岩稳定性影响很大。

充填物质及其胶结情况对岩体稳定性影响也很显著。结构面经胶结后,力学性质有所改善,改善的程度因胶结物成分不同而异,以硅质胶结的强度最高,往往与岩石强度差别不大,甚至超过岩石强度;而泥质及易溶盐类胶结的结构面强度最低,且抗水性差。

未胶结且具有一定张开度的结构面,往往被外来物质所充填。其力学性质取决于充填物的成分、厚度、含水性等。就充填物成分来说,以砂质、角砾质性质为最好,黏土质、易溶盐类性质最差。按充填物厚度和连续性可分为薄膜充填、断续充填、连续充填及厚层充填几类。不同的充填类型,结构面的变形与强度性质不同,在实际工作中应予以注意。

(三)软弱夹层

软弱夹层是具有一定厚度的特殊的岩体软弱结构面。它与周围岩体相比,具有显著低的强度和显著高的压缩性,或具有一些特有的软弱性质。它是岩体中最薄弱的部位,常构成工程中的隐患,应予以特别注意。从成因上,软弱夹层可划分为原生的、构造的和次生的软弱夹层。

原生软弱夹层是与周围岩体同期形成,但性质软弱的夹层。构造软弱夹层主要是沿原有的软弱面或软弱夹层经构造错动而形成,也有的是沿断裂面错动或多次错动而成,如断裂破碎带等。次生软弱夹层是沿薄层状岩石、岩体间接触面、原有软弱面或软弱夹层,由次生作用(主要是风化作用和地下水作用)参与形成的。各种软弱夹层的成因类型及其基本特征见表6-16。

软弱夹层类型及其特征 表6-16

成因类型	地质类型	基 本 特 征	实 例
原生软弱夹层	沉积软弱夹层	产状与岩层相同,厚度较小,延续性较好,也有尖灭者。含黏土矿物多,细薄层理发育,易风化、泥化、软化,抗剪强度低	板溪的板溪群中泥质板岩夹层,新安江志留、泥盆、石炭系中页岩夹层,贵州某工程寒武系中泥质灰岩及页岩夹层,山西某坝奥陶系灰岩中石膏夹层,四川某坝陆相碎屑岩中黏土页岩夹层,辽宁浑河某坝凝灰集块岩中凝灰质岩

续上表

成因类型		地质类型		基本特征	实例
原生软弱夹层		岩浆软弱夹层		成层或透镜体,厚度小,易软化,抗剪强度低	浙江某工程火山岩中凝灰质岩
		变质软弱夹层		产状与层理一致,层薄,延续性较差,片状矿物多,呈鳞片状,抗剪强度低	甘肃某工程、佛子岭工程变质岩中云母片岩夹层
构造软弱夹层		多为层间破碎软弱夹层		产状与岩层相同,延续性强,在层状岩体中沿软弱夹层发育。物质破碎,呈鳞片状,往往含呈条带状分布的泥质	沅水某坝板溪群中板岩破碎层上,犹江泥盆系板岩破碎泥化夹层,四川某坝侏罗系砂页岩中层间错动破碎夹层
次生软弱夹层	风化夹层	夹层风化		产状与岩层一致,或受岩体产状制约,风化带内延续性好,深部风化减弱,物质松软、破碎、含泥,抗剪强度低	磨子潭工程黑云母角闪片岩风化夹层,表弋江某工程砂页岩中风化煌斑,福建某工程石英脉与花岗岩接触风化面
		断裂风化		沿节理、断层发育,产状受其控制,延续性不强,一般仅限于地表附近,物质松散、破碎含泥,抗剪强度低	许多工程的风化断层带及节理
	泥化夹层	夹层泥化		产状与岩层相同,沿软弱层表部发育,延续性强,但各段泥化程度不一。软弱面泥化,呈塑性,面光滑,抗剪强度低	沅水某坝板溪群泥化泥质板岩夹层,四川某电站泥化黏土页岩
		次生夹层	层面	产状受岩层制约,延续性差。近地表发育,常呈透镜体,物质细腻,呈塑性,甚至呈流态,强度甚低	四川某坝砂页岩层面夹泥,安徽某坝不整合面上斑脱土夹层
			断裂面	产状受原岩结构面制约,常较陡,延续性差,物质细腻,结构单一,物理力学性质差	福建某坝花岗裂隙夹泥,四川某坝砂岩岸坡裂隙夹泥,四川某坝砂岩反倾向裂隙夹泥

软弱夹层危害很大,常是工程的关键部位。研究软弱夹层最为重要的是那些黏粒和黏土矿物含量较高,或浸水后黏性土特性表现较强的岩层、裂隙充填、泥化夹层等。这些泥质的软弱夹层分为松软的,如次生充填的夹泥层、泥化夹层、风化夹层;固结的,如页岩、泥岩、泥灰岩;浅变质的,如泥质板岩、千枚岩等。岩石的状态不同,其软弱的程度也不同,这主要取决于它们与水作用的程度,这是黏性土最突出的特征。

地下水对泥质软弱夹层的作用主要表现在泥化和软化两个方面。软化是指泥岩夹层在水的作用下失去干黏土坚硬的状态而成为软黏土状态。泥化是软化的继续,使软弱夹层的含水率增大到大于塑限的程度,表现为塑态,原生结构发生改变,强度很低,黏聚力 c、内摩擦角 ϕ 值很小,摩擦系数 f 值一般在 0.3 以下。

软弱夹层的泥化是有条件的,泥化成因:黏土质岩石是物质基础,构造作用使其破坏形成透水通道,水的活动使其泥化,三者缺一不可。

泥化夹层的力学强度比原岩大为降低,特别是抗剪强度降低很多,压缩性增大。压缩系数

为 $0.5\sim1.0\mathrm{MPa}^{-1}$,属高压缩性。根据研究,泥化夹层的抗剪指标可按下述情况参考确定:受层间错动有连续光滑面,以蒙脱石为主时,$c=50\mathrm{kPa}$,$f=0.17$;以伊利石为主时,$c=50\mathrm{kPa}$,$f=0.20$,具微层理,黏粒含量最高;其他局部泥化的 $f=0.25$。

二、结构体

结构体是指岩体中被结构面所切割分离的相对均一完整的岩块。结构体特征可以用结构体形状、块度及产状描述。

应当注意,结构体与结构面是相互依存的,这是研究结构体地质特征的基础。结构体与结构面的依存性表现在如下3个方面:

(1)结构体形状与结构面组数密切相关。岩体内结构面组数越多,结构体形状越复杂。

(2)结构体块度或尺寸与结构面间距密切相关。结构面间距越大,结构体块度或尺寸越大。

(3)结构体级序与结构面级序亦具有相互依存关系。

(一)结构体的形式

岩体受结构面切割而产生的单元块体的几何形状,称为结构体的形式。一般常见的结构体形式有柱状、块状、板状、楔形、菱形、锥形6种。此外,在强烈破碎的部位,还可有片状、鳞片状、碎块状及碎屑状等。结构体形状在岩体稳定性评价中影响很大,形状不同,其稳定程度各不相同。因此,结构体形式的划分与岩体稳定评价有很大的关联性。单就结构体的形式来说,板状结构体较块状、柱状的稳定性差,楔形的比菱形及锥形的稳定性差;在地基岩体中,竖立的结构体比平卧的稳定性高,而在边坡岩体中,平卧或竖立的比倾斜的稳定性较高。

在岩体工程分析中又常将结构体按形态和功能综合分为块状结构体和板状(层状)结构体两种主要类型。

(二)结构体块度

结构体块度受结构面密度控制,结构面密度越小,结构体块度越大。也可以说,在轻微构造作用区,裂隙密度小,形成的结构体块度大;在剧烈构造运动区,结构面密度大,结构体块度小。除了构造作用外,结构体块度也与岩层厚度有关,也就是说,与岩相特征有关。深海相的灰岩岩层厚度大,形成的结构体块度也大;浅海相和海陆交互相的沉积岩层薄,形成的结构体块度也小。结构体块度可以用 $1\mathrm{m}^3$ 内含有的结构体数表示,亦可用单个结构体尺寸表示,这对研究岩体结构的力学效应十分有用。

(三)结构体的产状

结构体产状可以用结构体表面上最大结构面的长轴方向表示,它对岩体稳定性的影响需结合临空面及工程作用力来分析。

三、岩体结构

(一)岩体结构的概念

所谓岩体结构,就是指岩体中结构面和结构体两个结构要素的组合排列特征,它既表达岩体中结构面的发育程度及组合,又反映了结构体的大小、几何形式及排列。结构面和结构体称为结构要素或结构单元。结构单元在岩体内组合、排列的形式不同,就构成不同类型的岩体结构。如坚硬结构面与块状结构体"组合"构成碎裂结构;软弱结构面与块状结构体"组合"构成块裂结构;而软弱结构面与板状结构体"组合"构成板裂结构。

(二)岩体结构的类型

常见的岩体结构类型可划分为块状结构、镶嵌结构、碎裂结构、层状结构、层状碎裂结构及散体结构6类。它们的主要特征列于表6-17。

岩体结构的基本类型　　　　　　表6-17

结构类型		地质背景	结构面特征	结构体形态
类	亚类			
整体块状结构	整体结构(Ⅰ₁)	岩性均一,构造变形轻微的巨厚层沉积岩、变质岩和岩浆岩体	结构面少,一般不超过3组,延展性极差,多闭合,无充填或夹少量碎屑	巨型块状
	块状结构(Ⅰ₂)	岩性均一,构造变形轻—中等的厚层沉积岩、变质岩和岩浆岩体	结构面一般2~3组,多闭合,层间有一定的结合力	各种形状的块状
层状结构	层状结构(Ⅱ₁)	构造变形轻—中等厚层的层状岩体	以层面、片理、节理为主,延展性较好,一般有2~3组,层间结合力较差	厚板状、块状、柱状
	薄层状结构(Ⅱ₂)	同Ⅱ₁,但厚度小(<30cm),在构造作用下表现为相对强烈的褶曲和层间错动	层理、片理发育,原生软弱夹层层间错动和小断层不时出现,结构面多为泥膜、碎屑和泥质物充填,一般结合力差	板状或薄板状
碎裂结构	镶嵌结构(Ⅲ₁)	一般发育于脆硬岩层,节理、劈理组数多,密度大	以节理、劈理等小结构面为主,组数多,密度大,但延展性差,闭合无充填或夹少量碎屑	形态、大小不一,棱角显著
	层状碎裂结构(Ⅲ₂)	软硬相间的岩石组合,并常有近于平行的软弱破碎带存在	软弱夹层和各种成因类型的破碎带发育,大致平行分布,以构造节理等小型结构面为主	以碎块状和板柱状为主
	碎裂结构(Ⅲ₃)	岩性复杂,构造破碎强烈;弱风化带	各类结构面均发育,彼此交切,多被充填,结构面光滑度不等,形态不一	碎屑和大小、形态不同的岩块
散体结构		构造破碎带急剧;强风化带	节理、劈理密集,破碎带呈块夹泥或泥包块的松软状态	泥、岩粉、碎屑、碎块、碎片等

整体块状结构岩性均一,无软弱面或含2~3组较发育的软弱面,结构面间距大于50cm,含有的原生结构面结合力较强。如厚层或巨厚层的碳酸盐岩、碎屑岩等沉积岩、花岗岩、闪长岩等大型岩浆岩侵入体,原生节理不发育的流纹岩、安山岩、玄武岩、凝灰角砾岩等火山岩体,

以及某些大理岩、石英岩、片麻岩、蛇纹岩、混合岩等变质岩体可属此类型。

层状结构含一组连续性好、抗剪性能较差的软弱面的岩体，一般岩性不均一。按软弱面发育密度可分为层状（软弱面间距 30~50cm）、薄层状（间距小于 30cm）。属此类型的岩体有中至薄层状的碳酸盐、碎屑岩等沉积岩，有明显喷发旋回或间断的流纹岩、玄武岩、火山集块岩、凝灰岩等火山岩，石英片岩、角闪石片岩、千枚岩等变质岩及含古风化夹层的岩体等。

碎裂结构含有多组密集结构面的岩体，岩体被分割为碎块状，以某些动力变质岩为典型。

散体结构一般为构造破碎带或强烈风化带中块夹泥或泥包块的松软的岩体，如泥、岩粉、碎屑、碎块等。

第三节　岩体稳定性分析

公路工程实践中，遇到的工程地质问题，归纳起来，主要有路堑边坡稳定问题，路、桥地基稳定问题和隧道围岩稳定问题。这三个方面的问题，实质上就是一个岩（土）体的稳定问题。土体稳定问题，在土力学课程中研究，这里仅介绍岩体的稳定性。岩体稳定是指一定的时间内，在一定的自然条件和人为因素的影响下，岩体不产生破坏性的剪切滑动、塑性变形或张裂破坏。工程中都需要对岩体的稳定性进行分析评价。

一、岩体的稳定性分析方法

岩体的稳定性分析一般可采用地质分析、块体力学分析、有限元分析和模型试验等。

地质分析是通过岩体结构分析岩体的稳定性。主要是分析岩体的结构特征和岩体的边界条件及受力状态以判断岩体的稳定性。所以，岩体结构分析实际上是岩体稳定性的定性分析，是岩体稳定性定量分析的基础。

块体力学分析是在假定岩体的滑移体都是刚性体的前提条件下，用刚体极限平衡法计算岩体抗滑稳定系数的一种方法。该法简单实用，便于工程应用。但它不能完全反映岩体滑移的机制、岩体内和滑移面上应力和变形的真正分布情况，因而所得的稳定性指标不可能完全反映实际情况。在工程实际中，常常采用加大安全系数的办法以保证稳定，说明该法虽属定量方法但具有一定的经验性，不能达到完全定量的标准。

有限单元法是在工程结构和岩体协同作用的条件下进行的应力平衡分析，可计算分析结构内和岩体中不同部位的应力状态和变形情况，还可进行三维问题的计算。由于地质体是一种复杂的介质，有限元分析中参数和边界条件的确定等问题，都有待进一步研究。

模型试验法可以直接观察滑移面的破坏过程，并为其他计算方法提供参考。它的基本要求是模型与原型的线性尺寸成比例，材料、荷载条件和边界条件都相似。所以，如何准确地反映和模拟岩体复杂地质条件及其力学特征，提高模型精度和确定应用范围，也有待进一步研究。

二、岩体稳定的结构分析

岩体的破坏，往往是一部分不稳定的结构体沿着某些结构面拉开，并沿着另一些结构面向着一定的临空面滑移的结果。这就揭示了岩体稳定性破坏所必须具备的边界条件，即必须具有切割面、滑动面和临空面。所以,通过对岩体结构要素(结构面和结构体)的分析,明确岩体滑移的边界条件是否具备,就可以对岩体的稳定性作出判断。这就是岩体稳定的结构分析的基本内容和实质。其分析步骤大致如下:

首先对岩体结构面的类型、产状及其特征进行调查、统计、研究。

其次对各种结构面及其空间组合关系以及结构体的立体形式进行图解分析。

根据上述分析,最后对岩体的稳定性作出评价。

调查统计结构面时,应和工程建筑物的具体方位联系起来,按一般野外地质方法进行。对被多组结构面切割的岩体,要注意分清主次和结构面相互间的组合关系,再逐一量测,这样才能比较充分地表达出结构体系的特征。

岩体结构的图解分析,在实践中多采用赤平极射投影并结合实体比例投影来进行。下面着重介绍赤平极射投影的基本原理及作图方法,最后通过边坡岩体稳定分析示例来说明岩体稳定性的评价要点。

(一)赤平极射投影的原理及作图方法

1. 赤平极射投影的原理

赤平极射投影利用一个球体作投影工具,如图6-2所示。通过球心作一平面 EAWC,这个平面通过球体赤道,故称为赤平面。以球体的一个极点 S 或 N(南极或北极)为视点,发出射线(视线)SB,称为极射。射线与赤平面的交点 M,即为 B 点的赤平极射投影。所以,赤平极射投影,实质上就是把物体置于球体中心,将物体的几何要素(点、线、面)投影于赤平面上,化立体为平面的一种投影。如图6-2中的 ABCD 为一通过球心的倾斜结构面,与赤平面相交于 A、C,与赤平面的夹角为 α。自 S 极仰视上半球 ABC 面,则其在赤平面上的投影为一圆弧 AMC。若将赤平面 AWCE 从球体中拿出来,即如图6-3所示。从图中可知:AC 线实际上是结构面 ABCD 的走向;MO 线段的方向实际上就是结构面的倾向;OM 线段的长短随 ABCD 面与赤平面的夹角 α 的大小而变,如图6-4所示,当 α 等于90°时,M 点落在球心上,O 与 M 重合,长度为零;当 α 等于0°时,M 点落在圆周上,与 F 点重合,这时 OM 最长,等于圆的半径,若把半径 FO 划分为90°,则 FM 的长度实际上就表示结构面 ABCD 的倾角。

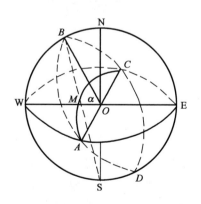

图6-2 赤平极射投影原理示意图

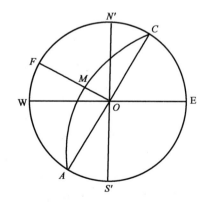

图6-3 赤平面 AWCE

由此可知,赤平极射投影能以二维平面的图形来表达结构体几何要素(点、线、面)的空间方位及它们之间的夹角与组合关系。因此，凡具有方向性的岩体切割、滑动边界条件、受力条件等，都可纳入统一的投影体系中进行分析，进而判断岩体的稳定性。

2. 赤平极射投影的作图方法

在实际工作中，为了简化制图方法，常采用预先制成的投影网来制图。常用的投影网是俄国学者吴尔夫制作的投影网（图6-5）。吴氏投影网的网格由2°分格的一组经线和一组纬线组成。

由于赤平极射投影表达的内容较为广泛，且作图方法又不尽相同，下面只就最基本的面（结构面、边坡面等）的产状、面与面交线的产状的作图方法作如下介绍。

如已测得两结构面的产状如表6-18所示。

结 构 面 产 状　　　　表6-18

结构面	走向	倾向	倾角	结构面	走向	倾向	倾角
J_1	30°	SE	40°	J_2	340°	NE	60°

作两结构面的赤平极射投影图，并求其交线的倾向和倾角。大致方法如下：

(1) 先准备一个等角度赤平极射投影网（亦称吴尔夫网），如图6-5所示。其制作方法可参考有关文献。

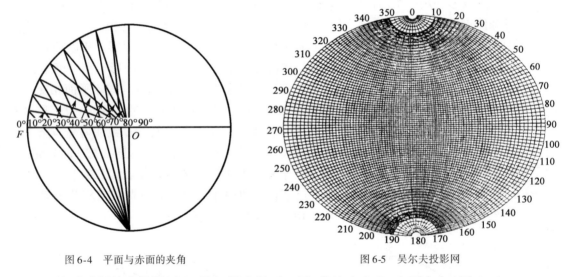

图6-4　平面与赤面的夹角　　　　图6-5　吴尔夫投影网

(2) 将透明纸放在投影网上，按相同半径画一圆，并注上南北、东西方向（图6-6）。

(3) 利用投影网在圆周的方位角度数上，经过圆心绘30°及340°的方向线，分别注为 AC 及 BD。

(4) 转动透明纸，分别使 AC、BD 与投影网的上下垂直线（南北线）相合，在投影网的水平线（东西线）上找出倾角为40°及60°的点（倾向为NE、SE时在网的左边找，倾向为NW、SW时在网的右边找），分别注上 K 及 F。通过 K、F 点分别描绘40°、60°的经度线，即得结构面 J_1、J_2 的赤平极射投影弧 AKC 和 BFD。再分别延长 OK、OF 至圆周交于 G、H 点，就完成了所求结构面 J_1、J_2 的投影图（图6-6）。图中 AC、BD 分别为 J_1、J_2 的走向；GK、HF 线段表示 J_1、J_2 的倾角，因是用长度表示角度，故称其为角距；KO、FO 线的方向为 J_1、J_2 的倾向。

(5) 找弧 AKC 和弧 BFD 的交点，注为 M，连 OM 并延长至圆周交于 P。MO 线的方向即为

J_1、J_2 交线的倾向，PM 线段表示 J_1、J_2 交线的倾角。

(二)岩体稳定的结构分析

从上述基本原理及作图方法可以看出，利用赤平极射投影可以比较简便地表示出结构体在平面上点、线、面的角距关系，直观地反映岩体中各种边界面的组合关系，据此即可对岩体稳定性进行结构分析。下面以边坡岩体为例，说明分析要点。

根据边坡岩体的结构特点，分析边坡岩体的主要任务是：初步判断岩体结构的稳定性和推断稳定倾角，同时为进一步进行定量分析提供边界条件及部分参数，诸如确定滑动面、切割面、临空面的方位及其组合关系和不稳定结构体(滑动体)的形态、大小以及滑动的方向等。

1. 一组结构面的分析

(1) 当岩层(结构面)的走向与边坡的走向一致时，边坡岩体的稳定性可直接应用赤平极射投影图来判断。

在赤平极射投影图上，当结构面投影弧形与边坡投影弧形的方向相反时，边坡属稳定边坡；当两者的方向相同，且结构面投影弧形位于坡面投影弧之内时，边坡属基本稳定边坡；当两者的方向相同，而结构面的投影弧形位于坡面投影弧之外时，边坡属不稳定边坡。

如图 6-7a)中，边坡的投影为 AMB。J_1、J_2、J_3 为 3 个与边坡走向一致的结构面。其中，J_1 与坡面 AB 倾向相反[图 6-7b)]，边坡属稳定结构。J_2 与坡面 AB 倾向相同，但其倾角大于边坡倾角[图 6-7c)]，边坡属基本稳定结构。J_3 与坡面 AB 倾向相同，但倾角小于边坡倾角，边坡属不稳定结构[图 6-7d)]。

至于稳定坡角，对于反向边坡，如图 6-7b)所示，结构面对边坡的稳定性没有直接影响，从岩体结构的观点来看，即使坡角达到 90°，也还是比较稳定的。对于顺向边坡，如图 6-7c)、图 6-7d)所示，结构面的倾角即可作为稳定坡角。

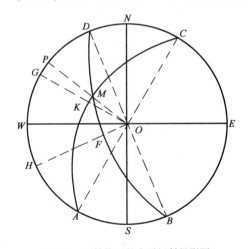

图 6-6 两结构面的赤平极射投影图

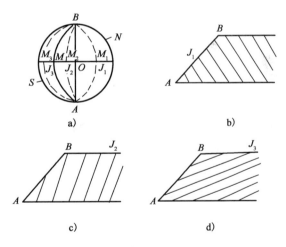

图 6-7

(2) 当岩层(单一结构面)的走向与边坡的走向斜交时，若边坡的稳定性发生破坏，从岩体结构的观点来看，必须同时具备两个条件：第一，边坡稳定性的破坏一定是沿着结构面发生的；第二，必须有一个直立的并垂直于结构面的最小抗切面($\tau = c$)DEK，如图 6-8 所示。图中的最小抗切面是推断的，边坡破坏之前是不存在的。但是，如果发生破坏，则首先沿着最小抗切面发生。这样,结构面与最小抗切面就组合成不稳定体 ADEK。为了求得稳定的边坡,将此不稳定体消除,即可得到稳定坡角 θ_v。这个稳定坡角大于结构面倾角,且不受边坡高度的控制。其作法如下(图6-9):

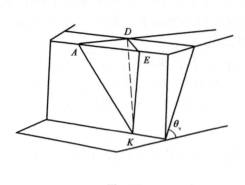

图 6-8

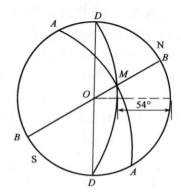

图 6-9

如已知结构面走向280°,倾向SW,倾角50°,与边坡斜交。边坡走向310°,倾向SW。求稳定坡角。

①根据结构面的产状,绘制结构面的赤平投影 $A-A$。

②因最小抗切面垂直于结构面,并直立,因此,最小抗切面的走向为10°,倾角90°。按此产状绘制其赤平投影 $B-B$,与结构面 $A-A$ 交于 M。MO 即为两者的组合交线。

③根据边坡的走向和倾向通过 M 点,利用投影网求得边坡投影线 DMD。

④根据边坡投影线 DMD,利用投影网可求得坡面倾角为54°。此角即为推断的稳定坡角。

当结构面走向与边坡走向成正交时(图6-10),稳定坡角最大,可达 90°;当结构面走向与边坡走向平行时(图6-11),稳定坡角最小,等于结构面的倾角。由此可知,结构面走向与边坡走向的夹角由0°变到90°时,则稳定坡角 θ_v 可由结构面倾角 α 变到90°。

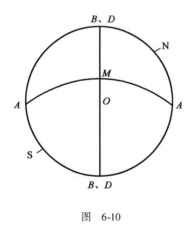

图 6-10

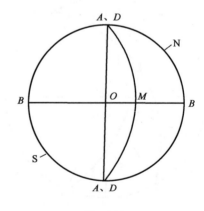

图 6-11

2.两组结构面的分析

对这类边坡,主要分析结构面组合交线与边坡的关系。

(1)当坡体上表面水平时,一般有下列3种情况,如图6-12所示。

①当两组结构面的投影交点位于边坡投影对侧时,属于稳定边坡,如图6-12a)所示;

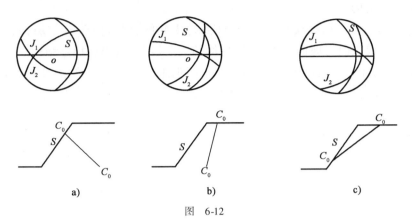

图 6-12

②当两组结构面的投影交点位于边坡投影同侧,且位于边坡投影弧内部时,边坡处于基本稳定状态,如图 6-12b)所示;

③当两组结构面的投影交点位于边坡投影同侧,且位于边坡投影弧外部时,则属于不稳定边坡,如图 6-12c)所示。

(2)当坡体上表面倾斜时,一般有下列 5 种情况,如图 6-13 所示。

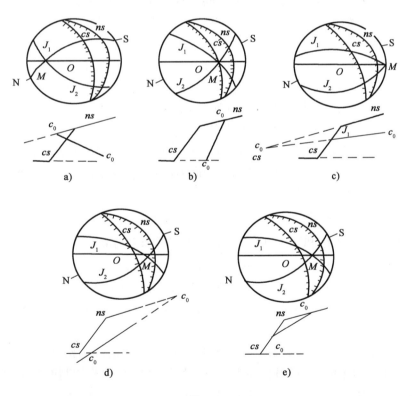

图 6-13

①在图 6-13a)中,两结构面 J_1、J_2 的交点为 M,在赤平极射投影图上位于边坡面投影弧(cs 及 ns)的对侧,说明组合交线 MO 的倾向与边坡倾向相反(即倾向坡内),没有发生顺层滑动的

165

可能性,属最稳定结构。

②在图6-13b)中,结构面交点 M 虽与坡面处于同侧,但是位于开挖坡面投影弧 cs 的内部,说明结构面交线倾向与坡面倾向一致,但倾角大于坡角,故仍属稳定结构。

③在图6-13c)中,结构面交点 M 与坡面处于同侧,但是位于天然边坡投影弧 ns 的外部,说明结构面交线倾向与坡面倾向一致,且倾角虽小于坡角,但在坡顶尚未出露,因而也比较稳定,应属较稳定结构。

④在图6-13d)中,结构面交点 M 与坡面处于同侧,但是位于边坡投影弧 cs 与 ns 之间,说明结构面交线倾向与边坡倾向一致,倾角小于开挖坡角而大于天然坡角,而且在坡顶上有出露点 c_0,这种情况一般是不稳定的。但在特定情况下,例如,在坡顶的出露点 c_0 距开挖坡面较远,而交线在开挖边坡上不致出露,而插于坡脚以下,因而对不稳定的结构体尚有一定支撑,有利于稳定,这种特定情况下的边坡则属于较不稳定的边坡。

⑤图6-13e)是图6-13d)的一般情况。结构面组合交线在两部分边坡面都有出露(c_0 及 c_0'),这种情况即属于不稳定结构。

两组结构面组成的边坡的稳定坡角的推断,其原理和方法同单一结构面与边坡走向斜交的情况下求稳定坡角的原理和方法。

3. 三组结构面的分析

由三组或多组结构面组成的边坡,其分析的基本原理和方法与两组结构面一样,所不同的只是组合交线的交点增多了。如三组结构面有3个交点,四组结构面最多有6个交点等等。无论交点有多少,经过分析即可看出其中必有不影响边坡稳定性的点(如位于边坡投影对侧的点)、影响不大的点和有明显影响的点(如位于边坡投影同侧,倾角又小于坡角的点)。我们只要选择其中最不利的交点进行分析即可。如在判断稳定性时,要选择交线倾角最大,但又小于坡角的点来分析;推断稳定坡角时,要选择倾角最小的点来分析等。必须说明,这一分析的前提是各组结构面的物质组成、延展性、张开程度、充填胶结状况、平整光滑程度等特征基本相同,如果它们各不相同,则应根据各组结构面的不同特征进行综合分析,先判断出对边坡稳定性有直接影响的两组结构面,然后以此两组结构面为依据,判断边坡稳定性并推断或计算其极限稳定坡角。

4. 结构体滑移方向的分析

当边坡受两组结构面 J_1 和 J_2 切割,其稳定性受结构面控制时,为分析不稳定结构体的滑动方向,可以先按结构面产状作出赤平极射投影图(图6-14),并找出它们的倾向线(AO 和 BO)及结构面的组合交线(CO),则滑动方向必为下列所示3种情况之一。

(1)若结构面的交线 CO 在两倾向线之间[图6-14a)],则组合交线 CO 为滑动方向。这时两组结构面都是滑动面。

(2)若结构面的交线 CO 在两倾向线之外,则其中一条倾向线为滑动方向。如图6-14b)中 AO 是滑动线,即沿结构面 J_1 的倾向线滑动,这时,结构面 J_2 仅起切割面的作用。

(3)若结构面的交线和一根倾向线重合,如图6-14c)中 CO 与 AO 重合,则倾向线 AO 为滑动时的滑动方向。这时,结构面 J_1 是主要滑动面,而结构面 J_2 为不稳定结构体滑动时摩阻力较小的依附面。

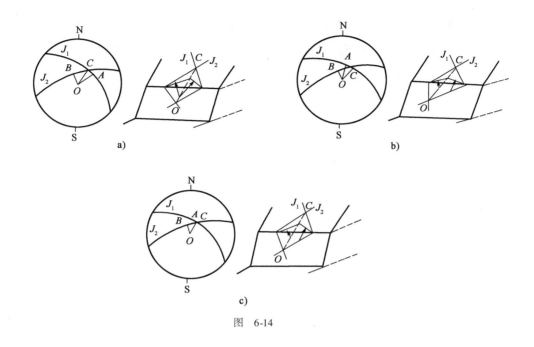

图 6-14

第四节 岩质边坡的变形破坏及分析

现实世界的斜坡包括天然斜坡和人工开挖的边坡。自然界中的山坡、谷壁、河岸等各种斜坡的形成,是地质营力作用的结果。人类工程活动也经常开挖出大量的人工边坡,如路堑边坡、运河渠道、船闸、溢洪道边坡、房屋基坑边坡和露天矿坑的边坡等。

边坡的形成,使岩土体内部原有的应力状态发生变化,出现应力重分布,其应力状态在各种自然营力及工程影响下,随着边坡演变而不断变化,使边坡岩土体发生不同形式的变形与破坏。不稳定的天然斜坡和人工边坡,在岩土体重力、水及振动力以及其他因素作用下,常常发生危害性的变形与破坏,导致交通中断,江河堵塞,塘库淤填,甚至酿成巨大灾害。

一、岩质边坡应力分布特征

边坡的变形与破坏,取决于坡体中的应力分布和岩体的强度特征。了解坡体中的应力分布特征,对认识斜坡变形与破坏机理很有必要;对正确评价斜坡的稳定性,制定合理的设计和整治方案有指导意义。但是,由于坡体通常不是均质各向同性的介质,坡形也千姿百态,在坡体变形与破坏过程中,其应力状态又不断地发生变化,因此,下面只能对岩质边坡应力分布的特征作规律性探讨。

(一)形成边坡后应力状态的变化

形成边坡后,由于边坡的卸荷作用,并且具有了向临空面方向变形和位移的空间,边坡的应力将重新分布。根据有限单元法计算均质边坡弹性应力状态的结果进行分析,形成边坡后岩体的应力主要发生了以下变化:

(1)由于应力重新分布,边坡周围主应力迹线发生明显偏转,如图6-15所示,其总的特征为越靠近临空面,最大主应力(σ_1)越接近平行于临空面,最小主应力(σ_3)则与之趋于正交。

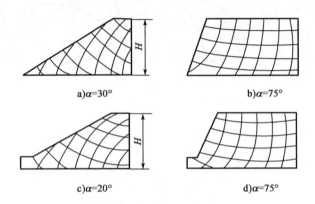

图6-15　斜坡主应力迹线示意图
α-坡角;H-坡高

(2)坡脚附近最大主应力(相当于临空面的切向应力)显著增高,且离表面越近;最小主应力(相当于径向应力)显著降低,于表面处降为零,甚至转为拉应力。

(3)坡缘(坡面与坡顶面的交线)附近,在一定的条件下,坡面的径向应力和坡顶面的切向应力可转化为拉应力,形成一拉应力区,如图6-16所示。

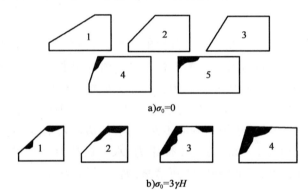

图6-16　坡顶及坡面拉应力区示意图(黑色部分为拉应力区)
$1\text{-}\alpha=30°;2\text{-}\alpha=45°;3\text{-}\alpha=60°;4\text{-}\alpha=75°;5\text{-}\alpha=90°$

(4)与主应力线偏转相联系,坡体内最大剪应力迹线由原来的直线变为近似圆弧线,弧的凹面朝着临空方向。

(5)坡面处由于径向压力实际等于零,坡体实际上处于单向应力状态(不考虑坡面走向方向的应力σ_2),向内渐变为两向(不考虑σ_2时)或三向状态,并逐渐恢复到原始应力状态。

上述应力分析只适用于均质各向同性的岩体,如果边坡内存在大的断层或层状岩体,则其应力分布必有较大的差异。

(二)影响应力分布的主要因素

研究表明,岩体中的原始应力状态、坡形、岩体的变形特征和结构特征,对边坡岩体中的应力分布都有不同程度的影响。其中,以原始应力状态的影响最为显著。

1. 原始应力状态的影响

任何斜坡均处于一定历史条件下的地应力环境之中,尤其在强烈褶皱与构造变动复杂地区,往往存在水平构造应力(σ_0)。因而这些地区的岩质边坡的临空面附近部分常出现应力集中,主要表现在坡脚、坡面以及坡肩出现张拉应力带。

在自重应力下,坡底的切向应力最大值约相当于原始水平应力的3倍左右。当有侧向水平应力(σ_0)时,该值成倍增高,如当$\sigma_0 = 3\gamma H$(γ为岩土体的重度)时,该值可达$(7\sim10)\gamma H$,与$\sigma_0 = 0$情况相比,相差很大。根据计算,坡脚最大剪应力与水平剩余应力之间有如表6-19所示的定量关系。

坡脚处最大剪应力与侧向水平剩余应力、边坡平面形态间关系表　　　表6-19

二维计算		三维计算			
水平构造应力 $\sigma_0(\gamma H)$	坡脚处最大剪应力 $\tau_{max}(\gamma H)$	水平构造应力 $\sigma_0(\gamma H)$	坡脚处最大剪应力 $\tau_{max}(\gamma H)$		
			椭圆形矿坑		圆形矿坑
			短轴方向	长轴方向	
0	0.60	0	0.24	0.23	0.29
1	3.75	1	1.97	1.64	1.74
3	11.77	3	5.29	4.50	4.70

坡缘拉应力区的出现,除极陡坡外,主要与侧向水平剩余应力(σ_0)有关(图6-16)。随着σ_0的增高,拉应力区的范围也增厚、扩大,甚至从坡脚一直扩展到坡顶。三维计算资料还表明,通常最大拉应力大致出现在离坡脚三分之二坡高处。

以上分析表明,当岩体中存在较高的原始水平应力时,斜坡必然更容易遭受变形和破坏。

2. 坡形的影响

坡面的几何形态是影响坡体应力分布的主要因素。坡面的几何形态包括坡角、坡高及坡形等要素,其中坡角对坡体应力的分布影响最大。坡角增大时,坡肩及坡面拉应力区的范围扩大,见图6-16;坡脚部位应力集中带的最大剪应力亦随之增高。

边坡的平面形态对其应力状态也有明显的影响。三维分析表明,平面形态上的凹形坡,由于受到沿斜坡走向方向的支承,应力集中程度明显减缓。圆形和椭圆形矿坑边坡,坡脚最大剪应力只有一般斜坡的二分之一左右,见表6-5。对比水平剩余应力平行于椭圆形矿坑的长轴和平行于短轴这两种情况,还可发现,前者应力集中程度又较后者缓和,见表6-5。显然,上述特征在边坡稳定性评价中,具有重要意义。

3. 岩体变形特征和结构特征的影响

研究表明,岩体的弹性模量对均质坡体的应力分布并无明显影响。岩体的泊松比(μ)可以改变σ_x(水平应力)和τ_{xy}(xy应力平面的剪应力)的大小,但是当坡体中侧向剩余应力值很高时,这种影响也就被掩盖了。可见,均质坡体中,岩体变形特征对应力分布的影响是很微弱的。

岩质边坡岩体的结构特征对坡体应力场的影响十分复杂,主要影响是由于岩体的不均一和不连续性,使其沿软弱结构面周边出现应力集中或应力阻滞现象,因此,它构成了岩质边坡变形与破坏的边界条件。

实践证明,坡体中缓倾角软弱结构面的周边应力高度集中,并取决于软弱结构面的产状与主应力的关系。结构面与主应力平行,将在结构面端点部位或应力阻滞部位出现拉应力和剪应力的集中,出现向软弱结构面两侧较远处发展的张裂和剪裂,如图 6-17a)所示。结构面与主应力垂直,将在结构面平行方向产生拉应力,或在端点部位出现垂直于结构面的压应力,有利于岩质边坡稳定,如图 6-17b)所示。结构面与主应力斜交,将使结构面周边剪应力集中,并于端点附近或应力阻滞部位出现拉应力。顺坡软弱结构面与主压应力呈 30°~40°交角,则将出现最大剪应力与拉应力值,对岩质边坡稳定十分不利,如图 6-17c)所示。岩体易沿软弱结构面发生剪切滑移,并伴随着出现折线型蠕变系统裂隙。结构面相互交汇或转折处是压应力和拉应力的集中区,其变形与破坏较为剧烈,如图 6-17d)所示。

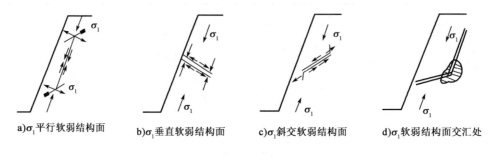

a)σ_1平行软弱结构面　　b)σ_1垂直软弱结构面　　c)σ_1斜交软弱结构面　　d)σ_1软弱结构面交汇处

图 6-17　坡体软弱结构面周边应力集中示意图

二、岩质边坡的变形与破坏

边坡变形与破坏是边坡演变的两大形式,前者以坡体中未出现贯通性破裂为特点;后者以在坡体中已形成贯通性破坏面,并由此以一定加速度发生位移为标志。变形与破坏是一个发展的连续过程,其间存在着量与质的转化关系。

(一)边坡变形

岩质边坡的变形包括松弛张裂和蠕动。

1. 松弛张裂

在边坡形成的初始阶段,往往在坡体中出现一系列与坡面近于平行的陡倾张开裂隙,使边坡岩体向临空方向张开。这种过程和现象称为松弛张裂(也称松动)。

存在于坡体的这种张裂隙可以是应力重新分布产生的,也可以是沿原有的陡倾裂隙发育而成。外形略呈弧形弯曲,仅有张开而无明显的相对滑移,张开度及分布密度由坡面向深处逐渐减弱。理论实践证明,仅有松弛张裂变形形式的坡体,其应力应变关系处于稳定破裂阶段或者减速蠕变阶段,由此,在保证坡体应力不增加且结构强度不下降的条件下,其变形不会继续发展,坡体稳定性不会发生变化。松弛张裂主要有下列几种情况。

(1)回弹裂隙

边坡形成后,由于侧向应力削弱,岩体向临空方向回弹,这种现象犹如木桶因松箍而开缝一样,使原来被压紧的裂缝张开(图 6-18)。很明显,因这种原因张开的裂隙其特点是越接近顶面,张开程度越大,向深处或向坡里张开程度逐渐减小。

(2) 坡面、坡顶拉应力区裂隙

较陡边坡的坡面、坡顶拉应力区中，抗拉强度弱的岩体（如半岩质块体，表层风化岩体）以及具有与斜坡走向近于平行的陡立软弱面的坡体，在坡面、坡顶拉应力的作用下形成张开裂隙。这种裂隙主要分布在陡坡的前缘，不会深入到坡体内部。

(3) 坡脚应力集中带的张裂隙

在坡脚应力集中带，当应力超过此处岩体或与坡面平行的软弱面的抗拉强度时，则产生与坡面近于平行的张裂隙。其分布从坡面向坡体内和下方逐渐稀疏、削弱。当坡体中有缓倾角软弱面时，在平行于坡面的最大主应力（σ_1）的作用下产生如图 6-17c）所示的平行坡面的剪应力，将使被分割的岩体沿软弱面向外滑移，而张裂隙向上逐渐尖灭或分支。

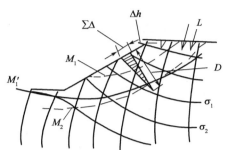

图 6-18　边坡应力分布与剪应力带
σ_1、σ_2-主应力迹线；M_1'-可能滑动面；M_1、M_2-最大剪应力迹线；$\Sigma\Delta$-坡面变形量；Δh-坡顶沉降量；D-剪变带；L-张裂带

上述分析表明，卸荷裂隙的形成机制有可能是多种多样的。生产实践中，把发育这种岸边裂隙的坡体称为斜坡卸荷带（也可称为松动带），其深度通常用坡面与卸荷带内侧界线的水平间距来表示。

边坡的松弛张裂，一方面使岩体强度降低，另一方面使各种外营力更易深入坡体，增加了坡体内各种营力的活跃程度，它是边坡变形破坏的初始阶段。所以在边坡稳定性分析中划分卸荷带，确定卸荷带的范围和卸荷带内的坡体特征，对于评价边坡岩体的稳定性具有重要意义。

2. 蠕动

经松动后，边坡岩体在重力作用下向临空方向较长期的缓慢变形称为边坡岩体的蠕动。研究表明，蠕动的形成机制为岩石的粒间滑动（塑性变形）或岩石裂纹微错，或由一系列裂隙扩展所致。它是在应力长期作用下，岩石内部的一种缓慢的调整性变形，实际上是岩石趋于破坏的一个演变过程。坡体中由自重应力引起的剪应力与岩体长期抗剪强度相比很低时，它只能使坡体减速蠕动；只有坡体应力值接近或超过岩体的长期抗剪强度时，坡体才能进入加速蠕动。因此可以认为，导致坡体的最终破坏总要经过一定过程，或非常短暂，或需经过一个相当长的时间。

按照岩体蠕动的特征，它大致可以分为两种基本类型：表层蠕动和深层蠕动。

(1) 表层蠕动

边坡上部的岩体在重力的长期作用下，发生向临空方向的缓慢变形，构成一个剪变带，其位移由坡面向内逐渐降低直至消失，这便是表层蠕动。松散岩体及土质斜坡中，这类蠕动甚为明显，表现为在坡体剪应力足够产生滑动面之前，剪变带内缓慢发生塑性变形。

岩质边坡中的表层蠕动，常称为岩层末端挠曲现象，是指陡立层状结构面较发育的斜坡岩体（页岩、片岩、灰岩等层状岩石或陡倾节理发育的花岗岩），在重力的长期作用下，沿软弱面错动和局部破裂而成的挠曲现象，多发生于上述岩石和岩体所组成的斜坡上。当软弱面越密集，倾角越陡且走向近于平行于坡面时发育尤甚。坡体表面蠕动使松动裂隙张开向纵深发展。由于挠曲使坡脚应力集中加大，有时影响深度可达数十米。

(2) 深层蠕动

深层蠕动主要发育在斜坡下部或坡体内部。按照其形成机制可分为软弱基座蠕动和坡体蠕动两类。

① 软弱基座蠕动

坡体基座产状较缓并且具有一定的相对软弱岩层,在坡体上覆岩层的重力作用下,基座部分向临空方向蠕动,并引起上覆坡体变形与解体,是软弱基座蠕动的特征。当软弱基座塑性较大时,坡脚主要表现为向临空方向的蠕动和挤出,如图 6-19 所示;而当软弱基座具有一定脆性时,则可能通过密集的张性破裂使软弱层错位变形,如图 6-20 所示。这两种变形方式都是由坡面逐渐向深处发展的。

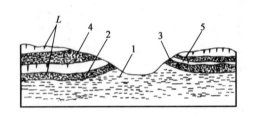 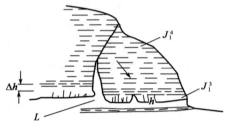

图 6-19　软弱基座挤出　　　　　　　图 6-20　软弱基座蠕动引起上部脆性岩层的张裂
1-黏土岩;2-砂岩;3、5-石灰岩;4-页岩;L-张裂隙　　　J_1^3-煤系;J_1^4-砂岩;Δh-错距;L-张性裂隙面

软弱基座的蠕动变形将引起上覆坡体发生变形或解体。当上覆岩体具有一定柔性时,软弱层会出现"揉曲",脆性层中会出现张性裂隙;当上覆岩体整体呈脆性时,则可因软弱基座蠕动而产生不均匀沉陷,使上覆岩体破裂解体。

② 坡体蠕动

坡体沿缓倾角的软弱结构面向临空方向缓慢移动的现象,称为坡体蠕动。这种现象在卸荷裂隙较发育的具有缓倾角软弱面的坡体中比较普遍,通常是在蠕滑型裂隙基础上发育而成,如图 6-21 所示。

图 6-21　坡体蠕动
1-层面;2-羽裂

形成坡体蠕动的基本条件是坡体具有缓倾角软弱结构面并发育有其他陡倾裂隙。缓倾角软弱面(如夹泥)抗滑性能差,容易在坡体重力作用下产生缓慢的移动变形,这样坡体便发生微量转动,使转折处首先遭到破坏,实际上,转折处也正是应力集中处。图 6-21 充分反映了在蠕动转折处的破坏过程:首先出现的张性羽裂将转折端切断(切角滑移阶段);然后坡体继续遭到破坏,形成次一级剪切面,并伴随有架空现象(次一级剪切面开始形成阶段);再进一步发展,则形成连续滑面(滑面形成阶段),一旦滑面上的下滑力超过抗滑力,即导致坡体破坏。

(二)边坡破坏

《公路工程地质勘察规范》(JTG C20—2011)将岩质边坡破坏分为表6-20所示类型。

岩质边坡破坏类型　　　　　　　　　表6-20

序号	变形破坏类型	亚类	变形破坏特征	变形破坏机制	破坏面形态
1	崩塌		边坡上局部岩体向临空方向拉裂、移动、崩落,崩落的岩体其主要运动形式为自由坠落或沿坡面的跳跃、滚动	拉裂、剪切—滑移。岩体存在临空面,在重力作用下,岩体向临空方向拉裂、剪切—滑移、崩落	切割崩塌体的结构面组合
2	滑动	平面型	边坡岩层、岩体沿某一外倾的层理、节理或断层整体向下滑移	剪切—滑移。结构面临空,边坡岩层、岩体沿某一贯通性结构面向下产生剪切—滑移	平面
		圆弧型	具有散体结构或碎裂结构的岩体沿圆弧形滑动面滑移,坡脚隆起	剪切—滑移。坡面临空,边坡过高,岩体发生剪切破坏,滑裂面上的抗滑力小于下滑力	圆弧
		楔形体	两个或三个结构面组合而成的楔形体,沿两个滑动面交线方向滑动	剪切—滑移。结构面临空,交线倾向路基,楔体沿相交的两结构面向下剪切—滑移	两个倾向相反,交线倾向路基的结构面组合
		折线型	边坡岩体追踪两个或两个以上的外倾结构面产生沿折线型滑动面的滑动	剪切—滑移。边坡岩体沿外倾的层理、节理或断裂构成的折线型滑面产生剪切—滑移	折线
3	错落		坡脚岩体破碎或岩质软弱,边坡的岩体,沿陡倾结构面发生整体下坐(错)位移	鼓胀、下沉、剪切—滑移。结构面临空,坡脚失去支撑,岩体沿陡倾结构面下坐、滑移	与边坡平行的陡倾节理或断层与坡脚缓倾层理
4	倾倒		具有层状反向结构的边坡,在重力作用下,其表部岩层向边坡下方发生弯曲倾倒	弯曲—拉裂—滑动。反倾岩层在重力作用产生的弯矩作用下弯曲、拉裂、折断、滑动	沿软弱岩层面与反倾向节理面追踪形成
5	溃屈		岩层倾角与坡角大体一致,层状同向结构边坡,上部岩层沿软弱面蠕滑,下部岩层鼓起、弯折、剪断,岩层沿上部层面和下部剪切面滑动	滑移—弯曲。顺坡向层间剪应力大于层间结合力,上部岩层沿软弱面蠕滑,由于下部受阻而发生纵向弯曲、鼓起、弯折、剪断,最终滑面贯通后滑动	层面与下部剪断面的组合

续上表

序号	变形破坏 类型	变形破坏 亚类	变形破坏特征	变形破坏机制	破坏面形态
6	滑塌		边坡表面的风化岩体，沿某一弧形或节理、层理组合而成的滑动面产生局部的滑动—坍塌	剪切—滑动—坍塌。风化岩体强度降低发生剪切破坏或滑动面上的抗滑力小于下滑力，风化岩体产生局部滑动并伴有坡面坍塌	圆弧或层理、节理等结构面的组合
7	碎落		边坡表面的风化岩石，在水流和重力作用下，呈片状或碎块状剥离母体、沿坡面滚落、堆积的现象	位裂。岩体存在临空面，在结合力小于重力时，发生碎落	

三、影响边坡稳定性的因素

岩质边坡稳定性受多种因素的影响，其中包括内在因素：组成的岩石性质、地质结构、水的作用、地应力等；外部因素：工程荷载条件、振动、地貌条件等。研究分析影响边坡稳定性的因素，特别是影响边坡变形破坏的主要因素，是稳定性分析和防治处理的重要任务。

（一）地貌条件

地貌是由于地球内、外营力作用而形成的地表起伏形态和物质组成。地貌条件决定了边坡形态，对边坡稳定性有直接影响。边坡的形态是指边坡的高度、坡角、剖面形态、平面形态以及边坡的临空条件等。对于均质岩坡，其坡度越陡，坡高越大则稳定性越差。对边坡的临空条件来讲，工程地质条件类似的情况下，平面呈凹形的边坡较呈凸形的边坡稳定。此外，在边坡倾向与缓倾角结构面倾向一致的同向结构类型地段，边坡稳定性与边坡坡度关系不密切，而主要取决于边坡高度。

（二）岩石的性质

岩石性质的差异是影响边坡稳定性的基本因素，就边坡的变形破坏特征而论，不同的地层岩组有其常见的变形破坏形式。例如，有些地层岩组中滑坡特别发育，这与该地层岩石的矿物成分、亲水特性及抗风化能力等有关，如第三系红色页岩、泥岩、裂隙黏土；二叠系煤系岩组，以及古老的泥质变质岩系（千枚岩、片岩等）都是易滑地层岩组。其次，岩组特征对边坡的变形破坏有着直接影响，坚硬完整的块状或厚层状岩组，易形成高达数百米的陡立斜坡，而在软弱地层的岩石中形成的边坡在坡高一定时，其坡度较缓。由某些岩石组成的斜坡在干燥或天然状态下是稳定的，但一经水浸，岩石强度将大减，斜坡出现失稳，如此等等，充分说明岩石对边坡的变形破坏有直接影响。

（三）岩体结构与地质构造

岩体结构类型、结构面性状及其与坡面的关系是岩质边坡稳定性的控制因素。

结构面的倾角和倾向:同向缓倾边坡的稳定性较反向坡差;同倾向边坡中,结构面的倾角越陡,稳定性越好;水平岩层组成的边坡稳定性亦较好。

结构面的走向:结构面走向与坡面走向之间的关系,决定了失稳边坡岩体运动的临空程度,当同倾向坡的结构面走向和坡面平行时,整个坡面都具有临空自由滑动的条件。因此,对边坡的稳定性最为不利。

结构面的组数和数量:边坡受多组结构面切割时,切割面、临空面和滑动面就多些,整个边坡变形破坏的自由度就大些,组成滑动块体的机会也多些;结构面较多时,为地下水活动提供了较多的通道,显然地下水的出现,将降低结构面的抗剪强度,对边坡稳定不利。另外,结构面的数量影响被切割岩块的大小和岩体的破碎程度,它不仅影响边坡的稳定性,而且影响边坡的变形破坏形式。

对边坡稳定性有影响的岩体结构还包括:结构面的连续性、粗糙程度、结构面的胶结情况、充填物性质和厚度等。

地质构造是影响岩质边坡稳定性的重要因素,这包括:区域构造特点、斜坡地段的褶皱形态、岩层产状、断层与裂隙的发育程度及分布规律、区域新构造运动等。在区域构造较复杂、褶皱较强烈、新构造运动较活跃的区域,斜坡的稳定性较差。斜坡地段的褶皱形态、岩层产状、断层及节理等本身就是软弱结构面,经常构成滑动面或滑坡周界,直接控制斜坡变形破坏的形式和规模。对地质构造进行分析研究,是定性和定量分析评价边坡稳定性的基础。

(四)地下水的作用

地下水对岩质边坡稳定性的影响是十分显著的,大量的事实说明,大多数岩质边坡的变形和破坏与地下水的活动有关。一般情况下,地下水位线以下的透水岩层受到浮力的作用,而不透水岩层的坡面受到静水压力的作用;充水的张开裂隙承受裂隙水静水压力的作用;地下水的运动,对岩坡产生动水压力。另外,地下水对滑动面具有软化作用,地表水对斜坡坡面具有冲刷作用等。

(五)其他因素

对岩质边坡稳定性有影响的因素还包括:地震作用、爆破振动、气候条件、岩石的风化程度、工程力的作用以及施工程序和方法等。这些因素也对边坡的稳定性产生影响,甚至有时其产生的影响会起到重要作用。

四、边坡稳定性评价方法

边坡岩体稳定性分析包括的内容很多,如边坡变形破坏的边界条件问题、岩体的受力条件问题、力学参数选择问题、计算方法问题、边坡安全系数的确定和边坡形成后边坡稳定性的变化趋势问题等。

一个完整的边坡稳定性评价应包括三个主要内容,或称为三个主要步骤。

第一个步骤:在工程地质测绘的基础上,应用地质力学的方法研究区域稳定性及其构造应力和变形,进而研究边坡岩体结构特征,判断边坡变形破坏形式,并对稳定坡角进行推断。

第二个步骤:正确地应用岩体力学的基本理论,研究边坡岩体的受力条件,根据受力条件和岩体变形破坏的形式,考虑岩体的物理力学试验问题及其计算参数的选择,进行稳定计算,分析边坡的稳定性。

第三个步骤:在稳定计算的基础上,从地质成因、岩体结构特征等方面研究边坡变形的发生和发展趋势,着重研究工程地质因素随时间的变化及其对边坡稳定系数的影响,依此达到边坡变形预报的目的。

影响岩质边坡稳定性的因素很多,并且较为复杂,构成边坡变形和破坏的边界条件差异极大,可能出现的边坡破坏形式千变万化。分析评价边坡稳定性常采用的方法有:图解法、工程地质分析法、极限平衡理论、评价有限单元法、边界元法、离散元法、概率法等。受课时限制和考虑课程衔接,在此简要介绍工程地质分析法和极限平衡理论的假定及其分析、评价步骤。

(一)工程地质分析法

工程地质分析法最主要的内容是比拟法,是生产实践中最常用、最实用的边坡稳定性分析方法。它主要是应用自然历史分析法认识和了解已有边坡的工程地质条件,并与将要设计的边坡工程地质条件相对比;把已有边坡的研究或设计经验,用到条件相似的新边坡的研究或设计中去。

对比边坡要有一定原则可循。不同的边坡在有的情况下可以对比,而有时就没有对比的根据。这种根据首先是需要对比边坡的"相似性"。相似性包括两个主要方面:一是边坡岩性、边坡所处的地质构造部位和岩体结构的相似性;其次是边坡类型的相似性。在这种基础上,对比影响边坡稳定性的营力因素和边坡成因。

边坡岩性相似性又是成岩条件的相似性。陆相砂岩与海相砂岩,岩性便有所差别。岩石形成的地质年代不同,岩性也有所不同。所以岩性对比不能忽略岩石的成岩环境、条件和年代。

边坡所处的地质构造部位不同,对边坡稳定性评价及边坡设计具有重大影响。处于地质构造复杂部位(如断层破碎带、褶曲轴部)的边坡,其稳定性及设计与处于地质构造简单部位的边坡有很大不同。

岩体结构的相似性,应特别注意结构面及其组合关系的相似性。要在构成边坡的相似结构面和相似结构面组合条件下进行对比。以相同成因、性质和产状的结构面所构成的边坡进行相互对比。以一组结构面构成的某边坡与一组结构面构成的另一边坡相对比;以多组结构面构成的某边坡与多组结构面构成的另一边坡相对比。

边坡类型的相似性,应在边坡岩性、岩体结构相似的基础上做对比。水上边坡可与河流岸坡对比;水下边坡可与河流水下边坡部分对比;一般场地边坡可与已有公路和铁道路堑边坡对比。如此对比相似的边坡,才可作为选择稳定坡角的依据。

一般情况下,在工程地质比拟所要考虑的因素中,岩石性质、地质构造、岩体结构、水的作用和风化作用是主要的,其他如坡面方位、气候条件等是次要的。在边坡工程地质条件相似的情况下,其稳定边坡可作为确定稳定坡角的依据。

边坡的坡度与岩性关系极为密切,坚硬或半坚硬的岩石常形成直立陡峻的边坡;抵抗风化能力弱的岩石,边坡较平缓;层状岩石由于抵抗风化能力不同,常形成阶梯形山坡;均一岩石,如黏土质岩石形成凹状缓坡。所以在进行对比时,要查清自然边坡的形态及陡缓,以及它们与岩性的关系。

进行边坡对比时,分析边坡的结构类型是非常重要的。首先应分清岩体结构类型的特点,并结合岩石边坡结构类型进行对比,其次应考虑结构面与边坡坡向的关系。

有关水的作用,主要是注意水在岩体中的埋藏条件、流量及动态变化,同时要注意边坡上水下渗的条件。当岩体表层裂隙发育时,地表水沿裂隙下渗,致使岩体湿度增高,结构面软化,将影响边坡岩体的稳定性。

对于风化作用,主要分析风化层厚度的变化与自然山坡坡度的关系,以便进行对比。一般沿河谷边坡的风化层厚度由坡脚向坡顶逐渐变厚,坡角也随之由下向上逐渐变缓。

其他如边坡方位、地震作用、气候作用等,在进行对比时,都是应该考虑的因素。因此,采用工程地质比拟法进行对比时,要从上述这些因素进行分析,以便合理确定边坡的坡度及其稳定性。

在工程实践中,对边坡稳定性影响重大的边坡坡度,通常列出若干影响因素,在此基础上总结出稳定坡度的经验数据,以便采用。目前,国内各部门的工程地质规范和手册均对岩、土边坡坡度值列出了一些经验数据参考表,供在工程地质比拟法中应用。从某种角度看,通过经验数据表确定边坡坡度的过程,也是对边坡及其稳定性对比分析的过程。

(二)极限平衡理论评价法

极限平衡理论是定量评价岩体平衡常用的方法之一。在各种计算公式和评价方法中,一般都遵循一些基本假定,并有一定的分析、评价步骤。

1. 基本假定

(1)将滑体作为均质刚性体,不考虑其本身变形。
(2)都遵循摩尔—库仑定律及由此引伸出的准则。
(3)将边坡失稳体的边界条件简化。如将复杂的失稳体形态简化为简单的几何形态,将滑动面的空间曲面简化为圆弧面、平面或折面;将复杂的空间课题简化为平面课题,以利于沿滑动方向获取代表性剖面,来表征滑体的基本形态;将均布荷载简化为集中力,甚至有时还将力的作用点简化为通过滑体重心等。
(4)认为下滑力等于抗滑力时,边坡处于极限(临界)稳定状态。

由于自然界有许多无法确定的因素,对边坡进行稳定性分析是极其复杂的。因此,为进行计算分析而作出以上一些假定是完全必要的。由于在计算中作了一些假设和简化,故在对边坡进行稳定性分析和评价时,必须对边坡工程地质条件作全面的分析和研究。应该指明,力学分析法的可靠性,很大程度上还取决于计算参数的选择和边界条件的确定,特别是对结构面抗剪指标的选择,至关重要。因此,力学分析法必须以正确的地质分析为基础。

2. 稳定性分析步骤

对边坡进行稳定性分析和评价时,一般按以下步骤进行:

(1)边坡可能破坏模式分析

根据边坡的地质条件,可按表6-6所示,分析边坡破坏的类型与特点,确定可能失稳的边界条件(切割面、滑动面、临空面),以圈定失稳体(滑体)的形态、规模和范围。当边界条件复杂时,可拟定多种可能失稳体的边界条件及破坏模式进行分析、计算,经综合分析后评价边坡的稳定性。

(2)边坡可能失稳体的受力条件分析

当边坡可能失稳体的边界条件和破坏模式确定以后,应进行失稳体的受力分析。除自重外,应根据失稳体的具体工程地质条件和工程荷载特点,确定失稳体各部分的受力状态和大小。但不同边坡的边界具体条件、失稳体形态、受力条件、状态及受力的大小等是截然不同的,在受力条件分析时应引起高度重视。

(3)确定计算参数

应根据可能构成滑移的结构面特性、边坡工程地质条件及有关的试验资料,选择边坡稳定计算中的各种参数。主要有:结构面的内摩擦角(ϕ)和黏聚力(c)、岩体的重度(γ)、地下水位标高及失稳体几何形态参数。特别是 ϕ 和 c 值对边坡稳定性影响很大,一般应通过试验求得。

(4)稳定性判别标准

一般常用剩余下滑力(亦称推力)或安全系数两种指标,对边坡进行稳定性评价。

剩余下滑力是指沿滑移面的下滑力与抗滑力的代数和。当剩余下滑力为正值时,说明边坡处于不稳定状态;负值剩余下滑力没有量的概念,但表明边坡处于稳定状态。

在进行边坡稳定性判断计算时,沿最危险滑动面的总抗滑力与实际下滑力的比值,称为稳定系数(K)。当计算得到的 K 等于 1 时,边坡的稳定处于极限状态;当 K 大于 1 时,该边坡稳定;当 K 小于 1 时,表明边坡正处于滑动中,但只适用于处在缓慢变形阶段的边坡或蠕动滑移型滑坡。一般对高速滑坡,K 值小于 1 就失去了判断意义。因此,当计算出稳定系数小于 1 时,必须与现场情况对照,确认边坡是否正在缓慢变形,若否,则表明计算模型或参数取值有问题,应进行调整。总之,K 值越小,坡体稳定性越低。

根据滑坡勘测和稳定性判断结果,当边坡不稳定或稳定程度较低时,应采取适当的工程措施来提高边坡稳定性。为此要确定抗滑工程的安全系数(K),安全系数反映工程的安全程度,它与稳定系数的表达式和物理意义完全相同,只是在总抗滑力中增加了工程措施的抗滑力。考虑到地质条件的复杂性和工程的重要性,新边坡设计和边坡安全性验算时,对一般工程安全系数 K 取 1.05~1.25,对重要工程 K 可取 1.25~1.30。

第七章
常见的不良地质现象

我国地域辽阔,自然条件复杂,山区占国土面积三分之二以上,在大规模的公路建设中,经常会遇到各种各样的不良地质地区(地段)。它们或者给路线的合理布局、工程设计和施工带来困难,或者给建筑物的稳定和正常使用造成危害。因此,认识它们,了解它们产生的条件,掌握它们形成和发展的规律性,以便采取相应的措施,改善或克服其不利的一面,是提高公路测设质量,减少道路病害及有效治理病灾害的一个重要课题。

不良地质地区(地段)是多种多样的,常见的有崩塌、岩堆、滑坡、泥石流、岩溶、风沙、雪害等,本章只介绍其中最常见的几种。

第一节 崩 塌

一、崩塌的概念

1. 崩塌的概念

在陡峻的斜坡上,巨大岩块在重力作用下突然而猛烈地向下倾倒、翻滚、崩落的现象,称为崩塌。崩塌经常发生在山区的陡峭山坡上,有时也发生在高陡的路堑边坡上。

规模巨大的山坡崩塌称为山崩。斜坡的表层岩石由于强烈风化,沿坡面发生经常性的岩屑顺坡滚落现象,称为碎落。悬崖陡坡上个别较大岩块的崩落称为落石。

崩塌是山区公路常见的一种病害现象。它来势迅猛,常可摧毁路基和桥梁,堵塞隧道洞门,击毁行车,对公路交通造成直接危害。有时因崩塌堆积物堵塞河道,引起壅水或产生局部冲刷,可导致路基水毁。

崩塌可以由自然因素激发产生,也可以由人为因素激发产生。如云南昆明至畹町公路某段的路堑边坡,雨后不久发生崩塌达 1.7 万 m³ 以上,严重阻碍交通;盐津某线,由于大爆破施工,引起数十万立方米的大规模崩塌,堵河成湖,回水淹没路基达 8km 之多。

2. 崩塌的形成条件及影响因素

崩塌虽然发生的比较突然,但它一定的形成条件和发展过程。崩塌形成的基本条件及影响因素,归纳起来,主要有以下几个方面:

(1) 地形条件

斜坡高、陡是形成崩塌的必要条件。调查表明,规模较大的崩塌,一般多发生在高度大于 30m,坡度大于 45°(大多数介于 55°~75°之间)的陡峻斜坡上。

斜坡的外部形状,对崩塌的形成也有一定的影响。一般在上缓下陡的凸坡和凹凸不平的陡坡(图 7-1)上易发生崩塌。

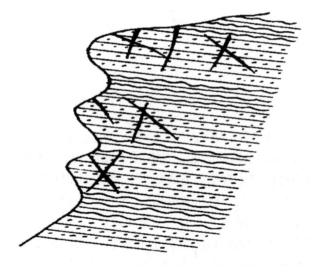

图 7-1 软硬岩互层形成的锯齿状坡面

(2) 岩性条件

坚硬的岩石(如厚层石灰岩、花岗岩、砂岩、石英岩、玄武岩等)具有较大的抗剪强度和抗风化能力,能形成高峻的斜坡,在外来因素影响下,一旦斜坡稳定性遭到破坏,即产生崩塌现象。所以,崩塌常发生在由坚硬性脆的岩石构成的斜坡上。此外,由软硬互层(如砂页岩互层、石灰岩与泥灰岩互层、石英岩与千枚岩互层等)构成的陡峻斜坡,由于差异风化,斜坡外形凹凸不平,因而也容易产生崩塌。另外,由于老黄土强度较高且具有垂直节理,常能形成高陡斜坡,也可产生崩塌。

(3) 构造条件

如果斜坡岩层或岩体的完整性好,就不易发生崩塌。实际上,自然界的斜坡,经常是由性质不同的岩层以各种不同的构造和产状组合而成的,而且常常被各种构造面所切割,从而削弱了岩体内部的连接,为产生崩塌创造了条件。一般说来,岩层的层面、裂隙面、断层面、软弱夹层或其他的软弱岩性带都是抗剪性能较低的"软弱面"。如果这些软弱面倾向临空且倾角较陡时,当斜坡受力情况突然变化时,被切割的不稳定岩块就可能沿着这些软弱面发生崩塌。图7-2为两组与坡面斜交的裂隙,其组合交线倾向临空,被切割的楔形岩块沿楔形凹槽发生崩塌的示意图。

图 7-2 楔形体崩塌示意图
1-裂隙;2-楔形槽;3-崩塌堆积体

(4)其他自然因素

岩石的强烈风化,裂隙水的冻融,植物根系的楔入等,都能促使斜坡岩体发生崩塌现象。但大规模的崩塌多发生在暴雨、久雨或强震之后。这是因为降雨渗入岩体裂隙后,一方面会增加岩体的质量,另一方面能使裂隙中的充填物或岩体中的某些软弱夹层软化,并产生静水压力及动水压力,使斜坡岩体的稳定性降低;或者由于流水冲掏坡脚,削弱斜坡的支撑部分等,都会促使斜坡岩体产生崩塌现象。地震能使斜坡岩体突然承受巨大的惯性荷载,因而往往导致大规模的崩塌。例如2008年5月四川汶川地震(里氏8.0级),导致城区附近公路沿线及河谷两岸普遍发生崩塌。

以上说的是形成崩塌的基本条件和促使斜坡岩体发生崩塌的一些主要自然因素,然而人类不合理的工程活动也是引起崩塌发生的重要因素。由于开挖山体,改变了斜坡外形,使斜坡变陡,软弱构造面暴露,部分被切割的岩体失去支撑,都会引起崩塌。如公路路堑开挖过深,边坡过陡,引起边坡发生崩塌。此外,如坡顶弃方荷载过大或不妥当的爆破施工,也常促使斜坡发生崩塌。

二、崩塌的分类

崩塌产生的条件多种多样、规模大小不等、人们对其研究的目的也各不相同,因此崩塌的分类繁多,这里仅介绍公路工程中常用的两种分类方法。

1.崩塌按规模大小分类

崩塌按规模大小分类,如表7-1所示。

崩塌按规模分类 表7-1

类 型	小型崩塌	中型崩塌	大型崩塌
崩塌体体积 $V(m^3)$	$V \leqslant 500$	$500 < V \leqslant 5\,000$	$V > 5\,000$

2.崩塌按形成机理分类

崩塌按形成机理的分类,如表7-2所示。

崩塌机理分类 表7-2

主要特征 类型	岩性	结构面	地貌	崩塌体形状	受力状态	起始运动形式	失稳主要因素
倾倒式崩塌	黄土、石灰岩及其他直立岩层	多为垂直节理,柱状节理,直立岩层	峡谷、直立岸坡、悬崖等	板状、长柱状	主要受倾覆力矩作用	倾倒	静水压力、动水压力、地震力、重力
滑移式崩塌	多为软硬相间的岩层,如石灰岩夹薄层页岩	有倾向临空的结构面(可能是平面、楔形或弧形)	陡坡通常大于45°	可能组合成各种形状,如板状、楔形、圆柱状等	滑移面主要受剪切力	滑移	重力、静水压力、动水压力
鼓胀式崩塌	直立的黄土、黏土或坚硬岩石,有较厚软岩层	上部发育垂直裂隙、柱状裂隙,下部发育近水平的结构面	陡坡	岩体高大	下部软岩受垂直挤压	鼓胀,伴有下沉、滑移、倾斜	重力、水的软化作用
拉裂式崩塌	多见于软硬相间的岩层	多为风化裂隙和重力拉张裂隙	上部突出的悬崖	上部硬岩层以悬臂梁形式突出出来	拉张	拉裂	重力
错断式崩塌	坚硬岩石、黄土	垂直裂隙发育,通常无倾向临空面的结构	大于45°的陡坡	多为板状、长柱状	自重引起的剪切力	错断	重力

注:参看胡厚田(1989)崩塌分类,略有修改。

三、崩塌的防治

1.勘测调查要点

要有效地防治崩塌,必须首先进行详细的调查研究,掌握崩塌形成的基本条件及其影响因素,根据不同的具体情况,采取相应的措施。调查崩塌时,应注意以下几个方面:

(1)查明斜坡的地形条件,如斜坡的高度、坡度、外形等。

(2)查明斜坡的岩性和构造特征,如岩石的类型、风化破碎程度、主要构造面的产状以及裂隙的充填胶结情况。

(3)查明地面水和地下水对斜坡稳定性的影响以及当地的地震烈度等。

2. 防治原则

由于崩塌发生得突然而猛烈,治理比较困难而且复杂,特别是大型崩塌,所以一般多采取以防为主的原则。

(1)在选线时,应注意根据斜坡的具体条件,认真分析崩塌的可能性及其规律。对有可能发生大、中型崩塌的地段,有条件绕避时,宜优先采用绕避方案;绕避有困难时,可调整路线位置,离开崩塌影响范围一定距离,尽量减少防治工程,或考虑其他通过方案(如隧道、明洞等),确保行车安全。对可能发生小型崩塌或落石的地段,如拟通过,路线应尽量设在崩塌停积区范围之外。如有困难,也应使路线离坡脚有适当的距离,以便设置防护工程。

(2)在设计和施工中,避免使用不合理的高陡边坡,避免大挖大切,以维持山体的平衡。在岩体松散或构造破碎地段,不宜使用大爆破施工,以免由于工程技术上的错误而引起崩塌。

3. 防治措施

(1)清除坡面危石。

(2)坡面加固:坡面喷浆、抹面、砌石铺盖等以防治软弱岩层进一步风化;灌浆、勾缝、镶嵌、锚栓等以恢复和增强岩体的完整性。

(3)危岩支顶:用石砌或混凝土作支垛、护壁、支柱、支墩、支墙等以增加斜坡的稳定性。

(4)拦截防御:修筑落石平台、落石网、落石槽、拦石网、拦石堤、拦石墙等。

(5)调整水流:修筑截水沟、堵塞裂隙、封底加固附近的灌溉引水、排水沟渠等,以防止水流大量渗入岩体而恶化斜坡的稳定性。

(6)遮盖:修筑明洞、棚洞等将公路工程保护起来。

第二节　滑　　坡

一、滑坡的概念

斜坡大量土体和岩体在重力作用下,沿坡体内一定的滑动面(或带)整体向下滑动的现象,称为滑坡。滑坡是坡体失稳的主要形式之一,也是最常见的坡体破坏类型。

规模大的滑坡一般是缓慢地、长期地向下滑动,其位移速度多在突变阶段才显著增大,滑动过程可以延续几年、十几年甚至更长的时间。有些滑坡滑动速度也很快,如1983年3月发生的甘肃东乡洒勒山滑坡,最大滑速可达 $30 \sim 40\text{m/s}$。

滑坡在我国山区分布广泛,不仅规模大、类型多,而且发生频繁,危害严重,是一种常见的山区重力地质现象,也常成为主要的地质灾害。滑坡是山区公路的主要病害之一,由于山坡或路基边坡发生滑坡,常造成交通中断,影响公路的正常运营。大规模的滑坡,可以堵塞河道,摧毁公路,破坏厂矿,掩埋村庄,对山区建设和交通设施危害很大。

滑坡的形态特征:一个发育完全的典型滑坡,一般具有下面一些基本的组成部分(图7-3)。

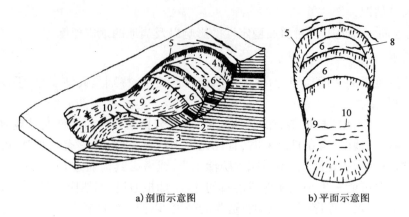

图 7-3 滑坡要素示意图

1-滑坡体;2-滑动面;3-滑坡床;4-滑坡壁;5-滑坡周界;6-滑坡台阶;7-滑坡舌;8-拉张裂缝;9-剪切裂缝;10-鼓张裂缝;11-扇形裂缝

1. 滑坡体

斜坡沿滑动面向下滑动的土体或岩体称为滑坡体。其内部一般仍保持着未滑动前的层位和结构,但产生许多新的裂缝,个别部位还可能遭受较强烈的扰动。

2. 滑动面、滑动带和滑坡床

滑坡体沿其向下滑动的面称为滑动面。滑动面以上,被揉皱了的厚数厘米至数米的结构扰动带,称为滑动带。有些滑坡的滑动面(带)可能不止一个。在最后滑动面以下稳定的土体或岩体称为滑坡床。滑动面(滑动带)是表征滑坡内部结构的主要标志,它的位置、数量、形状和滑动面(带)土石的物理力学性质,对滑坡的推力计算和工程治理有重要意义。

在一般情况下,滑动面(带)的土石挤压破碎,扰动严重,富水软弱,颜色异常,常含有夹杂物质。当滑动面(带)为黏性土时,在滑动剪切作用下,常产生光滑的镜面,有时还可见到与滑动方向一致的滑坡擦痕。在勘探中,常可根据这些特征,确定滑动面的位置。

滑动面的形状,因地质条件而异。一般说来,发生在均质土中的滑坡,滑动面在滑坡纵轴线的剖面上多呈圆弧形;沿岩层层面或构造裂隙发育的滑坡,滑动面多呈直线形或折线形。

3. 滑坡壁

滑动面的上缘,即滑动体与斜坡断开下滑后形成的陡壁,称为滑坡壁。它在平面上多呈圈椅状,其高度自几厘米至几十米,陡度一般为 60°~80°。

4. 滑坡周界

滑坡体与周围未滑动的稳定斜坡在平面上的分界线,称为滑坡周界。滑坡周界圈定了滑坡的范围。

5. 滑坡台阶

有几个滑动面或经过多次滑动的滑坡,由于各段滑坡体的运动速度不同,而在滑坡体上出现的阶梯状的错台,称为滑坡台阶。

6. 滑坡舌

滑坡体的前缘,形如舌状伸出的部分,称为滑坡舌。

7. 滑坡裂缝

滑坡体的不同部分,在滑动过程中,因受力性质不同,所形成的不同特征的裂缝称为滑坡裂缝。按受力性质,滑坡裂缝可分为下面4种:

(1)拉张裂缝

分布在滑坡体上部,与滑坡壁的方向大致吻合,多呈弧形,由滑坡体向下滑动时产生的拉力形成,裂缝张开。

(2)剪切裂缝

分布在滑坡体中部的两侧,因滑坡体下滑,在滑坡体内两侧所产生的剪切作用形成的裂缝。它与滑动方向大致平行,其两边常伴有呈羽毛状排列的次一级裂缝。

(3)鼓张裂缝

主要分布于滑坡体的下部,由于滑坡体上、下部分运动速度的不同或滑坡体下滑受阻,致使滑坡体鼓张隆起所形成的裂缝。鼓张裂缝的延伸方向大体上与滑动方向垂直。

(4)扇形张裂缝

分布在滑坡体的中下部(尤以舌部为多),当滑坡体向下滑动时,滑坡体的前缘向两侧扩散引张而形成的张开裂缝。其方向在滑动体中部与滑动方向大致平行,在舌部则呈放射状,故称为扇形张裂缝。

8. 滑坡洼地

滑坡滑动后,滑坡体与滑坡壁之间常拉开成沟槽,构成四周高中间低的封闭洼地,称为滑坡洼地。滑坡洼地往往由于地下水在此处出露,或者由于地表水的汇集,常形成湿地或水塘。

二、滑坡的形成条件和影响因素

(一)滑坡的形成条件

滑坡的发生,是斜坡岩(土)体平衡条件遭到破坏的结果。由于斜坡岩(土)体的特性不同,滑动面的形状有各种形式,基本的为平面形和圆柱状两种。二者表现虽有不同,但平衡关系的基本原理还是一致的。

斜坡岩(土)体沿平面 AB 滑动时的力系如图7-4所示。

其平衡条件为:由岩(土)体重力 G 所产生的侧向滑动分力 T 等于或小于滑动面的抗滑阻力 F。与第六章边坡稳定性评价一样,通常以稳定系数 K 表示这两力之比。即:

$$K = \frac{总抗滑力}{总下滑力} = \frac{F}{T}$$

很显然,若 $K<1$,斜坡平衡条件已遭破坏而形成滑坡。若 $K \geqslant 1$,则斜坡处于稳定或极限平衡状态。

斜坡岩(土)体沿圆柱面滑动时的力系如图7-5所示。

图中 AB 为假定的滑动圆弧面,其相应的滑动中心为 O 点,R 为滑弧半径。过滑动圆心 O 作一铅直线 OO',将滑体分成两部分,在 OO' 线右侧部分为"滑动部分",其重心为 O_1,重量为 G_1,它使斜坡岩(土)体具有向下滑动的趋势,对 O 点的滑动力矩为 $G_1 d_1$;在 OO' 线左侧部分为"随动部分",起着阻止斜坡滑动的作用,具有与滑动力矩方向相反的抗滑力矩 $G_2 d_2$。因此,其平衡条件为滑动部分对 O 点的滑动力矩 G_1d_1 等于或小于随动部分对 O 点的抗滑力矩 G_2d_2 与滑动面上的抗滑力矩 $\tau \cdot AB \cdot R$ 之和。即：

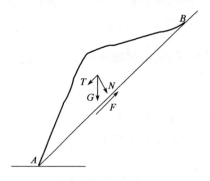

图 7-4　平面滑动的平衡示意图

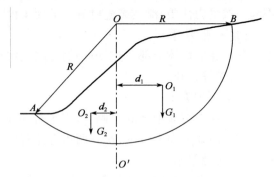

图 7-5　圆弧滑动的平衡示意图

$$G_1d_1 \leqslant G_2d_2 + \tau \cdot AB \cdot R$$

式中：τ——滑动面上的抗剪强度。

其稳定系数 K 为：

$$K = \frac{总抗滑力矩}{总滑动力矩} = \frac{G_2 \cdot d_2 + \tau \cdot AB \cdot R}{G_1 \cdot d_1}$$

同理，$K<1$ 将形成滑坡；$K \geqslant 1$ 斜坡处于稳定和极限平衡状态。

综上可得出滑坡形成的基本条件为：

第一，坡体要具备临空面、切割面，特别是要形成一个贯通的滑动面。

第二，总下滑力（力矩）大于总抗滑力（力矩）。

(二)滑坡形成的影响因素

从上述分析可以看出，斜坡平衡条件的破坏与否，也就是说滑坡发生与否，取决于下滑力（矩）与抗滑力（矩）的对比关系。而斜坡的外形，基本上决定了斜坡内部的应力状态（剪切力的大小及其分布），组成斜坡的岩土体性质和结构决定了斜坡各部分抗剪强度的大小。当斜坡内部的剪切力大于岩土体的抗剪强度时，斜坡将发生剪切破坏而滑动，自动地调整其外形来与之相适应。因此，凡是引起斜坡外形改变和使岩土体性质恶化的所有因素，都将是影响滑坡形成的因素。这些因素，概括起来主要有：

1. 岩性

滑坡主要发生在易于亲水软化的土层中和一些软质岩层中，当坚硬岩层或岩体内存在有利于滑动的软弱面时，在一定的条件下也可能形成滑坡。我国易滑地层及其与滑坡的分布关系见表7-3。

容易产生滑坡的土层有胀缩黏土、黄土和黄土类土，以及黏性的山坡堆积层等。它们有的与水作用容易膨胀和软化；有的结构疏松，透水性好，遇水容易崩解，强度和稳定性容易受到破坏。

容易产生滑坡的软质岩层有页岩、泥岩、泥灰岩等遇水易软化的岩层。此外，千枚岩、片岩等在一定的条件下也容易产生滑坡。

我国主要易滑地层及其与滑坡的分布关系　　　表 7-3

类　　型	易滑地层名称	主要分布地区	滑坡发育情况
黏性土	成都黏土	成都平原	密集
	下蜀黏土	长江中、下游	有一定数量
	红色黏土	中南、闽浙	较密集
	黑色黏土	东北、北方诸省	有一定数量
	新、老黄土	黄河中游、黄土高原诸省	密集
半成岩地层	共和组	青海	极密集
	昔格达组	川海	极密集
	杂色黏土岩	山西	极密集
成岩地层	泥岩、砂页岩	西南地区、山西	密集
	煤系地层	西南地区等地	密集
	砂板岩	湖南、湖北、西藏、云南、四川等地	较密集—密集
	千枚岩	川西北、甘南等地	密集—极密集
	富含泥质的岩浆岩	福建等地	较密集
	其他富泥质地层	零散分布	较密集

2. 构造

埋藏于土体或岩体中倾向与斜坡一致的层面、夹层、基岩顶面、古剥蚀面、不整合面、层间错动面、断层面、裂隙面、片理面等，一般都是抗剪强度较低的软弱面，当斜坡受力情况突然变化时，都可能成为滑坡的滑动面或切割面。如黄土滑坡的滑动面，往往就是下伏的基岩面或是黄土的层面；有些黏土滑坡的滑动面，就是自身的裂隙面。

3. 水

水对斜坡岩土体的作用，是形成滑坡的重要条件。当水渗入滑坡体后，不但可以增大滑坡的下滑力，而且将迅速改变滑动面（带）岩土体的性质，降低其抗剪强度，起到"润滑剂"的作用。所以有些滑坡就是沿着含水层的顶板或底板滑动的，不少黄土滑坡的滑动面，往往就在含水层中。两级滑坡的衔接处常有泉水出露，以及大规模的滑坡多在久雨之后发生，都说明水在滑坡形成和发展中的重要作用。

此外，如风化作用、降雨、人为不合理的切坡或坡顶加载、地表水对坡脚的冲刷以及地震等，都能促使上述条件发生有利于斜坡土石向下滑动的变化，激发斜坡产生滑动现象。尤其是地震，由于地震的加速度，使斜坡土体（或岩体）承受巨大的惯性力，并使地下水位发生强烈变化，促使斜坡发生大规模滑动。如 2008 年 5 月的四川汶川地震，1974 年 5 月的云南昭通地震，以及 1976 年 5 月的云南龙陵地震，同年 8 月的四川松潘—平武地震，尽管区域地质构造和地貌条件不同，凡地震烈度在Ⅶ度以上的地区，都有不同类型的滑坡发生，而在高中山区，则更为严重。

三、滑坡的分类

为了对滑坡进行深入研究和采取有效的防治措施，需要对滑坡进行分类。但由于自然地质条件的复杂性，且分类的目的、原则和指标也不尽相同，因此，对滑坡的分类至今尚无统一的标准。结合我国的区域地质特点和工程实践，按滑坡体的主要物质组成和滑动时的力学特征进行的分类,是工程界广泛使用的滑坡分类方法。

(一)按滑坡体的主要物质组成分

按滑坡的主要物质组成,可以把滑坡分为以下4个类型:

1.堆积层滑坡

堆积层滑坡是公路工程中经常碰到的一种滑坡类型,多出现在河谷缓坡地带或山麓的坡积、残积、洪积及其他重力堆积层中。它的产生往往与地表水和地下水直接参与有关。滑坡体一般多沿下伏的基岩顶面、不同地质年代或不同成因的堆积物的接触面,以及堆积层本身的松散层面滑动。滑坡体厚度一般从几米到几十米。

2.黄土滑坡

发生在不同时期的黄土层中的滑坡,称为黄土滑坡。它的产生常与裂隙及黄土对水的不稳定性有关,多见于河谷两岸高阶地的前缘斜坡上,常成群出现,且大多为中、深层滑坡。其中有些滑坡的滑动速度很快,变形急剧,破坏力强,是属于崩塌性的滑坡。

3.黏土滑坡

发生在均质或非均质黏土层中的滑坡,称为黏土滑坡。黏土滑坡的滑动面呈圆弧形,滑动带呈软塑状。黏土的干湿效应明显,干缩时多张裂,遇水作用后呈软塑或流动状态,抗剪强度急剧降低,所以黏土滑坡多发生在久雨或受水作用之后,多属中、浅层滑坡。

4.岩层滑坡

发生在各种基岩岩层中的滑坡,属岩层滑坡,它多沿岩层层面或其他构造软弱面滑动。这种沿岩层层面、裂隙面和前述的堆积层与基岩交界面滑动的滑坡,统称为顺层滑坡,如图7-6所示。但有些岩层滑坡也可能切穿层面滑动而成为切层滑坡,如图7-7所示。岩层滑坡多发生在由砂岩、页岩、泥岩、泥灰岩以及片理化岩层(片岩、千枚岩等)组成的斜坡上。

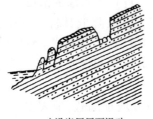
a)沿岩层层面滑动

b)沿坡积层与基岩交界面滑动

图7-6 顺层滑坡示意图

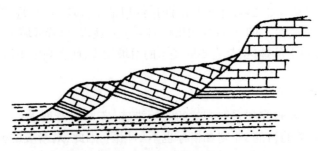

图7-7 切层滑坡示意图

(二)滑坡按滑坡体的体积分类

滑坡按滑坡体的体积分类,如表 7-4 所示。

滑坡按滑坡体的体积分类　　　　　　　7-4

类　型	小型滑坡	中型滑坡	大型滑坡	巨型滑坡
滑坡体体积 $V(m^3)$	$V \leqslant 4 \times 10^4$	$4 \times 10^4 < V \leqslant 3 \times 10^5$	$3 \times 10^5 < V \leqslant 1 \times 10^6$	$V > 1 \times 10^6$

(三)滑坡按滑动面埋深分类

滑坡按滑动面埋深分类,如表 7-5 所示。

滑坡按滑动面埋深分类　　　　　　　表 7-5

类　型	浅层滑坡	中层滑坡	深层滑坡
滑动面埋藏深度 $H(m)$	$H \leqslant 6$	$6 < H \leqslant 20$	$H > 20$

(四)按滑坡力学性质分类

按滑坡的力学特征,可分为牵引式滑坡和推动式滑坡。

1. 牵引式滑坡

主要是由于坡脚被切割(人为开挖或河流冲刷等),使斜坡下部先变形滑动,因而使斜坡的上部失去支撑,引起斜坡上部相继向下滑动。牵引式滑坡的滑动速度比较缓慢,但会逐渐向上延伸,规模越来越大。

2. 推动式滑坡

主要是由于斜坡上部不恰当地加荷(如建筑、填堤、弃渣等)或在各种自然因素作用下,斜坡的上部先变形滑动,并挤压推动下部斜坡向下滑动。推动式滑坡的滑动速度一般较快,但其规模在通常情况下不再有较大发展。

四、滑坡的野外识别和稳定性判断

在路线勘测工作中,预测斜坡滑动的可能性、识别滑坡的存在,并初步分析判断其稳定程度,是合理布设路线、拟定防治方案的一个基本前提。

(一)滑坡的野外识别

斜坡在滑动之前,常有一些先兆现象。如地下水位发生显著变化,干涸的泉水重新出水并且混浊,坡脚附近湿地增多,范围扩大,斜坡上部不断下陷,外围出现弧形裂缝,坡面树木逐渐倾斜,建筑物开裂变形,斜坡前缘土石零星掉落,坡脚附近的土石被挤紧,并出现大量鼓张裂缝等。

经调查证实,山坡农田变形、水田漏水、水田改为旱田、大块田改为小块田,或者斜坡上某段灌溉渠道不断破坏或逐年下移,则说明斜坡已在缓慢滑动过程中。

斜坡滑动之后,会出现一系列的变异现象。这些变异现象,为我们提供了在野外识别滑坡的标志。主要有:

1. 地形地物标志

滑坡的存在，常使斜坡不顺直、不圆滑而造成圈椅状地形和槽谷地形，其上部有陡壁及弧形拉张裂缝；中部坑洼起伏，有一级或多级台阶，其高程和特征与外围河流阶地不同，两侧可见羽毛状剪切裂缝；下部有鼓丘，呈舌状向外突出，有时甚至侵占部分河床，表面多鼓张扇形裂缝；两侧常形成沟谷，出现双沟同源现象(图7-8)；有时内部多积水洼地，喜水植物茂盛，有"醉林"(图7-9)及"马刀树"(图7-10)和建筑物开裂、倾斜等现象。

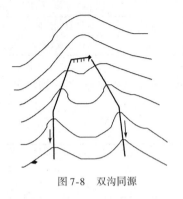

图7-8 双沟同源

2. 地层构造标志

滑坡范围内的地层整体性常因滑动而破坏，有扰乱松动现象；层位不连续，出现缺失某一地层、岩层层序重叠或层位标高有升降等特殊变化；岩层产状发生明显的变化；构造不连续(如裂隙不连贯、发生错动)等，都是滑坡存在的标志。

图7-9 醉林　　　　　　　　　图7-10 马刀树

3. 水文地质标志

滑坡地段含水层的原有状况常被破坏，使滑坡体成为单独含水体，水文地质条件变得特别复杂，无一定规律可循。如潜水位不规则、无一定流向，斜坡下部有成排泉水溢出等。这些现象均可作为识别滑坡的标志。

上述各种变异现象，是滑坡运动的统一产物，它们之间有不可分割的内在联系。因此，在实践中必须综合考虑几个方面的标志，互相验证，才能准确无误，绝不能根据某一标志，就轻率地做出结论。例如，某线快活岭地段，从地貌宏观上看，有圈椅状地形存在，其内并有几个台阶，曾被误认为是一个大型滑坡，后经详细调查，发现圈椅范围内几个台阶的高程与附近阶地高程基本一致，应属同一期的侵蚀堆积面；圈椅范围内的松散堆积物下部并无扰动变形，基岩产状也与外围一致；而且外围的断裂构造均延伸至其中，未见有错断现象；圈椅状范围内，仅见一处流量微小的裂隙泉水，未见有其他地下水露头。通过这些现象的分析研究，判定此圈椅状地形应为早期溪流流经的古河弯地段，而并非滑坡。

(二)滑坡稳定程度的野外判断

滑坡稳定程度的野外判断，主要是通过现场调查，在充分掌握工程地质资料的基础上，可从地貌形态比较、地质条件对比和影响因素变化分析等方面来判断。

1. 地貌形态比较

滑坡是斜坡地貌演变的一种形式,它具有独特的地貌特征和发育过程,在不同的发育阶段有不同的外貌形态。因此,我们可以总结归纳出相对稳定和不稳定滑坡的地貌特征,作为判断滑坡稳定性的参考。

实践中,一般可参照表7-6所列内容进行比较。

稳定滑坡与不稳定滑坡的形态特征　　　　　　　　　　　　表7-6

相对稳定的滑坡地貌特征	不稳定的滑坡地貌特征
1. 滑坡后壁较高,长满了树木,找不到擦痕和裂缝。 2. 滑坡台阶宽大且已夷平,土体密实,无陷落不均现象。 3. 滑坡前缘的斜坡较缓,土体密实,长满草木,无松散坍塌现象。 4. 滑坡两侧的自然沟谷切割很深,谷底基岩出露。 5. 滑坡体较干燥,地表一般没有泉水或湿地,滑坡舌泉水清澈。 6. 滑坡前缘舌部有河水冲刷的痕迹,舌部的细碎土石已被河水冲走,残留有一些较大的孤石。	1. 滑坡后壁高、陡,未长草木,常能找到擦痕和裂缝。 2. 滑坡台阶尚保存台坎,土体松散,地表有裂缝,且沉陷不均。 3. 滑坡前缘的斜度较陡,土体松散,未生草木,并不断产生小量的坍塌。 4. 滑坡的两侧多是新生的沟谷,切割较浅,沟底多为松散堆积物。 5. 滑坡体湿度很大,地面泉水和湿地较多,舌部泉水流量不稳定。 6. 滑坡前缘正处在河水冲刷的条件下

2. 地质条件对比

将需要判断稳定性的滑坡的地层岩性、地质构造及水文地质等条件与附近相似条件下的稳定斜坡、不稳定斜坡以及不同滑动阶段的滑坡进行对比,分析其异同,再结合今后地质条件可能发生的变化,即可判断滑坡的各个部分的稳定程度。

3. 影响因素变化的分析

斜坡发生滑动后,如果形成滑坡的不稳定因素并未消除,则斜坡在转入相对稳定的同时,在新的条件下,又会开始不稳定因素的积累,并导致发生新的滑动。只有当不稳定因素消除,滑坡才能由于稳定因素的逐渐积累而趋于长期稳定。

通过调查,找出对滑坡起主要作用的因素及其变化规律,根据这些因素在建筑物使用年限内的最不利组合及其发展趋势,可粗略地判断滑坡的稳定性。如四川某桥位北岸,地层为砂页岩互层,岩层倾向西南,倾角7°左右,在一组张性裂隙和一对扭性裂隙的不利组合下,大量地表水(城市工业、生活污水和雨水)沿裂隙下渗,使深部页岩泥化,大大降低其强度,形成滑动面,曾引起较大规模的深层岩体滑坡,在采取排水等措施后,已基本趋于稳定,但考虑建桥施工中,将进一步切割坡脚,同时,在桥梁设计使用年限内,下游规划筑一高坝,蓄水后,大部分滑动面将被回水浸泡而引起其抗剪强度再度削弱,可能促使滑坡复活。因此,否定了该桥位。

五、滑坡的防治

(一)工程地质勘测要点

为了有效地防治滑坡,首先必须对滑坡进行详细的工程地质勘测,查明滑坡形成的条件及原因,滑坡的性质、稳定程度及其对公路工程的危害性,并提供防治滑坡的措施与有关的计算参数。为此,需要对滑坡进行测绘、勘探和试验工作,有时还需要进行滑坡位移的观测工作。

滑坡测绘是滑坡调查的主要方法之一，也是系统的滑坡调查首先要做的基本工作。通过测绘，查明滑坡的地貌形态、水文地质特征、弄清滑坡周界及滑坡周界内不同滑动部分的界线等。如滑坡壁的高度、陡度、植被和剥蚀情况；滑坡裂缝的分布形状、位置、长度、宽度及其连通情况；滑坡台阶的数目、位置、高度、长度、宽度；滑坡舌的位置、形状和被侵蚀的情况；泉水、湿地的出露位置和地形与地质构造的关系，流量、补给与排泄关系；岩层层面和基岩顶面是否倾向路线及倾角大小；裂隙发育程度和产状，有无软弱夹层和裂隙水活动等。

滑坡勘探目前常用的有挖探、物探和钻探 3 种方法。使用时互相配合，相互补充和验证。通过勘探，查明滑坡体的厚度，下伏基岩表面的起伏及倾斜情况；用剥离表土或挖探方法直接观察或通过岩心分析判断滑动面的个数、位置和形状；了解滑坡体内含水层和湿带的分布情况与范围，地下水的流速及流向等；查明滑坡地带的岩性分布及地质构造情况等。

通过测绘和勘探，应提出滑坡工程地质图和滑坡主滑断面图。

滑坡工程地质试验，是为滑坡防治工程的设计提供依据和计算参数的。一般包括滑坡水文地质试验和滑带上的物理力学试验两部分。水文地质试验是为整治滑坡的地下排水工程提供资料，一般结合工程地质钻孔进行试验，必要时，做专门水文地质钻探以测定地下水的流速、流向、流量和各含水层的水力联系及渗透系数等。滑动带土石的物理力学试验，主要是为滑坡的稳定性检算和抗滑工程的设计提供依据和计算参数的。除一般的常规项目外，主要是做劈切试验，确定内摩擦角中值和黏聚力 c 值。

(二)防治原则

滑坡的防治，要贯彻以防为主、整治为辅的原则，在选择防治措施前，要查清滑坡的地形、地质和水文地质条件，认真研究和确定滑坡的性质及其所处的发展阶段，了解产生滑坡的主、次要原因及其相互间的联系，结合公路的重要程度、施工条件及其他情况综合考虑。

(1)整治大型滑坡，技术复杂，工程量大，时间较长，因此在勘测阶段对于可以绕避且属经济合理的，首先应考虑路线绕避的方案。在已建成的路线上发生的大型滑坡，如改线绕避将会废弃很多工程，应综合各方面的情况，做出绕避、整治两个方案，进行比较。对于大型复杂的滑坡，常采用多项综合治理，应作整治规划，工程安排要有主次缓急，并观察效果和变化，随时修正整治措施。

(2)对于中型或小型滑坡连续地段，一般情况下路线可不绕避，但应注意调整路线平面位置，以求得工程量小，施工方便，经济合理的路线方案。

(3)路线通过滑坡地区，要慎重对待，详细分析占有资料，对发展中的滑坡要进行整治，对古滑坡要防止复活，对可能发生滑坡的地段要防止其发生和发展。对变形严重、移动速度快、危害性大的滑坡或崩塌性滑坡，宜采取立即见效的措施，以防止其进一步恶化。

(4)整治滑坡一般应先做好临时排水工程，然后再针对滑坡形成的主要因素，采取相应措施。

(三)防治措施

防治滑坡的工程措施，大致可分为 3 类。

1. 排水

(1)地表排水：如设置截水沟以截排来自滑坡体外的坡面径流，在滑坡体上设置树枝状排水系统汇集旁引坡面径流于滑坡体外排出；整平夯实坡面、砌石覆盖坡面等都可以起到防止地表水渗入坡体的作用。

(2)地下排水：目前常用的排除地下水的工程是各种形式的渗沟，其次有盲洞，还有近几年来已广泛使用的平孔排除地下水的方法。平孔排水施工方便、工期短、节省材料和劳力，是一种经济有效的措施。

2. 力学平衡法

如在滑坡体下部修筑抗滑片石垛、抗滑挡墙、抗滑桩、锚索抗滑桩、锚固框架等支挡建筑物，以增加滑坡下部的抗滑力。在滑坡体的上部刷方减载以减小其滑动力，在滑体下部填方压脚以增大抗滑力等。

3. 改善滑动面(带)的土石性质

如采用焙烧、电渗排水、压浆及化学加固等措施增加滑动面(带)岩土体的抗剪强度以直接稳定滑坡。

此外，还可针对某些影响滑坡滑动的因素进行整治，如为了防止流水对滑坡前缘的冲刷，可设置护坡、护堤、石笼及拦水坝等防护和导流工程。

第三节 泥 石 流

一、泥石流概念

泥石流，是山区突然暴发的一种含有大量泥沙、石块的特殊洪流。由于泥石流含有大量的固体物质，暴发突然，持续时间短，侵蚀、搬运和沉积过程异常迅速，比一般洪水具有更大的能量，能在很短的时间内冲出数万至数百万立方米的固体物质，将数十至数百吨的巨石冲出山外。

泥石流对公路的危害是多方面的，主要通过堵塞、淤埋、冲刷和撞击等方式对路基、桥涵及其附属构造物产生直接危害；同时也经常由于堆积物压缩和堵塞河道，使水位壅升，淹没上游沿河路基，或者迫使主河槽的流向发生变化，冲刷对岸路基，造成间接水毁。

我国山区面积广大，约占国土总面积的70%；气候条件特殊，处于东南季风和西南季风的活跃区，降水集中；地壳运动剧烈，地震强度大、频率高；内陆腹地地表岩石风化破碎强烈，植被稀疏。因此，我国泥石流分布广泛、活动频繁，是世界上泥石流危害严重的国家之一。

我国的泥石流活动有如下特点：

(1)分布广泛

在我国各种气候带和海拔高度带的山区都有泥石流发育。根据山区气候环境的差异以及对泥石流活动的影响程度不同，大致可划分出3个大活动区：西南季风气候影响的泥石流极强活动区，东南季风气候影响的泥石流强烈活动区和内陆气候影响的泥石流弱活动区。

(2)类型齐全

受地形地貌、岩石类型及地质构造，特别是气候条件影响，我国山区泥石流不仅分布广泛，而且类型多，各种类型均有分布。

(3)活动频繁

我国各泥石流活动区，以青藏高原边缘山区和川滇山区为我国泥石流最发育、活动最频繁的地区。例如,西藏波密地区古乡沟冰川泥石流,几乎年年频繁暴发。每年冲出山外的固体物质约1 000万 m³。

(4)危害严重

我国是泥石流灾情最严重的国家之一。据统计,全国遭受泥石流危害和威胁的县、市有100多个,已影响到国民经济各个部门。近些年来,随着山区经济建设的发展,对自然的开发和利用强度增大,使自然环境遭受严重破坏,生态平衡失调,直接地创造了泥石流活动的条件,促使泥石流的危害愈益加重。2010年8月7日22时许,甘肃省甘南藏族自治州舟曲县突降特大暴雨,县城北面的罗家峪、三眼峪泥石流暴发,由北向南冲向县城,造成县城由北向南5km长、500m宽区域被夷为平地(约250万 m²),沿河房屋被冲毁,泥石流阻断白龙江,形成堰塞湖,淹没公路桥梁和城区街道建筑,失踪280多人,遇难人数达1 480多人。

典型的泥石流沟,一般可以分为形成、流通和堆积3个动态区。如图7-11所示。

形成区位于流域上游,包括汇水动力区和固体物质供给区。多为高山环抱的山间小盆地,山坡陡峻,沟床下切,纵坡较陡,有较大的汇水面积,区内岩层破碎,风化严重,山坡不稳,植被稀少,水土流失严重,崩塌、滑坡发育,松散堆积物储量丰富。区内岩性及剥蚀强度直接影响着泥石流的性质和规模。

流通区一般位于流域的中、下游地段,多为沟谷地形,沟壁陡峻,河床狭窄,纵坡大,多陡坎或跌水。

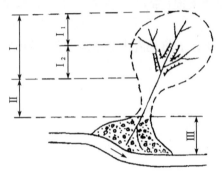

图7-11 泥石流流域分区示意图
Ⅰ-形成区;(Ⅰ₁-汇水动力区;Ⅰ₂-固体物质供给区);Ⅱ-流通区;Ⅲ-堆积区

堆积区多在沟谷的出口处。地形开阔,纵坡平缓,泥石流至此多漫流扩散,流速减低,固体物质大量堆积,形成规模不同的堆积扇。

以上几个分区,仅对一般的泥石流流域而言,由于泥石流的类型不同,常难于明显区分,有的流通区伴有沉积,如山坡型泥石流,其形成区域就流通区,有的泥石流往往直接排入河流而被带走,无明显的堆积层。

二、泥石流的形成条件及其发育特点

(一)泥石流的形成条件及影响因素

泥石流的形成和发展,与流域的地质、地形和水文气象条件有密切的关系,同时也受人类经济活动等影响。

1. 地质条件

凡是泥石流发育的地方,都是岩性软弱,风化强烈,地质构造复杂,褶皱、断裂发育,新构造运动强烈,地震频繁的地区。由于这些原因,导致岩层破碎,崩塌、滑坡等各种不良地质现象普遍发育,为形成泥石流提供了丰富的固体物质来源。我国的一些著名的泥石流沟群,如云南东川、四川西昌、甘肃武都和西藏东南部山区大都是沿着构造断裂带分布的。

2. 地形条件

泥石流流域的地形特征,是山高谷深,地形陡峻,沟床纵坡大。完整的泥石流流域,它的上游多是三面环山,一面出口的漏斗状圈谷。这样的地形既利于储积来自周围山坡的固体物质,也有利于汇集坡面径流。

泥石流堆积区下游,一般都有一条与泥石流沟近于垂直的河流,成为泥石流所搬运物质的吸纳、转运场所。所以,常呈现泥石流沟沿某一河流两岸分布的状况。

3. 水文气象条件

水既是泥石流的组成部分之一,也是泥石流活动的基本动力和触发条件。降雨,特别是强度大的暴雨,在我国广大山区泥石流的形成中具有推动作用。我国降雨过程主要受东南和西南季风控制,多集中在 5 月至 10 月,在此期间也是泥石流暴发频繁的时段。在高山冰川分布地区,冰川、积雪的急剧消融,往往能形成规模巨大的泥石流。此外,因湖的溃决而形成泥石流,在西藏东南部山区,也是屡见不鲜的。

4. 人类活动的影响

良好的植被,可以减弱剥蚀过程,延缓径流汇集,防止冲刷,保护坡面。在山区建设中,如果滥伐山林,使山坡失去保护,将导致泥石流逐渐形成,或促使已经退缩的泥石流又重新发展。如东川、西昌、武都等地的泥石流,其形成和发展都是与过去滥伐山林有着密切联系。此外,在山区建设中,对矿山剥土、工程弃渣处理不当,也会导致发生泥石流。

综上所述,形成泥石流有三个基本条件:

(1)流域中有丰富的固体物质补给泥石流;

(2)有陡峭的地形和较大的沟床纵坡;

(3)流域的中、上游有强大的暴雨或冰雪强烈消融等形成的充沛水源。

(二)泥石流的发育特点

从上述形成泥石流的三个基本条件可以看出,泥石流的发育具有区域性和间歇性(周期性)的特点。

由于水文气象、地形、地质条件的分布有区域性,因此,泥石流的发育,也具有区域性的特点。如前所述,我国的泥石流,多分布于大断裂发育、地震活动强烈或高山积雪、有冰川分布的山区。如泥石流发育的密集地带,是从青藏高原西端的帕米尔高原向东延伸,经喜马拉雅山区,穿越波密—察隅山地向东南呈弧形扩展的,经滇西北和川西的横断山区折向东北,沿乌蒙山,北转大凉山、邛崃山,过秦岭中折,沿黄土高原东南部及太行山、燕山,至辽西、辽东及长白山地区。

由于水文气象具有周期性变化的特点,同时泥石流流域内大量松散固体物质的再积累,也不是短期内所能完成的,因此,泥石流的发育,具有一定的间歇性。那些具严重破坏力的大型泥石流,往往需几年、十几年甚至更长时间才发生一次。一般多发生在较长的干旱年头之后(积累了大量固体物质),出现集中而强度较大的暴雨年份(提供了充沛的水源)。

三、泥石流的分类

泥石流的分类,目前尚不统一。这里根据公路工程中关于泥石流的形成、发展和运动规律,结合防治措施的需要,介绍以下几种主要分类系统。

1. 按泥石流的固体物质组成分类

(1)泥流

所含固体物质以黏土、粉土为主(约占 80% ~ 90%),仅有少量岩屑碎石,黏度大,呈不同稠度的泥浆状。主要分布于甘肃的天水、兰州及青海的西宁等黄土高原山区和黄河的各大支流,如渭河、湟水、洛河、泾河等。

（2）泥石流

固体物质由黏土、粉土及石块、砂砾所组成。它是一种比较典型的泥石流类型。西藏波密地区、四川西昌地区、云南东川地区及甘肃武都地区的泥石流,大都属于此类。

（3）水石流

固体物质主要是一些坚硬的石块、漂砾、岩屑及砂等,粉土和黏土含量很少,一般小于10%,主要分布于石灰岩、石英岩、大理岩、白云岩、玄武岩及砂岩分布地区。如陕西华山、山西太行山、北京西山及辽东山地的泥石流多属此类。

2. 按泥石流的流体性质分类

分为黏性泥石流和稀性泥石流两大类,如表7-7所示。

泥石流按流体性质分类　　　　　　　表7-7

主要特征	泥石流类型	稀 性			黏 性	
		泥流	水石流	泥石流	泥流	泥石流
流体特征	流体密度 (t/m³)	1.3~1.5	1.3~1.6	1.3~1.8	1.5~1.9	1.8~2.3
	运动特征	由稀性浆体与砂砾石块组成,浆体起搬运介质作用,流体中的石块等粗碎屑物质的运动速度小于浆体运动速度,石块沉底被推移滚动前进,有明显垂直交换,呈连续紊动流,无阵流现象			由黏性浆体与砂砾石块组成,粗碎屑物质被束缚于黏稠的浆体中,无垂直交换,近似层流,整体等速度前进,运动过程发生断流,有明显阵流现象	
沉积特征		流体停积后与固体物质很快离析,沉积过程有选性,堆积物细颗粒含量少,空隙大,结构松散,常呈垄岗或扇状的松散石质堆积体分布,表面碎块密集,坎坷不平			流体停积后保持运动时的结构特征,堆积过程无分选性,堆积物细颗粒含量多,大小混杂,空隙小,结构较致密,常呈扇状或舌状的泥石质堆积体分布,表面起伏不平,但较平坦	
冲淤特征		比一般洪水破坏力大,有冲,有淤,以冲刷危害为主			比稀性泥石流破坏力大,大冲,大淤,以淤泥积危害为主	

3. 按泥石流流域的形态特征分类

按流域形态特征分类是一种较常用的泥石流分类方法,分为标准型泥石流、河谷型泥石流和山坡型泥石流。

标准型泥石流,也称为沟谷型泥石流,具有明显的形成、流通和堆积三个区域。

河谷型泥石流,流域呈狭长形,形成区分散在河谷的中、上游。固体物质被远距离从形成区带到堆积区,沿河谷既有堆积又有冲刷。沉积物棱角不明显。破坏能力较强,周期较长,规模较大。

山坡型泥石流,沟小流短,沟坡与山坡基本一致,没有明显的流通区,形成区直接与堆积区相连。洪积扇坡陡而小,沉积物棱角尖锐、明显,大颗粒滚落扇脚。冲击力大,淤积速度较快,但规模较小。

4. 按泥石流发生的频率分类(表7-8)

泥石流按发生频率分类　　　　　　表7-8

泥石流类型	特　征
高频泥石流	多位于地壳强烈上升区,岩层破碎、风化强烈、山体稳定性差。泥石流基本上每年发生。固体物质主要来源于沟谷内的滑坡、崩塌。沟床和扇形地上泥石流堆积物新鲜,几乎无植被发育
低频泥石流	分布于各类山地,山体稳定性好,无大型活动滑坡、崩塌。泥石流爆发周期较长,一般在10年以上。固体物质主要来源于沟床内的松散堆积物。规模一般较大。沟床和扇形地上巨石遍布,植被较好

5. 按泥石流规模大小分类(表7-9)

泥石流按规模分类　　　　　　表7-9

类　型	固体物质储量 V_v (m^3/km^2)	固体物质一次最大冲出量 V_c (m^3)
小型	$V_v \leq 5 \times 10^4$	$V_c \leq 1 \times 10^4$
中性	$5 \times 10^4 < V_v \leq 1 \times 10^5$	$1 \times 10^4 < V_c \leq 5 \times 10^4$
大型	$1 \times 10^5 < V_v \leq 1 \times 10^6$	$5 \times 10^4 < V_c \leq 1 \times 10^5$
特大型	$V_v > 1 \times 10^6$	$V_c > 1 \times 10^5$

四、泥石流的防治

(一)泥石流勘测要点

在勘测时,应通过调查和访问,查明泥石流的类型、规模、活动规律、危害程度、形成条件和发展趋势等,作为路线布局和选择通过方案的依据。并收集工程设计所需要的流速与流量等方面的资料。

发生过泥石流的沟谷,常遗留有泥石流运动的痕迹。如离河较远,不受河水冲刷,则在沟口沉积区都发育有不同规模的洪积扇或洪积锥,扇上堆积有新堆积的泥石物质,有的还沉积有表面嵌有角砾、碎石的泥球;在通过区,往往由于沟槽窄,经泥石流的强烈挤压和摩擦,沟壁常遗留有泥痕、擦痕及冲撞的痕迹。

在有些地区,虽然未曾发生过泥石流,但存在形成泥石流的条件,在某些异常因素(如大地震、特大虹雨等)的作用下,有可能导致泥石流的突然暴发,对此,在勘测时应特别予以注意。

(二)泥石流的防治原则

(1)路线跨越泥石流沟时,首先应考虑从流通区或沟床比较稳定、冲淤变化不大的堆积扇顶部用桥跨越。这种方案可能存在以下问题:平面线形较差,纵坡起伏较大,沟口两侧路堑边坡容易发生崩塌、滑坡等病害,因此,应注意比较。还应注意目前的流通区有无转化为堆积区的趋势。

(2)当河谷比较开阔,泥石流沟距大河较远时,路线可以考虑走堆积扇的外缘。这种方案线形一般比较舒顺,纵坡也比较平缓,但可能存在以下问题:堆积扇逐年向下延伸,淤埋路基;河床摆动,路基有遭受水毁的威胁。

(3)对泥石流分布较集中,规模较大,发生频繁、危害严重的地段,应通过经济和技术比较,在有条件的情况下,可以采取跨河绕道走对岸的方案或其他绕避方案(图7-12)。

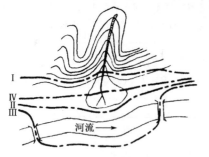

图7-12 公路通过泥石流地段的几种方案示意
Ⅰ-从堆积扇顶部通过;Ⅱ-从堆积扇外缘通过;
Ⅲ-跨河绕越通过;Ⅳ-从堆积扇中部通过

(4)如泥石流流量不大,在全面考虑的基础上,路线也可以在堆积扇中部以桥隧或过水路面通过。采用桥隧时,应充分考虑两端路基的安全措施。这种方案往往很难彻底克服排导沟的逐年淤积问题。

(5)通过散流发育并有相当固定沟槽的宽大堆积扇时,宜按天然沟床分散设桥,不宜改沟归并。如堆积扇比较窄小,散流不明显,则可集中设桥,一桥跨过。

(6)在处于活动阶段的泥石流堆积扇上,一般不宜采用路堑。路堤设计应考虑泥石流的淤积速度及公路使用年限,慎重确定路基高程。

(三)泥石流的防治措施

防治泥石流应全面考虑跨越、排导、拦截以及水土保持等措施,根据因地制宜和就地取材的原则,注意总体规划,采取综合防治措施。

1.水土保持

包括封山育林、植树造林、平整山坡、修筑梯田;修筑排水系统及支挡工程等措施。水土保持虽是根治泥石流的一种方法,但需要一定的自然条件,收效时间也较长,一般应与其他措施配合进行。

2.跨越

根据具体情况,可以采用桥梁、涵洞、过水路面、明洞及隧道、渡槽等方式跨越泥石流。采用桥梁跨越泥石流时,既要考虑淤积问题,也要考虑冲刷问题。确定桥梁孔径时,除考虑设计流量外,还应考虑泥石流的阵流特性,应有足够的净空和跨径,保证泥石流能顺利通过。桥位应选在沟道顺直、沟床稳定处,并应尽量与沟床正交。不应把桥位设在沟床纵坡由陡变缓的变坡点附近。

3.排导

采用排导沟、急流槽、导流堤等措施使泥石流顺利排走,以防止掩埋道路、堵塞桥涵。泥石流排导沟是常用的一种建筑物。设计排导沟应考虑泥石流的类型和特征。为减小沟道冲淤,防止决堤漫溢,排导沟应尽可能按直线布设。必须转变时,应有足够大的弯道半径。排导沟纵坡宜一坡到底,如必须变坡时,从上往下应逐渐变陡。排导沟的出口处最好能与地面有一定的高差,同时必须有足够的堆淤场地,最好能与大河直接衔接。

4.滞流与拦截

滞流措施是在泥石流沟中修筑一系列低矮的拦挡坝,其作用是:拦蓄部分泥沙石块,减弱泥石流的规模;固定泥石流沟床,防止沟床下切和谷坡坍塌;减缓沟床纵坡,降低流速。拦截措施是修建拦渣坝或停淤场,将泥石流中的固体物质全部拦淤,只许余水过坝。

第四节 岩　　溶

一、岩溶的概念

岩溶是指地表水和地下水对地表及地下可溶性岩石所进行的以化学溶解作用为主,机械侵蚀作用为辅的溶蚀作用、侵蚀—溶蚀作用以及与之相伴生的堆积作用的总称。在岩溶作用下所产生的地表形态和沉积物,称为岩溶地貌和岩溶堆积物。在岩溶地区所产生的特殊地质、地貌和水文特征,概称为岩溶现象。因此,岩溶即岩溶作用及其所产生的一切岩溶现象的总称,岩溶也称为喀斯特(Karst)。

我国西南、中南地区岩溶现象分布比较普遍。其中桂、黔、滇、川东、鄂西、湘西、粤北连成一片,面积达五十六万平方千米。

岩溶与工程建设的关系很密切。在水利水电建设中,岩溶造成的库水渗漏是水工建设中主要的工程地质问题。在岩溶地区修建隧洞,一旦揭穿高压岩溶管道水时,就会造成大量突水,有时挟有泥沙喷射,给施工带来严重困难,甚至淹没坑道,造成机毁人亡等事故。在地下洞室施工中遇到巨大溶洞时,洞中高填方或桥跨施工困难,造价昂贵,有时不得不另辟新道,因而延误工期。

在岩溶地区修筑公路的主要问题有:

(1)由于地下岩溶水的活动,或因地面水的消水洞穴被阻塞,导致路基基底冒水、水淹路基、水冲路基以及隧道涌水等;

(2)由于地下洞穴顶板的坍塌,引起位于其上的路基及其附属构造物发生坍陷、下沉或开裂;

(3)如何正确地利用天生桥以跨越地表河流,利用暗河、溶洞以扩建隧道等岩溶形态的改造利用问题。

因此,在岩溶地区修建公路,应深刻了解岩溶发育的程度和岩溶形态的空间分布规律,以便充分利用某些可以利用的岩溶形态,避让或防治岩溶病害对路线布局和路基稳定造成的不良影响。

岩溶的形态类型很多,如图7-13所示,有石芽、石林、溶沟、漏斗、溶蚀洼地、坡立谷和溶蚀平原、溶蚀残丘、孤峰和峰林、槽谷、落水洞、竖井、溶洞、暗河、天生桥、岩溶湖、岩溶泉及土洞等。与公路工程有密切关系的岩溶形态主要有以下几种:

1. 漏斗

由地表水的溶蚀和侵蚀作用并伴随塌陷作用而在地表形成的漏斗形态,直径和深度一般由数米至数十米,是最常见的地表岩溶形态之一。

2. 溶蚀洼地

由许多相邻的漏斗不断扩大汇合而成。平面上呈圆形或椭圆形,直径由数百米至一、二千米。溶蚀洼地周围常有溶蚀残丘、峰丛、峰林,底部常有漏斗和落水洞。

3. 坡立谷和溶蚀平原

坡立谷是一种大型的封闭洼地,宽数百米至数公里,长数百米至数十公里,四周山坡陡峻,谷底宽平,覆盖溶蚀残余的黏性土,有时还有河流冲积层。

图7-13 岩溶地貌形态示意图

1-溶沟;2-石芽;3-溶蚀漏斗;4-溶蚀洼地;5-落水洞;6-溶洞;7-溶柱;8-天生桥;9-暗河及伏流;10-暗湖;11-石钟乳;12-石笋;13-石柱;14-隔水层;15-河成阶地;Ⅰ-岩溶剥蚀面;Ⅱ-剥蚀面上发育的溶沟、溶芽和漏斗;Ⅲ-石林;Ⅳ-洼地;Ⅴ-溶蚀平原

坡立谷进一步发展,即形成宽广开阔的溶蚀平原。

4. 落水洞和竖井

落水洞和竖井都是地表通向地下深处的通道,下部多与溶洞或暗河连通,是岩层裂隙受流水溶蚀扩大或坍塌而成。常出现在漏斗、槽谷、溶蚀洼地和坡立谷的底部,或河床的边缘,呈串珠状分布。

5. 溶洞

溶洞是一种近于水平方向发育的岩溶形态。多由地下水对岩层的长期溶蚀和塌陷作用而形成,是早期岩溶水活动的通道。溶洞规模、形态变化很大,除少部分洞身比较顺直、断面比较规则外,多忽高忽低,忽宽忽窄,曲折很大,且多支洞。在溶洞内普遍分布有钟乳石、石笋、石柱等岩溶形态。

6. 暗河与天生桥

暗河是地下岩溶水汇集、排泄的主要通道,在岩溶发育地区,地下大部分都有暗河存在。其中部分暗河常与地面的槽谷伴随存在,通过槽谷底部的一系列漏斗、落水洞使两者互相连通。因此,可以根据这些地表岩溶形态的分布位置,概略地判断暗河的发展方向。

溶洞或暗河洞道塌陷,在局部地段有时会形成横跨水流的天生桥。

7. 土洞

在坡立谷和溶蚀平原内,可溶性岩层常为第四纪土层所覆盖。由于地下水位降低或水动力条件改变,在直空吸蚀以及淋滤、潜蚀、搬运作用下,使上部土层下陷、流失或坍塌,形成大小不一、形状不同的土洞。

二、岩溶的发育条件及影响因素

(一)岩溶发育的基本条件

岩溶发育必须具备下列4个条件:可溶岩层的存在,可溶岩必须是透水的,具有侵蚀能力的水和水是流动的。

可溶性岩层是发生溶蚀作用的必要前提,它必须具有一定的透水性,使水能进入岩层内部进行溶蚀。纯水对钙、镁、碳酸盐的溶解能力很弱,含有二氧化碳及其他酸类时,侵蚀能力才能显著提高。具有侵蚀能力的水在碳酸盐岩中停滞而不交替,很快成为饱和溶液而丧失其侵蚀性,因此水的流动是保持溶蚀作用持续进行的必要条件。

1. 岩石的可溶性

岩石的可溶性取决于岩石的岩性成分和结构。

按岩性成分,可溶性可划分为:易溶的卤素盐类、中等溶解度的硫酸盐类和难溶的碳酸盐类。卤素盐类及硫酸盐类虽易溶解,但分布面积有限,对岩溶的影响远不如分布较广的碳酸盐类岩石。

碳酸盐岩由不同比例的方解石和白云石组成,并含有泥质、硅质等杂质。纯方解石的溶解速度约为纯白云石的两倍,故纯石灰岩地区的岩溶最为发育,白云岩次之,硅质和泥质灰岩最难溶蚀。

2. 岩石的透水性

碳酸盐岩的初始透水性取决于它的原生孔隙和构造裂隙的发育程度。厚层质纯的灰岩,构造裂隙发育很不均匀,各部分初始透水性差别很大,溶蚀作用集中于水易于进入的裂隙发育部位;薄层的碳酸盐岩,通常裂隙发育比较均匀,因而岩溶发育也比较普遍,但薄层石灰岩含黏土等杂质成分比较多,所以岩溶规模一般不大。

3. 水的溶蚀性

水的溶蚀性主要决定于水溶液的成分。含有碳酸的水,对碳酸盐类的溶蚀能力比纯水大得多。水中二氧化碳的含量受空气中二氧化碳含量的影响,水中二氧化碳的含量越多,水的溶蚀力越大。其化学方程式如下:

$$CaCO_3 + H_2O + CO_2 \rightleftharpoons Ca^{2+} + 2HCO_3^-$$

另外,水中二氧化碳的含量与大气中的二氧化碳含量及局部气压成正比,而与温度成反比。这样地壳上层的水的溶蚀能力比地表水及地下深处的水的溶蚀能力更强,尤其是地壳上层经强烈的生物化学作用生成侵蚀性碳酸,加强了地壳上部水的溶蚀能力。但是,地球化学作用的影响也促进了深部岩溶的发育。

4. 水的流动性

水的溶蚀能力与水的流动性关系密切。在水流停滞的条件下,随着二氧化碳不断消耗,水溶液达到平衡状态,成为饱和溶液而完全丧失溶蚀能力,溶蚀作用便告终止。只有当地下水不断流动,与岩石广泛接触,富含二氧化碳的渗入水不断补充更新,水才能经常保持溶蚀性,溶蚀作用才能持续进行。

(二)影响岩溶发育的因素

影响岩溶发育的因素很多,除上述基本条件外,地质的因素还有地层(包括地层的组合、厚度)和构造(包括地层产状、大地构造、地质构造等)。地理因素有气候、覆盖层、植被和地形等。其中,气候因素对岩溶影响最为显著。

1. 气候的影响

从大范围来说,气候是影响岩溶发育的一个重要因素。我国南方的气候湿热,岩溶远较干燥寒冷的北方发育。据统计,广西中部可溶盐的年溶蚀量为 0.12~0.3mm,而河北西北部仅为 0.02~0.03mm,两者相差达 6~10 倍。湿热气候下植被发育,土层生物化学作用强烈,水中富含碳酸及有机酸,又有充沛的降水量,大量富有侵蚀性的水,提供了强大的溶蚀能力。

2. 地层的组合、厚度及产状的影响

根据地层组合特征,碳酸盐地层可粗略地分为:由比较单一的各类碳酸盐岩层组成的均匀地层;由碳酸盐岩层和非碳酸盐岩层相间组成的互层状地层;以非碳酸盐为主,间夹有碳酸盐类岩层的间层状地层。不同的组合特征构成不同的水文地质断面,同时也控制了岩溶的空间分布格局。在均匀状地层分布区,岩溶成片分布,且发育良好,如广西的阳新统、马平统地层分布区。在互层状地层分布区,岩溶成带状分布,如贵州北部。而间层状地层分布区,岩溶只零星分布,如广西西北部。当可溶岩下伏空隙率小的非可溶岩时,由于非可溶岩的隔水作用,水在可溶岩内集中,所以岩溶发育强烈。

在巨厚层和厚层碳酸盐类岩层中,一般含不溶物较少,结晶颗粒粗大,因此溶解度较大,加之张开的节理裂隙发育,岩溶化程度较剧烈,而薄层碳酸盐类地层则相反。

岩层产状由于控制地下水的流态,而对岩溶的发育程度及方向有影响,如水平岩层中岩溶多水平发育;直立地层区岩溶可发育很深;倾斜地层中,由于水的运动扩展面大,最有利于岩溶发育。

3. 构造的影响

岩溶发育与地质构造关系甚为密切,很多典型岩溶区均受构造体系控制。断裂及褶皱构造均有利于岩溶发育,尤其是断裂构造发育的地区,沿断裂破碎带岩溶发育较为强烈。断层的规模、性质、走向、断裂带的破碎及填实状态,都和岩溶发育密切相关。例如,正断层破碎带,断层裂隙宽大,破碎带内多断层角砾岩,透水性强,有利于岩溶发育。压性断层的破碎带,常形成大量碎裂岩、糜棱岩,胶结好,孔隙率低,呈致密状态,其构造面常起隔水作用。但在断层两端,裂隙发育,常形成富水地段,因此岩溶发育。不论正断层还是逆断层,一般其上盘的岩溶发育程度常较下盘显著。

褶皱构造对岩溶发育的影响,一是控制水流的循环动态;二是由于褶皱区的裂隙发育的特点的影响。例如,背斜构造为山时构成补给区;呈谷时构成汇水区,都因裂隙的发育而促进岩溶的发展。在背斜的轴部和倾伏端,岩溶发育最强烈,向两翼逐渐减弱。向斜构造区由于裂隙发育、地下水及地表水的汇集而形成特定的水循环交替条件,因此在其轴部,岩溶最发育,向两翼逐渐减弱。

4.水文与地形条件的影响

水文网的切割程度,决定着地下水的排泄条件。水文网切割强烈,地下水排泄畅通,岩溶就发育。因此,在岩溶地区有深切峡谷或侵蚀沟谷时,河流经常成为岩溶水的排泄基准面,基准面以下岩溶的发育程度一般相对较小。新构造运动的性质和强度,对水文网的切割程度和侵蚀基准面的升降有明显的影响,因而也影响着岩溶的发育。上升运动使侵蚀基准面相对下降,会引起地下水垂直循环的加强,导致岩溶强烈发育;下降运动则使它减弱,甚至停止发展。

三、岩溶的发育与分布规律

(一)在水平方向上

岩溶的发育强度取决于地下水的交替强度。在同一地区,哪里的地下水交替强度大,哪里的岩溶就更发育。由于地下水交替强度通常是从河谷向分水岭核部逐渐变弱,因此,岩溶的发育程度也呈现由河谷向分水岭核部逐渐减弱的现象。但是这种现象,在一些特殊条件的影响下,也可能会改变。如断层破碎带的存在将是水流的良好通道,因而易形成岩溶显著发育的地段;又如,可溶岩与非可溶岩或某些金属矿床(如黄铁矿)的接触带,有利于水的活动或增强其侵蚀性,因而将导致这些地段的岩溶显著发育。

(二)在垂直方向上

由于岩层裂隙随着深度增加而逐渐减少,地下水运动也相应减弱,因而岩溶的发育一般是随深度增加而逐渐减弱。

在地表,主要受降水及地表径流的影响,广泛发育有溶沟、溶槽等地表岩溶形态。在岩溶地块中,水的运动状况具有明显的垂直分带性,从而决定了地下岩溶的发育强度和形态分布的某些规律性。地下岩溶水的运动状况大致可分为以下4个循环带(图7-14):

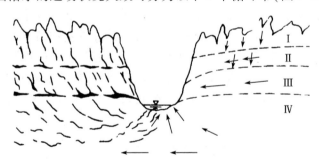

图7-14 岩溶水的垂直分带
Ⅰ-垂直循环带;Ⅱ-过渡循环带;Ⅲ-水平循环带;Ⅳ-深部循环带

1.垂直循环带(充气带)

垂直循环带位于地面以下、潜水面之上,平时无水,当降雨时地表水沿裂隙向下渗流,开拓岩层中的裂隙,形成竖向的岩溶形态,如漏斗、落水洞和竖井等。

2.水平循环带(饱水带)

水平循环带位于潜水面以下,为主要排水通道控制的饱和水层。在此带中的岩溶水是常年存在的,水的运动主要沿水平方向进行,所以它是地下岩溶形态的主要发育地带,并广泛发育水平溶洞、地下河、地下湖及其他大型水平延伸的岩溶形态。

3. 过渡循环带(季节变动带)

过渡循环带位于垂直循环带和水平循环带之间,潜水面随季节而升降。雨季潜水面升高,此带即变为水平循环带的一部分,旱季潜水面下降,此带又变为垂直循环带的一部分,是两者之间的一个过渡带。所以,此带既发育有竖向的岩溶形态,也发育有水平的岩溶形态。由于岩层裂隙随深度增加而逐渐减少,因而以水平岩溶形态为主。

4. 深部循环带(滞流带)

深部循环带在水平循环带之下,岩溶化的岩层也是饱和的,但因位于深部,地下水运动很缓慢,所以,这一带的岩溶作用是很微弱的。

新构造运动对岩溶的垂直分布有重要的影响,如当地壳上升时,侵蚀基准面相对下降,就加强了垂直或接近垂直方向的水流运动,因此,形成竖向的岩溶系统;而当地壳升降极缓慢或处于相对稳定阶段时,水流即在稳定的基准面上水平运动,形成水平的岩溶系统;当地壳上升期与稳定期断续发生时,相应地就出现高程不同的水平溶洞层,并往往与同侵蚀基准面相适应的河谷阶地的高程相一致。这种情况,在重庆嘉陵江观音峡谷坡上表现很明显,如图7-15所示。

图7-15 嘉陵江观音峡谷坡的水平溶洞系统

1-溶洞;2-泉

掌握岩溶的发育、分布规律,对在岩溶地区公路选线、选择桥位和隧道位置有重要的现实意义。如某公路,沿石灰岩峡谷设线,行至石灰岩与砂页岩接触带,根据上述规律,可以预见该带岩溶必然发育强烈,故及早提坡改走山脊线,避开了岩溶强烈发育地带,保证了路基的稳定。又如某大桥9号墩,原估计可能有大溶洞存在,设计了钻孔桩基础,后经详细调查,分析此墩位于薄层泥质灰岩层上,不致形成大溶洞,因而改用明挖,为多、快、好、省地建桥作出了贡献。某隧道,由于事先未对该区岩溶分布情况做充分的调查研究,施工掘进已达300m,发现一长约102m、宽90m的大溶洞,洞顶高出坡肩约60m,洞底最深处在路肩下约72m,处理极为困难,结果被迫废弃。

四、岩溶发育地区修筑公路应注意的问题

(一)选线

在岩溶地区选线,要想完全绕避是不大可能的,尤其是在我国中南和西南岩溶分布十分普遍的地区,更不可能。因此,宜遵循认真勘测、综合分析、全面比较、避重就轻、兴利防害的原则。根据岩溶发育和分布规律,注意以下几点:

(1)在可溶性岩石分布区,路线应选择在难溶岩石分布区通过。

(2)路线方向不宜与岩层构造线方向平行,而应与之斜交或垂直通过,因暗河多平行于岩层构造线发育。

(3)路线应尽量避开河流附近或较大断层破碎带,不可能时,亦宜垂直或斜交通过,以免由于岩溶发育或岩溶水丰富而威胁路基的稳定。

(4)路线应尽可能避开可溶岩与非可溶岩或金属矿床的接触带,因这些地带往往岩溶发育强烈,甚至岩溶泉成群出露。

(5)岩溶发育地区选线,应尽量在土层覆盖较厚的地段通过,因一般覆盖层起到防止岩溶继续发展,增加溶洞顶板厚度和使上部荷载扩散的作用。但应注意覆盖土层内有无土洞的存在。

(6)桥位宜选在难溶岩层分布区或无深、大、密的溶洞地段。

(7)隧道位置应避开漏斗、落水洞和大溶洞,并避免与暗河平行。

(二)岩溶区地基稳定性评价

岩溶区的地基,一般应进行稳定性评价,以便必要时采取措施处理。但如果基础底面下土层的厚度大于地基压缩层的厚度,且不具备形成土洞的条件时,可不考虑岩溶对地基稳定性的影响。或基础底面下土层的厚度虽小于地基压缩层的厚度,但溶洞内已被密实的沉积物填满而又无被水冲蚀的可能时;或洞体较小,基础尺寸大于溶洞的平面尺寸,又有足够的支承时;或洞体顶板岩石较坚固完整,其顶板具有一定的安全厚度时,也可不考虑岩溶对地基稳定的影响。至于溶洞顶板安全厚度的验算,目前尚无一个满意的方法,还有待于进一步研究。下面介绍几种目前已有的算法。

1. 利用顶板坍塌物填塞溶洞估算顶板安全厚度(图 7-16)。

该方法认为洞顶坍塌后,塌落体体积会增大,当塌落到一定高度 H 时,洞体就自行填满,无需再考虑其对地基的影响。塌落高度再加适当的安全系数便为顶板安全厚度。

设溶洞体积为 V_0,发生的坍塌体积为 V,岩石的胀余系数(即坍塌体的膨胀系数)为 k(一般石灰岩 $k=1.2$)。按上述假定可得:

$$V \cdot k = V_0 + V$$

$$V = \frac{V_0}{k-1}$$

如溶洞断面接近矩形,则得顶板塌落高度为:

$$H = \frac{H_0}{k-1} \qquad (7\text{-}1)$$

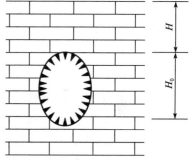

图 7-16 利用顶板坍塌物填塞溶洞估算顶板安全厚度

这个方法适用于顶板岩层风化严重、裂隙发育,有坍塌可能的溶洞。

2. 按梁板受力情况估算顶板安全厚度

当溶洞顶板和支座岩层比较完整,层理较厚,强度较高,洞跨较大,弯矩是主要控制条件时,可按梁板受力情况估算顶板安全厚度。

设溶洞宽度为 l,溶洞顶板受总荷重(包括自重和附加荷载)为 q,梁板宽度(路基或桥基底宽)为 b。

根据抗弯验算:

$$\frac{6M}{bH^2} \leq [\sigma]$$

可得：
$$H = \sqrt{\frac{6M}{b[\sigma]}} \qquad (7\text{-}2)$$

式中：$[\sigma]$——岩体的允许抗弯强度（石灰岩一般为其允许抗压强度的1/8）；

M——弯矩。当顶板跨中有裂缝，两端支座处岩石坚固完整时，按悬臂梁计算，$M = \frac{1}{2}ql^2$；当顶板一支座处有裂缝，而顶板其他地方完整时，按简支梁计算，$M = \frac{1}{8}ql^2$；当顶板岩层完整时，按两端固定梁计算，$M = \frac{1}{12}ql^2$。

所得 H 再加适当的安全系数，便为顶板的安全厚度。

3.利用剪切概念估算顶板安全厚度

当溶洞顶板岩层完整，层理较厚，强度较高，但洞跨较小，剪力是主要控制条件时，可按顶板受剪情况估算顶板安全厚度，如图7-17所示。

设路基或桥基范围内的溶洞顶板总荷重（包括自重和附加荷载）为 q，该范围内的顶板抗剪力为 T。

根据极限平衡条件 $q - T = 0$ 而 $T = \tau \cdot H \cdot L$，顶板厚度为：

$$H = \frac{q}{\tau \cdot L} \qquad (7\text{-}3)$$

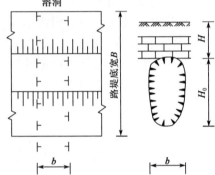

图7-17 利用剪切概念估算顶板安全厚度

式中：τ——岩体的允许抗剪强度，石灰岩一般为其允许抗压强度的1/12；

L——溶洞的平面周长。在图7-17中，$L = 2(B+b)$。

所得 H 再加适当的安全系数，便为顶板的安全厚度。

（三）岩溶的工程处理

几十年来，在大量的路桥工程实践中，我们已积累了许多处理岩溶的宝贵经验。这些经验可大体概括为疏导、跨越、加固、堵塞、钻孔充气与恢复水位等。

疏导：对岩溶水宜疏不宜堵。一般可以明沟、泄水洞等加以疏导。

跨越：以桥涵等建筑物跨越流量较大的溶洞、暗河。

加固：为防止溶洞塌陷和处理由于岩溶水引起的病害，常采用加固的方法。如洞径大，洞内施工条件好，可用浆砌片石支墙加固；如洞深而小，不便洞内加固，可用大块石或钢筋混凝土板加固；或炸开顶板，挖去填充物，换以碎石等换土加固；利用溶洞、暗河作隧道时，可用衬砌加固等。

堵塞：对基本停止发展的干涸溶洞，一般以堵塞为宜。如用片石堵塞路堑边坡上的溶洞，表面以浆砌片石封闭。对路基或桥基下埋藏较深的溶洞，一般可通过钻孔向洞内灌注水泥砂浆或混凝土等加以堵填。

钻孔充气：是为防止真空吸蚀作用引起地面塌陷的一种措施。通过钻孔，可消除岩溶在封闭条件下所形成的真空腔的作用。

恢复水位：是从根本上消除因地下水位降低造成地面塌陷的一种措施。

第八章
公路工程地质问题

公路是带状建筑,线路绵延数百千米,穿越地形、地质条件复杂的不同构造单元,沿线各地段孕育着各种自然地质灾害,时时威胁着公路的安全。公路建筑物的设置和施工,改变了建筑物周围的地质环境,破坏了山体的平衡和稳定状态,可能引发出各种工程地质问题。本章主要讨论公路工程建设的工程地质问题。按路基、桥涵和隧道3种不同工程建筑物常见的工程地质问题及其发生的地质条件和背景进行阐述。

第一节 路基工程地质问题

路基是公路的重要组成部分,它主要承受车辆的动力荷载和其上部建筑的重力及自然因素的作用。坚固、稳定的路基是公路安全运行的保障。

路基断面有路堑、路堤及半填半挖3种形式,线路设计高程高出地面时,必须填方修成路堤,线路设计高程低于地面时,又必须开挖成路堑(图8-1)。路基所出现的各种软化、变形和整体失稳一般称为路基病害。路基病害常与特殊的工程地质条件有关,其实质是路基工程地质问题。本节按照路基病害发生的特点和所处的位置,分为路基不均匀变形、边坡变形破坏及部分路段路堤整体横向移动3部分进行简要介绍。

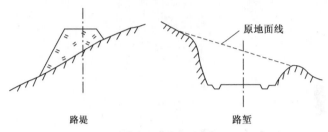

图 8-1 路堤和路堑

一、路基不均匀变形

路基不均匀变形以路基沉陷变形较为常见,但也包括鼓胀变形。除路基施工碾压不足外,特殊的工程地质条件及山区特殊的地形地貌常是主要原因。软土、湿陷性黄土、多年冻土、岩溶空洞和地下矿山采空区等分布区域的路基常出现路基沉陷变形,而在盐渍土和膨胀土分布地区的路基则常出现不均匀鼓胀变形。按各种特殊土类和地质条件对路基的不均匀变形分别进行叙述,主要介绍地质条件与路基病害的关系,各类土的成因、性质等基础内容详见第四章。

（一）特殊地质条件引起的路基不均匀变形

1. 软土路基沉陷

软土具有强度低、压缩性高、含水率大和透水性小等不利的工程性质。在软土上修筑公路时,经常遇到软土地基压缩变形和地基剪切破坏带来的路堤过大沉陷和破坏两大工程问题。因此,软土地基沉降计算（固结理论）和稳定性分析（强度理论）是软土理论的两大课题,也是工程设计和施工必须考虑的两个主要问题。

在软土地区进行工程建设,勘察工作应查明软土的分布范围和厚度、软土的垂直结构、物质成分、物理和力学性质；选线、定线时,路线应选择在靠近山丘、地势较高的地段通过,尽量远离河流、湖塘、封闭或半封闭的洼地；设计时,应根据沉降计算和稳定性分析确定路堤极限高度（临界高度）,根据工后沉降量标准制订施工工艺和地基处理方法,当基底不作特殊加固处理,用快速施工方法修筑路堤时,必须控制路堤填筑高度和填筑速度,否则地基或路堤必须采取加固或其他处理措施；软土地基处理方法一般有换填法、抛石挤淤法、反压护道法、砂垫层法、预压、沙井或袋装沙井、挤密沙桩、塑料板等排水法,石灰、水泥或化学药剂加固法等。工程实践中,多采用几种方法综合处理,如砂垫层、预压和塑料排水板一起使用。

2. 黄土地基沉陷

黄土具有特殊的孔隙大、垂直节理发育等结构特性,强渗透和遇水崩解的水理特性,干燥时高强度、浸水后强度明显降低的强度特性,造成黄土路基常出现路堤下沉、坡面冲刷、边坡滑塌和滑坡、冲沟侵蚀路基等工程病害。特别是湿陷性黄土质地疏松,大孔隙和垂直裂隙发育,富含可溶盐,浸水后结构迅速破坏而发生显著的附加下沉,工程病害更是发生频繁而且强烈。

黄土路基各种病害的发生与水的关系密切。路堤沉陷除因施工时压实度不足外,常是由地基湿陷、地下洞穴塌陷、路线通过冲沟时沟底地基湿软、冲沟逆源侵蚀路基等原因造成的；雨水造成坡面冲刷、滑塌,河流冲刷坡脚或地下水软化坡脚引起滑坡；地下水位较高造成路基软化和冻胀、翻浆。因此,在黄土地区进行公路建设和公路病害治理必须重视排水问题,包括地表排水和地下排水。

黄土陷穴、人工坑洞、地下墓穴等人工洞穴在黄土地区较为多见。线路勘测时不易发现,运营一段时间后可能突然发生沉陷。由于地下暗穴不易发现,西北地区铁路路基曾多次颠覆列车。

因黄土地基湿陷造成房屋建筑、公路铁路出现变形或破坏的事例是比较常见的。如兰州西北民族学院两幢学生楼,使用14年后因楼内管道失修,漏水渗入地下引起沉陷,下沉量达12~20cm,楼房被迫报废。甘肃、陕西等黄土分布区的多条公路因地基湿陷造成路基、路面、桥梁和涵洞变形或破坏。因此,对于修建在黄土地区的工程建筑,必须查清建筑地区的黄土是否具有湿陷性及其湿陷性的强弱,根据情况采取夯实、换填土或化学加固等地基处理措施,注意排除地表水和地下水渗入的可能性。在有陷穴、人为洞穴分布的地区,应查明陷穴、洞穴的分布规律,对已有的陷穴应回填夯实,平整地面,排除地表水和地下水的影响。

3. 多年冻土路基变形

多年冻土地区处于特殊的自然环境状态,年均气温低于0℃,多年冻土地层结构从地表向下依次为:随季节变化而处于冻结和融化状态的季节活动层、保持常年冻结的多年冻土层、常年融化层。多年冻土层的顶面称为多年冻土上限,底面则称为下限。天然状态下,在上限以下存在厚度不等的冰层或含土冰层。多年冻土受气候、地表植被等环境条件和冻土含冰量、地温等条件影响,处于不同稳定状态。一般地讲,气温、地温越低,地表植被越好,冻土稳定性也越好;因为水的热容量较大,所以含冰量越大,冻土稳定性也越好。

由于修筑公路、铁路,特别是公路铺筑沥青面层,破坏了多年冻土的水热平衡状态,吸热大于散热,多年冻土逐渐融化。上限附近不同厚度和不同含冰量的冰层融化,可引起路基基底发生不均匀沉陷,或由于水分向路基上部集聚而引起冻胀、翻浆。青藏公路格尔木至拉萨段位于青藏高原腹地,穿越五百多千米的多年冻土分布区,自二十世纪七十年代铺筑沥青面层以来,出现了大范围较严重的路基、路面沉陷,病害主要集中出现在不稳定和较不稳定冻土带。另外,路基下的冰丘、冰锥和季节活动层的冻融作用往往会使路基鼓胀,引起路基、路面的开裂与变形;当冰丘、冰锥溶解后,路基又发生不均匀沉陷。东北大、小兴安岭多年冻土地区的道路受冰丘、冰锥的影响,鼓胀和沉陷变形较为明显;青藏公路则以路基、路面开裂较为严重。

针对多年冻土特性和道路病害,多年冻土地区路基设计采用保护、一般保护和不保护3种原则。保护原则也称为被动原则,是采取工程措施严格控制多年冻土不发生变化的原则;一般保护是采取工程措施,控制冻土变形速率和变形总量;不保护原则也称主动原则,是采取措施加速冻土融化或清除冻土以及不采取任何工程保护措施的原则。保护原则适用于重要和对变形敏感的工程结构物,且冻土为稳定或较稳定型;一般保护原则适用于受变形影响不敏感的工程,适用的冻土类型为较稳定型;不保护原则一般适用于不稳定冻土。

4. 膨胀土路基变形

膨胀土因特殊的工程性质对工程建筑产生多种危害,而且变形破坏具有反复性。在膨胀土地区,房屋建筑常出现开裂变形;路面常出现大范围、大幅度的随季节变化的波浪变形;路基常出现的病害有不均匀鼓胀和沉陷,沿路肩部位的纵裂和坍肩,在路堑边坡和路堤边坡的剥落、冲蚀、溜塌、塌滑和滑坡,有"逢堑必滑,无堤不坍"之说。

这些病害的产生必须具备两个基本条件：一是土具有胀缩特性，胀缩性越大可能产生的病害越严重；二是水的渗入，没有含水率的变化，则不会产生土的体积变化和结构破坏，即不会产生路基的变形和破坏。因此，控制填土的性质或改善土的胀缩性，减小路基、路面水的渗入，是防治膨胀土道路病害的重要手段。膨胀土的膨胀潜力与土的初始密度和初始含水率有关，初始密度越大、初始含水率越小，土体膨胀潜力越大；反之，则小。因此，采用合理的填土压实标准和碾压含水率，是减轻胀缩危害的另一重要方面。铁路科研部门经过研究指出，为减轻路基胀缩危害，应降低膨胀土的路基压实标准。

膨胀土的强度为典型的变动强度，具有初期强度极高、经过几个干湿循环后强度极低的特点。初期强度极高，造成施工开挖和破碎碾压困难，也不易被压实。路堤填筑后，在大气物理风化和湿胀干缩效应作用下，土块崩解，受上部重力和行车荷载作用，路堤易产生不均匀下沉。路堤越高，沉陷量越大，尤其以桥头填土的沉陷更为严重。

路肩部位常因机械碾压不到，使填土达不到要求的密实度。同时，因路肩位于临空面，受大气物理风化作用强烈、干湿交替频繁，其胀缩程度远大于路堤内部。所以在路肩部位常产生坍滑、沉陷和纵向裂缝等病害。

膨胀土路堑边坡表层土体受大气物理风化作用明显，使土块碎解成细粒状、鳞片状颗粒，在重力作用下易发生剥落，在坡面水流作用下易发生冲蚀。经过长期的湿胀干缩循环，边坡表层土体强度明显降低，在水和重力作用下，易发生坡体溜塌、塌滑和滑坡。膨胀土滑坡多为牵引式，呈迭瓦状，成群发生。滑坡体为纵长式，一般可从坡脚牵引至坡顶，多为浅层性，厚度 1.0~3.0m 为多，一般不超过 6.0m，滑坡体厚度与大气风化作用层厚度有关。膨胀土滑坡的发生与土的性质和土体结构关系密切，与边坡高度和坡度关系不明显。因此，以放缓坡度来防止膨胀土滑坡的发生，产生的效果并不明显，必须采取其他有效的工程措施。但膨胀土地区的边坡坡度还是比其他土类边坡明显平缓。

5. 盐渍土路基变形

我国沿海和内陆地区分布着大范围的盐渍土，当盐渍土中硫酸盐含量较高时，土的物理、力学和筑路性质会发生显著变化，从而引起许多路基病害。路基和地基土中的硫酸盐，因地表浅层水热状况的变化而发生化学成分和物理性状的改变。以硫酸钠为例，硫酸钠在水中的溶解度随温度而改变。在温度为 32.4℃ 时，硫酸钠的溶解度达到峰值，高于或低于这个温度，溶解度都将降低。当温度低于 32.4℃ 时，溶解度随温度降低而急剧减小，溶液的析出物为十水硫酸钠。当温度高于 32.4℃ 时，溶解度随温度升高而降低，析出物为无水硫酸钠。无水硫酸钠的密度为 2.68g/cm^3，十水硫酸钠的密度为 1.48 g/cm^3，从理论上讲，无水硫酸钠的体积大约是十水硫酸钠的 3 倍。因此，盐渍土地区的路基随着温度的变化而出现胀缩现象，低温季节，由于土体膨胀，路面会出现鼓包、开裂现象；高温季节，由于硫酸盐脱水，路基会出现松软和泥泞现象。内陆干旱地区季节温差和昼夜温差大，盐渍土地区公路、铁路、机场道面等的病害也相应严重。如新疆 314 国道焉吉、轮台段出现过较严重胀缩病害，敦煌机场跑道也因强烈的胀缩影响正常使用，而进行过大规模专项整治。

影响路基盐胀的主要因素有土质、含盐类型、含盐量、土的含水率、土体密度、温度及其变化过程等。

孔隙较小的黏性土和孔隙较大的砂性土不利于水和盐分的迁移，对改善盐胀作用有利。因此，黏土或天然沙砾常被用作垫层以隔断地下水和盐分向路基及路面内的积聚。一般来讲，盐胀作用最为强烈的土为粉性土。粉土的孔隙率较大且孔隙连通性好,孔隙的大小也有利于毛细水的迁移,毛细水上升的过程就是盐分集中的过程,所以粉土路基的盐胀作用最为强烈。

各种盐类中,以硫酸盐的胀缩最为明显,其中又以 Na_2SO_4 最强烈,氯盐和碳酸盐类的胀缩性较小。

含盐量对膨胀影响的基本规律是:含盐量小于某一值时土体膨胀不明显,大于该值后膨胀量迅速增加,当盐分增加到不能被土中水完全溶解时,多余的盐分将不再形成盐胀,即盐胀量不再随含盐量的增加而增加。以在盐胀中起主要作用的 Na_2SO_4 为例,当含盐量小于 1% 时,土体无明显的膨胀;当含盐量大于 2% 时,膨胀量随含盐量的增加迅速增大。因此,路基设计规范规定盐渍土 Na_2SO_4 含量小于 1.2% 时,部分工程可用其作为路基填料;大于 2% 时,工程中不能使用,或采取改性措施后才可使用。

含水率对盐胀的影响与含盐量有关。当含水率小于 6% 时,无论含盐量多少,土体膨胀都不明显;当含盐量大于 2%、含水率大于 6% 时,随着含水率的增加盐胀率增加,但盐胀率有一峰值,超过该峰值后,盐胀率随含水率增加而减小,减小的原因是:含水率的增加导致盐溶液的浓度降低而成为非饱和溶液,从而使盐分结晶能力降低;当含盐量大于 3% 以后,盐胀率为峰值时所对应的含水率约 14%~18%。

土体密度对盐胀率的影响,在密度—膨胀率图上为一下凹曲线:对应于某一干密度(硫酸盐渍土为 $1.6~g/cm^3$),土体盐胀率最小;小于和大于该密度,盐胀率均增加。路基要求的压实密度所对应的盐胀率是较大的。

盐渍土的盐胀受温度控制,随着温度低于某一值而开始并逐渐增大。开始产生结晶膨胀所对应的温度称为起胀温度。硫酸盐渍土的起胀温度在 25℃ 左右,盐胀增长的温度区间很大,从起胀温度开始一直可延续到 −15℃,即一般从秋末开始一直延续到隆冬。降温速率对盐胀也有明显影响,降温缓慢时盐胀量大,快时盐胀量小。

6. 岩溶和采空区路基沉陷

碳酸盐岩分布地区,常常由于岩溶引起一系列工程地质问题。岩溶地区路基的主要工程地质问题有:由于地下洞穴顶板的坍塌,引起位于其上的路基及其附属构造物发生坍塌、下沉或开裂;由于地下岩溶水的活动,或因地面水的消水洞穴阻塞,导致路基基底冒水、水淹路基、水冲路基以及隧道涌水等病害。因此,在岩溶地区修建公路,应全面了解路线通过地带岩溶发育的程度和岩溶形态的空间分布规律,避让或防治影响路基稳定的岩溶病害。

岩溶洞穴位于地下,洞顶坍塌引起的路基沉陷具有隐蔽性和长期性特点,初期不易被发现。例如,津浦铁路泰安段路基位于覆盖型岩溶地区,地表为第四系地层,下伏基岩为寒武系和奥陶系石灰岩以及白云质灰岩。覆盖层和碳酸盐岩中含有丰富的潜水和岩溶裂隙水。1960 年后,该地区大量开采地下水,引起水力坡降和流速增大,继之产生冲蚀和潜蚀,发展到一定阶段,在覆盖层中引起了坍塌。1977 年后,地面塌陷日趋严重,路基、桥涵被毁,多次中断行车,危及津浦铁路安全,后经采取"岩溶注浆"与"旱桥跨越"相结合的整治方案,才确保了路基稳定。

与岩溶洞穴塌陷相似,地下矿山采空区塌陷也常造成地面大范围沉陷,给位于其上的公路带来路基路面变形和破坏。山西、内蒙古、陕西和安徽淮南、淮北等地的煤矿区常出现因采空区塌陷造成损失的事件。

（二）山区特殊地形地貌条件引起的路基不均匀变形

山区公路穿越不同的地形和地质组成，其路基常存在填方与挖方、填高与填低、挖在较完整坚硬岩土层与挖在松软岩土层等不同情况，必然会造成路基的纵横向不均匀变形，使路基沉陷或开裂。

1. 山区路基的横向不均匀变形

在沟谷密集发育地段，路基断面以填方及挖方交替的形式出现。而填方和挖方路段在荷载和水的作用下，由于沉降变形不同，导致路基发生横向不均匀变形。

沟谷等低洼处一般采用高填方路堤，路基自重较大，但沟谷内地基较松软，在路堤自重、行车荷载及水的作用下，地基易产生过大沉降或不均匀沉降，导致路基产生横向不均匀变形。

不同填方高度的路基，在荷载及水的作用下，也会产生不同程度的沉降变形，导致路基产生横向不均匀变形。

2. 山区路基的纵向不均匀变形

山坡线全挖方路段，由于山体表层岩体与山体内部岩体风化程度不同或山体表层覆盖有松散堆积物，通常路基由外部风化程度较高的岩体（或松散堆积层）与内部较完整的岩体两部分构成，如图8-2a)所示。在荷载及其他因素的影响下，路基不同部位产生的沉降量不同，导致路基产生纵向不均匀变形。

山坡线半填半挖路段，通常路基外侧为填方、内侧为挖方，如图8-2b)所示。在荷载及其他因素的影响下，路基填、挖方部位产生的沉降量不同，导致路基产生纵向不均匀变形。

a) 全挖方路段　　　　　　　　　　b) 半填半挖路段

图8-2　山区路基的纵向不均匀变形

二、边坡工程地质问题

边坡受岩性、构造等地质条件，风化、水的渗入和冲刷等自然地质作用，以及人工开挖等工程活动的影响，常出现坡面变形和整体失稳破坏两类工程病害。在山区高等级公路建设中，高大边坡大量出现，因此边坡工程地质问题会越来越严重，破坏和造成的损失也会更加严重。

（一）坡面变形

坡面变形是指路堑（或路堤）边坡坡面的局部破坏，包括风化剥落、落石、冲刷和表层滑塌等类型。

剥落是指岩质路堑边坡岩体在风化作用及地表各种地质营力作用下，岩体表层破裂成大小不等的岩屑，滚落在坡脚下就地堆积的过程。剥落多发生在坡积层、页岩、泥岩和砂质泥岩组成的边坡中，强烈风化的花岗岩坡面也易发生砂状剥落。产生剥落的原因主要是温度、湿度的变化、冻胀等引起的各种物理风化作用,使岩体结构发生破坏。剥落是岩质边坡坡面缓慢变形的过程,边坡岩体整体上是稳定的。坡面剥落发展到严重阶段,大量岩屑堆积在坡脚,堵塞侧沟,排水不畅,如不及时清理,局部剥落不断扩大可发展为较大的表层滑塌或崩塌,影响整个边坡稳定。

植物防护是一种经济、简便,效果较好的坡面防护措施。植物能覆盖表土,防止雨水冲刷,固结土壤,能有效地防止坡面风化剥落。对于易风化的岩石边坡坡面,开挖后应及时采用水泥石灰砂浆或石灰炉渣浆抹面,也可采用喷混凝土护坡或浆砌片石封闭坡面的方法。

坡面冲刷是雨水顺坡面流动时将松散的颗粒带走,而在坡面上冲刷出一条带状小纹沟的过程。结构松散的土质边坡特别是黄土边坡,常常是冲刷强烈作用的部位。一条条顺坡面排列的细长沟槽,将坡面分割得支离破碎。如果这些变形进一步发展,将会导致路堑或路堤更大规模的破坏。因此,对坡面上刚出现的轻微冲刷应及时整治。做好地面和路面排水,截断流向坡面的水流,使之减至最小,对已经形成的冲刷沟槽,嵌补、填实,防止其继续发展是整治冲刷的有效手段。

表层滑塌是由于边坡上有地下水出露,形成点状或带状湿地,产生的坡面表层滑塌现象。这类破坏由雨水浸湿、冲刷也能产生。它往往是边坡更大规模变形破坏的前奏。对已发生的破坏应及时整治,避免进一步发展。疏导和拦截地下水,保持坡面干燥,可以防止边坡变形的发展。

（二）整体失稳

整体失稳是指边坡的整体塌滑和滑坡。塌滑时边坡上部或顶部地面下沉,出现多条拉张裂缝,边坡中、下部向外鼓胀,显示出边坡整体滑动和破坏的征兆。

边坡整体塌滑和滑坡是路基工程中的重要工程地质问题。山区公路常常需要在斜坡坡脚开挖路堑,修建人工边坡。这种工程活动改变了斜坡内初始的应力状态,使坡脚剪应力更趋于集中,开挖的人工边坡切断了斜坡岩体内各种结构面,破坏了边坡岩体的稳定性。

这种由工程开挖引起的边坡滑动,常发生在岩层顺坡倾斜,层间夹有泥化的页岩或泥岩层中,倾角大于泥化层层间的内摩擦角,一旦开挖切断坡脚岩层,即刻引起顺层滑动。某一滑坡由白垩系泥质砂岩、页岩组成,岩层倾向线路,倾角为15°。边坡上部砂岩中发育两组陡倾角节理,倾向斜路。地表水沿节理下渗至砂岩、页岩接触面,浸润软化页岩。施工开挖路堑后,岩体失去平衡,形成基岩滑坡(图 8-3)。

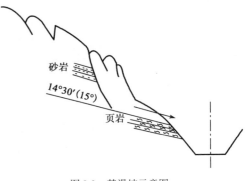

图 8-3　某滑坡示意图

斜坡坡脚坡积层广泛分布,公路傍山修建时切割坡脚,截断坡积层,降低其稳定性,易引起坡积层沿下伏基岩面向线路方向滑动。因此,山区公路坡积层内发生的滑坡是常见的边坡病害。

山区河谷斜坡是自然地质作用强烈地段,河岸两侧也是边坡整体稳定病害多发地段。受河流侵蚀作用和岩层产状影响,河谷斜坡处于不同稳定状态。一般来看,顺倾向岸坡地形较缓,但整体稳定性较差(图 8-4);反倾向岸坡则相反;河流凹岸稳定性较差,凸岸稳定性则较好。

岩质边坡的破坏失稳与岩体中发育的各种结构面有很大关系。结构面破坏了岩体的完整性，使岩体成为各种结构面分割的岩块组合体。相比之下结构面的强度远低于岩块。岩体破坏都是沿着结构面发生的，特别是边坡岩体中结构面贯通，产状有利于滑动破坏时，尤为不利（图8-5）。岩质路堑边坡常见的破坏形式有单滑面和双滑面（或称楔形滑动）两种类型。

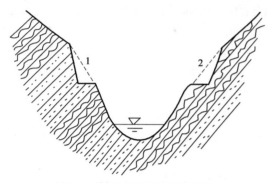

图8-4 单斜河谷边坡稳定性示意图
1-有利情况；2-不利情况

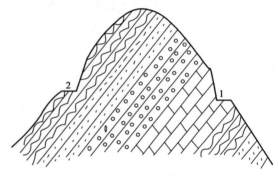

图8-5 地质构造对边坡稳定的影响
1-有利情况；2-不利情况

（三）路基边坡坡度的确定方法

路基边坡坡度的确定是勘测设计中的一项重要工作，边坡坡度直接涉及坡体稳定与坡面冲刷、剥落等问题，也牵扯到工程造价、环境保护等方面，是路基设计的主要内容之一。因自然条件的复杂性，边坡坡度主要是按工程地质比拟法确定，即根据岩土体的类型和性质、工程地质和水文地质条件、拟用的施工方法、边坡的高度等因素，参照当地自然极限山坡和已建边坡的坡度进行确定。

土质边坡的稳定性受多种因素的影响，如土的类型和成因、地表水或地下水的影响等。这些因素目前还难于用定量指标表达，因此需要详细地调查边坡所在地区土的成因类型、土的性质以及边坡所处的地貌特征等工程地质和水文地质条件，结合同类土已有的人工边坡和自然斜坡的稳定情况，经过对比和综合分析确定边坡的坡度。土质均匀时，则可采用力学计算方法确定边坡的坡度。

岩质路堑边坡的稳定性主要受岩性、地质构造特征、结构面和线路的关系、裂隙发育程度、风化作用及水的作用等因素影响。一般地讲，岩浆岩边坡较陡，沉积岩、变质岩中硬岩类坡度较陡，泥页岩、千枚岩、片岩等软岩的坡度较缓；岩石风化严重、裂隙发育、地下水丰富的边坡应较缓，反之则坡度宜大。

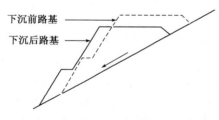

图8-6 路堤整体横向滑移

具体的边坡设计是路基工程课程的任务。

三、路堤的整体横向滑移

在地面横坡比较陡时，如果路堤填筑前未对原地表面进行妥善处理，在荷载和水的作用下，一定范围内的路堤将可能会整体横向滑移，从而影响路基功能的发挥。

第二节　桥梁工程地质问题

桥梁是公路工程建筑的重要组成部分。线路跨越河流、沟谷或其他道路,需要架设桥梁,桥梁也是线路通过地质灾害频繁发生地区的主要构造物。

在公路工程地质勘测中,由于对桥址周围的工程地质特征了解不足,在桥梁施工、运营时,遇到不少问题。如有的将墩、台设在滑坡上,基坑开挖时引起滑坡复活,而使已建成的墩、台错位,有的墩、台建在岩溶洞穴上,致使墩、台倾斜无法使用。查明建筑物场址周围的工程地质条件,确保建筑物的安全、正常使用,这对于桥梁工程十分重要,而桥位选择、保证桥梁基坑稳定性和正确选定桥基承载力,是确保桥梁安全的3个重要方面。

一、桥位选择的工程地质问题

桥梁位置的选择应该综合考虑线路方向、选线设计技术要求、城乡建设、交通水利设施的要求和地形、地质条件等多方面因素。一般中、小桥位置由线路条件决定,特大桥或大桥则往往先选好桥位,然后再统一考虑线路条件。大桥和特大桥桥位的选定,除综合考虑政治、经济等因素外,还必须十分重视桥位地段的地质、地貌特征和河流水文特征。

桥位应选择在岸坡稳定、地基条件良好、无不良地质现象的地段;应尽可能避开大断裂带,尤其不可在未胶结的断层破碎带和具有活动可能的断裂带上造桥。

从河流的情况来看,最理想的桥位应选择在水流集中、河床稳定、河道顺直、坡降均匀、河谷较窄的地段,桥梁的轴线与河流方向垂直。

河道水流是一种螺旋状的环流。它以自己特有的侵蚀—搬运—沉积方式,不断地深切河床、拓宽河谷和加长流路。对于某一具体河段,它正处在特定的发育阶段。因此,在某一地段选择桥位时,首先要研究地貌条件,了解河水对河床和岸坡冲刷作用的规律,避开那些有河床变迁、巨大河湾、活动砂洲的不良地段。还要大致判定河谷内覆盖层的厚薄、基岩埋藏深浅,以便合理选定桥位。

(一)山区河流桥位条件

山区河流多在山峦起伏的深涧峡谷中流动,其特点是坡降大,水流急,河谷较深,河床中常有基岩裸露,或由巨砾、粗砂沉积覆盖,覆盖层一般较平原河流薄。

山区河流的水文特征是:洪水暴涨暴落,洪峰次数频繁,持续时间短,流量及水位变化幅度较大。

根据山区河流的特点及勘测设计实践,选择山区河流的桥位时,应遵循如下几个原则:

1. 桥渡线尽可能选在河道顺直、水流通畅地段,避免在河湾、砂洲、河心孤石突起及河道急剧展宽等河段通过。

2. 桥渡线宜选在河槽较窄的峡谷段通过,并应同时考虑施工方法与施工场地的布置问题。当由于峡谷段水深流急,一跨不成,必须在河中建墩时,为避免基础施工困难,也可在开阔段通过。

3. 桥渡线应避免在两河交汇或支流汇入主流的河口段通过,防止两河洪水涨落时间不同,冲淤变化复杂,影响建筑物的安全。

4. 桥头及其引线应避开滑坡、崩塌、泥石流等地质灾害发生场所。

(二) 山前区宽河桥位条件

河流流出山区进入山前地区,地形骤然拓宽,多形成山前宽河。它可分为上游狭窄河段、中游扩散河段和下游收缩河段(图8-7)。不同河段具有不同的特点。

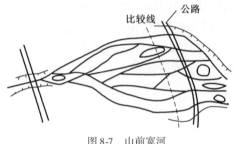

图8-7 山前宽河

1. 上游狭窄河段

河流强烈下切,两岸陡立,河床纵坡大,流速也大,河床稳定。此处桥长最短,桥位最易确定,桥位布置也较简单,桥下净空高,河滩路堤最短。基础工程简单,防护工程少,是良好的桥位。

2. 下游收缩河段

一般大河流随地形条件汇成一股或数股河道,水流平稳,河床稳定,此处也是较好的桥址。

3. 中游扩散河段

此处水流经常变化,冲淤次数较多。在此布置桥位,孔径大小、桥梁净空及导流建筑物设置等问题均难以解决。尤其是河床逐年淤高,是一个复杂而且危害很大的问题。在此建桥造价高,养护困难。因此,建桥时应尽可能避开此河段。

根据上述各河段的特点,布桥时应注意以下几点:

(1) 上游狭窄河段应采用一河一桥的原则。

(2) 中游扩散河段一般应顺应水流的自然趋势,采取一河多桥原则。在显著的支岔上分别设桥。但在水流比较集中,泛滥范围不宽,设置了相应的导流建筑物能保证桥渡安全时,也可考虑一河一桥。

(3) 下游收缩河段应分别在各稳定的河道上建桥。不宜改河合并,以保证桥梁安全。

(三) 平原区河流桥位条件

平原区河流的河床摆动较大,有的河段稳定,而有的河段仍不断变化。

(1) 在稳定河段,桥位应选在河道顺直、河床深槽地段,桥梁中线宜与河流两岸垂直。

(2) 在次稳定河段,则要注意河床的天然演变。一般桥位可选在河湾顶部中间部位跨越,不宜设在两河湾之间的直线过渡段,以免河湾下移,引起桥下斜流冲刷,危及墩、台安全。

(3) 在游荡性河段,桥位宜选在有坚固抗冲的岸壁或人工建筑的河堤等处。必要时采取导流措施保护桥渡安全。

二、桥基勘测中的工程地质问题

桥基工程地质勘测的任务是为桥梁墩台设计提供地质资料,在调查与测绘的基础上进行勘探工作。对于大、中桥,目前均采用以钻探为主,辅以物探和原位测试的方法。勘测应提出的资料有:桥位处的河床地质断面(剖面)图(参见图8-8);钻孔柱状断面图(参见图8-9)与钻探记录;水、土和岩石的试验、化验资料。勘探资料应满足查明地质构造、不良地质现象、地基土的物理力学性质及地下水的状态等要求。

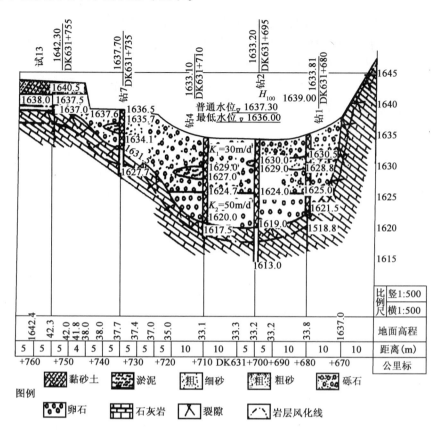

图 8-8 桥位地质断面图

桥基工程地质勘测应注意的主要问题如下。

1. 钻孔布设

钻孔布设应在桥位工程地质调查与测绘及物探的基础上进行,以避免盲目性。

钻孔数量取决于:设计阶段;桥位地质条件;拟采用的基础类型。

在初步勘察阶段,当工程地质条件简单时,中桥一般不应少于 2~3 个钻孔,大桥一般不应少于 3~5 个钻孔,特大桥一般不应少于 5~7 个钻孔;在详细勘察阶段,钻孔数应不少于墩台数。若采用沉井基础,或基础设在倾斜、锯齿状的基岩面上,应增加辅助钻孔,复杂时每一墩台需要 7~10 个钻孔。

钻孔一般布置在桥梁轴线或其两侧。为了避免钻穿具有承压水的岩层而引起基础施工困难,也可布设在墩台以外。为了解沿河床方向基岩面的倾斜情况,在桥梁的上下游可加设辅助钻孔。

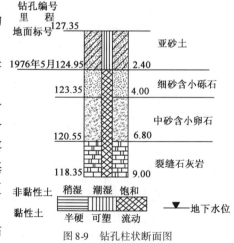

图 8-9 钻孔柱状断面图

第八章 公路工程地质问题

217

2.钻孔深度

钻孔深度取决于河床地质条件、基础类型与深度及施工方法。

河床地质条件包括:河床地层结构、基岩埋深、地基承载力、可能的冲刷深度等。

基础类型及施工方法有:明挖、沉井、桩基等。

如遇基岩,要求钻入基岩风化层2~5m。这一点在山区有蚀余堆积的河床上,尤其应注意,避免把孤石错定为基岩。

不同岩土类型的钻孔大概深度可参考表8-1。

钻孔的大概深度　　　　表8-1

序列号	土层名称	钻孔深度(m)	
		大桥	中桥
1	岩石	风化岩石下不少于3m	
2	砂砾	15	10
3	砂	20	15
4	黏质土	30	25
5	软黏土	荷重土层表面以下不少于15m	

注:砂、砂砾、黏质土的深度由河底最大计算冲刷高程算起。

3.操作要求

为保证钻探工作的质量,钻进过程中要认真对待取样、鉴别这些环节。每1~1.5m深取样,每次岩性变化取样,并要保证较高的岩芯采取率。为使样品尽可能保持原来状态,应注意选择钻头类型和较大的钻孔直径及钻进方法。记录要仔细,对所使用的钻具、进尺、取样以及钻进中的感觉等均应详细记录。在鉴别样芯时,应与调查、测绘结果对照,避免发生重大误判。

大、中桥桥位地质钻探多是水上作业,安全问题尤为重要。发生安全事故,不仅会使工作受到严重影响,甚至会危及人身安全或使钻探设备受到损失。下列情况应特别注意作业安全:位于水深流急的大河上;位于水库下游且受水库放水影响;位于河口且潮汐影响水位变化。

三、桥基稳定性及承载力的确定

(一)桥基稳定性

桥梁基础及其施工过程中基坑的稳定性受到地质条件与河流冲刷的影响,会产生基础垮塌、滑移和基坑塌滑等破坏或变形,威胁工程和人员的安全。

1.基坑塌滑

桥梁墩、台基础明挖施工时,基坑塌滑是经常发生的工程地质问题。傍山沿河的线路频频跨越斜坡上的沟溪,基坑多位于坡体中、下部或沟溪峡谷斜坡上,施工时易牵动斜坡山体滑塌。如在松散覆盖层中开挖基坑,容易产生基坑边坡变形或引起覆盖层沿基岩面的滑动,尤其在基岩面上富水条件下更容易发生。基坑位于基岩中时,表层基岩多风化,节理密集、发育,基坑边坡多沿节理塌滑,在层状岩石夹有软弱夹层而且岩层倾向基坑时,基坑切断了软弱夹层,可以引起顺层滑动。在平原区或山间盆地地段,冲积层上的基坑在地面以下一定深度,常遇到含水或饱水呈流塑状的土层或流阶层,发生基坑涌水或坑壁坍塌病害,给施工造成很大困难,严重时大量塌滑甚至会淹埋基坑,危及人身安全。

2. 基底软弱夹层

层状岩石中多含泥岩、页岩、千枚岩等软弱岩层或构造破碎带,在受水浸泡下,软化成泥状,将使桥基稳定性变差,承载力不足,无法在其上设置墩台基础。因此,基地软弱夹层是桥基勘测和设计中必须认真对待的问题。

3. 基底溶洞

桥梁基础底部岩溶洞穴对建筑物的危害主要体现在建筑物基础悬空,洞穴顶板过薄,不能承受荷重而产生地表沉陷,甚至突然坍塌。如宜(宾)珙(县)铁路某大桥桥墩基础下部因有溶洞,导致墩台倾斜。对于墩台基础下的溶洞问题,因为溶洞处于地下并具有隐蔽性,必须认真勘察,并对洞穴顶板的安全厚度作出评价。影响岩溶洞穴顶板稳定的因素众多,又难以量化处理,目前多根据经验作近似处理。

4. 河流冲刷对桥基的危害

洪水期河水流量流速猛增,河流的冲刷作用强烈,由于桥梁墩台基础埋深过浅,或桥位布置不当,严重压缩过水断面,墩台基础常常遭受洪水冲刷,基础外露,将危及桥梁安全。如陇海铁路灞河桥段,2002 年 6 月 9 日,由于灞河突发洪水,致使 5 个桥墩相继垮塌。因此,为避免桥基冲刷,基础应设在最大冲刷深度以下一定距离,以免水流淘蚀基础下土层,造成墩台倾斜。有关基础埋置深度的规定可查阅相关规范。

(二)承载力确定

地基允许承载力是指地基所能承受的由基础传递的压力,在这种压力作用下,地基不发生破坏,建筑物也不会因为地基产生过大的沉降而变形、失稳。地基承载力对确定桥梁的基础类型、基础埋深、结构形式和工程造价影响极大,是桥梁设计中必须提供的重要数据。

地基承载力的确定方法有 3 种,分别为荷载试验法、公式计算法和应用规范查表法。

荷载试验法是在建筑物场址进行原位试验的方法。由荷载试验测得的数据能反映地基土的真实情况,一些重要建筑物与一些地质条件复杂的场地多由荷载试验确定地基承载力。

荷载试验是通过荷载板向地基土传递压力,观测压力与地基土沉降之间的关系,作出压力 P 与沉降 S 曲线,由 P-S 曲线(图 8-10)确定地基承载力,具体方法后续课程有详细介绍。

计算地基承载力的理论公式有很多,这些公式都是以某些假定为基础推导得来的。公式中一般考虑基础形式、基础埋置深度、土的物理性质和状态、力学性质等因素。

应用规范查表法是一种经验方法,它是通过多年实践经验,总结出地基土的某些物理指标与承载力之间的统计关系,并制定出相应的表格,然后根据某些指标,在表中查取承载力。应用规范查表法以大量实践经验为基础,因此比较准确、可靠,且使用方便,为现场普遍采用。

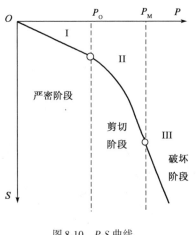

图 8-10 P-S 曲线

地基承载力还可以由旁压仪、触探、十字板剪切仪等原位测试方法测定,感兴趣的读者可以参考有关书籍,这里不作介绍。

第三节 隧道工程地质问题

隧道是公路工程中与地质条件关系最密切的工程建筑物。隧道位于地下,四周被各种地层包围,处于各种不同的地质构造部位,可能遇到各种地质问题。修建在坚硬、完整岩层中的隧道,围岩稳定,坑道变形小,开挖时不易塌方,可以采用大断面的开挖方法,不做衬砌或衬砌很薄。而在风化、破碎严重的岩层中开挖隧道,由于围岩强度低,稳定性差,适合用分部开挖,密集支撑,加大衬砌厚度的方法。在地质灾害多,对公路安全有严重威胁的地质复杂地段,如不能查清隧道通过地段的工程地质条件,会引发出各种工程地质问题。

本节主要讨论隧道位置的选择与地质条件的关系,以及隧道涌水、地下温度、瓦斯与岩爆等问题。

一、隧道位置的选择与地质条件

隧道是整个公路中的组成部分,在一般情况下,隧道的位置应当根据路线的走向加以确定。但对于长大隧道,特别是工程地质条件复杂的长大隧道,其位置的选择往往取决于工程地质条件的优劣,即工程地质条件决定隧道位置。在各类地质条件中,地质构造与岩层产状、岩石类型及风化程度、地下水条件、地质灾害等都会对隧道位置的选择产生影响。这里主要讨论在各类地质构造条件下和地质灾害地区如何选择隧道位置。

(一)地质构造与岩层产状对隧道稳定性的影响

1. 岩层产状与隧道稳定性的关系

在水平岩层(倾角小于10°)中,由于洞室开挖失去支撑,在拱顶岩层中产生拉应力,当岩层很薄且为软弱岩层、层间连接较弱或为不同性质的岩层及有软弱夹层时,常常发生拱顶坍塌掉块。若岩层被几组相交的垂直或大倾角裂隙切割,则可能造成隧道拱顶大面积地坍塌。因此,隧道穿越水平岩层,应选择坚硬、完整的岩层。在岩层软硬相间的情况下,隧道拱部应尽量设置在硬岩层中。

在倾斜岩层中,沿岩层走向布置隧道一般是不利的,易引起不均匀的地层压力即偏压。当岩层倾角较大时,施工中还易产生顺层滑动和塌方。实践证明,隧道沿岩层走向通过不同岩性的倾斜岩层时,应选在坚硬完整的岩层中,避免将隧道选在不同岩层的交界处或有软弱夹层的地带。隧道顺岩层走向通过直立或近于直立的岩层,除偏压外,稳定性与倾斜岩层相似。

隧道轴向与岩层走向垂直或大角度斜交,是隧道在单斜岩层中的最好布置。在这种情况下,岩层受力条件较为有利,开挖后易于成拱,同时围岩压力分布也较均匀,且岩层倾角越大,隧道稳定性越好。

2. 地质构造与隧道稳定性的关系

一般情况下,应当避免将隧道沿褶曲的轴部设置,该处岩层弯曲、裂隙发育,岩石较为破碎。特别在向斜轴部常是地下水富集之处,开挖后会造成大量地下水涌出。另外,向斜轴部的岩层下部受拉,上部受压,裂隙将岩层切割成上小下大的楔形体,隧道拱顶易产生岩块坍落(图 8-11)。通常尽量将隧道设置在褶曲的翼部或横穿褶曲轴(图 8-12)。垂直穿越背斜的隧道,其两端的拱顶压力大,中部压力小。隧道横穿向斜时,情况则相反(图 8-13)。

图 8-11 隧道沿褶曲轴通过

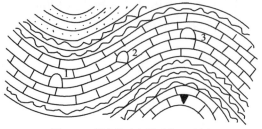

图 8-12 褶曲构造与隧道位置选择
1、3-不利;2-较好

断层是在构造运动中产生的,断层对隧道工程,特别是对隧道施工会产生巨大的不利影响。断层破碎带内不仅岩层破碎严重,还常是地下水的储水空间或集水通道,在断层破碎带内开挖隧道极易产生坍塌和涌水。断层两侧的岩层中往往存在一定的残余地应力,因而围岩压力较大。在选择隧道位置时应尽量避开大规模断层,若不易避开时,则应采用隧道轴线与断层线垂直或大角度通过的形式。当隧道通过几组断层时,还应考虑围岩压力沿隧道轴线可能重新分布,断层形成上大下小的楔体,可能将自重传给相邻岩体,使它们的地层压力增加(图 8-14)。

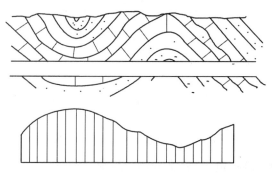

图 8-13 隧道横穿褶曲轴部时的岩层压力分布

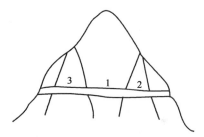

图 8-14 断层引起的围岩压力变化
1-减小;2、3-增加

(二)不良地质现象发育地区隧道位置的选择

1. 滑坡地区隧道位置的选择

滑坡是一种危害严重的地质灾害,多分布在河谷或山前斜坡地带,滑坡体在天然状态下稳定性已较差,在隧道施工扰动下更易失去平衡,产生滑动。小型滑坡一般会对隧道洞口产生影响,大型滑坡不仅会影响洞口,还会影响洞身的稳定性。历史上曾滑动过的古老滑坡由于其地貌形态在后期受到改造,不易辨认,若选线时不慎把隧道布置在古滑坡体上,施工时将引起古滑坡的复活。例如某铁路干线月河隧道进口段,位于月河右岸山坡,地形外貌基本上呈圈椅状,隧道位置放在圈椅地形中央的鼻梁状凸起的前面。进口段岩石为含石英、绿泥石的白云母片岩和炭质板岩。坡上岩体零乱,断层发育。勘测时认为此段构造复杂,风化强烈,工程地质条件不良,但没有认识到古滑坡的存在。施工后,洞口、洞内连续多次塌方,设在山顶的蓄水池漏水,进洞至 200m 左右,地面裂缝断续成半圆形,山坡后部移动方向指向线路右后方,经补充勘测,发现洞口下山坡20~30m处有一个水平挤压带,正洞内80m处见到滑动面,综合上述现象分析,认为山坡变形是施工引起古滑坡局部复活所致。又如成昆线铁路二梯岩隧道出口端位于堆积层中,勘测时对地质情况不重视,认为堆积体稳定,施工过程中发生大小塌方20余次,线路右上方山体呈弧形开裂达120m长,洞内衬砌严重变形、开裂,经地质补测才知道是因为坡积层顺基岩面滑动所致。

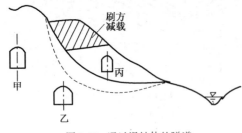

图8-15 通过滑坡体的隧道

由上述分析可知,当隧道需要在滑坡地区通过时,必须查清滑坡地区的岩性、地质构造、水文地质条件,确定滑坡范围、滑动面的位置、滑动方向及滑坡发生、发展的原因,才能判断滑坡的稳定状态,以及将来可能的发展趋势。一般情况下应避开滑坡体,必须在滑坡地区通过时,应将隧道设在滑动面以外的一定部位(图8-15甲)。如果滑动面有可能继续向深部发展,则隧道位置应选在可能形成的新滑面以下的一定深度(图8-15乙)。对于古滑坡体,只有搞清滑坡性质及滑体结构,并采取一定的措施,如刷方减载、排水等后,确认古滑坡体不会因隧道施工而复活,才能使隧道通过滑坡体(图8-15丙)。

2. 崩塌岩堆地区隧道位置的选择

崩塌落石多发生在岩石坚硬、有裂隙切割的岩体组成的陡坡地段,在长年累月的风化作用及各种外动力地质作用下,易产生崩塌落石,岩石崩落常危及坡脚下的公路。

在崩塌、落石地区确定隧道位置时,必须查清岩体中裂隙的产状、延伸长度、胶结情况及对公路可能构成的危害。一般小型崩塌、落石地区,可以通过清除危岩或嵌补裂隙来处理。如果裂隙延伸长度大,张开无胶结,岩体稳定性差,有严重崩塌、落石隐患地段,应以长隧道通过。在查明斜坡外侧张开裂隙的规模、范围、特征及其发展趋势,采用减载、压浆或嵌补加固措施,确保张裂隙外岩体稳定后,方可使隧道通过张裂隙外岩体(图8-16)。

隧道通过岩堆地区时,必须查明岩堆的规模、范围,岩堆的物质组成、密实程度及岩堆的稳定状态和发展趋势。一般情况下,应避免在岩堆体内设置隧道。隧道必须通过岩堆体时,必须设在岩堆体下一定深度的基岩内,任何情况下都不可将隧道设在岩堆体与基岩的接触面上(图8-17)。

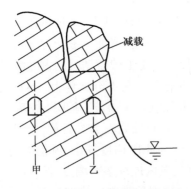

图8-16 崩塌落石地段隧道位置选择

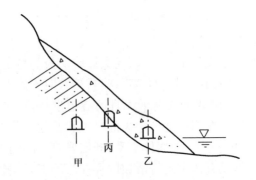

图8-17 岩堆地区隧道位置选择

3. 泥石流地区隧道位置的选择

隧道通过泥石流地区时,以在流通区泥石流沟口的基岩中通过为首选方案,这里侵蚀作用比较轻微,无沉积物或沉积物较少,沟槽相对稳定,如果沟底岩层比较完整,对隧道稳定无影响。当线路布设高程较低,隧道需要在泥石流的沉积区通过时,一定要注意洞口位置的选择,应避开洪积物可能扩大的范围,尤其是发展中的泥石流,洪积扇不断扩大,更应注意,以免堵塞洞口。当老洪积扇处于下切阶段时,应考虑泥石流沟的改道和最大下切深度,使隧道洞顶距最低下切面有一定距离,确保安全。

4. 岩溶地区隧道位置的选择

岩溶地区石灰岩经地表水和地下水的溶蚀,在地下形成各种岩溶地貌。隧道通过岩溶地区,会遇到溶蚀裂隙、管道、漏斗、溶洞和暗河等,给隧道施工带来很大困难。一旦隧道与充水溶洞、暗河贯通,将发生大量涌水,危及施工安全。因此,在岩溶地区选择隧道位置时,应查明区域地层的岩性、地质构造及地表水与地下水的补给、排泄关系,查清岩溶洞穴、地下暗河的分布、位置、大小、填充情况及稳定性等,尽可能避开对隧道危害较大的暗河、溶洞等发育区。

根据岩溶发育规律,可溶岩层与非可溶岩层的接触地带或构造破碎带,常常是岩溶发育地带,选择隧道位置时,应尽量避开这些地带,将隧道位置选在非可溶岩中。正断层较逆断层和平推断层更有利于岩溶发展,因此在断裂发育地区,隧道应避开正断层,如避不开,应正交或以大角度通过断层破碎带,减少岩溶危害。当隧道洞身穿过溶洞时,应查明溶洞大小、规模及稳定状态。只要溶洞比较稳定,岩溶不再发展,一般情况下对隧道的稳定性没有大的影响,只要采取适当工程措施即可。如果洞身在溶洞附近通过,这时隧道周围,特别是拱顶及隧底距溶洞应有足够的安全距离。

(三) 隧道洞口位置的选择

隧道洞口位置的选择,直接影响洞门的沉降变形和稳定性,以及洞门仰坡等的稳定性。选择隧道洞口位置时,一般应遵循如下原则:

(1) 隧道洞口应选择在山坡稳定、地质条件较好处,不应设在偏压很大及严重不良地质地段,宜避开排水困难的沟谷低洼处。

(2) 位于悬岩陡壁下的洞口,一般不宜切削原山坡。当坡面及岩顶稳定,无落石或坍塌可能时,可贴壁进洞。避免在不稳定的悬岩陡壁下进洞,否则应延伸洞口接以明洞,其长度宜延伸到坍落可能影响的范围以外 3~5m,或采取其他措施,保证运营安全。

(3) 对于层面不稳定的岩层,开挖后容易引起顺层滑动或坍塌的地段,宜提早进洞。否则,应采取有效的工程措施防止病害。

(4) 在滑坡地段选择洞口位置时,应结合洞外路堑地质、弃渣处理、少占农田、填方利用、排水条件及有利施工等因素综合分析确定。

(5) 隧道洞口应避开居民点,当不能避开时,应考虑施工爆破对人身及房屋等设施的影响和采取环境保护措施。

(6) 黄土地区隧道的洞口,应避免设在冲沟、陷穴附近,以免引起洞口坡面产生冲蚀、泥流或塌陷等病害。在无地下水、密实、稳定的老黄土地区,除洞外有填方要求,经全面研究可适当地挖深进洞外,一般不宜挖深进洞。

(7)地震区隧道洞口位置,不应设在受震后易于产生崩塌、滑坡、错落等不良地质处;宜选择在对抗震有利的地貌、地质处。

(8)根据隧道洞口地形、地质条件及排水等要求,需要修建明洞(或棚洞)接长时,洞口应尽量设在山坡无病害的地方;不宜在滑坡、岩堆、泥石流等地段内修建。

(9)严寒地区(包括多年冻土和积雪地区)的隧道洞口,应避开易产生热融滑塌、冰锥、冰丘、第四纪覆盖层及地下水发育的不良地质地段;一般宜早进洞晚出洞,尽量少破坏自然山坡。

二、隧道工程地质勘察

隧道工程地质勘察就是通过野外地质测绘,配合勘探和测试工作,查明隧道通过地段的地形地貌、地层岩性、地质构造、水文地质和不良地质现象等工程地质条件,为隧道的位置选择和设计、施工提供所需的地质资料,并根据隧道地段的地质特征,判断隧道围岩的类别,明确主要的工程地质问题,提出相应的工程处理措施。

(一) 不同勘察阶段的工作要点

根据设计阶段的不同,工程地质勘察相应地分为初勘和详勘两个阶段。勘察工作的内容在不同阶段有所侧重,其精度和深度也有所不同。

1. 隧道初勘

隧道初勘工作一般与设计阶段同步进行,但对于特长隧道、控制路线方案的长隧道、水下隧道以及水文、工程地质条件极复杂的隧道,原则上应安排超前的工程地质、水文地质勘察和定位测试,其勘察阶段可不受设计阶段的限制。

隧道初勘的工作方法和手段是以工程地质调查、测绘、遥感信息判释、物理勘探和人工挖探为主,配合少量代表性钻探和测试工作。

初勘的目的和要求是对隧道分布区的地质条件作出评价和论证,初步查明各隧道方案的工程地质、水文地质条件并进行对比分析,按比选结果推荐最佳方案,并分段确定隧道通过地段的围岩类别。

2. 隧道详勘

隧道详勘是在初勘的基础上,在初步设计阶段所选定的隧道位置上进行详细工程地质勘察,为隧道施工图的设计和施工方案的制定提供地质依据。

本阶段工程地质勘察工作一般以钻探和测试为主,并根据地形、地质条件和工程地质问题,辅以其他适当的方法进行综合勘探。

详勘的目的和要求是对隧道所在区域的地形、地貌、工程地质和水文地质条件及其发展趋势作出详细的评价;就初勘提出或未查明的重大地质问题,进行深入调查、勘探,以得出可靠结论;根据控制隧道围岩稳定的各项因素分段确定围岩类别,为隧道施工布置、各段洞身掘进方法及程序、支护及衬砌类型或整治工程方案的确定提供工程地质依据,为设计和施工提供定量指标。

(二) 勘察方法及内容

1. 调查与测绘

调查与测绘是通过现场调查和地质填图,查明隧道通过地段一定范围内的工程地质条件的工作方法。它是初勘阶段的主要工作,详勘阶段也可根据需要补充小范围的大比例尺调查和测绘。该项工作应查明工作范围内的地形、地貌、地层、岩性和地质构造特征;确定隧道是否通过煤层、油气或有害气体分布层、矿体、采空区、岩溶区、滑坡和泥石流等特殊地质及不良地质区段;查明井、泉分布,地下水类型及含水层、隔水层的分布和埋深,地下水的补给、径流和排泄条件;对于土质隧道还应查明土的类型、成因和地质年代,确定土的结构特征、物质成分及粒径组成、密实胶结及潮湿程度。

2. 地球物理勘探

地球物理勘探作为工程地质勘探的一种手段,在公路隧道勘探中得到广泛地使用。与钻探相比,地球物理勘探是一种间接勘探方法,它以地壳浅部岩土体为研究对象,用特定的仪器设备来研究不同岩土体的物理特性,根据不同的物理特性来划分岩层,判断岩层的物理力学性质、地质构造和水文地质条件。物探与地质调查和测绘、钻探配合使用,可以有效地指导钻孔布置,在减少钻探工作量方面起到良好的效果。

物探的优点是成本低、效率高,缺点是多解性,准确性受操作和判读人的能力及设备性能的影响。因为物探方法的间接性和结果的多解性,物探结果必须与调查、测绘,特别是挖探和钻探结果对比和验证,并进行相应调整。

目前在隧道工程地质勘探中常用的物探方法是电法、地震法和声波及超声波法。

3. 挖探

挖探是采用人工开挖探坑或探槽,以查明表层土体状况的勘探方法。探坑和探槽能够直接展示岩土层,所以常用于了解坡积、残积等松散堆积层或风化层的厚度和性质,揭示滑坡面、浅埋的断层面,观测浅层地下水,采集原状岩土试件和进行原位试验等。在隧道勘察中,坑探一般用于隧道洞口的勘探。

4. 钻探

钻探是对隧道洞身进行勘探最常用的方法,钻探是根据提取的岩芯来直接观察、判断隧道的工程地质和水文地质条件。通过钻探可以了解松散覆盖层和风化带的厚度;了解地层、岩性的分布范围和界限,并通过岩芯试样进行岩石物理力学试验;了解地质构造的类型及变化、断层的分布、产状及破碎带的破碎程度和宽度;查明暗河、溶洞等地下岩溶的发育情况;了解地下水位、流向、含水层类型和数量;并可在钻孔中进行抽水、注水或压水试验,以确定隧道岩体的渗透情况或隧道涌水量等。另外,钻探结果也是物探判读成果直接的检验和验证。

隧道钻探钻孔布置的数量和位置应根据区域地质资料、调查和测绘、物探所发现的疑点、重点和异常点来拟定,还应与钻孔的目的、水文地质测试、物探测井等结合考虑。对于地质条件复杂的隧道,钻孔数不应少于3个;长、特长隧道每500m应有一个钻孔,钻孔布置在隧道轴线外7m左右,以左右交错布置为宜。洞口钻孔一般宜布置在洞口以上30~50m范围之内,以能揭露洞顶以上20~30m的地层为宜。

钻孔的深度一般应钻到设计洞底高程以下2m;当遇岩层破碎或溶洞、暗河及不良地质现象时,应根据需要加深,一般应穿过溶洞、暗河等地层5m;遇到含油地层、瓦斯地层时,钻孔深度以钻到设计洞底高程以下10m为宜。

5. 测试

在隧道工程地质勘察工作中,为了给设计提供定量的数据,对某些工程地质问题作出定量评价,必须进行一些现场测试工作。常进行的有地应力测试、水文地质测试、土的性能原位试验及各类岩石性能试验等。

地应力测试是确定地下岩层中某一点的初始地应力大小和方向的试验,隧道地应力测试一般采用水压致裂法。因地应力场的分布是复杂的,测试钻孔内的应力状态只是该点应力的反映,宜将应力测试结果结合构造应力场分析来确定主应力的方向。

水文地质测试主要有抽水、注水、压水试验,地下水流向、含水层连通示踪测试等。土的原位试验主要有动力触探、静力触探、旁压试验等,以确定松散土层的力学性能。

(三) 勘察应提交的成果

隧道工程地质勘察,应提交以下资料与成果:

(1) 隧道工程地质勘察报告。
(2) 隧道工程地质平面图:图上应标明物探、钻探、挖探、槽探等勘探点线位置,比例尺视情况而定,一般为1:1 000~1:2 000。
(3) 隧道线路方案工程地质平面图:比例尺为1:2 000~1:5 000。
(4) 隧道工程地质纵剖面图:图中应填绘各种勘验成果,水平比例尺为1:500~1:2 000,垂直比例尺为1:50~1:200。
(5) 隧道洞口工程地质横断面:比例尺视精度需要而定,一般为1:200~1:500。
(6) 隧道地区水文地质图:比例尺为1:1 000~1:5 000。
(7) 隧道区域构造图(仅限于特长、长隧道,以及地质构造复杂的隧道,比例尺视精度需要而定)。
(8) 钻孔柱状图。
(9) 严重影响隧道的特殊地质不良地质专项资料及说明。
(10) 物探、原位测试、岩土、水质等试验资料。

三、地下水、地温、瓦斯与岩爆问题

(一) 地下水

1. 隧道涌水

隧道涌水是隧道工程地质中的一个复杂问题,是指在富水的岩土体中开挖隧道,当遇到互相贯通又含水的孔裂隙时,大量的地下水就涌入洞内,新开挖的隧道就成为排泄地下水的新通道。在土及未胶结的断层破碎带中,涌水的动水压力和冲刷作用可能导致隧道围岩失去稳定性。涌水排除不及时、积水严重会影响工程作业,甚至可以淹没隧道。如大瑶山隧道通过石灰岩地段时,遇到断层破碎带,发生大量涌水,竖井一度被淹,不得已采取停工处理措施。因此,在勘测设计阶段正确预测隧道涌水量是一个十分重要的问题。

隧道涌水量取决于含水层的厚度、透水性、补给来源,以及隧道的长度和断面大小。主要通过勘探、试验来查明以上水文地质条件,并计算隧道涌水量。然而,限于目前对地下岩体的

储水空间特别是裂隙分布,地下水的补给、径流和排泄条件认识不足,以及勘测手段等方面的欠缺,预测涌水量与实际涌水量偏差较大。要想提高预测涌水量的准确性,关键在于查清隧道通过地区的地质及水文地质条件和岩体的富水状况。

2. 隧道浸水与渗水

隧道位于地下特别是水下时,隧道围岩常处于地下水的浸泡中。地下水的活动会改变岩石的物理力学性质,降低岩体强度,并能加速岩体风化破坏。地下水在软弱结构面中活动,可起软化、润滑作用,常常造成岩块坍塌。在泥页岩、千枚岩等软岩中活动可引起岩层软化,进而造成隧道洞身变形等。某些地层,如膨胀岩土、无水石膏等,水的作用能使其体积膨胀,地层压力大大增加。

隧道渗水是指隧道建成后,地下水顺洞身施工接缝或裂缝渗出的现象。渗水对隧道衬砌具有破坏性,也会对车辆行驶造成影响,在北方地区破坏和影响则更大。地下水中一般含有各种离子成分,对混凝土具有不同程度的侵蚀性,水在衬砌层中渗透就造成其被侵蚀。在北方冬季冻结期,渗水在混凝土裂缝中冻结膨胀,会加剧混凝土的破坏。冬季渗水在洞壁和路面冻结则严重影响车辆行驶,甚至造成安全事故。渗水还在洞壁形成水渍,影响洞内照明效果。

(二) 地温

对于深埋隧道,地下温度是一个重要问题。一般规定隧道内温度不应超过25℃,超过这个温度就应采取降温措施。当隧道内温度超过32℃时,施工作业困难,劳动效率大大降低。欧洲辛普伦隧道施工时,遇到高达56℃的高温,严重影响了施工速度。所以,深埋隧道必须考虑地温影响。

众所周知,地壳中的温度是有一定变化规律的。地表下一定的深度处,地温常年不变,称为常温带。常温带以下,地温随深度的增大而增高,地热增温率为深度增加100m时地温的增加值。

这样,可以由下式估算隧道埋深处的温度:

$$T = T_0 + (H - h)G$$

式中:T_0——常温带的温度(℃);

H——隧道埋深(百米);

h——常温带的深度(百米);

G——地热增温率;

T——隧道埋深处的温度(℃)。

除了深度,地温还与地质构造、火山活动及地下水温度等因素有关。岩石层理方向导热性好,所以位于陡倾地层中的隧道地温低于层理大致平行地面地层中的隧道地温。在近代构造运动和岩浆活动频繁地区,受岩浆热源影响,地温较一般地区高,在地下热水、温泉出露地区地温也较高。

(三) 瓦斯

隧道穿过含煤、石油、天然气、沥青等地层时,可能会遇到瓦斯。它可使人窒息致死,甚至引起爆炸,造成严重事故。

瓦斯是地下隧道有害气体的总称,其中以甲烷为主,还有二氧化碳、一氧化碳、硫化氢、二氧化硫和氮气等。当瓦斯浓度达43%~57%时，空气中含氧量降低到9%~12%，足以引起人窒息。当瓦斯含量在5%~6%至14%~16%时就会爆炸，含量8%时最易爆炸，达9.5%时爆炸力量猛。瓦斯含量在5%~6%以下时不会爆炸，但会在高温下燃烧，当含量在16%以上时，既不爆炸也不燃烧。

瓦斯在煤层和石油沉积物中或邻近的岩层中较为丰富。

选线时应尽量避开或不通过含瓦斯的地层，或尽量减少隧道从其中通过的长度。通过这类地层时，切忌线路走向与煤层走向一致，线路坡度应根据通风排水综合考虑，洞口位置应设在自然通风良好的地方。

当隧道通过可能发生瓦斯的煤层时，必须有安全可靠的措施，如通风、瓦斯检查、防火防爆等。

隧道施工时，应加强通风，降低瓦斯浓度。开挖时工作面上的瓦斯含量超过1%时，就不准装药放炮，超过2%时，工作人员应撤出，并进行相应处理。

（四）岩爆

岩爆是在隧道工作面（主要是掌子面）上发生的岩片爆裂、岩块弹射或崩落掉块现象。岩爆发生前无明显征兆，发生时伴随有岩石破裂的爆裂声，弹射出的岩块有一定的初速度，伤害力强，对施工人员和机械设备有很大的危害。

岩爆现象有两种：一种是当岩石发生爆裂声响后，裂开的岩块随即被弹射出来。爆裂发生突然而迅速，声响大，弹射时常伴有烟雾状粉末散出，被弹出的岩块较小，一般为几厘米长宽的碎块、薄片，弹射远而有力。这种情况多发生在导坑顶部和扩大的牛角弯处，而齐头掌子面与侧壁则很少发生。另一种情况是岩石发生爆裂声响后，裂开的岩块并不立即弹射出来，而是经过一段时间，岩块才从围岩中弹射或自由落下，爆裂声响小，爆裂岩块较大。这种岩爆常见于巷道顶部，侧壁也偶有发生。

岩爆产生的原因，目前研究得还不充分。一般认为，岩体在初始应力作用下，产生弹性变形，岩体内部积聚了很大的弹性应变能，当开挖巷道后，岩体初始应力受到扰动，巷道周围应力重新分布，在应力集中部位，应力超过了岩石的力学强度，岩石破裂，其中积聚的应变能突然释放，产生岩爆。例如把岩块在压力机上加压，脆性岩石受压破坏时，呈爆裂式破坏，而在破坏前没有明显的变形，这与一些软质岩受压破坏的情况不同。因此，一般认为，岩爆的产生与岩体的埋深、初始应力状态、岩性等有密切关系。发生岩爆的岩体多为花岗岩、正长岩、斑岩、闪长岩、辉绿岩、片麻岩和石灰岩等坚硬脆性岩体。埋深多大于200m，岩体具有较高的初始应力。

施工过程中主要采用下列方法防治岩爆：

（1）超前钻孔。在预测可能发生岩爆的工作面上钻数个直径60~80mm、深数米或10m左右的钻孔，释放岩体中的应力。

（2）超前支撑及紧跟衬砌。超前开挖顶板，超前作顶板支撑，可减少岩爆危害，或紧跟开挖工序，使用锚杆支撑及金属挂网护顶，也能收到满意效果。

（3）喷雾洒水。向新爆破的岩面上洒水，增加岩石湿度，降低岩石脆性，以减少岩爆现象。

第九章
公路工程地质勘探

公路工程一般都修筑在地壳表面或表层,是一种延伸很长的线形建筑物,通常要穿越许多自然地质条件十分不同的地区。它不仅受地质因素的影响,也受许多地理因素的影响。因此,公路工程地质勘察无论在内容、要求、方法上还是在广度、深度、重点等方面都有其自己的特点。

为了正确处理公路工程建筑与自然条件的关系,充分利用有利条件,避免或改造不利条件,需要进行公路工程地质勘察,查明建设地区的工程地质条件,作出工程地质(岩土工程)评价,为选择设计方案、设计各类建筑物、制定施工方法、整治地质病害提供可靠依据。

第一节 公路工程地质勘察的阶段与内容

公路工程地质勘察的工作内容是按照规定的设计程序分阶段进行的,常分为预可行性研究阶段工程地质勘察(简称预可勘察)、工程可行性研究阶段工程地质勘察(简称工可勘察)、初步设计阶段工程地质勘察(初步勘察)和施工图设计阶段工程地质勘察(简称详细勘察)4个阶段,不同勘察阶段对工程地质勘察工作有不同的要求。

一、公路工程地质勘察阶段

公路工程地质勘察必须根据不同的勘察阶段,完成各项勘察任务。各勘察阶段的工作内容和工作深度应与公路各设计阶段的要求相适应。

(一) 预可行性研究阶段

预可勘察应了解公路工程建设项目所处区域的工程地质条件及存在的工程地质问题,为编制预可行性研究报告提供地质资料。

预可勘察应充分收集区域地质、地震、气象、水文、采矿、灾害防治与评估等资料,采用资料分析、遥感工程地质解译、现场踏勘调查等方法,对各路线走廊带或通道的工程地质条件进行研究,完成下列工作内容:

(1) 了解各路线走廊带或通道的地形地貌、地层岩性、地质构造、水文地质条件、地震动参数、不良地质和特殊性岩土的类型、分布范围、发育规律。

(2) 了解当地建筑材料的分布状况和采购运输条件。

(3) 评估各路线走廊带或通道的工程地质条件及主要工程地质问题。

(4) 编制预可行性研究阶段工程地质勘查报告。

预可勘察报告应提供下列资料:

(1) 文字说明:应对拟建工程项目的工程地质条件、存在的工程地质问题及筑路材料的分布状况和运输条件等进行说明,对各路线走廊带或通道的工程地质条件进行评估,对下一阶段的工程地质勘察工作提出意见和建议。

(2) 图表资料:1:50 000~1:100 000 路线工程地质平面图及附图、附表、照片等;跨江、跨海的桥隧工程,应编制地质剖面图。

(二) 工程可行性研究阶段

工可勘察应初步查明公路沿线的工程地质条件和对工程建设规模有影响的工程地质问题,为编制工程可行性研究报告提供工程地质资料。

工可勘查应以资料收集和工程地质调绘为主,辅以必要的勘探手段,对项目建设各工程方案的工程地质条件进行研究,完成下列各项工作内容:

(1) 了解各路线走廊或通道的地形地貌、地层岩性、地质构造、水文地质条件、地震动参数、不良地质和特殊性岩土的类型、分布及发育规律。

(2) 初步查明沿线水库、矿区的分布情况及其与路线的关系。

(3) 初步查明控制路线及工程方案的不良地质和特殊岩土的类型、性质、分布范围及发育规律。

(4) 初步查明技术复杂大桥桥位的地层岩性、地质构造、河床及岸坡的稳定性、不良地质和特殊性岩土的类型、性质、分布范围及发育规律。

(5) 初步查明长隧道及特长隧道隧址的地层岩性、地质构造、水文地质条件、隧道围岩分级、进出口地带斜坡的稳定性、不良地质和特殊性岩土的类型、性质、分布范围及发育规律。

(6) 对控制路线方案的越岭地段、区域性断裂通过的峡谷、区域性储水构造,初步查明其地层岩性、地质构造、水文地质条件及潜在不良地质的类型、规模、发育条件。

(7) 初步查明筑路材料的分布、开采、运输条件以及工程用水的水质、水源情况。

(8) 评价各路线走廊或通道的工程地质条件,分析存在的工程地质问题。

(9) 编制工程可行性研究阶段工程地质勘察报告。

遇有下列情况,当通过资料收集、工程地质调绘不能初步查明其工程地质条件时,应进行工程地质勘探:

(1)控制路线及工程方案的不良地质和特殊性岩土路段。
(2)特大桥、特长隧道、地质条件复杂的大桥及长隧道等控制性工程。
(3)控制路线方案的越岭路段、区域性断裂通过的峡谷、区域性储水构造。
(4)跨江、海独立公路工程建设。

工可勘察报告应提供下列资料:

(1)文字说明:应对公路沿线的地形地貌、地层岩性、地质构造、水文地质条件、新构造运动、地震动参数等基本地质条件进行说明;对不良地质和特殊性岩土应阐明其类型、性质、分布范围、发育规律及其对公路工程的影响和避开的可能性;路线通过区域性储水构造或地下水排泄区,应对对路线方案有重大影响的水文地质及工程地质问题进行充分论证、评价;特大桥及大桥、特长隧道及长隧道等控制性工程,应结合工程方案的论证、比选,对工程地质条件进行说明、评价,提供工程方案论证、比选所需的岩土参数。

(2)图表资料:1:10 000~1:50 000 路线工程地质平面图;1:10 000~1:50 000 路线工程地质纵断面图;1:2 000~1:10 000 重要工点工程地质平面图;1:2 000~1:10 000 重要工点工程地质断面图;附图、附表和照片等。

(三)初步工程地质勘察

初勘的目的是根据合同或协议书要求,在工程可行性研究的基础上,对公路工程建筑场地进一步做好工程地质比选工作,为初步选定工程场地、设计方案和编制初步设计文件提供必需的工程地质依据。

初勘的任务是:

(1)查明公路工程建筑场地的区域地质、水文地质、工程地质条件,并作出评价。
(2)进行综合地质勘查,初步查明对确定工程场地的位置起控制作用的不良地质条件、特殊性岩土的类别、范围、性质,评价其对工程的危害程度,提供避绕或治理对策的地质依据。
(3)初步查明场地地基的条件,为选择构造物结构和基础类型提供必要的地质资料。在工程可行性研究地质勘察资料的基础上,对桥位处进行工程地质调查或测绘、物探、钻探、原位测试,进一步查明桥位工程地质条件的优劣。特别应查明与桥位方案或桥型方案比选有关的主要工程地质问题,并作出评价。对隧道的地质勘察应逐处查明隧道的地质、地震情况、进出口的环境地质条件,为各方案的比选论证及中、长隧道的施工方案优选,提供地质依据。
(4)查明沿线筑路材料的类别、料场位置、储量和采运条件。
(5)查明公路工程建筑场地的地震基本烈度,并对大型公路工程建筑物场地按设计需要进行场地烈度鉴定或地震安全评价。
(6)提供编制初步设计文件所需的地质资料。

初勘工作可按准备工作、工程地质选线、工程地质调绘、勘探、试验、资料整理等顺序进行。

(四)详细工程地质勘察

详细工程地质勘察工作的目的,是根据已批准的初步设计文件中所确定的修建原则、设计方案、技术要求等资料,有针对性地进行工程地质勘察工作,为确定公路路线、工程构造物的位置和编制施工图设计文件,提供准确、完整的工程地质资料。

详勘的任务是:

(1)在初勘的基础上,根据设计需要进一步查明建筑场地的工程地质条件,最终确定公路路线和构造物的布设位置。

(2)查明构造物地基的地质结构、工程地质及水文地质条件,准确提供工程和基础设计施工必需的地质参数。

(3)根据初勘拟定的对不良地质、特殊性岩土防治的方案,具体查明其分布范围、性质,提供防治设计必需的地质资料和地质参数。

(4)对沿线筑路材料料场进行复核和补勘,最后确定施工时所采用的料场。

详勘工作可按准备工作、沿线工程地质调绘、勘探、试验、资料整理等顺序进行。由于详勘工作需在初勘的基础上进一步查明沿线的工程地质条件和不良地质区段、各构造物场地等的主要工程地质问题,因此比初勘工作更为详细、深入。最后提交的资料也包括基本资料和专项资料两个部分,深度应满足施工图设计的需要。

二、公路工程地质勘察的内容

公路工程地质勘察,通常包括以下几方面的主要内容:

1. 路线工程地质勘察

在视查、初勘、详勘各个阶段,与路线、桥梁、隧道等专业人员密切配合,查明与路线方案及路线布设有关的地质问题,选择地质条件相对良好的路线方案,在地形、地质条件复杂的地段确定路线的合理布设方案。在路线工程地质勘察中,并不要求查明全部工程地质条件,但对路线方案与路线布设起控制作用的特殊地质、不良地质地区的勘察应作为重点,查明其地质问题,并提出确切的工程措施。对于复杂的工点,根据任务要求及现场条件,组织专门力量进行工程地质勘察。

2. 特殊地质、不良地质地区(地段)的工程地质勘察

特殊地质地段及不良地质现象,如泥沼及软土、黄土、红黏土、膨胀土、盐渍土、多年冻土、岩堆、崩塌、滑坡、泥石流、冰川、雪崩、积雪、涎流冰、沙漠、岩溶、空洞等,往往影响路线方案的选择、路线的布设与构造物的设计,在工程地质勘察的各个阶段均应作为重点,进行逐步深入的勘测,查明其类型、规模、性质、发生原因、发展趋势、危害程度等,提出绕避依据或处理措施。

3. 路基、路面工程地质勘察

在初勘、详勘阶段,根据选定的路线方案和确定的路线位置,对中线两侧一定范围的地带进行工程地质勘察,为路基、路面的设计和施工提供土质、地质、水文及水文地质方面的依据。其中,详勘阶段主要是进行定量调查取得有关的资料,对一般路基或比较特殊的路基(如高填路堤、深挖路堑等)均要求进行详细的勘探与试验。

4. 桥渡工程地质勘察

大桥桥位影响路线方案的选择,大、中桥桥位多是路线布设的控制点,常有比较方案。因此,桥渡工程地质勘察一般应包括两项内容,首先应对各比较方案进行调查,配合路线、桥梁专业人员,选择地质条件比较好的桥位;然后对选定的桥位进行详细的工程地质勘察,为桥梁及

其附属工程的设计和施工提供所需要的地质资料。前一项工作一般是在视查与初勘时进行,后一项则在初勘与详勘时分阶段陆续完成。

5. 隧道工程地质勘察

隧道多是路线布设的控制点,且长大隧道影响路线方案的选择。隧道工程地质勘察同桥渡一样,通常包括两项内容:一是隧道方案与位置的选择,二是隧道洞口与洞身的勘察。前者除几个隧道位置的比较方案外,有时还包括隧道与展线或明挖的比较;后者是对选定的方案进行详细的工程地质勘察,为隧道的设计和施工提供所需的地质资料。前一项工作一般应在视查及初勘时完成,后一项则在初勘与详勘时分阶段陆续完成。

6. 天然建筑材料勘察

修建公路需要大量的筑路材料,其中绝大部分都是就地取材,特别如石料、砾石、砂、黏土、水等天然材料更是如此。这些材料品质的好坏和运输距离的远近等,直接影响工程的质量和造价,有时还会影响路线的布局。筑路材料勘察的任务是充分发掘、改造和利用沿线的一切就地材料,当就地材料不能满足要求时,则由近及远地扩大调查范围,以求得数量足够、品质适用、开采及运输方便的筑路材料产地。勘察的内容包括筑路材料的储量、位置、品质与性质、运输方式及距离,以及用于公路工程的可能性、实用性等。

第二节 公路工程地质勘察的主要方法

公路工程地质勘察的方法,主要有研究既有资料、调查与测绘、勘探、试验与长期观测等几种。随着现代科学技术的进步,许多新技术也在公路工程地质勘察工作中得到发展和应用。

一、资料的收集和研究

工程地质勘察各阶段的准备工作,是根据勘测任务的要求,配备必要的专业人员,收集、研究有关资料,了解现场情况,并做好勘察仪具等的准备。其中,收集和研究路线通过地区既有的有关资料,不仅是外业工作之前准备工作的重要内容,也是工程地质勘察的一种主要方法。特别是在既有资料日益丰富、遥感技术日益先进的今天,这种方法显得越来越重要。

收集的资料一般应包括以下几个方面的内容:

(1)区域地质资料,如地层、地质构造、岩性、土质及筑路材料等。

(2)地形、地貌资料,如区域地貌类型及其主要特征,不同地貌单元与不同地貌部位的工程地质评价等。

(3)区域水文地质资料,如地下水的类型、分带及分布情况,埋藏深度、变化规律等。

(4)各种特殊地质地段及不良地质现象的分布情况、发育程度与活动特点等。

(5)地震资料,如沿线及其附近地区的历史地震情况、地震烈度、地震破坏情况及其与地貌、岩性、地质构造的关系等。

(6)气象资料,如气温、降水、蒸发、湿度、积雪、冻结深度及风速、风向等。

(7)其他有关资料,如气候、水文、植被、土壤等。

(8)工程经验,区内已有道路、铁路的工程地质问题及其防治措施等。

上述资料,应包括政府和生产、科研、教学等部门所出的一切有参考价值的地质图、文献、调查报告等。当勘察地区面积较大且地形、地质条件比较复杂时,应特别注意收集利用既有航空照片和卫星照片等。

对收集到的资料进行分析研究和判释,可以初步掌握路线所经地区的工程地质条件的概况和特点,粗略判定可能遇到的主要工程地质问题,并了解这些问题的研究现状和工程经验。这对于做好准备工作和外业工作,无疑是十分必要的。在公路工程地质勘察工作中,正确运用这种方法,可以减少外业工作的盲目性,提高工作质量。

二、调查与测绘

调查与测绘是工程地质勘察的主要方法。通过观察和访问,对路线通过地区的工程地质条件进行综合性的地面研究,将查明的地质现象和获得的资料填绘到有关的图表与记录本中,这种工作统称为调查测绘(调绘)。公路工程地质调查测绘,一般可在沿线两侧带状范围内进行,通常采用沿线调查的方法而不进行测绘;对不良地区地段及地质条件复杂的路段,应扩大调绘范围,以提出完整可靠的地质资料;对可能控制路线方案、路线位置或重点工程的地质点,以及重要的地质界线,则应根据需要进行详细测绘。

(一)工程地质调查

工程地质调查主要采用直接观察和访问群众的方法,需要时可配合适量的勘探和试验工作。

1. 直接观察

直接观察是工程地质调查最重要最基本的方法。它主要利用自然迹象和露头,进行由此及彼、由表及里的观察分析工作,以达到认识路线通过地带工程地质条件的目的。

观察工作的质量,一方面取决于观察点的数量和选择是否恰当,另一方面也取决于调查人员的知识和经验。只有理解了的东西才能更深刻地感觉它,如果不具备丰富的理论知识,不熟悉各种地质现象的本质及其相互关系,是很难进行深刻的观察分析工作的。有经验的地质人员,能充分利用各种自然迹象和露头,运用多种方法互相配合进行观察分析,不仅可保证工程的质量,还可减少不必要的勘探工作。

在公路工程地质调查工作中,常采用地貌学和地植物学的方法观察分析有关自然迹象。前者根据地貌的形态特征,推断其形成的原因和条件,并评价工程地质条件;后者根据植物群落的种属、分布及其生态特征,推断当地的气候、土质及水文地质等条件。有些对土质、水分、盐分等条件要求特别严格的植物,可以作为指示植物加以利用。地植物学的方法,在潮湿茂密的林区是十分必要的,而在植物缺少的沙漠地区则是足够准确的。

2. 访问群众

访问群众是工程地质调查常用的方法。对沿线居民调查访问,可以了解有关问题的历史情况、多年情况及当地与自然灾害做斗争的经验,这对于直接观察往往是必不可少的补充。在某些情况下,这种方法尤其重要,例如,对历史地震情况的调查,对沿线洪水位的调查,对风沙、雪害、滑坡、崩塌、泥石等不良地质的发生情况、活动过程和分布规律的调查都离不开调查访问。

为使调查访问获得较好的结果,一般应注意以下几点:

(1)选择合适的对象。通常应是年纪大的、对所调查的问题有切身经历的人,要多找几个,以避免错误。

(2)进行仔细的询问,认真听取各种意见。需要时应到现场边看边问。

(3)对提供的情况,应进行核对、分析和判断。

(二)工程地质测绘

工程地质测绘与工程地质调查的不同之处是,工程地质测绘的范围往往较大,并且要求把调查研究结果填绘在一定比例尺的地形图上,以编制工程地质图。测绘范围以能满足工程技术要求为前提,并应包括与工程地质环境有关的范围。测绘的比例尺可在以下范围内选用:预可行性研究阶段 1:50 000~1:100 000;工程可行性研究阶段 1:10 000~1:50 000;初勘阶段 1:2 000~1:10 000;详勘阶段 1:2 000。为达到测绘精度要求,实地测绘所用地形图的比例尺必须大于或等于提交成图比例尺(见《公路工程地质勘察规范》JTG C20—2011)。下面分两种情况说明其工作方法与步骤。

1. 无航摄资料时

工程地质测绘主要通过野外工作进行,为此需要讲究测绘方法与量测精度,以求用较少的工作获得符合要求的结果。

(1)标测方法:根据不同比例尺的精度要求,对观察点、地质构造及各种地质界线等的标测方法有以下 3 种。

①目测法。根据地形、地物目估或步测距离。目测法适用于小比例尺的工程地质测绘。

②半仪器法。用简单的仪器(如罗盘仪、气压计等)测定方位和高程,用徒步或测绳量距离。此方法适用于中比例尺的工程地质测绘。

③仪器法。仪器法是用测量仪器定位,此方法适用于大比例尺的工程地质测绘,以及重要地质点的测绘。

测绘精度的要求:相当于测绘底图上宽度不小于 2mm 的地质现象应尽量标绘在图上;具有重要工程意义的地质体,即使小于图上 2mm 的宽度也应按扩大比例尺的方法标绘在图上;相反,对于工程意义不大的且相近的几种地质体可合并标绘。

(2)工程地质测绘的基本方法。

①路线法。沿着一些选择的路线穿越测绘场地,并把观测路线和沿线查明的地质现象、地质界线填绘在地形图上。路线形式有直线型或"S"形等。一般用于各类比例尺的测绘。

②布点法。根据地质条件复杂程度和不同的比例尺,预先在地形图上布置一定数量的观测点及观测路线。布点法适用于大、中比例尺测绘。

③追索法。沿地层、构造和其他地质单元界线布点追索,以便查明某些局部的复杂构造。追索法多用于中、小比例尺测绘。

(3)公路工程地质测绘的路线法:采用路线法测绘的两个关键的环节,是观测路线的布置和观察点的选择。

①观测路线的布置。除应沿路线进行调查测绘外,还应在路线两侧布置观测路线,以求在需要测绘的范围内获得足够的资料绘制工程地质图。观测路线与岩层走向或地质构造方向垂直时,可以用较少的工作获得较多的成果。但为了查清断层破碎带的分布情况,观测路线也可

沿构造线布置。观测路线应布置在露头较好的地方,如河谷、路堑等地带。

②观察点的选择应根据观察的目的和要求进行。例如,为了研究地貌、地质界线、不良地质现象等不同的目的,可考虑分别设置观察点;如为了综合研究的目的,就应按多目标的要求选择观察点。观察点一般应选在露头良好,观测方便,有地质界线,地质现象发育以及其他对工程地质有重要意义的地方。观察点的密度则应根据地质条件的复杂程度和地质图比例尺的大小确定。

2. 有航摄资料时

遥感技术是根据电磁波辐射(发射、吸收、反射)的理论,应用各种光学、电子学探测器,对远距离目标进行探测和识别的综合技术,可用于工程地质调查测绘。

地质体不但在光照条件下能反射出辐射能,而且由于自身具有一定的温度,也能不断发射出辐射能。地质体在不同波长处,反射或发射电磁辐射的本领是不同的。这种辐射能量随波长改变而改变的特性称为地质体的波谱特性。把这种辐射能以波长为参数记录下来就得到该地质体的波谱分布,不同地质体有其特定的波谱分布,这是遥感技术赖以识别目标的根据。遥感技术对地质体进行探测和识别就是以各种地质体对电磁波辐射的反射或发射的不同波谱分布作为理论基础的。

遥感工程地质调查可采用多种遥感手段和方法进行,利用现有遥感影像资料进行判释。应充分利用近期的黑白或彩色红外的航空像片及热红外航空扫描图像,必要时结合使用陆地卫星图像和其他遥感图像。重点研究地区可收集不同时期的遥感资料。下面概要介绍航摄资料用于绘制工程地质图的方法。

(1)立体镜判释:立体镜是航空像片立体观察仪器。利用判释标志,结合所掌握的区域地质资料,可将判明的地层、构造、岩性、地貌、水文地质条件、不良地质现象等,调绘在单张像片上,并据此确定需要调查的地点和路线。

凡是能直接反映地质体和地质现象的影像特征称为直接判释标志;对与判释对象密切相关的一些现象进行分析、研究、推理、判断,也可达到识别地物的目的,这些相关的现象称为间接判释标志。使用立体镜进行室内判释,必须在分析现有资料的基础上,建立室内初步判释标志,并经实地调绘建立详细判释标志。

(2)实地调查测绘:对判释的内容,通过实地调查测绘进行核对、修改与补充。重要的地质点应刺点记录。

(3)绘制工程地质图:根据地形、地貌、地物的相对位置,将测绘在像片上的地质资料,利用转绘仪器转绘于等高线图上,并进行野外核对。

(三)调查测绘内容

工程地质调查测绘的内容应视要求而定。调查测绘的重点也因勘察设计阶段及工程类型的不同而各有所侧重。但其基本内容主要为以下几个方面。

1. 地形、地貌

地形、地貌的类型、成因、特征与发展过程;地形、地貌与岩性、构造等地质因素的关系;地形、地貌与工程地质条件的关系,对路线布设及路基工程的影响等。

2. 地层、岩性

地层的层序、厚度、年代、成因及其分布情况;岩性、风化破碎程度及风化层厚度;土石的类别、工程性质及对工程的影响等。

3. 地质构造

断裂、褶曲的位置、构造线走向、产状等形态特征和地质力学特征,岩层的产状和接触关系,软弱结构面的发育情况及其与路线的关系、对路基的稳定影响等。

4. 第四纪地质

第四纪沉积物的成因类型、土的工程分类及其在水平与垂直方向上的变化规律;土的物理、水理、化学、力学性质;特殊土及地区性土的研究和评价。

5. 地表水及地下水

河、溪的水位、流量、流速、冲刷、淤积、洪水位与淹没情况;地下水的类型、化学成分与分布情况,地下水的补给与排泄条件,地下水的埋藏深度、水位变化规律与变化幅度;地表水及地下水对公路工程的影响。

6. 特殊地质、不良地质

各种不良地质现象及特殊地质问题的分布范围、形成条件、发育程度、分布规律及其对公路工程的影响。

7. 地震

根据沿线地震基本烈度的区划资料,结合岩性、构造、水文地质等条件,通过调查访问,确定大于等于 7 度的地震烈度界线。

8. 工程经验

对既有建筑物的稳定情况和工程措施进行调查访问,以兹借鉴。

三、勘探

勘探是工程地质勘察的重要方法,是获得深部地质资料必不可少的手段。勘探工作必须在调查测绘的基础上进行。在进行勘探时,应充分利用地面调查测绘资料,合理布置勘探点,以减少不必要的工作量,同时应充分利用地面调查测绘资料,分析勘探成果,以避免判断的错误。

在初勘阶段,勘探点的位置与数量,应在工程可行性研究阶段的勘探基础上,视地质条件的复杂程度及实际需要而定。在详勘阶段,勘探点的数量,应满足各类工程施工图设计对工程地质资料的需要。具体要求可查阅有关规程、手册等。

公路工程地质勘探的方法有挖探、钻探、地球物理勘探等几类。下面介绍几种常用方法。

(一) 挖探

挖探是公路工程地质勘探中广泛采用的一种方法。这种方法最大的优点是能取得详尽的直观资料和原状土样,但勘探深度有限,而且劳动强度大。

公路工程地质工作中的挖探主要为坑探和槽探。

1. 坑探

坑探是垂直向下掘进土坑,浅者称为试坑,深者称为探井。坑探断面一般采用 1.5m × 1.0m 的矩形,或直径 0.8~1.0m 的圆形。坑探深度一般为 2~3m,较深的需进行加固。坑探适用于不含水或地下水量少的较稳固地层,主要用来查明覆盖层的厚度和性质、滑动面、断层、地下水位,及采取原状土样等。

2. 槽探

槽探挖掘成狭长的槽形,其宽度一般为 0.6~1.0m,长度视需要而定,深度通常小于 2m。槽探适用于基岩覆盖层不厚的地方,常用来追索构造线,查明坡积层、残积层的厚度和性质,揭露地层层序等。槽探一般应垂直于岩层走向或构造线布置。

(二) 钻探

在工程地质勘测工作中,钻探是广泛采用的一种最重要的勘探手段,它可以获得探部地层的可靠地质资料。

1. 简易钻探

简易钻探是公路工程地质勘探中经常采用的方法,其优点是:工具轻,体积小,操作方便,进尺较快,劳动强度较小。缺点是:不能采取原状土样或不能取样,在密实或坚硬的地层内不易钻进或不能使用。

常用的简易钻探工具有小螺纹钻、锥铲与洛阳铲等。

(1) 小螺纹钻勘探

小螺纹钻是用人工加压加转钻进,适用于黏性土及亚砂土地层,可以取得扰动土样。钻探深度小于 6m。

(2) 锥探

锥探是用锥具向下冲入土中,凭感觉探查疏松覆盖层的厚度或基岩的埋藏深度。探深一般可达 10m 左右。常用来查明黄土陷穴、沼泽、软土的厚度及其基底的坡度等。

(3) 洛阳铲勘探

洛阳铲勘探是借助洛阳铲(图 9-1)的重力冲入土中,钻成直径小而深度较大的圆孔,可采取扰动土样。冲进深度一般为 10m,在黄土层中可达 30 余米。

2. 钻探

钻探是指用钻机在地层中钻孔,以鉴别和划分地表下地层,并可以沿孔深取样的一种勘探方法。钻探是工程地质勘察中应用最为广泛的一种勘探手段。钻探主要用于桥梁、隧道及大型滑坡等不良地质现象的勘探,一般是在挖探、简易钻探不能达到目的时采用。

为保证工程地质钻探工作的质量,避免漏掉或弄错重要的地质界面,在钻进过程中不应放过任何可疑的地方,对所获得的地质资料应进行准确的分析判断。任何时候都不能忘记用地面观察所得的地质资料来指导钻探工作,校核钻探结果。

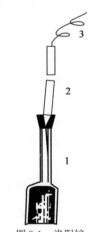

图 9-1 洛阳铲
1-铲头;2-木杆;
3-绳索

根据钻进时破碎岩石的方法,钻探可分为冲击钻进、回转钻进、冲击—回转钻进及振动钻进等几种。公路工程地质勘探常用地钻进方法,主要是机械回转钻进和冲击—回转钻进。

(1) 冲击钻进

冲击钻进是利用钻具的重力和冲击力,使钻头冲击孔底以破碎岩石。这种方法能保持较大的钻孔口径。人力冲击钻进,适用于黄土、黏性土、砂性土等疏松的覆盖层,但劳动强度大,难以取得完整的岩芯;机械冲击钻进,适用于砾、卵石层及基岩,不能取得完整岩芯。

(2) 回转钻进

回转钻进是利用钻具回转,使钻头的切割刃或研磨材料削磨岩石,可分孔底全面钻进与孔底环状钻进(岩芯钻进)两种。工程地质勘探广泛采用岩芯钻进,这种方法能取得原状土和比较完整的岩芯。人力回转钻进适用于沼泽、软土、黏性土、砂性土等松软地层,设备简单,但劳动强度较大。机械回转钻进,有多种钻头和研磨材料可选,可适应各种软硬不同的地层。

(3) 冲击—回转钻进

冲击—回转钻进也称综合钻进,钻进过程是在冲击与回转的综合作用下进行的。它适用于各种不同的地层,能采取岩芯,在工程地质勘探中应用也较广泛。目前应用地钻进方法有气动和液动两种,其中反循环连续取样冲击回转钻进(或双壁钻杆潜孔锤连续取样钻进)在岩石地层勘探的应用有发展前途。

(4) 振动钻进

振动钻进是利用机械动力所产生的振动力,通过连接杆及钻具传到钻头周围的土层中,由于振动器的高速振动,使土层的抗剪强度急剧降低,借振动器和钻具的重力,切削孔底土层,达到钻进的目的。振动钻进速度快,但主要适用于土层及粒径较小的碎、卵石层。

具体的钻探方法可根据钻进地层和勘察要求按表9-1选择。

钻探方法的适用范围　　　　　　　　　　　　　表9-1

钻探方法		钻 进 地 层					勘 察 要 求	
		黏性土	粉土	砂土	碎石土	岩石	直观鉴别、采取不扰动试样	直观鉴别、采取扰动试样
回转	螺旋钻探	++	+	+	—	—	++	++
	无岩芯钻探	++	++	++	+	++	—	—
	岩芯钻探	++	++	++	+	++	++	++
冲击	冲击钻探	—	+	++	++	—	—	—
	锤击钻探	++	++	++	+	—	++	++
振动钻探		++	++	++	+	—	+	+
冲洗钻探		+	++	++	—	—	—	—

注:++适用,+部分适用,—不适用。

(三) 地球物理勘探

地球物理勘探简称物探,它通过研究和观测各种地球物理场的变化来探测地层岩性、地质构造等地质条件。各种地球物理场有电场、重力场、磁场、弹性波的应力场、辐射场等。由于组成地壳的不同岩层介质往往在密度、弹性、导电性、磁性、放射性以及导热性等方面存在差异,这些差异将引起相应的地球物理场的局部变化。通过量测这些物理场的分布和变化特征,结合已知地质资料进行分析研究,就可以达到推断地质性状的目的。该方法兼有勘探与试验两种功能。和钻探相比,具有设备轻便、成本低、效率高、工作空间广等优点。但它由于不能取样,不能直接观察,故多与钻探配合使用。

物探宜运用于下列场合：

(1) 作为钻探的先行手段，了解隐蔽的地质界线、界面或异常点。

(2) 作为钻探的辅助手段，在钻孔之间增加地球物理勘察点，为钻探成果的内插、外推提供依据。

(3) 作为原位测试手段，测定岩土体的波速、动弹性模量、特征周期、土对金属的腐蚀等参数。

各种地球物理勘探方法及其适用条件见表9-2。

各种地球物理勘探方法及其适用条件 表9-2

	方法		应用	适用条件
陆地	直流电法	电阻率法 电测探	了解地层岩性、基岩埋深；了解构造破碎带、滑动带位置，节理裂隙发育方向；探测含水构造、含水层分布；寻找地下洞穴	探测的岩层要有足够的厚度，岩层倾斜不宜大于20°；分层的P值有明显的差异，在水平方向没有高电阻或低电阻屏蔽；地形比较平坦
		电剖面	探测地层、岩性分界；探测断层破碎带的位置；寻找地下洞穴	分层的电性差异较大
		电位法 自然电场法	判定在岩溶、滑坡以及断裂带中地下水的活动情况	地下水埋藏较浅，流速足够大，并有一定的矿化度
		充电法	测定地下水流速、流向，测定滑坡的滑动方向和滑动速度	含水层深度小于50m，流速大于1.0m/d，地下水矿化度微弱，转岩电阻率较大
	交流电法	频率测探法	查找岩溶、断层、裂隙及不同岩层界面	
		电磁法	寻找导电、导磁矿体岩石	
		无线电波透视法	探测溶洞	
	地震勘探	直达波法	测定波速，计算动弹性参数	
		反射波法	测定不同地层界面	界面两侧介质的波阻抗要有明显差异，能形成反射面
		折射波法	测定地层界面、基岩埋深、断层位置	离开震源一定距离（盲区）才能收到折射波
	声波探测		测定动弹性参数，监测洞室围岩或边坡应力	
	重力勘探		确定掩埋大断层、矿井、洞穴的位置	
	磁法勘探		确定断层或岩脉的位置，探测地下金属目标物	无强磁场干扰
水域	水声剖面法		测量水深断面	
	连续地震反射剖面（浅层剖面）		测定水下地层和构造	不能区分虽材料不同但动弹特性相近的地层
测井	电视测井		观察钻孔井壁	孔内水不能浑浊
	放射性测井		测定砂土密度、含水率，区分地层	
	井径测量		测定钻孔直径	
	电测井		测定含水层特性	
	土壤对金属腐蚀性指标测定		测定土壤的电阻率，评价土壤对地下金属管线的腐蚀性	

物探在工程地质勘探中已被广泛使用。当与调查测绘、挖探、钻探密切配合时,在指导地质判断、合理布置钻孔、减少钻探工作量等方面都能取得良好的效果。恰当地运用多种物探方法,互相配合,进行综合物探,也能取得较好的效果。

物探按其工作条件的不同可分为地面物探、井下物探、航空物探与航天物探。按其所利用的岩、土物理性质的不同可分为电法勘探、电磁法勘探、地震勘探、声波探测、重力勘探、磁力勘探与放射性勘探等。在公路工程地质工作中,较常用的有电法勘探、地震勘探、地质雷达勘探等。其中,地质雷达(属电磁法勘探)是利用高频电磁脉冲波的反射,探测地层构造和地下埋藏物体的电磁装置,故又称探地雷达,其通过发射天线向地下辐射宽带的脉冲波,脉冲波在地下传播,遇到介电常数和导电率不同的介质时,将在其分界面上发生反射,返回地表的电磁波被接收天线接收,根据接收到的回波来判断目标的存在,并计算其距离和位置,可用于空中、地面与井中探测,但主要用于地面。此外,声波探测在工程地质工作中也有较广泛的应用,它是利用声波在岩体(岩石)中的传播特性及其变化规律,测试岩体(岩石)的物理力学性质,也可利用在应力作用下岩体(岩石)的发声特性对岩体进行稳定性监测。下面对电法勘探和地震勘探作概略的介绍。

1. 电法勘探

电法勘探简称电探,是通过仪器测定土、石导电性的差异,来判断地下地质情况的一种物探方法。

在具备如下条件时,电法勘探能取得较好的效果:地层之间具有一定的导电性差异;所测地层具有一定的长度、宽度和厚度,相对的埋藏深度不太大;地形比较平坦,游散电流与工业交流电等干扰因素不大。

电探的种类很多,按电场性质可分为人工电场法和自然电场法,人工电场法可再分为直流电法和交流电法。目前我国公路工程地质工作中用得较广的是直流电探,按其电极装置的不同,又可分为电阻率法(包括电测深法与电测断面法)和充电法。

(1)电阻率法:利用不同岩层或同一岩层由于成分、结构等不同而具有不同电阻率的性质,将直流电通过接地电极供入地下,建立稳定的人工电场,在地表量测某点垂直方向(电测深法)或某剖面水平方向(电测剖面法)的电阻率变化,从而判别岩层的分布或地质构造特点的方法,称为电阻率法。

电测深法是在地表以某一点(测深点)为中心,用不同供电极距测量不同深度岩层的电阻率,获得该点地质柱状断面的方法。它是工程地质勘探最常用的一种方法。电测深法适用于探测以下情况:①地层在水平($<20°$)和垂直方向的分界线,基岩面起伏情况,古河床的位置,岩层裂隙的主导发育方向及其随深度的变化情况;②含水层的分布、分层、厚度与埋藏深度等;③构造破碎带的位置及范围,滑动面的位置及含水性质,岩溶、洞穴的分布情况等。图9-2 为对称四极电测深法的装置情况。A、M、N、B 四个电极布置在一条直线上,测量电极 MN 布置在供电电极 AB 中间,测量时 MN 不动(当 AB 增大到一定值后,MN 按极距选择要求增大),对称式增大 AB,每移动一次 AB 测得一次岩(土)层的电阻率;或 AB 和 MN 按一定比值同时增大,测量岩(土)层的电阻率。

电测剖面法是测量电极和供电电极间距保持不变,而测点沿一定测线方向移动,以探测某一深度内岩性水平变化的方法。这种方法一般用来解决一些定性的地质问题,只有在条件极为有利的情况下，才能作一些粗略的定量解释。它适用于探测：

①有电性差异的不同地层接触面的起伏；
②有电性差异的陡立地层的接触面；
③含水或泥质充填的宽大的破碎带；
④较厚而有明显电性标志的断层。

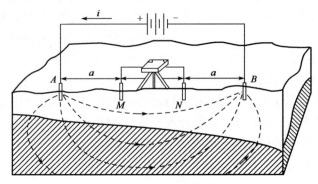

图 9-2　对称四极电测深法的装置
A、B-供点电极；M、N-测电电极

（2）充电法：充电法是将 A 极置于要观测的良导电性地质体内，将 B 极置于足够远处接地，供电后，量测 A 极处电场等位线的形状或等位线随时间的变化情况，以推求地质体的形状、大小或运动情况。这种方法在工程地质勘探中主要用来测定：

①地下水的流向、流速；
②滑坡体的滑动方向和速度，滑动面的位置。

利用充电法测定地下水的流向和流速是在钻孔或水井中进行，如图 9-3 所示，将供电电极 A 放到井下含水层的位置，B 极放到足够远处（一般为 A 极到地面距离 h 的 $20\sim50$ 倍），供电后地下水充电，这时量测以井口为中心的等电位线大致为圆形。然后向井中注入食盐水，再量测等电位线，则等电位线在水流运动方向上将发生改变，由原来的圆形变成椭圆形，等电位线的移动方向即为地下水流向，中心点移动的速度为地下水流速的一半。

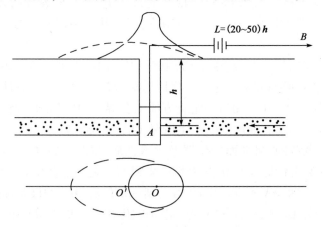

图 9-3　充电法测地下水流向和流速

利用充电法测定滑坡体的滑动方向和速度，确定滑动面的位置，通常是在钻孔中进行。如图 9-4 所示，在不同深度上埋设数个金属球，分别用导线接到地面，作为供电电极 A_1、A_2、A_3

……。将 B 极放到足够远处。分别用 A_1B、A_2B、A_3B……供电,量测钻孔附近的等电位线,并且间隔一定时间重复量测。若没有滑动现象,则等电位线重合;反之不重合(图9-6)。根据等电位线移动的方向和距离,便可求出滑动的方向和速度;根据等电位线是由第几个 A 极开始移动的,便可大致确定滑动面的位置。

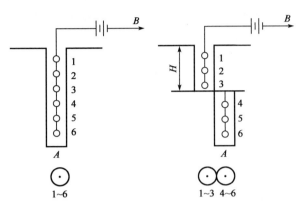

图9-4 充电法测滑动的方向和速度

2. 地震勘探

地震勘探是根据岩、土弹性性质的差异,通过人工激发的弹性波的传播,来探测地下地质情况的一种物探方法。由敲击或爆炸引起的弹性波,在不同地层的分界面上发生反射和折射,产生可以返回地面的反射波和折射波,利用地震仪记录它们传播到地面各接收点的时间,并研究振动波的特性,就可以确定引起反射或折射的地质界面的埋藏深度、产状及岩石性质等。

地震勘探直接利用岩石的固有性质(密度与弹性),较其他物探方法准确,且能探测很大深度,因此在石油地质勘探等部门得到广泛的应用。地震勘探在工程地质勘探中也日益得到推广使用,主要用于:①探测覆盖层的厚度、岩层的埋藏深度及厚度、断层破碎带的位置及产状等;②研究岩石的弹性,测定岩石的弹性系数等。在公路工程地质勘探中,地震勘探目前主要应用于隧道的勘探。

按照观测返回地面的波的种类不同,地震勘探的方法分为反射波法与折射波法两种。在工程地质勘探中,由于探测深度不大,要求精度较高,因此采用折射波法比较适宜。

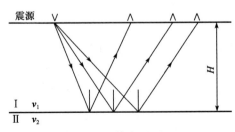

图9-5 反射波法示意图
∨-震源;∧-接收点

(1)反射波法:弹性波在遇到性质不同的地层界面时,将像光线一样发生反射,入射角与反射角相等,如图9-5所示。弹性波由激发点传播到两层的界面,产生反射波,再返回到地面,所需时间取决于上层的深度和弹性波的传播速度。如果该层的传播速度已知,则可推求其深度。

因为只有界面两侧的波速与密度之积不等时,才能形成反射波,所以,反射波法必须是在上、下部地层密度与波速之积不等时才能应用。

(2)折射波法:弹性波在上、下层分界面处发生折射,遵循折射定律(图9-6):

$$\frac{\sin i_1}{v_1} = \frac{\sin i_2}{v_2}$$

如果 $v_2 > v_1$，则折射波将远离法线，当入射角 i_1 逐渐增大至某一临界角 i 时，折射角 i_2 将增大至 $90°$，此时在下层内的折射波变为沿界面滑行的滑行波 P。滑行波在上部地层内，将重新以 i 角由界面射出，并返回地面。

利用折射波，根据时距曲线，推求上层深度的方法如下：如图 9-7 所示，设上下两层的波速分别为 v_1 与 v_2，O 点为震源，S_1、S_2、S_3……为检波器。经由 OS_1、OS_2……在表面直接传播的波的时距曲线为一条直线 OA，根据它的斜率（等于 $1/v_1$）可以确定 v_1；经由 $OPQS_1$、$OPQS_2$……传播的折射波的时距曲线为另一条直线 BC，根据它的斜率（等于 $1/v_2$）可以确定 v_2。BC 与时间坐标轴的交点数值 $\triangle T$，代表间接传播的折射波滞后于直接传播的表面波的时间（称为截距时间），根据它，可以按下式推求上层的深度 H：

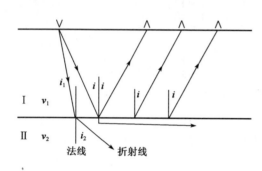

图 9-6　折射波
∨-震源；∧-接收点；v_1、v_2-上、下层的波速

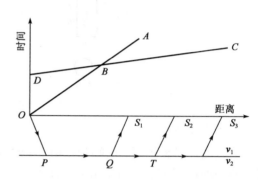

图 9-7　折射波法示意图

$$H = \frac{v_1 v_2 \Delta T}{2\sqrt{v_2^2 - v_1^2}}$$

如上所述，折射波法的应用条件是 $v_2 > v_1$，即下层的波速较上层大时才能应用。两者的差别越显著，效果越好。如果基岩坚实、不风化、不破碎，而覆盖层比较疏松，则用折射波法探测两者的界面是很容易的；反之，如果基岩风化严重，而覆盖层比较密实，用折射波法探测它们的界面将是困难的。

四、试验

试验是工程地质勘察的重要环节，是对岩土的工程性质进行定量评价的必不可少的方法，是解决某些复杂的工程地质问题的主要途径。

工程地质调查测绘与勘探工作，只能解决岩土的空间分布、发展历史、形成条件等问题，对岩土的工程性质只能进行定性的评价，要进行准确的定量的评价必须通过试验完成。

在工程实践中可能遇到某些复杂的自然现象和作用，一时尚不能从理论上认识清楚，而又急于要求解决，在这种情况下，往往可通过试验的方法加以解决。

工程地质试验可分为室内试验和野外试验两种。室内试验是对调查测绘、勘探及其他过程中所采取的样品进行试验，这种试验通常在实验室中进行，但也可用试验箱在野外进行。野外试验是在现场岩土的原处并在自然条件下进行的，基本保持了岩土的天然结构与状态，和取样试验是有区别的，这种试验也称为现场试验或原位试验。

（一）室内试验

1. 岩土工程性质的常规试验

土的试验一般包括土的成分、物理性质、水理性质与力学性质4个主要部分，岩石的试验一般包括物理性质和力学性质两个部分，有时还需进行土和岩石的热学性质的试验。其中每一个部分都包括若干个具体试验项目，如土的物理性质就包括密度、相对密度、含水率、液限等项目，土的力学性质则包括压缩性、抗剪强度等项目。

测定岩土工程性质的试验，将在道路建筑材料、土质学与土力学等课程中详细讨论，这里从略。

室内试验的项目、数量和条件，应根据工程要求、设计阶段和当地自然条件等因素确定，可参考有关规范、手册的规定，但应注意用理论指导这一工作，以求节省人力、物力和时间，又能提高工作质量。例如，根据地质学原理，土的工程性质与土层的成因类型和地质年代有直接关系，因此有可能通过选择有代表性的样品，以较少数量的试验，评价较大范围的土的工程性质。

2. 工程地质问题的专门试验

对某些尚未被认识清楚或不便于数学推理的因素复杂的工程地质问题，常常需要通过专门设计的模型试验或模拟试验作出解答或评价。

（二）野外试验

野外试验与室内试验不同之处是：
①试验在岩土的原处，不脱离其周围环境，并在当地自然条件下进行；
②试验的范围或试样的体积较大。

野外试验在设备、技术、人力、物力和时间等方面的耗费，一般要比室内试验大得多，但由于有的野外试验是室内试验所不能代替的，有的则比室内试验准确得多，因此，它是工程地质勘察必不可少的定量评价方法。

公路工程地质野外试验主要包括两个方面：一是岩土的透水性试验，二是岩土的力学试验。属于前者的有压水试验与抽水试验等；属于后者的有触探（静力触探、动力触探与标准贯入试验）、荷载试验（静力荷载与桩荷载）、剪力试验（直剪法、水平挤出法与十字板剪力试验）、旁压试验、应力应变量测（千分表法、电阻片法、压力盒法）与弹性系数测定（地震法）等。下面概略地介绍几种常用的野外原位试验。

1. 荷载试验

荷载试验是在原位条件下，向地基（或基础）逐级施加荷载，并同时观测地基（或基础）随时间而发展变形（沉降）的一项原位测试方法。该试验是确定天然地基、复合地基、桩基础承载力和变形特性参数的综合性测试手段，也是确定某些特殊性土特征指标的有效方法，还是某些原位测试手段（如静力触探、标准贯入试验等）赖以进行对比的基本方法。按试验目的、适用条件等，荷载试验可分为平板荷载试验、螺旋板荷载试验、桩基荷载试验、动力荷载试验。下面介绍工程地质工作中常用的平板荷载试验。

平板荷载试验适用于各类地基土和软岩、风化岩，在工程地质勘察中主要用于：
①确定地基岩土的承载力，研究地基土的变形特征，测定变形模量；

②测定黄土、膨胀性岩土、盐渍岩土等特殊岩土的特征性指标。

平板荷载试验的仪器设备主要包括：

①承压板。承压板为一定面积（按国家标准，土基上为 $0.25\sim0.50m^2$，岩基上为 $0.07\ m^2$）的圆形或方形板（多用钢板，也可为钢筋混凝土板），用于向试坑底面加压；

②加荷装置。一般由荷载源（重物或机械力向承压板加荷载）、荷载台架或反力装置（锚定或支撑系统）构成；

③沉降观测记录仪表及装置。

试验采用分级加载的方法，在每级加载后测读沉降，至沉降稳定为止，再施加下一级荷载。当试验目的主要是确定地基的承载力时，试验一般应进行到能得到极限压力为止，至少应为设计荷载的 2 倍；当试验主要是用于确定地基的变形模量时，试验至出现比例界限点以后 1~2 级荷载即可终止。试验土体出现极限压力的标志是：

①承载板周围土明显隆起或出现破坏性裂纹；

②荷载增加不多而沉降急剧增加；

③荷载不变，24h 内沉降随时间等速或加速发展。

对试验资料的整理，主要是根据原始记录绘制荷载（P）与沉降（S），或沉降（S）与时间（t）的关系曲线，即 P-S 曲线和 S-t 曲线等，并确定地基的承载力或变形模量等指标。

2. 静力触探

静力触探试验可用于土层划分、土类判别，并可用于估算砂土相对密度（D_r）、内摩擦角（ϕ）、黏土不排水强度（C_u）、土的压缩模量（E_s）、土的变形模量（E_o）、饱和黏土不排水模量（E_u）、砂土初始切线弹性模量（E_i）和初始切线剪切模量（G_i）、地基承载力、单桩承载力、固结系数、渗透系数和黄土湿陷系数及砂土和粉土液化判别等，适用于黏性土、粉土、软土、砂土等土类。

目前广泛应用的是电测静力触探，即将带有电测传感器的探头，用静力以匀速贯入土中，根据电测传感器的信号，测定探头贯入土中所受的阻力。按传感器的功能，静力触探分为常规的静力触探（CPT，包括单桥探头、双桥探头）和孔压静力触探（CPTU）。单桥探头测定的是比贯入阻力（P_s），双桥探头测定的是锥尖阻力（q_c）和侧壁摩阻力（f_s），孔压静力触探探头是在单桥探头或双桥探头上增加量测贯入土中时土中的孔隙水压力（孔压）的传感器。

静力触探具有快速、数据连续、再现性好、操作省力等优点。静力触探的贯入深度与土类和触探机的推力有关。20t 的触探机，在软土中最大的贯入深度可达 70m，在中密砂层中最大贯入深度可达 30m。

静力触探的仪器设备包括探头、探杆、压入主机、数据采集记录仪器。探头的标准外形为圆柱体，底端为圆锥体，锥尖角 60°，顶端与探杆连接，锥头截面积有 $10cm^2$、$15cm^2$、$20cm^2$ 三种。探杆用以把探头贯入到所需的深度，应用高强度钢材制成，一般每根 1m 长。触探机提供把探头和探杆压入土中所需的推力，并保证以均匀速度贯入（$1.2m/min\pm0.3m/min$），每贯入一次的行程常用 1m。为避免触探机在贯入过程中上抬，还配置能使推力充分发挥的反力装置，常用地锚或重物，或两者结合。

我国使用的电测静力触探探头都是电阻应变式的，采用的量测记录仪器有电阻应变仪（或数字式应变仪）、电子电位差计（即自动记录仪）和数据采集处理系统（应用单板机或微机，是今后的主要发展方向)。

试验时,以匀速20mm/s(±5mm/s)把探头压入土中,每隔10~20cm测记q_c、f_s(或p_s)及孔压u,深度量测误差要求不大于1%(计深装置应固定于地面不动点)。根据试验结果,绘制静力触探曲线(对于CPT,绘制p_s-h或q_c-h、f_s-h和R_i-h曲线,其中$R_i = (f_s/q_c) \times 100\%$),划分土层界线,计算各分层土的静探参数的平均值。

3. 动力触探试验与标准贯入试验

圆锥动力触探试验(DPT)是利用一定的锤击动能,将一定规格的圆锥探头打入土中,然后依据贯入击数或动贯入阻力判别土层的变化,确定土的工程性质,对地基土作出工程地质评价。这种试验适用于强风化、全风化的硬质岩石、各种软质岩石及各类土。

动力触探试验指标主要用于以下目的:
①评定砂土的孔隙比或相对密实度、粉土及黏性土的状态;
②估算土的强度和变形模量;
③评定场地地基的均匀性及承载力;
④搜查土洞、滑动面、软硬土层界面等;
⑤确定桩基持力层及承载力,检验地基改良与加固的效果质量。

动力触探的试验设备分为轻型、中型、重型、超重型等不同类型,试验设备主要有触探头、触探杆及穿心锤3个部分。

单孔动力触探试验应绘制动探击数(或动贯入阻力)与贯入深度的关系曲线,对地基进行力学分层。

标准贯入试验(SPT)的基本原理与动力触探试验相同,只是将探头换为标准贯入器(开口管状空心探头)。该试验是用质量为63.5kg的穿心锤,以0.76m的自由落距,将一定规格的标准贯入器先打入土中0.15m,然后再打入0.30m,记录该0.30m的锤击次数,称为标准贯入击数,用N表示。

标准贯入试验的目的是用测得的N值判断砂土的密实度或黏性土和粉土的稠度,估算土的强度与变形指标,确定地基土的承载力,评定砂土、粉土的振动液化及估计单桩极限承载力与沉桩可能性;并可划分土层类别,确定土层剖面和取扰动土样进行一般物理性试验等。标准贯入试验适用于砂土、粉土及一般黏性土、风化岩、冰碛土等。

标准贯入仪主要由标准贯入器、探杆、穿心锤、锤垫及自动落锤装置等组成。试验时,将贯入器竖立,锤击时应避免偏心及侧向晃动,打入土中0.15m后,开始记录每打入0.10m的击数,累计0.30m的锤击数N。锤击速度不应超过每分钟30锤,落锤高度0.76m±0.02m,并记录50击的实际贯入深度,并按下式换算成相应于0.30m地贯入击数N:

$$N = 30 \times \frac{50}{\Delta S}$$

式中:ΔS——50击时地贯入量(cm)。

旋转钻杆提出贯入器,取其土样进行鉴别、描述、记录并测量其长度。将需要保存的土样仔细包装或封闭、编号,以备室内试验用。然后重复以上操作步骤,进行下一深度地贯入试验,直至所需深度。根据试验资料,绘制N-H(深度)曲线。

4. 十字板剪切试验

十字板剪切试验是将插入软土中的十字板头,以一定的速率旋转,测出土的抵抗力矩,从而换算土的抗剪强度。该试验适用于原位测定饱和软黏土的不排水总强度和估算软黏土的灵敏度。试验深度一般不超过30m。为测定软黏土不排水抗剪强度随深度的变化,试验点竖向间距可取1m或根据静探等资料确定。

目前我国使用的十字板剪切仪有机械式和电测式两种,后者的工效和测试精度均比前者高,因此使用较多的是后者。

机械式十字板剪切仪主要由测力装置、十字板头[图9-8a)]、轴杆等3部分组成,应用于软黏土中的测试时一般可选用 $D \times H = 75mm \times 150mm$ 的板头,在稍硬的土中可选用 $50mm \times 100mm$ 的板头,一般使用的轴杆直径为20mm。电测式十字板剪切仪是在静力触探探头上附加一套电阻式十字板,它可以在饱和软黏土地区用一套仪器进行静力触探和十字板试验,仪器的结构主要包括十字板头[图9-8b)]、回转系统和静力触探仪共用的加压、量测、反力系统部分。根据换算公式即可由试验结果(量表或应变仪的读数)计算原状土或重塑土的十字板抗剪强度值。

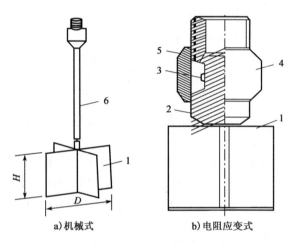

图9-8 板头结构示意图
1-十字板;2-扭力柱;3-应变片;4-套筒;5-出线孔;6-轴杆

5. 旁压试验

旁压试验又称横压试验,其原理是通过一定的成孔方法(有预钻孔、自钻孔、先钻小直径然后压入、直接压入等)将圆柱形旁压器在现场竖直放入土(岩)中,加压使旁压器沿水平径向呈圆柱形扩张,从而量测土(岩)中圆柱形孔穴的压力—变形关系。旁压试验可用于原位测定地基土的变形模量和承载力。

常用旁压仪,主要有预钻孔式、自钻孔式、扁平板旁压仪等。预钻式旁压试验适用于黏性土、粉土、砂土、碎石土、风化岩和软岩。自钻式旁压试验适用于不含砾的砂土、粉土、黏性土,尤其是适用于软土。扁平板旁压试验适用于不含砾的土。

预钻式旁压仪由旁压器、控制单元和管路3部分组成(图9-9)。旁压器是对孔壁土(岩)体直接施加压力的部分,是旁压仪最重要的部件。它由金属骨架、密封的橡皮膜和膜外护铠组成。旁压器分单腔式和三腔式两种,目前常用的是三腔式,其上下两个护腔把测量腔夹在中间,试验时有压介质(水和油)从控制单元通过中间管路系统进入测量腔,使橡皮膜沿径向膨胀,孔周土(岩)体受压呈圆柱形扩张,从而可以量测孔壁压力与钻孔体积变化的关系。控制单元的功能是控制试验压力和测读旁压器体积(应变)的变化。管路是用于连接旁压器和控制单元、输送和传递压力和体积信息的系统,通常包括气路、水(油)路和电路。

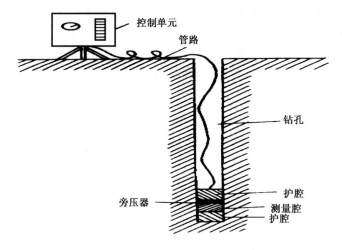

图9-9　旁压试验示意图

自钻式旁压仪通常由包含自钻机构的探头部分,以及控制单元和管路系统组成。自钻的原理是把装有旁压器的薄壁取样器用某一速率压入土中,同时用几个转动的刀片将进入取样器内的土芯弄碎,形成钻屑,钻屑由射出的液体作用而成悬浮液,从旁压器的中央通过钻杆空心孔排到地面。

扁平板旁压试验是用静力(或锤击动力)把一扁铲形探头贯入到土中某一预定深度,然后加压使之侧向扩张,量测不同侧向膨胀位移时的侧向压力,根据这些相应于不同位移时的压力值,可以对土的工程性质进行估算。

根据试验结果,可绘制旁压曲线(如压力与体积曲线、压力与环向应变曲线等),或计算一些参数、指数,然后求得地基的承载力、变形模量等指标。

五、长期观测

物理地质现象与作用是在自然环境不断变化的情况下发生与发展的,其中某些具有周年的变化过程,例如盐渍土、道路冻害等;某些具有多年的变化过程,如滑坡、泥石流等;而另一些则可能兼有上述两种变化,如沙漠、多年冻土等。通过直接观察和勘探,只能了解某一个短时期的情况,要了解其变化规律,就需要作长期的观测工作,而掌握其变化规律,有时则是工程设计所必需的。因此,长期观测是工程地质勘察的重要方法,在某些情况下则是必须的。长期观测不仅可以为设计直接提供依据,而且可以为科学研究积累资料。在公路工程的实践中,对沙漠、盐渍土、滑坡、泥石流、多年冻土与道路冻害等物理地质作用与现象,都有设立长期观测站的实例和经验。

观测点的选择,主要根据工程设计的要求而定。但应注意选择在:

(1)典型的地段,以使观测资料具有代表性。

(2)影响因素比较单纯的地段,以便于资料的分析整理。

(3)便于观测的地点,能够长期坚持观测。

(4)对于一些灾害性的物理地质现象,如滑坡、雪崩、泥石流等,在选择观测点时还应注意观测人员的安全。

观测工作可以在勘察设计阶段进行,也可以在施工阶段进行,还可以在运营阶段进行。观测期限,可以是一年,也可以是多年,主要视观测的对象和任务而定。例如,为滑坡防治措施提供依据的长期观测工作,在设计以前就应进行,在施工以后可以继续观测下去,以检验所采取的措施是否有效。又如对道路冻害的观测,只能在试验路段上进行。

观测时间,一般应遵照"均布控制、加密重点"的原则。对于变化最多的时期,应频繁地进行观测;变化很缓慢的时期,可按相等的时间间隔进行观测,以资控制。例如,滑坡位移的观测,要常年进行,但应在雨季加密观测次数,因为滑坡位移往往在这个时期加剧。又如,沙丘移动的观测,也要常年进行,但应在多风时期,特别是在干旱季节的多风时期内加密观测次数。由此可见,为合理地选择观测时间,对观测对象随季节和时间的变化规律有一个轮廓性的认识是很重要的。

参 考 文 献

[1] 刘春原. 工程地质学. 北京:中国建材工业出版社,2000.
[2] 张咸恭,王思敬,张倬元. 中国工程地质学. 北京:科学出版社,2000.
[3] 张倬元,王士天,王兰生. 工程地质分析原理. 北京:地质出版社,1985.
[4] 李隽蓬. 铁路工程地质. 北京:中国铁道出版社,1996.
[5] 中华人民共和国行业标准. JTG C20—2011 公路工程地质勘察规范. 北京:人民交通出版社,2011.
[6] 交通部第二勘察设计院. 公路设计手册—路基(第二版),北京:人民交通出版社,1996.
[7] 中华人民共和国行业标准. JTG D30—2015 公路路基设计规范. 北京:人民交通出版社有限公司,2015.
[8] 工程地质手册编委会. 工程地质手册(第三版). 北京:中国建筑工业出版社,1992.
[9] 蒋爵光. 隧道工程地质. 北京:中国铁道出版社,1991.
[10] 中国灾害防御协会铁道分会. 中国铁路自然灾害及其防治. 北京:中国铁道出版社,2000.
[11] 周幼吾,郭东信,邱国庆等. 中国冻土. 北京:科学出版社,2000.
[12] 中华人民共和国国家标准. GB/T 50279—2014 岩土工程基本术语标准. 北京:中国计划出版社,2014.
[13] 刘世凯,陆永清,欧湘萍,公路工程地质与勘察. 北京:人民交通出版社,1999.
[14] 孙广忠. 岩体结构力学. 北京:科学出版社,1988.
[15] 孙玉科. 边坡岩体稳定性分析. 北京:科学出版社,1988.
[15] 孙玉科,古迅. 赤平极射投影在岩体工程地质力学中的应用. 北京:科学出版社,1980.

人民交通出版社股份有限公司 公路教育出版中心
土木工程/道路桥梁与渡河工程类本科及以上教材

一、专业基础课
1. 材料力学(郭应征) ················ 25 元
2. 理论力学(周志红) ················ 29 元
3. 理论力学(上册)(李银山) ········· 52 元
4. 理论力学(下册)(李银山) ········· 50 元
5. 工程力学(郭应征) ················ 29 元
6. 结构力学(肖永刚) ················ 32 元
7. 材料力学(上册)(李银山) ········· 49 元
8. 材料力学(下册)(李银山) ········· 45 元
9. 材料力学(石晶) ··················· 42 元
10. 材料力学(少学时)(张新占) ······ 36 元
11. 弹性力学(孔德森) ················ 20 元
12. 水力学(第二版)(王亚玲) ········· 25 元
13. 土质学与土力学(第五版)(钱建固) · 35 元
14. 岩体力学(晏长根) ················ 38 元
15. 土木工程制图(第三版)(林国华) ···· 39 元
16. 土木工程制图习题集(第三版)(林国华) · 22 元
17. 土木工程制图(第二版)(丁建梅) ···· 42 元
18. 土木工程制图习题集(第二版)(丁建梅) · 19 元
19. ◆土木工程计算机绘图基础(第二版)
    (袁 果) ··························· 45 元
20. ▲道路工程制图(第五版)(谢步瀛) · 46 元
21. ▲道路工程制图习题集(第五版)(袁 果) · 28 元
22. 交通土建工程制图(第二版)(和丕壮) · 38 元
23. 交通土建工程制图习题集(第二版)
    (和丕壮) ·························· 17 元
24. 工程制图(龚 伟) ················ 38 元
25. 工程制图习题集(龚 伟) ·········· 28 元
26. 现代土木工程(第二版)(付宏渊) ··· 59 元
27. 土木工程概论(项海帆) ··········· 32 元
28. 道路概论(第二版)(孙家驷) ········ 20 元
29. 桥梁工程概论(第三版)(罗 娜) ···· 32 元
30. 道路与桥梁工程概论(第二版)(黄晓明) · 40 元
31. 道路与桥梁工程概论(第二版)(苏志忠) · 49 元
32. 公路工程地质(第四版)(窦明健) ···· 30 元
33. 工程测量(胡伍生) ················ 25 元
34. 交通土木工程测量(第四版)(张坤宜) · 48 元
35. ◆测量学(第四版)(许娅娅) ········ 45 元
36. 测量学(姬玉华) ·················· 34 元
37. 测量学实验及应用(孙国芳) ········ 19 元
38. 现代测量学(王腾军) ·············· 55 元
39. ◆道路工程材料(第五版)(李立寒) ·· 45 元
40. 道路工程材料(第二版)(申爱琴) ···· 48 元
41. ◆基础工程(第四版)(王晓谋) ····· 37 元
42. 基础工程(丁剑霆) ················ 40 元
43. ▲基础工程设计原理(袁聚云) ······ 36 元
44. 桥梁墩台与基础工程(第二版)(盛洪飞) · 49 元
45. ▲结构设计原理(第三版)(叶见曙) · 59 元
46. Principle of Structural Design(结构设计原理)
    (第二版)(张建仁) ················ 60 元
47. ◆预应力混凝土结构设计原理(第二版)
    (李国平) ·························· 30 元
48. 专业英语(第三版)(李 嘉) ········ 39 元

49. 土木工程材料(孙 凌) ············ 48 元
50. 道路与桥梁设计概论(程国柱) ······ 42 元
51. 道路建筑材料(第二版)(黄维蓉) ···· 49 元
52. 钢结构设计原理(任青阳) ·········· 48 元

二、专业核心课
1. ◆路基路面工程(第五版)(黄晓明) ···· 65 元
2. 路基路面工程(何兆益) ············· 45 元
3. ◆▲路基工程(第二版)(凌建明) ···· 25 元
4. ◆道路勘测设计(第四版)(许金良) ··· 49 元
5. ◆道路勘测设计(第三版)(孙家驷) ··· 52 元
6. 道路勘测设计(裴玉龙) ············· 38 元
7. ◆公路施工组织及概预算(第三版)(王首绪) · 32 元
8. 公路施工组织与概预算(靳卫东) ····· 45 元
9. 公路施工组织与管理(赖少武) ······· 36 元
10. 公路工程施工组织学(第二版)(姚玉玲) · 38 元
11. 公路施工组织与管理(吕国仁) ······ 45 元
12. ◆桥梁工程(第二版)(姚玲森) ····· 62 元
13. 桥梁工程(土木、交通工程)(第四版)
    (邵旭东) ·························· 65 元
14. ◆桥梁工程(上册)(第三版)(范立础) · 54 元
15. ◆桥梁工程(下册)(第三版)(顾安邦) · 49 元
16. ▲桥梁工程(第三版)(陈宝春) ····· 49 元
17. 桥梁工程(道路桥梁与渡河工程)
    (刘龄嘉) ·························· 69 元
18. ◆桥涵水文(第五版)(高冬光) ····· 35 元
19. 水力学与桥涵水文(第二版)(叶镇国) · 46 元
20. ◆公路小桥涵勘测设计(第五版)(孙家驷)
    ································ 35 元
21. ◆现代钢桥(上)(吴 冲) ·········· 34 元
22. ◆钢桥(第二版)(徐君兰) ·········· 45 元
23. 钢桥(吉伯海) ···················· 53 元
24. ▲桥梁施工及组织管理(上)(第三版)
    (魏红一) ·························· 45 元
25. ▲桥梁施工及组织管理(下)(第二版)
    (邬晓光) ·························· 39 元
26. ◆隧道工程(第二版)(上)(王毅才) · 65 元
27. 公路工程施工技术(第二版)(盛可鉴) · 38 元
28. 桥梁施工(第二版)(徐 伟) ········ 49 元
29. ▲隧道工程(丁文其) ·············· 55 元
30. ◆桥梁工程控制(向中富) ··········· 38 元
31. 桥梁结构电算(周水兴) ············ 35 元
32. 桥梁结构电算(第二版)(石志源) ··· 35 元
33. 土木工程施工(王丽荣) ············ 58 元
34. 桥梁墩台与基础工程(盛洪飞) ······ 49 元

三、专业选修课
1. 土木规划学(石 京) ················ 38 元
2. ◆道路工程(第二版)(严作人) ······· 46 元
3. 道路工程(第三版)(凌天清) ········· 42 元
4. ◆高速公路(第三版)(方守恩) ······· 34 元

注:◆教育部普通高等教育"十一五"、"十二五"国家级规划教材
 ▲建设部土建学科专业"十一五"、"十三五"规划教材

5. 高速公路设计(赵一飞) ·················· 38 元
6. 城市道路设计(第二版)(吴瑞麟) ······ 26 元
7. 公路施工技术与管理(第二版)(魏建明) ··· 40 元
8. ◆公路养护与管理(第二版)(侯相深) ··· 45 元
9. 路基支挡工程(陈忠达) ················ 42 元
10. 路面养护管理与维修技术(刘朝晖) ······ 42 元
11. 路面养护管理系统(武建民) ············· 22 元
12. 公路计算机辅助设计(符锌砂) ··········· 30 元
13. 测绘工程基础(李芹芳) ·················· 36 元
14. 现代道路交通检测原理及应用(孙朝云) ··· 38 元
15. 道路与桥梁检测技术(第二版)(胡昌斌) ··· 40 元
16. 软土环境工程地质学(唐益群) ··········· 35 元
17. 地质灾害及其防治(简文彬) ············· 28 元
18. ◆环境经济学(第二版)(董小林) ········ 40 元
19. 桥梁钢—混凝土组合结构设计原理(第二版)
    (黄 侨) ······························ 49 元
20. ◆桥梁建筑美学(第二版)(盛洪飞) ····· 24 元
21. 桥梁抗震(第三版)(叶爱君) ············· 26 元
22. 钢管混凝土(胡曙光) ···················· 38 元
23. ◆浮桥工程(王建平) ···················· 36 元
24. 隧道结构力学计算(第二版)(夏永旭) ···· 34 元
25. 公路隧道运营管理(吕康成) ············· 28 元
26. 隧道与地下工程灾害防护(张庆贺) ······· 45 元
27. 公路隧道机电工程(赵忠杰) ············· 40 元
28. 公路隧道设计CAD(王亚琼) ·············· 40 元
29. 地下空间利用概论(叶 飞) ············· 30 元
30. 建设工程监理概论(张 爽) ············· 35 元
31. 建筑设备工程(刘丽娜) ·················· 39 元
32. 机场规划与设计(谈至明) ················ 35 元
33. 公路工程定额原理与估价(第二版)
    (石勇民) ···························· 39.5 元
34. Theory and Method for Finite Element Analysis
    of Bridge Structures(刘 扬) ············ 28 元
35. 公路机械化养护技术(丛卓红) ············ 30 元
36. 舟艇原理与强度(程建生) ················ 34 元

四、实践环节教材及教参教辅

1. 土木工程试验(张建仁) ·················· 38 元
2. 土工试验指导书(袁聚云) ················ 16 元
3. 桥梁结构试验(第二版)(章关永) ········ 30 元
4. 桥梁计算示例丛书—桥梁地基与基础(第二版)
    (赵明华) ································ 18 元
5. 桥梁计算示例丛书—混凝土简支梁(板)桥
    (第三版)(易建国) ····················· 26 元
6. 桥梁计算示例丛书—连续梁桥(邹毅松) ··· 20 元
7. 桥梁计算示例丛书—钢管混凝土拱桥
    (孙 潮) ································ 32 元
8. 结构设计原理计算示例(叶见曙) ········· 40 元
9. 土力学复习与习题(钱建固) ············· 35 元
10. 土力学与基础工程习题集(张 宏) ······· 20 元
11. 道路工程毕业设计指南(应荣华) ········ 34 元
12. 桥梁工程毕业设计指南(向中富) ········ 35 元
13. 道路勘测设计实习指导手册(谢晓莉) ···· 15 元

14. 桥梁工程综合习题精解(汪莲) ··········· 30 元

五、研究生教材

1. 路面设计原理与方法(第三版)(黄晓明) ··· 68 元
2. 道面设计原理(翁兴中) ·················· 45 元
3. 沥青与沥青混合料(郝培文) ············· 35 元
4. 水泥与水泥混凝土(申爱琴) ············· 30 元
5. 现代无机道路工程材料(梁乃兴) ········ 42 元
6. 现代加筋土理论与技术(雷胜友) ········ 24 元
7. 高等桥梁结构理论(第二版)(项海帆) ···· 70 元
8. 桥梁概念设计(项海帆) ·················· 68 元
9. 桥梁结构体系(肖汝诚) ·················· 78 元
10. 工程结构数值分析方法(夏永旭) ········ 27 元
11. 结构动力学讲义(第二版)(周智辉) ······ 38 元

六、应用型本科教材

1. 结构力学(第二版)(万德臣) ············· 30 元
2. 结构力学学习指导(于克萍) ············· 22 元
3. 结构设计原理(黄平明) ·················· 47 元
4. 结构设计原理学习指导(安静波) ········ 35 元
5. 结构设计原理计算示例(赵志蒙) ········ 40 元
6. 工程力学(喻小明) ······················ 55 元
7. 土质学与土力学(赵明阶) ··············· 30 元
8. 水力学与桥涵水文(王丽荣) ············· 27 元
9. 道路工程制图(谭海洋) ·················· 28 元
10. 道路工程制图习题集(谭海洋) ·········· 24 元
11. 土木工程材料(张爱勤) ················· 39 元
12. 道路建筑材料(伍必庆) ················· 37 元
13. 路桥工程专业英语(赵永平) ············ 44 元
14. 工程测量(朱爱民) ····················· 30 元
15. 道路工程(资建民) ····················· 30 元
16. 路基路面工程(陈忠达) ················· 46 元
17. 道路勘测设计(张维全) ················· 32 元
18. 基础工程(刘 辉) ····················· 26 元
19. 桥梁工程(第二版)(刘龄嘉) ············ 49 元
20. 工程招投标与合同管理(第二版)
    (刘 燕) ······························ 39 元
21. 道路工程CAD(第二版)(杨宏志) ········ 35 元
22. 工程项目管理(李佳升) ················· 32 元
23. 公路施工技术(杨渡军) ················· 64 元
24. 公路工程试验检测(第二版)(乔志琴) ··· 55 元
25. 工程结构检测技术(刘培文) ············ 52 元
26. 公路工程经济(周福田) ················· 22 元
27. 公路工程监理(朱爱民) ················· 33 元
28. 公路工程机械化施工技术(第二版)
    (徐永杰) ······························ 32 元
29. 城市道路工程(徐 亮) ················· 29 元
30. 公路养护技术与管理(武 鹤) ·········· 58 元
31. 公路工程预算与工程量清单计价(第二版)
    (雷书华) ······························ 40 元
32. 基础工程(第二版)(赵 晖) ············ 32 元
33. 测量学(张 龙) ······················· 39 元

教材详细信息,请查阅"中国交通书城"(www.jtbook.com.cn)
咨询电话:(010)85285865,85285984

| 道路工程课群教学研讨 QQ 群(教师) | 328662128 | 桥梁工程课群教学研讨 QQ 群(教师) | 138253421 |
| 交通工程课群教学研讨 QQ 群(教师) | 185830343 | 交通专业学生讨论 QQ 群 | 345360030 |